D1937907

Markale

# Isabeau de Bavière

Jean Markale

# Isabeau de Bavière

## Die Wittelsbacherin auf Frankreichs Thron

Aus dem Französischen
von Wieland Grommes

Diederichs

Die Originalausgabe erschien unter dem Titel *Isabeau de Bavière*
bei Éditions Payot, Paris

© Éditions Payot 1982

Die Deutsche Bibliothek – CIP-Einheitsaufnahme
Markale, Jean:
Isabeau de Bavière: die Wittelsbacherin auf Frankreichs Thron /
Jean Markale. Aus dem Franz. von Wieland Grommes. –
München: Diederichs, 1994
Einheitssacht.: Isabeau de Bavière <dt.>
ISBN 3-424-01207-6

© der deutschsprachigen Ausgabe Eugen Diederichs Verlag,
München 1994
Alle Rechte vorbehalten

Lektorat: Matthias Wolf
Umschlaggestaltung: Ute Dissmann, München
Produktion: Tillmann Roeder, München
Satz: Uhl + Massopust, Aalen
Druck und Bindung: Spiegel Buch, Ulm-Jungingen
Printed in Germany

ISBN 3-424-01207-6

# Inhalt

# Einführung

## *Ein zerrüttetes Königreich*

Isabeau de Bavière hat in der Geschichte einen mit Schande bedeckten Namen hinterlassen. Ganze Generationen von Schülern haben gelernt, diese Königin Frankreichs zu verteufeln, die ihren Sohn verstieß und das französische Reich an den König von England auslieferte. Keine berühmte Frau der französischen Geschichte wurde in ähnlicher Weise gehaßt, und zwar nicht von ihren Zeitgenossen, sondern von der Nachwelt.

Isabeau – bereits dem Namen, den die Franzosen ihr gaben, haftet etwas Verächtliches an, denn er ist eine Verballhornung von *Isabelle* – wurde von den Historikern mit Sicherheit übler behandelt als ihre berühmte Vorgängerin Aliénor (Eleonore) von Aquitanien, obwohl auch diese beschuldigt wurde, einen Teil Frankreichs an die Engländer ausgeliefert zu haben, und noch übler als die finsteren Merowinger-Walküren Brünhilde und Fredegunde, die gleichwohl Verbrecherinnen großen Stils waren. Die beiden Letztgenannten hatten zwar das »Glück der frühen Geburt«, d. h. sie lebten in grauer Vorzeit, als Herz und Geist noch von der sogenannten Barbarei geprägt waren. Doch Aliénor von Aquitanien hat man vieles verziehen, da ihr langes Leben so glänzend wie dramatisch gewesen war, da sie die Troubadoure inspiriert und die Literatur des Abendlandes erneuert hat – und da sie bis an ihr Ende schön und würdevoll geblieben ist. Isabeau de Bavière dagegen hatte das Pech, daß sie *am Anfang* sehr schön war, daß sie einen Gemahl hatte, der in Wahnsinn verfiel, daß sie sich in einem völlig zerrütteten Königreich inmitten von gefräßigen Raubtieren behaupten mußte, die nur darauf lauerten zu verschlingen, was davon noch übrig war, und daß sie am Ende ihres Lebens fettleibig, häßlich und machtlos wurde. Dies sind Dinge, die man einer Königin nicht verzeiht, denn von ihr erwartet man ein ermutigendes und ästhetisch ansprechendes Mutterbild.

Gewiß, Isabeau de Bavière ist nicht frei von Schuld: Sie hat gravierende Fehler begangen, die sich für Frankreich ebenso schädlich auswirkten wie für sie selbst. Doch es wäre äußerst unseriös, sie kategorisch zu verdammen, ohne sich eingehend mit den Ereignissen zu befassen, die ihr Leben prägten. Isabeau war nicht die Alleinverantwortliche. Sie besaß weniger Macht als eine Aliénor von Aquitanien, und sie lebte in einer Zeit, in der die Frau kaum etwas zu sagen hatte, wenn es um die Regierung eines Staates ging. Und schließlich kann man eine Persönlichkeit der Geschichte, d.h. eine öffentliche Persönlichkeit, keinesfalls allein aufgrund ihres Privatlebens beurteilen: Die historische Persönlichkeit hängt voll und ganz von dem Milieu ab, in dem sie lebt, von den näheren Umständen, die sie in den Vordergrund des Geschehens rücken, von den Ursachen, die ihr Handeln erklären und ihre Entscheidungen bestimmen. Mit anderen Worten: Man darf Isabeau de Bavière nicht von ihrem historischen, ökonomischen und kulturellen Kontext getrennt betrachten. So hat man sich von Anfang an vor Augen zu halten, daß sie zum Zeitpunkt ihrer Vermählung mit Karl VI. im Jahr 1385 ein Königreich betritt, das scheinbar sehr stabil, in Wirklichkeit aber innen wie außen vollkommen zerrüttet ist.

Wir befinden uns am Ende des 14. Jahrhunderts, mitten in jenem französisch-englischen Konflikt, der als Hundertjähriger Krieg bezeichnet wurde, was jedoch eher unzutreffend ist, denn *de facto* schwelt er bereits seit der Zeit Aliénors von Aquitanien und wurde nur neu entfacht, als der letzte Sohn Philipps des Schönen ohne männlichen Erben starb. Das französische Königreich (*royaume de*

*France*)[1] besteht aus einer Reihe von Territorien, die als Lehen und Sublehen direkt oder indirekt der Krone unterworfen sind; der König, der sie trägt, residiert in Paris und bezeichnet sich als den Erben von Chlodwig (Clovis), dem theoretischen Begründer der damaligen französischen Monarchie. Dieses Königreich umfaßt jedoch nur einen Teil des modernen Frankreich. Zahlreiche heute französische Gebiete im Osten unterstehen dem Heiligen Römischen Reich. Savoyen gehört nicht dazu, Calais und das Gebiet um Bordeaux sind englisch, die Bretagne ist unabhängig. Auch darf man nicht vergessen, daß sich Karl V. mit Unterstützung von Bertrand du Guesclin zahlreiche Territorien wieder angeeignet hat, die 1360 dem König von England übertragen worden waren, nämlich durch den Vertrag von Brétigny, den Jean le Bon (Johann II., der Gute, von Burgund), der seit dem Desaster von Poitiers in Gefangenschaft sitzt, unterzeichnet hatte. Das französische Königreich war in der ersten Phase jenes Hundertjährigen Krieges besiegt worden, und Karl V. hatte all seine Weisheit und Geduld aufbringen müssen,

---

1 *Anm. d. Übers.*: Eigentlich müßte man die Bezeichnung *Königreich France* (oder *Franzien*, wie in älteren Geschichtswerken zu lesen ist) verwenden, denn was wir heute unter »Frankreich« (*la France*) verstehen, kam als Idee sehr viel später auf und hatte damals noch keinerlei Bedeutung. Dieses Franzien, das ursprünglich nicht mehr als das Gebiet zwischen Seine und Loire umfaßte, war zunächst ein Herzogtum: das Stammland von Hugo (Hugues) Capet, dem Herzog von France. Erst nach dem Tod des karolingischen Königs Lothar und dessen Sohn Ludwig erwirbt er 987 die Königskrone. Sein Territorium wird damit zum *Königreich* Franzien. Doch auch dann bestand seine königliche Gewalt – die eines Wahlkönigtums – im wesentlichen nur dem Namen nach. Daher ist der deutsche Begriff »Frank r e i c h« für die damalige Epoche wie auch noch für die Zeit von Isabeau de Bavière völlig irreführend. Dennoch sind wir gezwungen, im folgenden ebenfalls den heute üblichen, wenn auch unglücklichen Begriff »Königreich Frankreich« zu verwenden, da sich das historisch korrekte »Franzien« kaum durchgesetzt hat.

um die Fauxpas seines Vaters Jean le Bon und seines Großvaters Philipp VI. wiedergutzumachen. Jedenfalls ist dies die Politik, die Karl V. verfolgt und die die Illusion erweckt, als sei das französische Königreich nun wieder zu Ansehen und Würde gelangt und ein Gebäude ohne Risse. Gewiß, wir befinden uns in einer Phase relativen Friedens, denn die regelmäßig erhobenen Zehnten erlauben es England wie Frankreich, sich von den Verwüstungen, Verlusten, Hungersnöten und Seuchen zu erholen, die beide Völker schwer erschüttert haben.

Im Jahr 1348 wütete auch noch die Pest, der berühmte Schwarze Tod: Er breitete sich, von der Krim kommend, über das westliche Europa aus und raffte mindestens die Hälfte der Bevölkerung dahin. Dieses soziologische Faktum hat man sich bei jeder Analyse der Situation zur Zeit Isabeaus unbedingt vor Augen zu halten: Die Menschen leben noch in der Erinnerung an die entsetzliche Geißel, und der Umstand, daß man ihr entronnen war, treibt die Menschen immer wieder zu kopflosen Handlungen und zu religiösen Praktiken, die mehr mit Hexenwahn gemein haben als mit echtem Glauben. Allzeit stehen Scheiterhaufen für die Ketzer, Hexer und Ausgeburten Satans bereit. Und den Teufel erblickt man überall, denn der Teufel ist alles Unerklärliche, das Dunkle und Unheimliche, das Mysteriöse und auch das Todbringende. Und damals, am Ende des 14. Jahrhunderts, hat jeder Angst vor dem Tod: Tag für Tag kommt man mit ihm in Berührung, doch anstatt sich an ihn zu gewöhnen, fürchtet man ihn immer mehr, und um ihn zu vergessen, stürzt man sich in wilde Feste, geistlose Spiele, willkürliche Gewaltakte. Und so heroisch diese Handlungen auch sein mögen, sind sie dennoch nichts anderes als *divertissements*, um Pascals Begriff zu verwenden, also reine »Ablenkungen«.

Und wir befinden uns in einer Epoche, in der das Feudalsystem, so machtvoll es sich in den gesellschaftlichen Strukturen noch zeigt, allmählich zerfällt und degeneriert, weil die größten Grundbesitzer nicht mehr diejenigen sind, die auch über das Monopol des Reichtums verfügen. Das französische Rittertum ist bei Crécy und Poitiers dezimiert worden. 1415, in der Schlacht von Azincourt, wird ihm dasselbe Schicksal noch einmal widerfahren. Die militärische Macht, das sind die englischen Kanonen (die sogenannten Bombarden) und die walisischen Bogenschützen des Königs von England. Diejenigen aber, welche die Kanonen und Pfeile herstellen, sind die Bürger, und diese stellen auch die Rüstungen her und sorgen für den Nachschub der Heere, sofern sich diese in den Ländern, die sie durchziehen, nicht gleich selbst bedienen. Mit anderen Worten, es gibt Schichten, die vom Krieg profitieren, und paradoxerweise sind dies nicht die Feudalherren des hohen Adels, obgleich sie es sind, die diesen Krieg *führen*. In früheren Zeiten kämpfte man – nicht etwa fürs Vaterland, sondern von Fall zu Fall, um den Grund und Boden zu verteidigen, auf dem man lebte – für einen Landesherrn (*seigneur*), weil man den Eid geleistet hatte, ihm zu dienen, oder weil dieser Herr Hilfe und Beistand in der Not gelobt hatte. Doch nun weiß man nicht mehr, für wen man eigentlich kämpft, noch wer der Feind ist, da dieser ständig wechselt: Es gibt Deutsche und Gascogner im englischen Heer, Schotten bei den Truppen des Königs von Frankreich, Bretonen unter den Bogenschützen des Königs von England und so fort – und all diese Söldner fallen, wenn die Zeiten ruhiger sind, in fröhlicher Eintracht plündernd über das unglückselige Land her, in dem sie sich gerade aufhalten. Und wären die heutigen Regelungen der Staatsbürgerschaft bereits zu jener Zeit in Kraft gewesen, so hätte Jeanne d'Arc, gebürtig aus Domrémy in Lothringen – einem Staat des Heiligen Römischen Reiches – einen deutschen Reisepaß besitzen müssen, um das Land des *roi de France* betreten und für ihn gegen die Engländer kämpfen zu können.

Das Feudalsystem, das die europäische Gesellschaft jahrhundertelang mehr oder weniger fest im Griff hatte, ist nun unterminiert und vom Einsturz bedroht. Aber man weiß nicht, wodurch man dieses System ersetzen soll. Und doch entwickelt sich die Gesellschaft weiter, und ihre Entwicklung wird durch Kriege und Hungersnöte noch beschleunigt. Jede Erschütterung des täglichen Lebens wirkt sich auf den Geist aus, der Geist aber ist der alleinige Herrscher über die gesellschaftlichen Institutionen. Am Ende des 14. und zu Beginn des 15. Jahrhunderts wird die Gesellschaft ins Wanken geraten und zusammenbrechen, ohne daß diejenigen, die in ihr leben, sich dessen wirklich bewußt werden.

Dieser Wandel besteht zuallererst in der wachsenden Bedeutung der Städte auf Kosten der ländlichen Regionen. Vor dem Ausbruch jenes unerklärlichen Krieges zwischen Engländern und Franzosen beruhte der Reichtum des französischen Königreiches auf seinen Agrarprodukten; dazu kamen noch die gewerblich produzierten Erzeugnisse aus der Champagne, dem Herzogtum Burgund und der Normandie. Man machte stets in gleichbleibendem Umfang Land urbar und verwandelte es in gute Böden für Getreide, denn Brot war das allgemeine Grundnahrungsmittel. Hier produzierte man Wein, das unerläßliche Getränk zum Zelebrieren der Messe wie für den laufenden Konsum und den Export in diejenigen Länder, die keinen Weinanbau kannten, insbesondere nach England. Hier betrieb man Viehzucht, um den Bedarf an Milchprodukten und Fleischnahrung zu decken und um die Versorgung mit Zug- und Lasttieren zu sichern. Durch intensiven Gemüseanbau in der Umgebung der Städte und Dörfer konnten diejenigen versorgt werden, die selbst keine Landwirtschaft betrieben. Wälder waren noch reichlich vorhanden und stellten bedeutende Ressourcen an Holz sowie allen Arten von Wild dar. Zahlreich angelegte Fischteiche lieferten die allseits geschätzten Süßwasserfische. Moor- und Sumpfgebiete wurden zu Fischfang und Jagd sowie zur Anlage von Salinen genutzt.

Doch nun ist plötzlich alles anders. Infolge der Kriege wird das Land nur mehr zur Hälfte bewirtschaftet. Man rodet kein neues Land mehr. Man baut kein Getreide mehr an, das nur wenig einbringt, sondern man züchtet Textil- und Färberpflanzen für Gewerbe und Handel, da dies auf kleinerer Bodenfläche mehr Ertrag bringt und man weniger stark der Gefahr von Plünderung und Verwüstung ausgesetzt ist. Gewöhnlich werden Lebensmittel nicht über weite Strecken transportiert, und so erleben bestimmte Landstriche nun gravierende Versorgungsmängel, die gelegentlich zu wahren Hungersnöten ausarten. Die Städte werden dagegen vorrangig versorgt, denn in ihren Mauern leben zahlreiche Verbraucher auf engstem Raum zusammen, so daß man dort die Garantie eines großen Absatzes hat. Die Städte sind daher weniger von Hungersnöten bedroht als die ländlichen Gegenden; besonders gilt dies für die Städte an der Küste und an den Ufern der großen Flüsse, denn die Waren, die hier eintreffen, können von sehr viel weiter her kommen. Diese Lebensmittel werden jedoch teuer, und das schürt die Unzufriedenheit der Bevölkerung.

Insgesamt werden also die ländlichen Gebiete infolge der Hungersnöte, die sie dezimieren, und der Kriege, die sie verwüsten, immer mehr entvölkert. Dieses Phänomen trägt als bedeutender Faktor zum Wandel der Gesellschaft gegen Ende des 14. Jahrhunderts bei. Die Dörfer veröden. Weit und breit nur noch verfallene Häuser und brachliegende Felder. 1431 werden sich die Bauern von Forez sogar erheben und eine Neuverteilung des Reichtums fordern mit Zielen, die bereits in gewisser Weise dem Kommunismus verwandt sind. Parallel dazu entwickelt sich das Banditen- oder Brigantenwesen: Entlassene Söldner schließen sich den berufsmäßigen Plünderern an und bilden gefürchtete Banden wie die *Tuchins* im Languedoc und der Auvergne oder die *Coquillards* im Burgund, die schon bald auch in die Hauptstadt Paris strömen werden. Der Grundbesitz ist wertlos geworden, und eine neue Besteuerung der Landbevölkerung im Jahr 1381 trägt schwerlich zu Lösung der Probleme bei. Auf dem Land herrscht heillose soziale Verwirrung, und diese geht *de facto* mit der politischen Schwächung des Adelsstandes einher, dessen Macht bis dahin an die wirtschaftliche Nutzung seines Landbesitzes gebunden war.

Die Städte dagegen sind geradezu übervölkert: Ihre Einwohner sind entweder durch Handel und Handwerk reich gewordene Bürger oder aber Proletarier im strengen Sinn, die zuweilen unter schwersten Bedingungen zu überleben versuchen. Doch auch hier ist die soziale Orientierungslosigkeit zu spüren: Schon beim geringsten Alarm, bei der geringsten Erhebung einer Steuer, bei der geringsten Knappheit beginnt der Aufruhr zu gären. In Paris ist noch die Erinnerung an die Unruhen wach, die die Anhänger von Etienne Marcel und die *Maillotins* entfacht haben. Die Hauptstadt wird noch weitere erleben, nämlich in Gestalt des blutigen Machtkampfs zwischen den Parteien der »Armagnacs« und »Bourguignons«. Und doch schätzen sich die Bewohner der Städte mehr denn glücklich, daß sie in der Stadt wohnen: Sie fühlen sich trotz allem geschützt gegen die Gefahren des Krieges. Und so bildet sich eine neue Mentalität heraus, das *städtische Bewußtsein*, und diese Mentalität wird während der Herrschaft Karls VI. weitgehend die Politik bestimmen im Verein mit der sogenannten *öffentlichen* Meinung, einem weiteren neuen Phänomen, das nun erstmals deutlich in Erscheinung tritt und das sich die Akteure des Dramas – insbesondere Jean sans Peur (Johann Ohnefurcht), der Herzog von Burgund – zunutze machen werden. Man könnte sogar sagen, daß die Meinung des Volks von Paris diejenige Instanz ist, die die mehr oder weniger hinterhältigen und illusorischen Scheinverträge während des großen Machtkampfs zwischen Armagnacs und Burgundern zustande kommen oder scheitern lassen wird. Jeder der Protagonisten aber wird danach trachten, sich, so sehr es irgend geht, die Zustimmung der Pariser Bevölkerung zu sichern, bevor er irgend etwas unternimmt. Bei näherer Betrachtung dieser Situation wird man feststellen, daß das Frankreich der Armagnacs das landwirtschaftliche Frankreich des Westens und Südens ist, während das Frankreich der Bourguignons dasjenige des stärker industrialisierten Ostens und Nordens ist, wo die Städte, wenn auch erst in jüngster Zeit, in voller Entwicklung stehen.

Diese Veränderung der gesellschaftlichen Gewohnheiten führt auf fatale Weise zur Verwirrung des Bewußtseins. Die Autorität befindet sich in der Krise: Jeder verkündet, einzig und allein er sei der Inhaber dieser Autorität. Die Moral befindet sich in der Krise: Jeder maßt sich an, sein eigener Zensor und der einzige Zensor der anderen zu sein. Es herrscht eine Krise auf spirituellem Gebiet: Niemand weiß mehr, welchem Heiligen er sich ergeben soll. Die Kirche schließt faule Kompromisse mit den Mächten des Geldes. Sie steht vor dem Ruin. Nachdem sie die Gläubigen an den Gedanken gewöhnt hat, man müsse sich schinden (lassen), um sich das Recht auf einen Platz im Paradies zu verdienen, wird die Kirche plötzlich vom schlechten Gewissen geplagt, aber da in ihr die Klasse der Besitzenden herrscht, geht jeder Reformgedanke »in die Binsen«, wie es im Volksmund heißt. Doch aufgeschoben ist nicht aufgehoben – nur noch ein Jahrhundert, und es wird ein schreckliches Erwachen geben. Zuvor aber sieht sich die Christenheit von heute auf morgen mit gleich zwei Päpsten beglückt, von denen jeder behauptet, er sei der einzig wahre, und den anderen mit Kirchenbann und Exkommunikation verfolgt. Karl V. hat nämlich die Torheit begangen, in Avignon eine neue Papstmacht einzusetzen und dort einen Oberhirten wählen zu lassen, der ihm genehm ist, um nicht zu sagen: der ihm bei Fuß folgt. Dies bedeutet das große Schisma des Abendlandes. Und es wird der Tag kommen, wo die Kirchenfürsten, ihrer inneren Streitigkeiten überdrüssig, beschließen werden, die beiden rivalisierenden Päpste hätten abzudanken und man werde einen neuen wählen. Das Ergebnis: Die Kirche hat unversehens drei Päpste. Einer von ihnen, Pedro de Luna, den man 1394 in Avignon zum Papst wählt, *obwohl er nicht einmal dem Priesterstand angehört*, wird an seiner Entschlossenheit, das einzige päpstliche Oberhaupt zu sein, konsequent bis zum Ende festhalten: Unter dem Namen Benedikt XIII. und nur von zwei Kardinälen unterstützt, wird er seine Gegner mit Haß und Exkommunikation bis ins Jahr 1423 hinein verfolgen, als er in einer Klosterfestung in Spanien, in die er sich geflüchtet hat, stirbt. Johannes XXIII. (der damalige dieses Namens, nicht der des 20. Jahrhunderts!) war ein ehemaliger Pirat, doch das hinderte ihn nicht daran, ein recht beachtlicher Papst zu werden und vor Martin V., dem neuen Papst der Einheit, abzudanken. Soviel, um zu verdeutlichen, daß es in jenen Zeiten der Verwirrung für einen Gläubigen allen Grund gab, sich zu verdammen. Natürlich verbirgt sich hinter der religiösen Fassade dieser abendländischen Kirchenspaltung nichts anderes als eine schmutzige Affäre politisch-ökonomischer Art, und die Interessen, um die es dabei geht, übersteigen bei weitem den Verstand der gewöhnlichen Gläubigen.

Im Grunde weiß niemand mehr, wer eigentlich wer ist. Inmitten von alledem lebt die sakrosankte Institution der Monarchie kraft göttlichen Rechts weiter – doch in welchem Zustand! Ein schwachsinniger König hält den Thron besetzt, und aufgrund des unverletzlichen, unantastbaren Charakters des Monarchen läßt man ihn weiter auf diesem Thron sitzen, auch wenn das Königreich dabei ins Wanken gerät. Gewiß, von diesem Wahnsinn wird manch einer profitieren. Und man fragt sich, wie das Königreich in dem *Chaos, aus dem Frankreich hervorging* – so der Titel einer Studie von Micheline Dupuy (Paris 1980) –, und auf dieser abschüssigen Bahn, die es seiner totalen Auflösung entgegenriß, wieder den Weg nach oben schaffen konnte. Außerdem wird, so paradox es klingt, in dieser Krise die Idee des französischen Nationalismus geboren (man ist sogar geneigt, bereits vom französischen Patriotismus zu sprechen, doch dieser Begriff wäre für die damalige Zeit noch nicht gerechtfertigt).

In jenem scheinbar friedlichen Chaos zu Beginn der Herrschaft Karls von Valois, des sechsten seines Namens, lauern große wilde Tiere abwartend und einander beobachtend auf ihre Stunde. Diese Raubtiere sind Prinzen von Geblüt, Mitglieder der königlichen Familie, nämlich die Söhne von Jean le Bon: der Herzog von Anjou, der Herzog von Berry und der Herzog von Burgund, Herren über Provinzen, die ihnen als Apanage zum Trost dafür vermacht wurden, daß sie nicht die Erstgeborenen waren, denn der Thron war Karl V. zugefallen. Zu diesen tritt noch ein vielversprechender, gerissener junger Mann hinzu, Louis d'Orléans, der Bruder Karls VI., dem es an Vorzügen nicht mangelt. Und diese großen wilden Tiere, Feudalherren, die von ihren Prinzipien und Privilegien tief durchdrungen sind, ziehen in ihrem Umkreis eine Schar von Vasallen mit. Diese wiederum warten nur darauf, immer noch mehr zu bekommen, und sind dafür zu jedem Dienst bereit – sie schrecken auch vor den niedersten nicht zurück, um sich den versprochenen Lohn zu verdienen. Aber hinter alledem steht die ökonomische Realität: Den großen Feudalherren droht ständig der Ruin, ihre Ressourcen beziehen sie von ihren Untertanen, die, anstatt schmutzige Rechnungen anzustellen und sich niedrig, wie sie sind, auf den »Feldern der Ehre« zu schlagen, treu und ergeben arbeiten und dadurch wieder die Kassen füllen, die sich bei der erstbesten Gelegenheit leeren, wenn es gilt, die so glänzenden wie sinnlosen Feste zu finanzieren oder sich das Gewissen bestimmter Leute zu erkaufen. Diese Untertanen müssen arbeiten und sie müssen Erträge einbringen. Das Land, über das jeder dieser Feudalherren regiert, bedarf also auch der nötigen technischen und politischen Mittel, damit ihre wirtschaftliche Macht nicht nur nicht schwindet, sondern sich im Gegenteil noch verbessert. Daher jene unglaubliche Gefräßigkeit der Prinzen von Geblüt, die den unglückseligen Karl VI. wie ein Rudel hungriger Wölfe umkreisen, wo dieser doch bereits den Dämonen ausgesetzt ist, die ihn in seiner grauenvollen

Umnachtung bedrängen. Und mit wieviel schönen Worten sie es tun! Mit wieviel Lob und Preis für das königliche Amt! Doch wieviel Heuchelei! Wie viele feierliche Gelübde, die dann feige gebrochen werden! Und wie viele Verbrechen, wieviel Blutvergießen!

All dies kennzeichnet die Epoche der Isabeau de Bavière. In dieses Chaos wird sie hineingestürzt, weil sie aus einem vornehmen Füstenhaus stammt, weil sie schön ist und vor allem deshalb, weil ihre Gegenwart in Paris Philipp dem Kühnen (Philippe le Hardi), dem Herzog von Burgund, und seinen Interessen dienen soll.

Elisabeth von Bayern, genannt Ysabel oder Isabeau, wurde Anfang 1370 geboren und im Münchner Liebfrauen-Dom getauft. Ihr Vater war Stephan III., der Jüngere (wegen seiner Prachtentfaltung auch »der Knäuffel« oder »der Kneißl« genannt), Herzog von Bayern aus dem Hause Wittelsbach, das seit zwei Jahrhunderten in Bayern herrschte; ihre Mutter war Thaddäa Visconti, die einer mächtigen lombardischen Familie entstammte, aus der auch Valentina, die Herzogin von Orléans und Gemahlin von Louis, dem Bruder Karls VI., hervorgehen wird. Isabeau wuchs im Alten Hof, der Ludwigsburg zu München auf, die Ludwig der Strenge im Jahr 1255 erbauen ließ. Nach den spärlichen Zeugnissen, die wir über ihre Kindheit und Jugend besitzen, war sie »wohl versehen mit Gelehrsamkeit«, d.h. sie erhielt eine vorzügliche Erziehung. Sie lernte Latein und interessierte sich besonders für die Dichtkunst. Ihre große Leidenschaft gilt jedoch der Vogelzucht, und sobald sie im Hôtel Saint-Pol in Paris residiert, wird sie diese Leidenschaft dadurch zum Ausdruck bringen, daß sie imposante Volieren anlegen läßt. Ihr Spielgefährte war ihr Bruder Ludwig, dem man häufig den Vorwurf gemacht hat, er sei ihr böser Geist gewesen. Dieser Ludwig von Bayern, genannt »im Barte«, »der Gebartete« oder »der Bärtige«, wird nämlich hinter der Königin Isabeau stets präsent sein, und bei näherer Betrachtung macht sein Verhalten immer wieder sprachlos.

Es ist anzunehmen, daß Ludwig – drei Jahre älter als seine Schwester – alles andere als ein Muster der Aufrichtigkeit war, denn dies würde erklären, weshalb Isabeau stets wie besessen ihre Schätze zu horten und zu verbergen pflegte.

Zeitgenössischen Aussagen zufolge war Isabeau keine außergewöhnliche Schönheit – Froissart empfindet sie als »gedrungen und rosig« –, doch sie besaß viel Charme, war eine geistreiche Unterhalterin und wußte zu gefallen. Als Philipp der Kühne ihre Heirat mit dem König von Frankreich arrangiert hatte und sie am 10. Juli 1385 in Amiens Karl VI. vorgestellt wurde, verliebte sich der König sofort bis über beide Ohren in sie. Eigentlich war die Vermählung erst zu einem späteren Zeitpunkt in Arras vorgesehen, doch Karl VI. wollte nicht länger warten: Er bestand darauf, daß die Trauung sofort vollzogen wurde. Philipp der Kühne, dessen Wunsch es war, Hochzeit und Brautlager bei sich in Arras stattfinden zu lassen, versuchte, den jungen König davon abzubringen und ihn in seinem Eifer zu mäßigen, doch damit handelte er sich von seinem Neffen den heftigsten Tadel ein. Daraufhin insistierte der Herzog von Burgund nicht weiter, und am 18. Juli 1385 ließ sich Karl VI., König von Frankreich, in der Kathedrale von Amiens in Gegenwart von Ludwig von Orléans, Philipp von Burgund und Graf Johann von Nevers, dem künftigen Herzog Johann Ohnefurcht, mit Isabeau de Bavière vermählen. Der König war siebzehn, die Königin fünfzehn Jahre alt. Und das wurde gefeiert, denn die junge Königin von Frankreich sollte, so stand es geschrieben, bei ihrer Ankunft sogleich den Taumel der raffiniertesten Spiele und rauschendsten Feste kennenlernen.

I

# Die Königin der Feste und der Spiele

Im Jahr 1389 zieht Isabeau de Bavière offiziell und feierlich in die Geschichte Frankreichs ein. Kurioserweise – und symbolisch für eine Realität der damaligen Zeit – findet dieser Einzug in Paris und nirgendwo anders statt, als ob Paris schon damals gleichbedeutend mit Frankreich gewesen wäre. Im übrigen wird sich das ganze Leben Isabeaus in Paris und in der Umgebung von Paris abspielen, und ihre gesamte Aktivität wird sich um diese Hauptstadt konzentrieren, die ihr durch die Heirat zu Füßen gelegt wurde; auch unter den schlimmsten Bedingungen und selbst dann, wenn sie gegen die Pariser kämpfen muß, wird sie sich bemühen, die Stadt zu halten.

Es hat jedoch nicht den Anschein, als habe sich die junge Königin bewußt und aus freien Stücken von der Macht der Stadt Paris bannen lassen. Da sie aus einem Land stammte, in dem der Partikularismus und die Autorität der Macht nebeneinander existierten – und dies in einem geographisch wesentlich lockerer gefügten Rahmen, in dem es zumindest eine wirkliche Hauptstadt nicht gab –, konnte sie sich unter der Devise »Wer Paris in der Hand hat, besitzt ganz Frankreich« – nichts vorstellen. Und was bedeutete *la France* für sie, außer daß es ein Königreich war? Damals befand man sich noch in einer Zeit, wo das Königreich so weit reichte, wie der Blick des Königs reichen konnte. Im selben Jahr 1389 hatten Bureau de la Rivière und Jean Le Mercier, die beiden höchsten Minister Karls V., behauptet: »Ein König muß in seiner Jugend sein Volk besuchen und kennenlernen«, woraus zu schließen war, daß zwischen dem Herrscher und seinen Untertanen enge Beziehungen, gegenseitiges Vertrauen und vollständige Informiertheit herrschten, und zwar über jeden Begriff von Hauptstadt oder dem privilegierten Ort der

Machtausübung hinaus. Rieten diese Minister dem neuen König dringend, seine Provinzen zu bereisen, so hüteten sie sich doch sehr, dasselbe auch der Königin zu sagen: Diese hatte der landläufigen Meinung zufolge allem voran ihren Pflichten als Mutter nachzukommen. Eine Königin hatte nach den geltenden Regeln keine andere Funktion, als für Nachkommen zu sorgen, und man war bereits weit entfernt von einer Aliénor von Aquitanien, die ihren Gemahl Heinrich II. zwischen zwei Schwangerschaften begleitete oder gar im Namen ihres Gatten das ganze Königreich allein organisierte. Das System, in dem sich Isabeau de Bavière bewegen sollte, könnte man als ein »phallokratisches« bezeichnen. Seit dem Beginn des Hundertjährigen Krieges wurde nämlich der Schwerpunkt endgültig auf die männliche Macht gesetzt: Nur zu diesem Preis konnte die Dynastie der Kapetinger überleben, denn der Streit zwischen Frankreich und England war deshalb ausgebrochen, weil der König von England als Enkel Philipps des Schönen der direkteste Erbe des französischen Königreichs gewesen war – wenn auch über das »Zwischenglied« einer Frau. Und so hatte man das »salische Gesetz« ins Feld geführt, das aber kein Gesetz, sondern lediglich ein Rechtsbrauch und als solcher stets anfechtbar war. Also kam es mehr denn je zuvor darauf an, die Autorität des Königs in den Vordergrund zu rücken und die Königin auf ihre rein weiblichen Aufgaben zu beschränken. Das war der Grund, weshalb man sich so wenig Mühe gab, Isabeau de Bavière mit den Untertanen ihres Gemahls bekannt zu machen.

Dies ist ein ganz wesentliches Element, das die Rolle, die Isabeau in den folgenden schwierigen Jahren spielen wird, verständlich macht und auch die Art ihrer Reaktionen erklärt: Letzten Endes wurde sie von der Macht ferngehalten, da man der Ansicht war, sie habe sich dafür nicht zu interessieren. Es ist eine Ironie des Schicksals, daß sich ausgerechnet die so sorgsam Ferngehaltene eines Tages an der vordersten Front des Geschehens wiederfinden wird, ohne freilich darauf vorbereitet zu sein, dem Amt gerecht zu werden, mit dem man sie betraut. Isabeau de Bavière, die Königin von Frankreich, wird den Menschen der fernen Provinzen nicht vorgestellt. Gerade deshalb wird sie sie nicht kennen und später, wenn sie zur Regentin geworden ist, das Verhalten ihrer Untertanen wie auch den Sinn bestimmter Volksaufstände nicht begreifen können.

Isabeau de Bavière wird also in Paris *vorgezeigt* – und dies in einer recht außergewöhnlichen Atmosphäre von Festen und Spielen. Denn wenn die Königin auch von der realen Macht ferngehalten werden muß, so wird ihr dafür dennoch Trost in Hülle und Fülle beschert: Sie wird gefeiert, umschmeichelt und umworben werden. Dies ist die Tonart des Jahres 1389, in dem die Pariser, die so viele Jahre unter den Wirren des Krieges gelitten haben, ein wenig Atem schöpfen wollen und Hungersnöte, Mord und Totschlag, Pest und alles damit verbundene Elend zu vergessen suchen. Die Pariser wollen leben, wollen ihren Spaß haben, und da ist jeder Anlaß willkommen, um zu vergessen, um sich in den Traum, in die Gaukelei von Festen, von Spiel und Maskerade zu verlieren. Schon im 15. Jahrhundert werden die Wände der Kirchen mit »Totentänzen« bedeckt sein, aber soweit ist es noch nicht: Zunächst müßte man eher von einer Blüte der »grotesken Tänze« sprechen, in denen das Pittoreske mit dem Obszönen wetteifert. Dies ist immer dann der Fall, wenn eine ruhigere Epoche auf eine Epoche der Wirren folgt. Im großen und ganzen erinnert der Beginn der Herrschaft Karls VI. an die »Wilden Zwanzigerjahre«, die auf die Tragödie des Ersten Weltkriegs folgten.

## *Galante Feste*

Keine Mühe wurde gescheut, um den feierlichen Einzug der Isabeau de Bavière in Paris zu einem grandiosen und denkwürdigen Ereignis zu gestalten. Der junge König machte sich größtenteils selbst zum Regisseur der Festivitäten. Dem Chronisten von Saint-Denis und Jean Juvénal des Ursins haben wir es zu verdanken, daß uns diese Zeremonie in allen Einzelheiten überliefert ist. Der König gab »dem Volk von Paris kund und zu Wissen«, sie hätten sich darauf vorzubereiten, die Königin mit aller Zuwendung zu empfangen, die ihr gebührte. Alle Gassen, durch die der Umzug führen sollte, wurden mit Girlanden und Spruchbändern »überspannt«. An jedem Platz, an jeder Kreuzung sollten *histoires*, pantomimische oder wie im Theater gespielte Szenen, aufgeführt werden. Man hatte auch Brunnen mit Fontänen präpariert, die Wasser, Wein und sogar Milch spendeten. Ein gewaltiger Zug von Pariser Bürgern, angeführt vom *prévôt des marchands*, dem »Vorsteher der Kaufmannschaft« – d. h. dem Bürgermeister, wie man ihn in späteren Epochen nennen wird –, empfing die Königin an der Porte Saint-Denis. Und dort waren als Engel verkleidete Kinder aufgestellt, die Kirchenlieder sangen. »Die Heilige Jungfrau Maria hielt ein Kindlein in ihren Armen, welches mit einem Windrädlein, geschaffen aus einer dicken Walnuß, winkte.«

Um die Gruppe herum kredenzten junge Mädchen in prächtigen Gewändern *clairet*, einen milden Rotwein, und *hypocras*, einen mit Zimt und Nelken gewürzten Süßwein. Vor den Hôpital de la Trinité führten französische und englische Ritter »Saladins Waffengang« auf. Etwas weiter entfernt sah man »Gott in seiner Herrlichkeit thronen und Chorknäblein in Engelsgestalt süße Lieder singen«. Zwei von ihnen schwebten vom Gewölbe eines Triumphbogens nieder und setzten der Königin eine kostbare Krone auf. Auch ein echter Konzertsaal war vorhanden, den sie unter den Klängen verschiedenster Musik durchzog. Im Petit Châtelet bekam Isabeau die Aufführung eines *lit de justice* oder »Großen Gerichtstags«, girlandenumwoben und umhangen von azurblauen Tapisserien mit goldenen Lilien, zu sehen.

Die Königin überschritt die Seine auf einer Brücke, die man mit Bahnen aus blauem Taft, bestickt mit goldenen

Lilien, drapiert hatte. Plötzlich sah man aus einem Gehölz einen weißen Hirsch auftauchen.[1] Ursprünglich sollte er aus massivem Gold sein, aber man hatte keine Zeit mehr gehabt, den Vollguß herzustellen, also trug er nur ein goldenes Geweih und um den Hals einen goldenen Kranz.

1 Der Chronist Jean Juvénal des Ursins, dessen Vater bedeutende Ämter in der königlichen Verwaltung bekleidete, berichtet die folgende kuriose Anekdote aus dem Jahr 1380, die erklärt, weshalb dieser mechanische Hirsch-Automat auftaucht: »Der König begab sich nach Senlis auf die Jagd. Da stieß man auf einen Hirschen, der um den Hals eine Kette aus vergoldetem Kupfer trug, und (der König) befahl, ihn in einem Netz zu fangen und nicht zu töten, und so geschah es. Und man fand, daß er die genannte Kette trug, auf welcher geschrieben stand: *Caesar hoc mihi donavit* (»Dies hat mir Cäsar geschenkt«). Und von da an trug der König ob Ergriffenheit als Wappenzier den am Hals goldumkränzten Hirsch, und wo immer man sein Wappen anbrachte, waren zwei Hirsche dargestellt, die es an der einen wie der anderen Seite hielten.« Eine eher zweifelhafte Version bietet eine andere Erklärung: Als der junge König im Jahre 1382 nach Roosebeke in den Krieg zog, soll er einen wunderlichen Traum gehabt haben: In der Stadt Arras erhält er einen Falken zum Geschenk, und sofort bricht er mit Olivier de Clisson zur Beizjagd in den nahe gelegenen Wald auf. Plötzlich versperrt ihm ein mächtiger Hirsch den Weg. Verwundert entdeckt der König, daß dieser Hirsch ein riesiges Paar Flügel besitzt. Immer noch in seinem Traum, schwingt er sich auf dieses Reittier von einer so unerhörten Spezies und ruft Clisson zu, er solle auf ihn warten, denn er werde seinen Falken bis in den Himmel verfolgen. Dann wird er auf seinem Hirsch über dem Wald in die Lüfte enthoben und landet schließlich wieder vor des Konnetabels Füßen. Da erwachte der König und, von seinem Traum beeindruckt, beschloß er, daß ein fliegender Hirsch auf seinem Wappen zu erscheinen habe. Auf alle Fälle scheint der junge Karl VI. in dem Ruf gestanden zu haben, er werde von den wunderlichsten Träumen heimgesucht. Waren dies die ersten Anzeichen seiner Wahnsinnsanfälle? Immerhin war Karl VI. erblich nicht unbelastet, da seine Mutter Jeanne de Bourbon in ihren letzten beiden Lebensjahren Wahnsinnsanfälle hatte.

Und er war so gemacht und beschaffen, daß sich im Innern ein Mann befand, der nicht zu sehen war und der Augen, Geweih, Maul und sämtliche Glieder des Tiers bewegte, und (der Hirsch) hatte um den Hals des Königs Wappen hängen, nämlich den Schild von blauem Grunde mit drei goldenen Lilien darauf.

Als Isabeau vorüberzog, kamen aus demselben Gehölz ein Löwe und ein Geier gestürzt, ebenfalls Automaten, und sie griffen den Hirsch an. Da ließ der Mann, »welcher den Hirsch lenkte«, diesen ein Schwert zücken und einen Kampf simulieren. »Und ein leichtgewichtiger Mann, gekleidet im Kostüm eines Engels, kam mittels wohlgebauter Maschinen herab von den Türmen von Notre-Dame« und schwebte mit zwei Fackeln in den Händen, denn inzwischen dämmerte der Abend, an einem Seil genau zu der Stelle nieder, wo sich die Königin befand. Das Volk, das aus der Umgebung zusammengeströmt war, brüllte vor Freude über das Schauspiel wie zu Ehren Isabeaus.

Karl VI., der bekanntlich eine große Schwäche für Feste und Verkleidungen hatte, wollte auch persönlich an den Belustigungen teilnehmen. Als man ihm beschrieb, was sich in den Straßen von Paris abspielte, sagte er zu seinem Getreuen Savoisi, einem seiner Spielkumpane, der ihn stets zu begleiten pflegte: »Savoisi, ich fleh dich an, so gut ich vermag: Steig auf ein gutes Roß, ich werde hinter dir aufsitzen, und wir werden uns so verkleiden, daß man uns nicht erkennen wird, und uns den Einzug meiner Gemahlin ansehen.«

Er wies den König darauf hin, daß dies denn doch ein wenig *choquant* sei, tat dann jedoch, wie ihm geheißen. Er schwang sich auf ein kräftiges Pferd, Karl VI. sprang hinter ihm auf, und so jagten beide durch die Gassen der Stadt. Sie waren in dem Moment bis zum Châtelet vorgedrungen, als die Königin gerade eintraf. »Es gab viel Volks und großes Gedräng. Savoisi preschte so nah heran, wie es ging, und dort standen überall Büttel mit schweren Birkenknüppeln in der Hand.«

Natürlich wollten die Polizei-Schergen Savoisi daran hindern, noch weiter vorzudringen, zumal sie weder den König noch seinen Günstling erkannten, und so begannen sie auf die beiden einzuprügeln, um sie zum Zurückweichen zu bewegen. »Und der König erhielt mehrere treffliche Schläge und Püffe auf den Buckel. Und am Abend ward die Sache im Beisein von Damen und Demoisellen kundgetan und berichtet, und man begann darüber köstlich zu scherzen, und sogar der König lachte über die Püffe, welche er empfangen.«

In seiner Freude über den herrlichen Empfang, den die Pariser seiner jungen Gemahlin bereitet hatten, und in seiner seligen Zufriedenheit darüber, daß es ihm gelungen war, sich in Verkleidung persönlich unter das Fest zu mischen, wäre Karl VI. bereit gewesen, sich selbst auf die Gefahr, weitere Prügel zu empfangen, erneut ins Gewühl zu stürzen.

Dann wurde die Königin offiziell in der Sainte-Chapelle gekrönt. Vier der höchsten Bürger von Paris überreichten ihr als Geschenk ein goldenes Schiff sowie zwei große Flakons, zwei Pillendosen und zwei Wannen aus Silber. Auch schenkten sie Valentina Visconti, der Herzogin von Orléans, zwei Tafelservice und dem König vier Krüge, sechs »Weichküpen« und sechs Teller aus Gold. Zwei Männer, der eine als Bär, der andere als Einhorn verkleidet, und zwei weitere, die als Mohren geschminkt und kostümiert waren, mußten ihm diese Geschenke überreichen. Karl war hingerissen: »Habt Dank, gute Leute«, sagte er, »sie sind wahrhaftig herrlich und kostbar.« Das hinderte ihn jedoch nicht, am nächsten Tag die *gabelle*, die Salzsteuer, zu erhöhen. Irgendwie mußte das Geld, das man für das Fest ausgegeben hatte, schließlich wieder hereinkommen...

Am Abend war die Freude vollkommen. In einer reich geschmückten Sänfte, umgeben von einer Schar von Damen und Demoisellen, zog die Königin in den Palast ein, »und das war herrlich anzuschauen«. Das Souper verlief besonders ausgelassen, es wurde gescherzt, getrunken und gelacht. Zum Abschluß wurde getanzt »bis in den Morgen, und es war ein gar großes Festbankett. Am folgenden Tag gab es Turniere und andere Kurzweil.«

Über alledem hatte der König jedoch nicht vergessen, daß Paris zwar seine Haupteinnahmequelle und größte Zuträgerin verschiedenster Vergnügen, aber damit noch nicht seine Hauptstadt war, denn seine moralische und ahnengebundene Autorität, wenn man so sagen darf, bezog er aus Saint-Denis. Moralisch gesehen war er also verpflichtet, Isabeau dorthin zu führen, damit sie dort noch eine weitere Dimension der Weihe und des Segens erhielt, nämlich die rein spirituelle des Erbes der Kapetinger. Daher führte Karl VI. ein paar Tage später »die Königin dorthin, und sie ward gar prächtig empfangen, und folgenden Tags fand dort eine gar beachtliche Messe statt«.

Der Appetit auf Feste und Vergnügen war jedoch so stark, daß Karl VI. in Saint-Denis nach dem Vollzug des religiösen Rituals beschloß, das Ereignis durch die buntesten profanen Freuden zu krönen.

Der König gab Order, an dem genannten Ort Saint-Denis bestimmte Turniere abzuhalten, um die Königin sowie mehrere Seigneurs aus fremden und anderen Landen festlich zu feiern, und so wurden große Vorbereitungen an Tribünen wie Kostümen getroffen, und dies währte drei volle Tage.

Am ersten Tag waren es Turniere nach den strengsten Regeln der Ritterschaft. Die Ritter, die turnieren sollten,

wurden geführt von Damen in Kleidern, die über und über bestickt und mit feinstem Untergebinde gesäumt waren. Und den Hals des Kampfrosses umband ein mächtiges Halfter von Gold und Seide, das die Damen in ihren Händen hielten, und so präsentierten sie die Ritter, welche mächtige Hackney-Zelter ritten, auf dem Plan. Nachdem die Ritter auf dem Felde vorgeführt waren, saßen die Damen ab und begaben sich auf die Tribünen. Auf die nämliche Art wurden die Knappen herbeigeleitet von Demoiselles, die gekleidet waren wie die am ersten Tage.

Bis hierhin verläuft alles ganz normal: Es handelt sich um Vergnügungen, wie sie das ganze Mittelalter hindurch bekannt waren. Am dritten Tag nimmt das Fest jedoch so eindeutige Formen an, daß die Zeitgenossen, obgleich an solche Szenen gewöhnt, offenbar größte Hemmungen haben, sie zu schildern.

Ein prächtiger Saal aus Zelten, lang und breit, ward errichtet, worin Dîners und Soupers bereitet wurden. Und von welcher Art die Kurzweil auf besagten Turnieren war, wollen wir nur kurz erwähnen. Und es war in aller Munde, daß besagte Turniere Ursach waren von unzüchtigen Dingen in Liebeständelei, woraus in der Folge viel Übles erwuchs. Und eine Chronik sagt, daß die genannten Turniere *lubrica facta sunt.*

Juvénal des Ursins ist derjenige, der diese Vorfälle verschämt berichtet und nicht wagt, sich näher über sie auszulassen. Es handelt sich zwar noch nicht um die *soupers fins*, jene raffinierten Gelage des Regenten Philipp von Orléans und seiner Rauf- und Saufkumpane, und doch gemahnen sie bereits stark an diese: Die hier erwähnten Turniere »arten schlüpfrig aus«, und wenn man bedenkt, daß die Menschen des Mittelalters nicht gerade prüde waren, so muß man feststellen, daß zu Beginn der Herrschaft Karls VI. ziemlich lockere Sitten herrschten, die sich von der Strenge am Ende der Regierungszeit Karls V. drastisch unterschieden.

Das Paradoxe daran ist, daß diese recht galanten Feste zu Ehren von Isabeau de Bavière stattfanden und von König Karl VI. angeordnet wurden, der, wie alle Zeugnisse ausdrücklich feststellen, in seine junge Gemahlin sehr verliebt war. Isabeau war schön, so wird uns berichtet, und ausgesprochen sinnlich. Sie besaß einen Charme, der den Männern die Köpfe, wenn nicht gar die Herzen verdrehte. Sie hatte eine unfehlbare Macht über den König, und dieser wurde nicht müde, die Vorzüge seiner

Frau zu rühmen. Im Grunde führte Isabeau de Bavière den Vorsitz in einer neuen Spielart des *Cour d'Amour* – doch die Zeiten waren vorbei, in denen sich eine Aliénor von Aquitanien noch damit begnügte, über die charakteristischsten Fälle der *fine amor* oder Hohen Minne Gericht zu halten. Obwohl auch die idealisierte Liebe des 12. Jahrhunderts bereits ebenso sinnenfreudig wie spirituell war, trat nun die hemmungslose Suche nach Lust und Vergnügen in jeglicher Form an ihre Stelle – inklusive dem erotischen Raffinement dessen, was man heute als »Gruppensex« bezeichnet.

Übrigens war Isabeau während der Festivitäten, die ihren feierlichen Einzug in Paris begleiteten, schwanger. Dies erklärt alles, denn außereheliche Beziehungen einer Königin waren undenkbar, sofern die Gefahr einer Schwangerschaft bestand. Der König hatte dagegen stets die Möglichkeit, sein Treuegelöbnis zu brechen: Hatte er Bastarde, so wußte man, wer der Vater war, und sie waren ohnehin offiziell von der Macht ausgeschlossen. Daß eine Königin Gefahr lief, Bastarde zu bekommen, noch dazu von einem unbekannten Vater, konnte dagegen nicht geduldet werden. Dies war übrigens keine Frage der Moral, sondern eine Frage der Erbfolge: Die Königswürde mußte in der gleichen Weise an männliche Erben weitergegeben werden, wie auch beim Adel und dem Bürgertum das Erbe des Vaters in der Familie gesichert wurde. Das patriarchalische System ist an bestimmte Bedingungen geknüpft, die *de facto* darin bestehen, daß der Ehebruch der verheirateten Frau ausdrücklich verurteilt wird, während gegenüber der Untreue des ehebrecherischen Mannes größte Toleranz herrscht. So begegnet man in der Geschichte häufig Königen oder Fürsten, die sich allen Ausschweifungen hingeben und an »verbotenen Spielen« beteiligen, jedoch nie in Begleitung ihrer Gemahlin: Diese hat sich vor jeglicher Befleckung zu hüten, denn ihre Aufgabe ist die Mutterschaft und Weitergabe des männlichen Erbes. Mätressen und Favoritinnen sind dagegen völlig statthaft in solchen Händeln, denn durch sie entsteht keinerlei Gefahr für Stammfolge und Nachkommenschaft. Kurz, es sieht ganz so aus, als habe Isabeau de Bavière – und sei es auch nur während ihrer Schwangerschaft, wo nichts zu befürchten war – ihrem königlichen Gemahl auf bestimmten *parties fines* Gesellschaft geleistet, die die Moral bei gewöhnlichen Sterblichen zwar verurteilt, die aber in einem bestimmten Milieu, das sich als »privilegiert« bezeichnet, stets zum guten Ton gehören.

Natürlich war die Gesellschaft zur Zeit Karls VI. auch nicht verkommener als in anderen Epochen. In ihrem Verhalten hat man viel eher das Verlangen nach Flucht vor der Angst und der Langeweile sowie jugendlichen Überschwang als reines »Laster« zu sehen: Wir dürfen nicht vergessen, wie jung der König war, wie jung seine Brüder waren, wieviel Hunger nach Leben sich dieser Generation stattlicher, galanter und feinsinniger Seigneurs bemächtigt hatte, die kaum erst dem Grauen eines langen und leidvollen Krieges entronnen waren. In erster Linie wollte man sich in guter Gesellschaft, unter erlesenen jungen Männern und Frauen, ja sogar *en famille* unter Eheleuten amüsieren. Die Liebe des jungen Karl VI. zur betörenden Isabeau de Bavière wie die Liebe seines Bruders Ludwig von Orléans zu der stolzen Valentina Visconti wird durch all dies nicht gefährdet. Das beweist uns eine Anekdote, die zugleich verdeutlicht, wie sehr die beiden Brüder für Spiele und Divertissements schwärmten.

Als sich Karl und Ludwig ins Languedoc begeben hatten, um bestimmte Angelegenheiten zu erledigen, insbesondere um den Vertrauensmann des Herzogs von Berry, ihres Onkels, für seine Exzesse beim Eintreiben von Geldern zu bestrafen, nutzten sie die Gelegenheit und machten sich in Avignon und Montpellier ein herrliches Leben. In Montpellier schlossen der König und der Herzog von Orléans eine Wette über 5000 Pfund ab, wer als erster wieder bei seiner Gemahlin sein würde. Was die Gedanken der beiden Brüder beherrschte, war also ihre jeweils rechtmäßig Angetraute, und eine solche Wette konnte das Verlangen nach ihr nur noch verstärken: Da sie zum Objekt eines Wettkampfs wurde, den noch dazu ein bedeutender Einsatz rechtfertigte, erhielt die Gemahlin, ob Isabeau oder Valentina, eine Art erotischer Aura, die sie in den Rang der berühmtesten und begehrtesten *frouwen* der höfischen Zeit erhob. Der König und Ludwig von Orléans nahmen getrennte Wege und brachen auf. Sie ritten Tag und Nacht, jeder nur mit einem Mann Begleitung. Einige Male verließen den König die Kräfte, so daß er auf einem Fuhrwerk weiterfahren mußte, um sich auszuruhen. Dieses Wettrennen, dem er sich gegen den Rat der weisesten Leute seines Hofs auf unwegsamen und unsicheren Wegen aussetzte, zeigt, wie leichtsinnig und unbesorgt er war und wie sehr er Gefahr und Risiko liebte. Trotz seiner athletischen Erscheinung vertrug Karl die Strapazen der Reise sehr schlecht. Dies gibt uns einen Hinweis darauf, daß sein gesundheitlicher Zustand möglicherweise schon damals fragil war und daß die Erschöpfungsanfälle Vorzeichen jener Krise waren, die ihn bald darauf in die Strudel des Wahnsinns reißen sollte. Auf alle Fälle war sein Bruder derjenige, der die Wette gewann, und Isabeau blieb nichts anderes übrig, als ihren königlichen Gemahl mit der zärtlichen Rührung zu trösten, die seine unbesonnene Aktion in ihr erregte.

Denn es besteht nicht der geringste Zweifel, daß Isabeau sehr verliebt in Karl war. Das junge Paar lebte in vollkommener Harmonie miteinander, und das ist, wie wir zugeben müssen, in königlichen Ehen so häufig nicht der Fall, sind sie in den meisten Fällen doch das Resultat eines Abkommens, das mit Liebe nichts zu tun hat. Beide aber waren jung und schön, beide waren feinsinnig und wie geschaffen, sich zu verstehen. Sie besaßen die gleiche Leidenschaft für Spiele, Feste und Divertissements. Und vor allem besaßen sie die Mittel, um dieses Bedürfnis nach Unterhaltung zu befriedigen, selbst wenn die königliche

Schatzkasse leer war: Man brauchte ja nur neue Steuern zu erheben oder sich irgendwelche anderen Tricks einfallen zu lassen. Genau das mußte das Volk nach dem feierlichen Einzug der Königin in Paris zu seiner Überraschung feststellen. Es hatte gehofft, daß die Steuern, insbesondere die *taille* (direkte Kopf- und Einkommensteuer) sowie die außergewöhnlichen *aides* (Sondersteuern wie z.B. die Wehrsteuer) zu diesem Anlaß gesenkt würden. »Aber nichts wurde gesenkt«, so berichtet Juvénal des Ursins,

sondern die Salzsteuer wurde gar noch erhöht. Und auch das Geld, das man zu Zeiten des Vaters prägte, wurde vollends null und nichtig, man gab ihm keinen Kurs mehr, und dies zwackte und plagte das Volk gar sehr.

Ein anderer Chronist bemerkt über Karl VI., er »pflegte 1000 Ecus zu verschenken, wo sein Vater nur 100 gab«. Und irgendwie mußte die Differenz wieder aufgetrieben werden.

Der gleichen verschwenderischen Prachtentfaltung begegnet man einige Zeit später bei den Feierlichkeiten zu Ehren von du Guesclin wieder, die auf die Feste anläßlich des Einzugs der Königin in Paris folgten. Weshalb diese Zeremonien, die in jenem Moment wohl kaum gerechtfertigt waren? Du Guesclin, der treue Verbündete Karls V., der im selben Jahr wie dieser starb, wurde mit einer prächtigen posthumen Ruhmesfeier geehrt. Karl VI. wollte damit vermutlich Olivier de Clisson ein Zeichen seiner Gunst erweisen, der du Guesclins Nachfolger im Amt des *connétable de France* wurde, nachdem er während des Bretonischen Sukzessionskriegs bekanntlich der Feind von Bertrand du Guesclin gewesen war. Die Zeit heilt schließlich alle Wunden. Obwohl er nun Konnetabel des französischen Königreichs und damit oberster Befehlshaber der französischen Streitkräfte war, blieb Clisson weiterhin Bretone wie später auch Arthur de Richemont, der künftige Herzog von Bretagne. Karl VI. war sehr daran gelegen, die Bretonen schonend zu behandeln, denn sie waren von seinem Vater ziemlich malträtiert worden, und der bretonische Herzog Jean IV. (Johann IV. von Montfort) war stets bereit, sich auf die Seite der Engländer zu schlagen.

So ließ Karl VI. in der Kirche von Saint-Denis, wo der Konnetabel beigesetzt worden war, eine Totenmesse zum Gedenken an du Guesclin zelebrieren. Alles verlief nach dem Zeremoniell des einstigen Rittertums. Es gab

(...) gar großartige Beleuchtung mit Kerzen und Fackeln. Und zugegen waren der Konnetabel Messire Olivier de Clisson, Marschall von Sancerre, und acht andere, alle gehüllt in schwarze Mäntel zum Zeichen der Trauer.[2] Der Bischof von Auxerre sang die Messe.

Die Opfergabe bestand aus vier Streitrössern, zwei davon in Kriegsausrüstung, zwei in Turnierausstattung. Die Herzöge von Burgund, Bourbon, Lothringen und Bar präsentierten sie, und vor ihnen trugen, den Zug anführend, die höchsten Seigneurs Schild, Schwert, Lanze, Helm, Handschuhe sowie die übrigen Teile der Rüstung her. Der Bischof von Auxerre hielt eine Lobrede auf den *bon connétable*. Dies war übrigens die erste Leichenrede, die in der Abteikirche von Saint-Denis gehalten wurde.

Die Ehren, die man Bertrand du Guesclin erwies, waren mit dieser religiösen Zeremonie freilich noch nicht beendet. Kaum war die Messe verklungen, schritt man geschlossen zu einem Dîner. Und an die Armen, die herbeigeströmt waren, teilte man großzügige Almosen aus.

Die Herren und alle Anwesenden waren beglückt über die Ehren, die der König einem so edlen und tapferen Ritter erwies, welcher der *connétable* selig einst gewesen.

Wie man sieht, war jeder Anlaß willkommen, um sich zu zerstreuen und die Seigneurs zu Vergnügungen zu bewe-

2 Nach bretonischem Brauch war die Trauerfarbe Schwarz, während man am französischen Hof bei Trauerfällen Weiß trug.

gen, welche politisch zwar gerechtfertigt, aber mit Ausgaben verbunden waren, die die königliche Schatzkasse kaum bewältigen konnte.

Die Königin stand ihrem königlichen Gemahl in keiner Hinsicht nach: Auch sie machte reichlich von Freigebigkeiten Gebrauch und streute sie, ohne die Summen zu zählen, um sich aus. Ihre Pagen, Diener, Damen und Demoisellen, die ihren Hofstaat bildeten, ja sogar ihre Wachen, alle erhielten bei den verschiedensten Anlässen Geschenke. Man hatte durchaus den Eindruck, Isabeau de Bavière wollte als Königin Frankreichs das Bild einer großzügigen Fürstin von sich geben, die über die materiellen Güter dieser Welt erhaben war. Dies jedoch entsprach keineswegs den Realitäten, wie sich später noch zeigen wird, besonders dann, wenn es darum geht, ihren Bruder Ludwig von Bayern zu begünstigen. Sie besaß einen ausgeprägten Familiensinn und vertrat den Standpunkt, daß für sie und ihre Nächsten nichts zu schön war. Daher konnte die Großzügigkeit, mit der sie ihren Dienern begegnete, ihren Ruhm nur noch mehren.

Bei alledem war sie jedoch keineswegs blind. Zwischen denen, die ihr treu dienten, und denen, die sich damit begnügten, ein lukratives Amt zu bekleiden, wußte sie sehr wohl zu unterscheiden. Auch zeigte sie sich sehr streng gegenüber denen, die sich gravierende Delikte leisteten. So ließ sie nicht zu, daß ihre Leute das Eigentum eines anderen verletzten, wie es damals so häufig geschah: Die Diener gewisser Adliger oder Fürsten bedienten sich, wo sie nur konnten, und waren sicher, daß sie ungestraft blieben, denn wer würde gegen einen mächtigen Landesherrn schon Klage erheben? In weiser Voraussicht hatte Isabeau dafür gesorgt, daß die *officiers* ihres Hofstaats keine Gelegenheit fanden, in der Umgebung ihrer Residenzen, besonders in den dazugehörigen Abteien und Ländereien, vom berühmten – obgleich gesetzeswidrigen – *droit de prise* Gebrauch zu machen, d.h. von jenem Privileg der Landesherrn, unter dem Vorwand der »Beschlagnahme« ihren Bedarf an alltäglichen Luxusgütern zu dekken. Der erste uns überlieferte Amtsakt der Königin Isabeau ist tatsächlich das ausdrückliche Verbot, aus der Abtei von Longchamps auch nur den geringsten Gegenstand zu entwenden.

Freilich entsprang die Wachsamkeit, mit der die Königin darauf achtete, daß der Besitz dieser Abtei unangetastet blieb, nicht allein dem Wunsch, die Gesetze respektiert zu sehen und ihr Hauswesen gut zu verwalten, sondern auch der »großen Liebe und ganz besonderen Demut und Ergebenheit« gegenüber den »Nonnen von Longchamps und ihrer Kirche«. Dies gehörte zu einer Tradition der königlichen Familie, zu der bei Isabeau noch eine Art Aberglaube hinzukam. Die Abtei von Longchamps war ein Franziskanerinnenkloster, das Isabelle de France, die Schwester Ludwigs IX., 1290 unweit von Paris am Ufer der Seine an der Stelle der heutigen Pferderennbahn gegründet hatte. Diese Abtei wurde seither von den Königen mit Wohltaten beehrt und stand unter dem Schutz der Königinnen. Ihre Gründerin galt als große Heilige, und die Frauen des Hauses France widmeten ihr einen wahren Kult. Isabeau konnte also nicht anders, als dieser Tradition zu folgen, und ihr Eifer wurde noch durch die Tatsache bestärkt, daß sie den gleichen Namen trug wie die fromme Gründerin.

Während sie bemüht war, auf diese Weise die Schwachen gegen die Übergriffe der skrupellosen Mächtigen zu schützen, behandelte Isabeau diejenigen, die sich nur geringfügige Delikte zuschulden kommen ließen, durchaus mit Nachsicht. So wurde ein gewisser Perrin le Tassetier, der im Dienst der Königin-Mutter gestanden hatte und vom Hof des Königs an den der Königin übergewechselt war, einmal des Vergehens überführt, mit gefälschten Würfeln gespielt zu haben, und man hatte ihn in den Kerker des Châtelet geworfen. Isabeau ließ ihn »in Anbetracht seiner einstigen Verdienste« durch einen *lettre de rémission* (Strafaufhebungsakt) vom 11. Januar 1389 auf freien Fuß setzen. Jean Perceval, genannt Le Picart, ein anderer ihrer Diener, diesmal aus sehr bescheidenen Verhältnissen, »ein armer Hühnerhofknecht«, war beauftragt worden, acht Dutzend Poularden und anderes Geflügel für den Hof Isabeaus einzukaufen, die damals in Melun residierte. Unter dem Vorwand, man verlange einen zu hohen Preis von ihm, hatte er sie nicht bezahlt. Daraufhin hatten sich die Hühnerhofmeister der Königin geweigert, diese Ware in Empfang zu nehmen, da sie wußten, daß sie gestohlen war, und so ging Jean le Picart das Geflügel in Paris verkaufen und steckte den Gewinn in die eigene Tasche. Er wurde gefaßt und ins Gefängnis geworfen. Als Isabeau von der Geschichte erfuhr, betrachtete sie diesen Fall als nicht strafwürdig und ließ den armen Schlucker ebenfalls auf freien Fuß setzen.

Die meiste Zeit über residiert die Königin im Hôtel Saint-Paul, das, von Karl V. eingerichtet und vergrößert, damals das eigentliche Palais-Royal ist. Häufig aber weilt sie auch in der Nähe von Paris, in Melun, das sie besonders schätzt, in einem prächtigen Herrschaftssitz im Oise-Tal oder auch in der Umgebung von Chartres. Weit entfernt sie sich jedoch nie von der Hauptstadt: Vincennes liegt nur eine Wegstunde weit vom Hôtel Saint-Paul entfernt. Creil und Mantes dagegen markieren bereits die Grenzen von Frankreich, denn wir dürfen nicht vergessen, daß in jener Zeit die Ile de France das Königreich Frankreich im eigentlichen Sinn bildet: Dazu gehörten gerade noch das Hurepoix sowie die Regionen um Chartres und Orléans – soweit diese Gebiete nicht zur Apanage von Louis d'Orléans, dem Bruder des Königs, gehörten wie z.B. das Brie, das französische Vexin, das Pays de France und das Valois, das dazu noch persönlicher Besitz der Nachkommen Philipps VI. und des schrecklichen Charles de Valois war. Als *reine de France* residierte und reiste Isabeau also innerhalb dieses eng begrenzten Territoriums, und sie genoß den idyllischen Charme der Täler und Wälder jenes Landes, aus dem sich ein großes, durch Krieg, Erbschaft oder List erobertes Königreich entwickeln sollte.

In welcher ihrer Residenzen sie sich auch aufhielt, stets war Isabeau de Bavière darauf bedacht, ihre Liebe zum Luxus und ihre Lust auf Feste zu befriedigen. Man mag zwar der Ansicht sein, sie sei ihrer Aufgabe nicht gewachsen gewesen, doch ist zu bedenken, daß von ihr nichts anderes verlangt wurde, als schön zu sein, auf den offiziellen Umzügen zu erscheinen, an Festlichkeiten teilzunehmen, ihre Umgebung mit Großzügigkeiten zu erfreuen – und natürlich der Krone Frankreichs Erben zu schenken. Darf man ihr Verhalten also verurteilen und als oberflächlich einschätzen? Mit Sicherheit darf man es nicht zu jenem Zeitpunkt, wo sie als junge Königin den Reiz nicht nur der Macht, sondern auch der *Souveraineté* entdeckt, die sie trotz allem – und so phallokratisch das damalige Regime auch gewesen sein mag – repräsentiert.

Überdies nahm sie eine berühmte Tradition ihrer illustren Vorgängerin Aliénor von Aquitanien wieder auf, deren Bild gewiß so mancher Königin jenes ausgehenden Mittelalters vorschwebte: Isabeau wollte ihren eigenen *Cour d'Amour* besitzen. Der anhaltende Waffenstillstand mit England erlaubte es, an andere Dinge zu denken als an Schlachten, Gemetzel und Lösegelder, die verschiedene Familien für die Rückkehr eines ihrer Mitglieder zu zahlen hatten. Wie stets unter solchen Umständen ist von der Liebe die Rede, sobald man nicht von Krieg spricht: Diese Gesetzmäßigkeit findet sich zu allen Zeiten bestätigt, und wenn die Liebe den Verfechtern der höfischen Minne zufolge mit der Ehe unvereinbar ist, so läßt sie sich erst recht nicht mit dem Krieg vereinbaren. Isabeau de Bavière wollte sich – zweifellos um die geringe Bedeutung, die man ihr auf den Wegen der Macht gewährte, zu kompensieren – mit Literaten und Gelehrten, mit edlen Frauen und großen Liebeskünstlerinnen umgeben, die fähig waren, ihre Ansicht über diese oder jene Frage der Kasuistik zu äußern. Damals stand sie in voller Jugendblüte, sie war schön und begehrt, vom Hof umschmeichelt, geliebt von ihrem Gemahl, dabei aber getrieben von der Leidenschaft für den Luxus und von dem Verlangen, im Vordergrund der Bühne zu glänzen. Sie stellte sich daher einen *Cour d'Amour* in etwa nach dem Vorbild desjenigen vor, den Aliénor von Aquitanien in der Zeit ihrer Zurückgezogenheit in Poitiers eingerichtet hatte und der im Grunde den herrschaftlichen Gerichtshöfen nachgebildet war: Es gab darin Gerichtspräsidenten, Räte, Untersuchungsrichter, Vertreter des Königs, Anwälte, die in einem einzelen Fall die Verteidigung oder Anklage zu führen hatten, sowie alle für einen Prozeß benötigten Beamten. Die Männer und Frauen des Adels zitierten sich gegenseitig vor dieses Gericht, um sich die Zeit zu vertreiben, doch zugleich auch, um bestimmte persönliche Fragen und Probleme zu klären. Alles verlief in guter Laune und mit dem Raffinement einer Gesellschaft, die der Muße frönte. Man ergötzte sich mit Plädoyers, in denen man Maximen der Zärtlichkeit, wie es dem Stil der Zeit entsprach, durch mehr oder weniger passende Passagen aus der Bibel oder den Schriften der Kirchenväter stützte. In den Namenslisten dieser voll und ganz der Liebe verschriebenen Gesellschaft begegnete man neben der Königin, ihren Hofdamen und verschiedenen Prinzessinnen auch Doktoren der Theologie, Priestern, Äbten, Bischöfen, militärischen Haudegen sowie den seriösesten Persönlichkeiten des Hofes.

Es wäre unrichtig zu meinen, dieser *Cour d'Amour* sei eine knochentrockene Angelegenheit gewesen, denn er war der Treffpunkt aller Schöngeister der damaligen Zeit. Eustache Deschamp fand darin nützliche Motive für zahlreiche Gedichte sowie für seine *Art d'Aimer* oder »Liebeskunst«, worin er sich als Schüler des berühmten André le Chapelain bekannte. Und da sich die Mode der Liebesgerichtshöfe auch in mehreren Familien des Hochadels verbreitete, läßt sich der Einfluß dieser Liebeskasuistik und Liebesforschung voller Raffinement sehr wahrscheinlich auch in den Werken von Charles d'Orléans, jenem feinsinnigen Dichter, nachweisen, der bei all den schweren Prüfungen in den Kriegen der Armagnacs – deren Haupt er war – und selbst in seiner Gefangenschaft in England nach der Schlacht von Azincourt nie vergessen hatte, daß er der Sohn der schönen Valentina Visconti und der Neffe der nicht minder schönen Isabeau de Bavière war.

### *Die Hölle des Spiels*

War diese Epoche auch von Gewalt, von Grausamkeiten jeder Art – egal welcher Partei –, von schmutzigen Morden, spektakulären Verleugnungen und maßlosen materiellen Ambitionen geprägt, so war sie auf der anderen Seite doch ebenso berühmt für ihr Raffinement, ihre Feste, ihre Divertissements und ihre entfesselte Leidenschaft für das Spiel in jeglicher Gestalt.

In Nachkriegszeiten ist dies zwar immer der Fall, aber noch deutlicher trifft es auf das ausgehende 15. Jahrhundert zu: Man erwartete ein baldiges Wiederausbrechen der Feindseligkeiten, denn die Lage zwischen Frankreich und England war völlig ungeklärt, und die Zukunft sah düster aus. Für alle, ob Adlige, Bürger oder gemeines Volk, galt nur eines: die Vergangenheit vergessen und nicht an die Zukunft denken. Isabeau gehörte gewiß zu denen, die sich damit abfanden, die Fülle des Augenblicks zu genießen und nicht an den nächsten Tag zu denken. Und was gab es, um zu vergessen, außer dem Spiel? Also spielte man Liebe, man spielte Sich-Verkleiden, man spielte Sich-Schönmachen oder Sich-Häßlichmachen, je nachdem, wie es der Anlaß erforderte. Man erging sich in Gesellschaftsspielen. Ein Beispiel, die *Cours d'Amour*, wurde bereits genannt, ein anderes sind die *soupers fins*, raffinierte Soupers, die im Hôtel Saint-Paul gegeben wurden. Im Grunde war die Atmosphäre an den Fürstenhöfen bereits stark von einem »Régence«-Stil geprägt. Das Volk aber schloß sich diesem Beispiel an und ergötzte sich ebenfalls in einem entfesselten Reigen kleiner Freuden, in denen organisierte Spiele ihren Platz hatten.

Und doch hatte Karl V., der ja nicht umsonst auch »der Weise« genannt wurde, sehr wohl die Gefahr erkannt, die ein Verschwenden der Energien in Nichtigkeiten und »sterilen« d. h. nutzlosen Spielen bedeutete. Seinem Wesen nach eher ein Puritaner, verstand er es sehr wohl, seinen Puritanismus mit einer soliden politischen Vision zu verbinden.

Karl der Weise hatte durch eine Verordnung vom 3. April 1369 unter Androhung einer Strafe von 40 Sous fast alle Geschicklichkeits- und Glücksspiele verboten, insbesondere solche, die mit Würfel, Schach- oder Damebrett, Handball (d. h. das berühmte *Jeu de Paume*), Kegel, Puck, Schussern und *soule* (einem mit Kleie gefüllten, schweren Lederball) gespielt wurden. Zugleich hatte er seine Untertanen aber auch ermuntert, sich im Bogen- und Armbrustschießen zu üben, geeignete Orte für diese Übungen zu suchen, die Geschicktesten mit Preisen zu belohnen, diesen Wettkämpfen den Charakter großer Feste zu verleihen und sie so attraktiv wie irgend möglich zu gestalten. Dabei verfolgte er ein zweifaches Ziel: Einerseits verhinderte er, daß sich seine Untertanen »entmobilisierten«, also ihre Wehrbereitschaft aufgaben, indem sie dem Leichtsinn verfielen; andererseits setzte er damit eine wahre »Sport«-Politik in Gang, die in Wirklichkeit auf eine Militarisierung des Volkes hinauslief.[3]

Daß der Sport – ähnlich wie Äsops Zunge – die beste und zugleich schlimmste Sache der Welt ist, steht außer Frage. Tatsächlich geht es darum, die Energien der Gesell-

---

3 Ein weiterer Vorteil war das Kassieren von Geldstrafen, was in jenen Zeiten permanenter Finanzkrisen nicht zu verachten war. Am 23. Mai desselben Jahres erneuerte Karl V. seinen Erlaß, und um den Eifer der Polizei-Schergen zu stimulieren, die mit der Ausführung des Erlasses beauftragt waren, ließ er denen, die Angaben über solche Delikte zu Protokoll gaben und die Delinquenten faßten, ein Viertel der zu erwartenden Geldstrafe auszahlen (*Recueil des Ordonnances des rois de France I, 172f*).

schaft, die danach drängen, sich Geltung zu verschaffen, auf die eine oder andere Art zu kanalisieren. Mit Hilfe des sportlichen Wettkampfgeistes läßt sich die Aggressivität bündeln und genau in die gewünschte Richtung lenken. Sosehr die Ausübung des Sports auch dem Wohl einer zivilisierten Gesellschaft dient, da er in ihr ein harmonisches Gleichgewicht fördert, wurde sie von totalitären Regimen jedoch stets vor den Karren ihrer politischen Ziele gespannt. Beispiele dafür bietet die Geschichte zur Genüge. Auch wenn man nicht soweit gehen will, muß man doch zugeben, daß das Verbot von sogenannten »nutzlosen« Spielen und die Förderung von Spielen, die »nützlich« für die Verteidigung sind, stets das Ziel hatten, die gesamte Bevölkerung in Alarmbereitschaft zu halten und ihr die Mittel zu liefern, sich im Notfall zu verteidigen.

Man muß natürlich auch betonen, daß das Verbot der Glücksspiele und »nutzlosen« Übungen wenig Wirkung hatte. Das Volk, wie auch die Klasse der Adligen, setzte sich über die Autorität des Herrschers hinweg und änderte nichts von seinen Gewohnheiten. Das wissen wir dank der königlichen Kanzleiregister aus den Regierungszeiten Karls V., Karls VI. und Karls VII. Damals florierten verbotene Glücksspiele mehr denn je und breiteten sich sogar über alle Maßen aus. Die Zeit der Isabeau de Bavière war mit Sicherheit diejenige Epoche der Geschichte Frankreichs, in der am meisten gespielt wurde.

In den Kreisen des Volkes war das *Soule*- oder *Choule*-Spiel besonders weit verbreitet. Dieses Spiel aus alter Zeit war in allen Teilen des Königreichs, vor allem auf dem Lande, viel zu tief verwurzelt, als daß der Erlaß Karls V. es hätte ausrotten können. Im 14. Jahrhundert ging es beim *Soule*, das die Roheit der Sitten widerspiegelte, kaum ohne Wunden oder Beulen ab, und wer mitspielte, konnte von Glück sagen, wenn er ohne ein ausgeschlagenes Auge, einen gebrochenen Arm oder ein zerschmettertes Bein davonkam. Im Grunde war *Soule* eine Fortsetzung der verschiedenen Formen von Rassenhaß, jahrhundertealten lokalen Fehden oder Rivalitäten aufgrund von Unterschieden des Alters oder des gesellschaftlichen Standes – in Gestalt einer gewalttätigen Belustigung. Im Hinterland um Paris, im Vermandois, Bray, Vexin, Meaux, Brie, Gâtinais, Beauvaisais, Amiénois, Artois und Valois – aber auch in der Bretagne, wo es sogar bis in unser Jahrhundert hinein gepflegt wurde – stand dieses *Soule*-Spiel, das auf gallische Ursprünge zurückgeht, sehr lange in hohen Ehren, bevor es endgültig verboten wurde. In kodifizierter und »normalisierter« Form ist dieses Spiel wieder im *Rugby* auferstanden, einem angeblich angelsächsischen Spiel, das jedoch nichts anderes ist als dieses alte gallische Spiel, das von den Engländern übernommen wurde. Im übrigen gäbe es noch vieles zu sagen über die tiefen Wurzeln von Veranstaltungen wie dem Fünf-Länder-Turnier oder Europa-Cup, mit denen unter dem Deckmantel eines harmlosen Ballspiels die alten Rivalitäten, um nicht zu sagen: die Formen des alten Hasses, wieder erwachen.

Im Jahr 1374 wurde ein die Stadt Chauny betreffender *lettre de grâce* (Begnadigungsakt) erlassen, der mit den folgenden Worten beginnt:

Da in diesem Lande Vermandois, insonderheit in Umkreis der genannten Städte Chauny und Caillouet, seit so geraumer Zeit, daß Gegenteiliges nicht erinnerlich ist, zwischen jungen Männern und Kindern, und zwar Stadt gegen Stadt, gewisse *Soule*-Spiele der Brauch sind, in welchen einer dem anderen so fest und hart, wie er vermag, mit den Fäusten ins Gesicht oder in den Leib schlägt (...)

Ein anderer Akt aus dem Jahr 1380 ist ebenso deutlich:

Das *Soule*-Spiel fand dem Brauch gemäß vor den Toren der genannten Stadt Neufchâtel (en Bray) statt, und bestimmte Spieler brachten dem anwesenden Geistlichen namens Perceval beim *Soulieren* eine blutende Platzwunde im Gesicht bei, worauf dieser sie ermahnte: *Souliert* friedlich, oder ihr müßt die Spielstätte verlassen.

In den ersten Jahren der Regierungszeit Karls VI. war das *Soule*-Spiel weiterhin als Massensport in Mode. Ein anderer Akt gibt uns Einblick in eine große *Soule*-Begegnung, die zwischen den Einwohnern des normannischen Vexin und denen aus dem Wald um Lyon ausgetragen wurde:

Da seit so geraumer Zeit, daß Gegenteiliges nicht mehr erinnerlich ist, das Volk aus dem Lande des normannischen Vexin und dem Wald um Lyon den Brauch pflegten, sich jedes Jahr zu versammeln und zu schlagen, indem sie vor den Toren der Abtei Mortemer *soulieren* und gegeneinander *Soule* spielen (...)

Wurde das Spiel zwischen den Einwohnern ein und desselben Ortes ausgetragen, so spielten gewöhnlich Verheiratete gegen Unverheiratete. Dieses Kräftemessen fand zu bestimmten Zeiten statt, besonders während der Weihnachtsfeiertage, am ersten Januar, zu Lichtmeß, am Faschingsdienstag und an Mittfasten.

Am Tage von Mariä Lichtmeß pflegt das Hohe Gericht zu Meaux den Verheirateten wie den noch zu Verheiratenden der Stadt Meaux eine Partie *Soule* zu gewähren, zu spielen draußen vor besagter Stadt, und zwar Mannschaften von Verheirateten gegen Mannschaften von Junggesellen.

(...)

Am Dienstag, dem Tag vor Fastenbeginn, gingen zu Guise in Thiérache die Mannschaften der Stadt, wie allzeit der Brauch in der Gegend der Petite Couture, nach dem Nachtmahl *Soule* spielen zwischen Unverheirateten und Verheirateten.

Im Amtsbezirk Cussait im Bourbonnais war der für diesen Kampf der Ehemänner gegen die Junggesellen jedes Ortes festgesetzte Moment zumeist das Weinachtsfest, und in bestimmten Dörfern dieses Bezirks wurde das Spiel nicht *Soule* sondern *Boule de Chalandus* genannt. Die Sieger bekamen Preise verliehen. Aus zahlreichen Texten, die die Fortdauer dieses Spiels bezeugen, geht hervor, daß man zwischen zwei Varianten des *Soule*-Spiels unterschied. Zunächst gab es *Soule* im eigentlichen Sinn oder *Soule au pied*, wie es im 14. Jahrhundert genannt wurde:

Das Spiel bestand darin, die Lederkugel (*éteuf*) mit dem Fuß zu kicken, was genau der Etymologie des Wortes *soule* entspricht, das vom lateinischen *solea*, ›Sandale‹, abgeleitet ist. Daneben gab es noch eine andere Form dieses Spiels, die darin bestand, die Kugel mit einer *crosse*, also mit einem gekrümmten Schläger zu bedienen. Der Ausdruck *chouler avec une crosse*, der sich in einem *lettre de remission* aus dem Jahr 1381 findet, läßt keinen Zweifel darüber zu, wie diese *Soule*-Variante gespielt wurde. Und von dieser Spielart stammt in direkter Linie das *Crosse*-Spiel ab, das von den Bretonen und Normannen nach Kanada exportiert wurde, wo es unter dem bizarren Namen »Lacrosse« zum Nationalspiel wurde; ferner das *Polo*-Spiel, eine anglo-kanadische Variante des *Crosse*, sowie das *Hockey* der Engländer, die *Treue* oder *Truie*, ein Spiel, von dem Rabelais spricht und das bei den Burgundern sehr beliebt war; weiter das *Boret* der Normannen, das *Goret* (›Spanferkel‹) der Ile de France und schließlich das *Gouret*- oder *Marmite*-Spiel in der Region Centre. Die Bezeichnungen für die dabei verwendete Kugel bzw. den Ball lassen erkennen, daß es sich um eine mit Luft gefüllte Schweinsblase handelte, weshalb es unrichtig ist, wenn in den heutigen Formen dieses Spiels mit dem Wort *gouret* der Schläger bezeichnet wird.

In allen ländlichen Gegenden gab es unendlich viele mehr oder weniger gewalttätige oder barbarische Spiele. Im *Abattis* (›Schlagen‹ bzw. ›Schlachten‹) ging es darum, wer als Erster mit einem Knüppel- oder Steinwurf ein unglückseliges Geflügel aus der Luft holte, das dann dem Gewinner gehörte. Das Werfen der *aumusses* war dagegen harmloser: Dabei warf man einander eine Art Haube (*aumousse*) zu, die gegen Ende des 14. Jahrhunderts weit verbreitet war. Die *barres*, so benannt nach den Stangen der Barrieren, mit denen man die beiden Felder zu begrenzen pflegte, von wo aus sich die Spieler angriffen, waren Turniere, in denen es noch einigermaßen gesittet zuging. Hierbei kämpften häufig benachbarte Gemeinden unter

Aufsicht eines Schiedsrichters gegeneinander, den man den *Roi des barres* – ›König der Schranken‹ – nannte; diese Bezeichnung ist übrigens noch in bestimmten Familiennamen erhalten. Im Norden Frankreichs, vor allem im Artois und in der Picardie, wurden die Sieger mit Preisen in Form von Naturalien geehrt. Die *Jeux de bateaux* waren dagegen wahre Geschicklichkeitsspiele, die ausgedehnte Übung erforderten und vor allem den professionellen Jongleuren und Gauklern vorbehalten waren.

Die *Jeux de bâton* oder Stockspiele gehörten zu solchen Spielen, die man als *Jeux de Noël* (›Weihnachtsspiele‹) bezeichnete, und wurden ebenso in den Städten wie auf dem Land gespielt. In den Städten hingegen war besonders das ritterliche Spiel des *bouclier* (›Schild‹) oder der *bloquets* (›Klöppel‹) in Mode gekommen, seit unter den reichen Bürgern in der glücklichen Zeit vor Ausbruch des Hundertjährigen Krieges der Wunsch aufkam, ebenfalls in Turnieren aufzutreten und die gleichen Divertissements wie die Adligen zu pflegen. Dann dauerte es nicht mehr lange, bis sich dieses Spiel vom Bürgertum auch unter der Masse des Volkes verbreitete. Das *Epée à deux mains* oder »Bihänderspiel« zeugt von jener Marotte, die Bräuche des Rittertums zu imitieren.

Eine Übung mit dem Namen *Au plus près du couteau* (wörtlich: ›So dicht am Messer wie möglich‹ bzw. ›auf Messers Schneide‹) taucht in einer Liste von 214 Spielen auf, die Rabelais in seinem Kapitel »Gargantuas Spiele« aufführt (*Gargantua* I, XXII). Sie bestand darin, mit einem Puck oder einem Ecu möglichst dicht an ein Messer, das am Rand eines Bretts oder Tisches lag – es genügte auch ein einfacher Nagel –, zu treffen. Derjenige, der mit seiner Scheibe oder Münze den Schaft des Messers berührte, ohne daß es zu Boden fiel, hatte gewonnen. In dieser ursprünglichen Art blieb das Spiel in der Saintonge noch lange erhalten, während in anderen Gegenden die Scheiben oder Münzen durch Ringe ersetzt wurden, wie sie auch heute noch auf allen Volksfesten zu finden sind. Das sogenannte *Raie du van*-Spiel (›Scheit im Korb‹) war eine Art umgekehrtes Pendant zum *Au plus près du couteau*, denn das Messer war nun nicht mehr das Ziel, sondern das Wurfgeschoß. Das Spiel kam zu seinem kuriosen Namen, da man auf dem Lande zu dieser Geschicklichkeitsübung gewöhnlich einen großen flachen Heu- oder Getreidekorb (*van*) als Zielscheibe benutzte. Gewonnen hatte, wer mit dem Messer »am dichtesten neben bestimmte Spreizhölzchen« traf, die im Boden des Flechtkorbs steckten.

Die *Corps à corps*-Kämpfe »von Mann zu Mann« waren den *soules* oder *barres* in vieler Hinsicht ähnlich. Diese Kämpfe wurden entweder zwischen den Einwohnern zweier oder mehrerer Gemeinden oder zwischen Verheirateten und Junggesellen einer Gemeinde ausgetragen. Häufig war es Brauch, derjenigen Gemeinde, die den Sieg errang, einen Hammel zu verehren. Daneben gab es noch das *Paumelle*-Spiel, auch *Qui féry?* genannt, was soviel bedeutet wie »Wer hat geschlagen?« und unserem Schinkenklopfen entsprach. Man spielte *main contre main sur les reins* (Hand gegen Hand an der Hüfte), eine Variante des heutigen *Main chaude* (Heiße-Hand-Spiel); man spielte bereits *Marelle*, auch *Jeu Saint-Merry* genannt, d. h. unser »Himmel und Hölle« oder »Hinke-Spiel«, das bis heute eines der beliebtesten Kinderspiele geblieben ist; und schließlich unterhielt man sich schon damals mit Spielen wie *Croix ou pile*, *Croix* und *Croisettes*, Vorformen und Varianten von »Kopf oder Zahl«.

In manchen Dörfern der Champagne, besonders in Hermonville bei Reims, gab es unter der Bezeichnung »Mittfastenspiel« einen jener Bräuche, mit denen eine Institution betrieben wurde, die man ein »Amt für öffentliche Meinung« nennen könnte. Die Neuvermählten des Vorjahres wählten einen aus ihren Reihen, den sie *Seigneur de Grant* nannten, und dieser setzte dann Gerichtsanwälte ein, deren Aufgabe es war, »mittels Schlägen all jene aus besagtem Ort zu strafen, welche sich in ihrem Ehestand während des verflossenen Jahres übel betragen haben«.

Diejenigen, die man für schuldig erkannte, zahlten eine Geldbuße, die für die Kosten des Mahls aufgewendet wurde, das man für ihre Standesgenossen gab.

Im *Jeu des noix*, das auch *Pair ou non pair* (Gerade und Ungerade) genannt wurde, ging es darum, »Gerade oder Ungerade in einen Graben zu werfen«, eine Spielform, die noch lange unter der Bezeichnung *bloquette* fortlebte und hauptsächlich von Kindern gespielt wurde. Rabelais erwähnt dieses Spiel in seinem *Gargantua* unter dem Namen *fossette*. Das uralte *Jeu de l'oie* oder »Gänsespiel« wird bereits in einem Akt von 1380 erwähnt. Im Prinzip war dieses Spiel, damals unter dem Namen *oblayer* oder *oublie* gekannt, nur eine spezielle Form des Würfelspiels. Die *oublie* war damals ein sehr beliebtes Gebäck in Paris, wo man zu Beginn der Herrschaft Karls VI. 29 *oblayers*, d. h. Bäcker dieser »Oblaten«, zählte. Dieses Gebäck wurde in den Gassen feilgeboten, und auf den Truhen, die die Ware enthielten, würfelte man ihren Preis aus, wie es lange Zeit auch bei den Makronenhändlern Brauch war.

Das Spiel *Picquarome* hat sich in der Basse-Normandie noch unter dem Namen *piquot* oder *les piquets* erhalten. Es war eine Geschicklichkeitsübung, bei der jeder Spieler versuchte, durch Einschlagen eines kleinen angespitzten Stocks in den Boden die von seinen Mitspielern bereits plazierten Stöckchen umzuwerfen und aus dem Feld zu schlagen. Das Wort *picquarome* dürfte früher einmal *Piqu'à Rome* gelautet haben. Während der Karwoche wurden – und das ist auch heute noch so – an den als *Tenebrae* bezeichneten Tagen die Glocken nicht geläutet und durch Schnarren, Klappern, Rasseln und Holzklöppel ersetzt. Dieser liturgische Brauch führte anscheinend bereits sehr früh zu einem im Volk verbreiteten Glauben, wonach sich die Glocken, die man nicht hörte, während dieser Zeit auf die Reise nach Rom begaben, um vom Papst die Genehmigung zum Verzehr von Fleisch zu erbitten. Dies scheint der Ursprung des Ausdrucks *piquer à Rome* zu sein, der sich auf denjenigen Spieler bezog, der den Pflock seines

Gegners so traf, daß er ihn »auf die Reise (nach Rom) schickte«, d. h. so weit wie möglich aus dem Spielfeld schlug.

Die meisten dieser Spiele waren im wesentlichen ländliche Vergnügungen der Bauern, während das berühmte *Jeu de paume* ein echt urbanes Unterhaltungsspiel war, das besonders vom Adel und Bürgertum gepflegt wurde. Man weiß, daß alle Könige, insbesondere Karl VI. und Karl VII., in diesem Spiel, das sie besonders schätzten, sehr geschickt waren. Obwohl der Erlaß des Jahres 1369 wie alle anderen »Hasard«- oder Glücksspiele auch dieses Spiel ausdrücklich verbot, ist den Dokumenten der Zeit zu entnehmen, daß man sich an dieses Verbot nicht hielt; wie in der Vergangenheit wurde dieses (Feder-)Ballspiel auch weiterhin gespielt, und der König wie die Großen des Landes gingen als Vorbilder in diesem Ungehorsam voran.

Das *Jeu de paume* hat seinen Namen von der hohlen Hand (*paume*), mit der der Ball oder *éteuf* ursprünglich geschlagen wurde. Diese Art zu spielen war bis in die Mitte des 15. Jahrhunderts die einzig übliche, wie aus einer Passage des *Tagebuchs eines Pariser Bürgers*[4] hervorgeht:

---

4 *Anm. d. Übers.*: Das *Journal d'un Bourgeois de Paris*, einer der außergewöhnlichsten Texte des gesamten Mittelalters, umfaßt Jahr für Jahr den Zeitraum von 1405 bis 1449, d. h. genau die Zeit des Bürgerkriegs zwischen Armagnacs und Bourguignons und ihres wechselnden Terrors. Handelt es sich auch noch nicht um ein »Tagebuch« im eigentlichen Sinn, so leitet es diese Gattung bereits deutlich ein: Thema der Beobachtung und Aufzeichnung – und das ist das Novum – ist die *Stadt Paris* und ihr *Alltag*, also nicht die Verherrlichung eines *Herrschers* und der Ruhmestaten seiner *Regierungszeit*, wie es die Aufgabe der *Chronisten* (vgl. Juvénal des Ursins, Monstrelet, der Mönch von Saint-Denis u.a.) ist. Der anonyme Autor dürfte ein Pariser Geistlicher, jedoch Angehöriger der Universität (*clerc de l'Université*) gewesen sein. Um so ungewöhnlicher ist daher – und damals erst recht! – sein Blick: Er erfaßt sämtliche Schichten und Klassen der Gesellschaft,

*Item* kam (im Jahr 1427) eine Frau namens Margot, gar jung, wie von achtundzwanzig bis dreißig Jahren, welche aus dem Hennegau stammte, nach Paris; sie spielte trefflicher *à la paume*, als je ein Mensch gesehen hatte, und spielte es vorhand (oder mit der Handinnenfläche) wie rückhand (oder mit dem Handrücken) so kräftig und so geschickt wie ein Mann; und wenige Männer kamen, gegen die sie nicht gewann, es sei denn, es waren die tüchtigsten Spieler. Und der Spielplatz, wo in Paris am besten gespielt wurde, befand sich in der rue Grenier-Saint-Lazare, welche Petit-Temple hieß. (*Journal*..., Nr. 472)

Die *quilles*, mehr oder weniger gleichbedeutend mit den *boules*, wurden von Isabeaus Zeitgenossen ebenfalls sehr geschätzt. *Boule* war bereits damals das heute so beliebte französische Spiel, in dem man versucht, seine Kugeln möglichst nahe an ein Ziel rollen zu lassen, das durch einen im Boden steckenden Stock oder durch eine kleinere Kugel, das sogenannte *cochonnet* oder »Schweinchen«, markiert wird, und dabei die Kugeln seines Gegners möglichst aus dem Feld zu schießen. Aber das *Boule*-Spiel des Mittelalters unterschied sich stark von dem, was man damals als *grosses quilles* (Kegel) bezeichnete. Dabei verwendete man anders als heute keine Kugel, sondern versuchte, durch einen Wurf mit einem Stock von einer Elle Länge aus

---

von den Königen und ihren bombastischen Festen, über die »Mafia« der Zunft-Bosse, über streikende(!) Arbeiter bis hin zum Heer arbeitsloser Tagelöhner und unbehauster Frauen: Er berichtet von der Straße, ja, von der *Gosse* aus, und dies in einem krassen Realismus, wie man ihm erst bei Grimmelshausen oder im Expressionismus nach dem Ersten Weltkrieg begegnet. – Da dem Verfasser nur die teils lückenhaften, teils allzu glättend modernisierten Ausgaben von Tuetey (1881) und A. Mary (1930f) vorlagen, übersetzen wir die betreffenden Passagen aus der erstmals vollständigen und kritischen Edition von Colette Beaune: *Journal d'un Bourgeois de Paris* (texte original et intégral et commenté), von 1990; zur Angabe der Textstellen folgen wir der von ihr vorgenommenen Zählung der ›Absätze‹, d. h. der ›Einträge‹ von Nr. 1-904, die der Autor bereits systematisch durch *Item*... hervorgehoben hatte.

größerer Entfernung die Kegel umzuwerfen. Weiterhin läßt sich anhand der königlichen Kanzleiregister nachweisen, daß auch das *Jeu de billes* (»Kugelspiel«) oder *Billard* trotz des erlassenen Verbotes weiterhin gespielt wurde. Von Land zu Land hatte das Spiel verschiedene Namen: in Montlhéry z.B. hieß es *Boule* oder *Billette*, in Beaune *Bilote*, anderswo *Billon*. Den dicken und kurzen, manchmal als Krummstab gebogenen Stock, der zum Stoßen der Kugeln verwendet wurde, nannte man *Billart* oder *billouer*. Zur damaligen Zeit war nur das »Bodenbillard« bekannt, das unter freiem Himmel und wie das Kricket direkt auf dem Boden gespielt wurde. Das »Hochbillard«, aus dem sich unser heutiges Spiel entwickelte, stammt erst aus der Renaissance.

Kein Wort verliert der Erlaß von 1369 dagegen über Kartenspiele. Das hängt damit zusammen, daß in Frankreich die Spielkarten nicht vor den ersten Jahren der Regierungszeit Karls VI. eingeführt wurden. Es ist überliefert, daß man dem König, der bereits damals krank war und ganze Tage hindurch das Bett hütete, dieses neue Spiel als Ablenkung bot, das in Italien gerade Furore zu machen begann. Wie zu erwarten, verbreiteten sich die Kartenspiele sofort in allen Kreisen des Adels und sollten unter Karl VII. eine Zeit gewaltiger Popularität erleben.

Wie aus den verschiedensten Zeugnissen hervorgeht, war im ausgehenden 15. Jahrhundert beim Volk wie in der Klasse des Adels Würfeln das am weitesten verbreitete Spiel. Nach dem Erlaß von 1369 hat die Zahl der Würfelspieler mit Sicherheit nicht abgenommen, denn dieses Glücksspiel führte zu einer schier unüberschaubaren Zahl von Streitfällen. Zu allem Überfluß gingen die Fürsten von Geblüt mit schlechtem Beispiel voran: Der Herzog von Berry, einer der Onkel Karls VI., war dem Würfelspiel so leidenschaftlich verfallen, daß er bereits im Jahr 1370, als er eines Tages kein Geld mehr in der Tasche hatte, sogar sein Gebetbuch aus Korall verpfändete, wofür man ihm eine Summe von 40 Francs lieh, nur damit er mit mehreren seiner Ritter weiterspielen konnte. 1378 ließ sich Karl von Navarra, der älteste Sohn Karls des Bösen, der seinen Vater verlassen hatte, um in Paris am Hof seines Onkels, des Königs von Frankreich, zu leben, von Zeit zu Zeit beachtliche Summen anweisen, um dem Würfelspiel frönen zu können. Natürlich bedienten sich die skrupellosesten Spieler schon damals bestimmter Tricks, insbesondere »falscher und vorteilhafter« Würfel, sogenannter *dés pipés*, was Anlaß zu Meinungsverschiedenheiten und Streitigkeiten gab, die häufig zu Schlägereien und Anklagen führten, und dies sogar in den angesehensten Familien. In Paris war die Place de Grève lange Zeit der kaum getarnte Treffpunkt der Würfelspieler.

Im Bereich der Brettspiele scheint der königliche Erlaß besser befolgt worden zu sein, oder zumindest wurde dieses Spiel von den Großen dieser Welt auf eine diskretere Art gespielt. So bezeichnete man damals als *Jeux de table* all jene Spiele, zu denen »Damen« und ein »Schachbrett« (*échiquier*) oder anderes Brett (*tablier*) verwendet wurden. Der Tisch bzw. das Brett, auf dem man spielte, war in schwarze und weiße Quadrate unterteilt. Gewöhnlich wurde die Spielplatte als *tablier* bezeichnet, wenn sie zu Damespielen benutzt wurde, und als *échiquier*, wenn sie dem Schachspiel diente. 1416 besaß Isabeau de Bavière in ihrem Ankleidezimmer ein *tablier* aus Nußbaumholz. Und in einem Inventar von 1398 ist ein Brett- und Schachspiel aufgeführt, das in einer Schatulle aus Elfenbein geschützt ist. Während Dame ein volkstümliches Spiel war, blieb Schach eine nur wenigen vorbehaltene Unterhaltung, eine rein aristokratische Form der Entspannung, die ein gewisses Können und rationales Denkvermögen erforderte.

Dieser Exkurs über die wichtigsten Spiele, die während der Herrschaft Karls VI. in Mode waren, ist durchaus von Nutzen, um den wahren Sinn der Geschehnisse zu begreifen, die sich am Hofe wie in den Städten, insbesondere in Paris, abspielten. Zum einen wimmelte es am Hof nur so von Intriganten und mehr denn zwielichtigen Gestalten, wahren Parasiten der Macht, die bereit waren, die königlichen Finanzen zu plündern, um ihre Unterhaltungsgelüste, seien sie auch noch so kostenträchtig, zu befriedigen; zum anderen war eine Stadt wie Paris der Treffpunkt aller Landflüchtigen, die zu überleben versuchten und sich zugleich die Zeit damit vertrieben, indem sie sich an den Meistbietenden verkauften. Die blutigen Fehden zwischen Armagnacs und Bourguignons, bei denen die Pariser eine ganz entscheidende Rolle spielten, konnten nur aufgrund der Anwesenheit von Unerwünschten jeglicher Couleur so weit eskalieren, da diese in ihrem Müßiggang oder ihrer Spielleidenschaft auch die letzten Hemmungen ablegten. Das Verhalten der Isabeau de Bavière wird nur dann begreiflich, wenn man auch das Verhalten derer beleuchtet, die ihre Entourage bildeten und die sie sich dienstbar machte, um ihre Politik durchzusetzen. Auf alle Fälle kann die Umgebung Aufschlüsse über das Verhalten eines einzelnen geben, und die Königin von Frankreich blieb durchaus nicht unberührt vom Einfluß des Milieus, in dem sie sich bewegte, und wenn ihr in der Vergangenheit auch der Vorwurf gemacht wurde, sie sei inkonsequent, wechselhaft und leichtfertig gewesen, so muß man zunächst einmal die mitspielenden Ursachen und Wirkungen untersuchen, die dazu geführt haben, daß sie zuweilen in widersprüchlicher Weise handelte, bevor man eine solche Behauptung bestätigen kann.

Es sieht ganz danach aus, als sei am Ende des 15. Jahrhunderts die königliche Macht durch den Schirm, den die Stadt, in diesem Fall Paris, um sie herum bildete, von der Realität des täglichen Lebens abgeschnitten worden. Auch scheint es, als habe Karl VI., der anfangs ein durchaus guter König hätte sein können, bereits bei den ersten Anfällen seiner Krankheit den Intriganten und Müßiggängern, die seinen Hof bevölkerten, freies Spiel gelassen. Was hätte er sonst auch tun können? Genau an diesem Zeitpunkt aber muß jede Beurteilung Isabeaus ansetzen.

Sie hat nicht danach verlangt, Regentin eines Königreiches zu werden, das sie kaum kannte. Nur allzuoft wurde sie *gezwungen*, aktiv einzugreifen und Entscheidungen zu fällen in Dingen, die möglicherweise ihr Verständnis überstiegen. Schließlich war sie in erster Linie dazu geboren, eine Königin der Feste und Vergnügungen zu sein, nicht aber eine Herrscherin. Und daher ist es von Interesse, daß wir uns die Atmosphäre jenes dem Glücksspiel verfallenen Paris vor Augen halten, denn diese zeugt von einem gewaltigen Wandel des Bewußtseins.

Zeigte der Erlaß Karls des Weisen auch wenig Wirkung, was die Glücksspiele anbetraf, so hatte er doch das Verdienst, den Akzent auf die Notwendigkeit einer permanenten Verteidigungsbereitschaft des Volkes zu setzen. In diesen Kreisen wurde die Tradition noch geachtet: Während sich die Glücksspiele zunehmend entwickelten, wurden die Kampfsportarten in den Städten wie auf dem Lande ebenfalls immer intensiver gepflegt, denn der königliche Erlaß hatte gerade ihnen die *lettres de noblesse* verliehen.

Wie stand es also um das Bogen- und Armbrustschießen, das empfohlen, ja sogar angeordnet wurde als nahezu einziges Spiel, das alle anderen ersetzen sollte, da es die Energien auf die Verteidigung eines Territoriums konzentrierte, das ständig von der englischen Gefahr bedroht war?

In bestimmten Teilen des Reiches führten die königlichen Anordnungen eindeutig dazu, die verschiedenen jahrhundertealten Bräuche nur noch stärker zu etablieren. Dies war in den meisten Provinzen nördlich der Loire der Fall, wie in der Champagne, in Burgund, in der Ile de France, der Picardie, dem Artois und in Flandern: Dort sorgte die Verordnung Karls V. für die allgemeine Verbreitung eines Sports, der bereits seit langer Zeit zumindest in den bedeutenderen Städten und Burgen florierte.

Im Laufe der beiden vorausgegangenen Jahrhunderte hatten alle Städte und Dörfer, die an der kommunalen

Bewegung beteiligt gewesen waren – besonders im Beauvaisais, Valois, Soissonnais, Vermandois und Amiénois –, Kompanien oder Zünfte von Armbrust- und Bogenschützen gebildet, die bedeutende Privilegien genossen. Diese Kompanien besaßen von da an ihre Übungsgelände, die meist *bersauts* genannt wurden; das Wort bezeichnete die Zielscheibe oder das Ziel der Pfeile und führte zu den abgeleiteten Verben *berser*, »zielen«, und *bersailler*, »auf die Zielscheibe schießen«, die die italienische Sprache dem Französischen entlehnte und heute noch kennt. In Sens wurde dieses Schießgebiet *Clos du Roi* genannt, »wo die Schützenschaften der Stadt mit Armbrust und Bogen zu schießen pflegen«, wie es in einem königlichen Akt heißt. Der erste, dem vier Treffer gelangen, erhielt als Belohnung *une gans*, ein Paar Handschuhe.

Nach dem Erlaß Karls V. hatten die Sergenten und andere niedere Gerichtsbeamte, die mit seiner Durchführung betraut waren, als erstes dafür zu sorgen, daß Gelände gefunden wurden, die sich für Schießübungen eigneten. Man wählte dazu an jedem Ort im allgemeinen ein ansteigendes Terrain ohne Unebenheiten und plazierte an seiner höchsten Stelle, gegebenenfalls auf einem künstlichen Hügel, das Ziel für die Schützen, das wir heute als Zielscheibe bezeichnen. Aufgrund seines Verwendungszwecks erhielt dieser Platz fast überall die Bezeichnung *butte* – die Femininform von *but* (Ziel) –, und erst in jüngerer Zeit erhielt das Wort aufgrund einer leicht verständlichen Analogie die Bedeutung »Anhöhe« oder »Hügel«.

Gegen Ende der Regierungszeit Karls V. und zu Beginn der Herrschaft Karls VI. kam die Mode auf, für den Schießsport durch attraktive Preise zu werben. So überreichte Gautier de Monchel, Stallmeister, Burgvogt und Wachhauptmann der Burg von Etaples, im Jahr 1382 dem besten Armbrustschützen der Gegend »als demjenigen, welcher am besten mit der Armbrust zu spielen vermag, zur besseren Förderung und Einführung dieses Spiels«

einen silbernen Sperber. 1384, schon bald nach seinem Herrschaftantritt sorgte Karl VI. dafür, daß der Erlaß seines Vaters erneuert wurde, und verbot bis auf Bogen- und Armbrustschießen wiederum jegliche Glücksspiele. Jean Juvénal des Ursins, der dies berichtet, fügt mit einem gewissen Optimismus hinzu, die Franzosen seien dank dieser Übungen im Bogenschießen schon bald »angeleitet und ausgebildet« und in dieser Kunst sogar noch geschickter als selbst die Engländer gewesen. Dieser Optimismus wurde jedoch schon bald durch die Tatsachen zunichte gemacht, denn die katastrophale Schlacht von Azincourt bewies das Gegenteil. Entscheidend bleibt aber, daß die Zeitgenossen von Isabeau de Bavière und Karl VI. in dieses System der Förderung des Bogen- und Armbrustschießens ihr volles Vertrauen setzten.

Durch den Sturz der Marmousets, jener klugen Ratgeber Karls VI., und die Reaktion der Feudalherren, zu deren Helden sich die Onkel des Königs und Ludwig von Orléans erhoben, wurde zwar alles wieder in Frage gestellt; die Idee als solche hatte aber ihren Weg gemacht: Im Jahr 1448 erschien ein königlicher Erlaß, der die Aufstellung von sogenannten *Francs Archers* anordnete, und bekanntlich hat die Rekrutierung dieser »Bogen-Freischützen« in der Folge zur Geburt jener Waffengattung geführt, die man als die moderne Infanterie bezeichnet. Da aber nichts für sich allein steht und ohne Folgen bleibt, hat diese Entwicklung des Bogen- und Armbrustschießens in allen Schichten der Gesellschaft mit dazu beigetragen, daß die städtischen Aufstände während der Krankheit des unglückseligen Karl VI. und der Regentschaft von Isabeau de Bavière so verheerende Ausmaße annahmen.

## 2
## Ein Wahnsinn, der vielen sehr gelegen kommt

Das Jahr 1392 ist der kritische Moment für die Herrschaft Karls VI., die entscheidende Wende, in der Isabeau de Bavière die Bühne der Geschichte Frankreichs betritt, und zwar nicht als Schönheitskönigin, sondern als eine der Säulen der Politik, die in ihrer Umgebung und mit ihrer Zustimmung gemacht wird.

Zunächst deutete jedoch nichts auf dieses Ereignis hin. Karl VI. sah seine junge Herrschaft unter günstigsten Vorzeichnen beginnen. Er war glücklich und am Ziel seiner Wünsche: Der Frieden mit England gab ihm, so instabil er auch war, Anlaß zu der Hoffnung, man werde am Ende doch noch zu einem Arrangement finden, das beiden Königreichen eine friedliche Koexistenz gestattete. Er war glücklich verheiratet und immer noch unsterblich verliebt in Isabeau de Bavière, mit der er ausgelassen alle Freuden teilte. Und vor allem war er von klugen Ratgebern umgeben, die fest entschlossen waren, sich auf keinen Fall von der chaotischen königlichen Familie dreinreden zu lassen, die zu allen Wortbrüchen und allen faulen Kompromissen bereit war, um ihren maßlosen Hang zum Luxus zu befriedigen. Und schließlich gab es noch einen schrecklichen und gefürchteten Mann, den Konnetabel Olivier de Clisson.

Clisson war Bretone, das hatte er zur Zeit des bretonischen Erbfolgekriegs bewiesen. Er hatte eindeutig für den Thronanwärter Montfort, den die Engländer unterstützten, und gegen den Prätendenten Blois-Penthièvre Partei ergriffen, der von den Franzosen favorisiert wurde. Er hatte auf seiten der Engländer gegen die Franzosen und besonders gegen Bertrand du Guesclin gekämpft, einen anderen Bretonen, der der Kronfeldherr Karls V. wurde. In Auray hatte er 1365 während der letzten Schlacht jenes brudermörderischen Krieges ein Auge eingebüßt, konnte aber trotzdem noch den Erfolg von Jean IV. de Montfort sichern. Auf der anderen Seite war Charles de Blois gefallen und Bertrand du Guesclin in Gefangenschaft geraten. Seit Johann IV. dann durch den Vertrag von Guérande offiziell als Herzog von Bretagne anerkannt war, hatte Olivier de Clisson ihm treu gedient, vor allem in dem Moment, als der König von Frankreich, einen Fehler Johanns IV. nutzend, versucht hatte, das Herzogtum schlicht und einfach zu annektieren. Doch in der Folgezeit hatten sich die Beziehungen zwischen Clisson und Montfort verdüstert – zweifellos deshalb, weil der alte Haudegen ein wenig zu intensiv die junge Herzogin von Bretagne frequentierte –, und Haß war an die Stelle der herzlichen Freundschaft getreten, die die beiden Männer einst verband. Daraufhin hatte Clisson es für ratsamer gehalten, nach Frankreich zu flüchten, und als ihm nach dem Tod seines früheren Feindes du Guesclin das Amt des *Connétable* angeboten wurde, hatte er es ohne Hemmungen angenommen. Olivier de Clisson hatte Johann IV. in der Hand, da er sich mit dem mächtigen Haus Rohan verbunden hatte, indem er Marguerite de Rohan ehelichte, und aufgrund der Heirat zwischen seiner Tochter Jeanne und dem Erben der Penthièvres war er zugleich mit der rivalisierenden Nebenlinie des Hauses Blois-Penthièvre verwandt: Ein solcher Mann brauchte sich in der Tat von niemandem mehr etwas befehlen zu lassen. In der Entourage des Königs war Clisson so geachtet wie gefürchtet. In den Fürstenhäusern wurde er umschmeichelt, aber gehaßt. Zu Beginn der Herrschaft Karls VI. war Olivier de Clisson somit der eigentliche Herr, »der starke Mann des Regimes«, wie man heute sagen würde. Täglich konnte man sich davon überzeugen: Man wußte sehr wohl, daß König Karl einen ungewöhnlichen Starrsinn entwickelte, sofern es seine Vergnügen und die der Königin betraf, daß er sich aber, wenn es um die Staatsgeschäfte ging, unsicher in seinen Entschlüssen, schwankend und durch die Meinungen derer beeinflußbar zeigte, die als letzte das Wort ergriffen. Zudem waren der Konnetabel und die Minister, bei denen Clisson das Sagen hatte, auch sehr darauf bedacht, den König für alle unzugänglich zu machen, außer denen, die ihnen voll ergeben waren. *De facto* hatte also nicht Karl VI., sondern Clisson die Herrschaft inne. Die Oheime des Königs sowie Ludwig von Orléans sahen dies bald sehr deutlich, und sobald sie die Möglichkeit dazu hatten, setzten sie alles daran, den Konnetabel wieder zur Rückkehr in die Bretagne zu bewegen.

Im Jahr 1391 hatte Clisson seinen Haß auf den Herzog von Bretagne noch nicht vergessen. Kraft seiner gegenwärtigen Stellung glaubte er sogar, sich rächen zu können, indem er seinen persönlichen Hader und die Interessen des französischen Königreichs miteinander verband. Er machte sich auch daran, den König von dieser Notwendigkeit zu überzeugen, und zwar mit einer Begeisterung für die französische Sache, die aus dem Munde eines Mannes, der noch zehn Jahre zuvor ganz und gar entgegengesetzte Reden geführt hatte, recht verwunderlich klang. Herzog Johann IV., führe sich, so gab er Karl VI. zu verstehen, wie ein absoluter und unabhängiger Souverän auf.[1] Er lasse Münzen mit seinem Konterfei prägen, ver-

1 In welcher Form das Herzogtum Bretagne rechtlich mit dem Königreich Frankreich zusammenhing, ist eine heikle Frage. Im Mittelalter war dieses Problem nie eindeutig geklärt. Allgemein betrachtet man damals die Bretagne als ein Lehen der französischen Krone, eine Auffassung, die bei den Königen Frankreichs weithin verbreitet, obwohl durch nichts begründet ist: Die Bretagne hatte als hoheitliches Gebiet bereits vor dem Königreich Frankreich existiert und war keineswegs ein Teilstück, das von dieser Krone zugunsten eines Vasallen des Königs abgetrennt worden wäre. Zur Zeit von Anne de Bretagne, als Karl VIII. das Herzogtum annektieren wollte, wurde die Annexion aufgrund dieser juristischen Überlegungen von den Rechtsgelehrten abgelehnt, weshalb Karl VIII. die Herzogin Anne heiraten mußte, um in den Besitz des Herzogtums zu gelangen. Da dieses aber persön-

lange von seinen Vasallen Huldigungen und Treueide, die dem Recht der Krone Frankreichs widersprächen. Er habe die Bedingungen des Vertrages von Guérande nicht eingehalten und schmiede ein Komplott mit England.

Clissons Haß auf Montfort erklärt jedoch nicht alles, denn es ist zu vermuten, daß der Konnetabel auch persönliche Ambitionen verfolgte. Indem er Johann IV. attakkierte oder vielmehr durch den König von Frankreich im Namen der Abmachungen des Vertrages von Guérande[2] angreifen ließ, wollte er zweifellos die Rückkehr des Hauses Blois-Penthièvre an die Macht bewirken, mit dem er ja verwandt war; damit verband er möglicherweise die Hoffnung, eines Tages seinen Schwiegersohn auf dem Herzogsthron zu sehen. Egal, welche heimlichen Beweggründe bei Clisson im Spiel waren, jedenfalls hatten seine Argumente Karl VI. dazu überreden können, in der Bretagne sein Glück zu versuchen, um Montfort zur Vernunft, d. h. auf den rechten Weg des französischen Königreichs zu bringen. Dies stürzte die Onkel des Königs sofort in helle Verzweiflung: Sie waren nicht um Rat gefragt worden und wollten den Herzog von Bretagne,

---

licher Besitz der Herzogin und ihrer Nachkommen blieb, mußte 1532 die Vereinigung der beiden Kronen – angeblich auf Verlangen der Bretonen selbst – erst durch einen Rechtsakt vollzogen werden, damit die Bretagne *rechtmäßig* an Frankreich angegliedert werden konnte. Clisson greift hier ausgerechnet diejenigen Argumente auf, gegen die er während des Erbfolgekrieges zu Felde gezogen war. Siehe Léon Fleuriot: *Les Origines de la Brétagne*, Paris 1980, und Jean Markale: *Anne de Bretagne*, Paris 1980.

2 Dieser Vertrag enthielt eine Klausel, die eine ständige Bedrohung für das Haus Montfort bedeutete, denn es wurde festgesetzt, daß die Herzogskrone wieder an die jüngere Linie Blois-Penthièvre zurückfallen sollte, falls das Haus Montfort keinen männlichen Erben hätte. Dies bedeutete, daß die Rechtsansprüche des Hauses Penthièvre dennoch anerkannt wurden, und wie man weiß, kaufte Ludwig XI. später die Erbfolgerechte der Penthièvres und gab sie an Karl VIII. weiter. Nach dessen Tod fielen diese Rechte wieder an Anne de Bretagne zurück.

der im Fall eines Konflikts mit ihrem Neffen und Lehnsherrn ihr potentieller Verbündeter war, unbedingt zu einem Kurswechsel auf ihre Seite bewegen. Sie unternahmen alles in ihrer Macht Stehende, um mit Karl VI. die Dinge auf friedlichem Wege zu regeln, bevor es zum offenen Kampf kam. Es gelang ihnen auch, in Tours ein Treffen zwischen dem König und dem Herzog herbeizuführen. Da eine solche Begegnung aber dem Willen des Konnetabel widersprach, unternahm dieser alles Nötige, um sie zum Scheitern zu bringen. Er ließ den Herzog von Bretagne und seine Leute mit einer Fülle von Demütigungen überschütten, ließ sie grob beleidigen und begegnete ihnen mit erstaunlicher Verachtung.

Johann IV. ließ jedoch alles geduldig über sich ergehen. Vorsichtig, wie er war, hatte er vor seinem Aufbruch nach Tours sogar ein Dokument verfaßt, worin er von vornherein alle Äußerungen dementierte, zu denen er mit Gewalt und unter Druck verpflichtet sein würde. Er blieb also ganz ruhig und gelassen, und wenn er dem Anschein nach sein Gesicht verlor, so brauchte er nur das Dokument vorzuzeigen, um die Lage wieder ins Lot zu bringen. Aufgrund der Schwierigkeiten, für die der Konnetabel unausgesetzt sorgte, hätte jedoch nicht viel gefehlt, und das Treffen wäre tatsächlich gescheitert. Durch einen Ehekontrakt zwischen einem Sohn des Herzogs, der noch ein Kind war, und einer Tochter des Königs, die noch in der Wiege lag, sowie durch einen weiteren zwischen einer Tochter des Herzogs und dem Sohn des Grafen von Penthièvre führte es aber schließlich doch noch zum Erfolg.

## *Die Affäre Craon*

Karl VI. war hocherfreut über den Gedanken, seine Tochter eines Tages als Herzogin von Bretagne zu sehen. Johann IV. verzichtete auf einige der Rechte, die man ihm streitig machte, wie etwa das Privileg, die Münzen des Herzogtums mit seinem Bildnis zu versehen, doch kaum war er in die Bretagne zurückgekehrt, ließ er sich dieses Recht durch eine Versammlung seiner Stände wieder zuerkennen. Dennoch kehrte der König höchst zufrieden nach Paris zurück. Und Clisson tat, als sei er ebenfalls zufrieden.

Einige Monate später, im Jahr 1392, kam es zu der Affäre, die mit dem Namen Pierre de Craon verbunden ist. Dieser war einer der Vasallen Herzogs Johann IV. von Bretagne, doch gewöhnlich lebte er in der Nähe des Herzogs von Orléans und war nicht nur sein Vertrauter, sondern auch sein Komplize in allem, was mit galanten Abenteuern und *parties fines* zu tun hatte. Er war ein Mann, der kaum Skrupel kannte, der die Gelder, die man ihm zur Ablieferung anvertraute, gerne auf Abwege leitete, um sich seine kleinen Freuden zu gönnen. So kam es, daß Ludwig von Orléans diesen Pierre de Craon schließlich von seinem Hof verbannte und ihm befahl, sich dort nie mehr blicken zu lassen. Was war geschehen?

Dazu gibt es zwei Erklärungen. Nach derjenigen Version, die Juvénal des Ursins kolportiert, handelte es sich um eine obskure Geschichte von Hexerei:

> Man sagte, der Herzog von Orléans, der zwar noch jung an Jahren, doch bereits hinreichend bei Verstand und Sinnen und zudem ein schöner Prinz voller Anmut war, habe gerne auf den Rat abergläubischer, durch gewisse Leute aus seinem Umkreis vermittelter Scharlatane gehört, von denen man behauptete, sie betrieben Hexerei.

Pierre de Craon, der getreue Diener Ludwigs von Orléans, soll ihm von dieser kursierenden Meinung berichtet haben. Der Bruder des Königs soll mißverstanden haben, was Craon damit bezweckte, und geglaubt haben, dieser würde ihn selbst der Hexerei bezichtigen, und daher habe er ihn von seinem Hof verbannt. Die andere Version, die damals weitverbreitet war, klingt wesentlich schlüssiger, denn sie paßt voll und ganz zur Persönlichkeit Ludwigs von Orléans. Pierre de Craon war, wie gesagt, in alle kleinen Geheimnisse des Herzogs eingeweiht. Nun hatte Ludwig eine streng geheime Liebesaffäre mit einer Dame von hohem Rang, und Pierre de Craon beging – zweifellos um sich beliebt zu machen – die Unvorsichtigkeit, der Herzogin von Orléans, nämlich der jungen und leidenschaftlichen Valentina Visconti, das Geheimnis zu enthüllen. Diese machte ihrem Gemahl in einem Anfall eifersüchtigen Zorns die heftigsten Vorwürfe. So kam Ludwig dahinter, vom wem sie diese Nachricht hatte, und um die Gunst seiner Gemahlin wiederzuerlangen, beteuerte er, das Ganze sei nur üble Verleumdung, und versprach, den Urheber umgehend fortzujagen, was auch auf der Stelle geschah. Pierre de Craon mußte also den Preis für die Aussöhnung zwischen Ludwig und Valentina zahlen.

Craon konnte sich indes nicht erklären, woher diese jähe Ungnade kam, denn man hatte ihm keinerlei Begründung für diesen Hinauswurf genannt. Da Clisson der absolute Herr über den Hof war, und da immer noch heftige Animositäten zwischen dem Konnetabel und Craon herrschten, glaubte dieser, er habe seine Ungnade jenem zu verdanken. Er zog sich wieder auf sein Baronat unweit der bretonischen Grenze zurück und schwor sich, an dem Konnetabel grausame Rache zu nehmen. Mag diese Anekdote auf den ersten Blick auch belanglos erscheinen, so ist sie für den weiteren Verlauf der Ereignisse, besonders für den Gesundheitszustand Karls VI., doch von Bedeutung.

Craon machte sich also daran, seinen Racheplan in die Tat umzusetzen. Und genau zu diesem Zeitpunkt brach die Krankheit des Königs aus: Es zeigten sich die ersten Symptome jenes Wahnsinns, dem er schon bald für den Rest seines Lebens anheimfallen sollte. Hatte er bereits früher Anfälle dieser Art gehabt? Das scheint nicht der Fall gewesen zu sein, doch wir haben keinerlei Beweis dafür. Alles, was wir wissen, ist, daß sich trotz seiner scheinbar robusten Kondition seine Kräfte rasch erschöpften und daß seine Stimmung starken Schwankungen unterworfen war. Auch wurde behauptet, Clisson und die Minister hätten deshalb so sehr darauf geachtet, nur zuverlässige Leute an ihn heranzulassen, weil sie vermeiden wollten, daß böse Zungen das Gerücht einer Geisteskrankheit des Königs verbreiteten. Auf alle Fälle wurden zumindest die Prinzen und Höflinge Zeugen dieser ernsthaften Krise. Sie hatte zwar noch keine unmittelbaren Folgen, und aufgrund der Behandlung, die man ihm angedeihen ließ, ging man davon aus, daß künftig nichts mehr seine Gesundheit trüben würde.

Doch Pierre de Craon, der ja ein Vasall Johanns IV. war, beschwerte sich bei dem Herzog über seine Entlassung, die er als ungerecht empfand. Der Herzog, der Clisson immer noch sehr übel gesonnen und durch die Art, wie man ihn in Tours behandelt hatte, mehr als gedemütigt war, konnte Craon nur recht geben. Muß man daraus schließen, daß er in seiner Ermutigung so weit ging und seinen Vassallen dazu überredete, einen Anschlag gegen den Konnetabel zu unternehmen? Dafür gibt es keine Beweise. Wir wissen nur soviel, daß sich die beiden Männer in ihrem Haß auf Clisson gegenseitig bestärkten.

Craon hatte sein Hôtel in Paris behalten. Darin versteckte er nun Waffen, schickte vierzig entschlossene Männer dorthin und »ging mit sich zu Rate«, wie Juvénal des Ursins schreibt, »ob er ihn herausfordern und töten oder verprügeln lassen wolle«. An dem Tag, den er für den günstigsten hielt, nämlich »am Tage des Heiligen Sakraments, am vierzehnten des Monats Juni«, als Clisson, nur von acht Männern eskortiert, gerade vom Hôtel Saint-Paul, wo der König residierte, zu seinem eigenen Palais zurückkehrte, lauerten ihm Craon und seine Bande auf. Noch freudetrunken vom Ball der Königin, an dem er gerade teilgenommen hat, hegt Olivier de Clisson keinen Verdacht. Plötzlich löschen Craons Männer die Fackeln und stürzen sich auf ihn. Zuerst glaubt er, das Ganze sei ein Scherz des Herzogs von Orléans, um ihm einen

Schrecken einzujagen, doch dann hört er seine Angreifer »Nieder mit ihm!« rufen und erkennt darunter die Stimme Craons, der seinen Namen nennt, wie es den Regeln der Ritterlichkeit entspricht. Clisson greift zur Verteidigung, zückt seinen Degen, »und es hieß, er habe stets ein Kettenwams unterm Kleid getragen«. Tatsächlich rettet ihm sein Kettenhemd das Leben, doch er erhält einen Schlag auf den Kopf und stürzt vom Pferd. Er fällt vor die Tür eines Bäckerladens, die Tür ist nur angelehnt, und er kriecht hinein. Er empfängt noch »drei Schläge auf den Hintern«, dann fliehen die Mörder und machen sich nicht einmal die Mühe festzustellen, ob er tot ist.

Nachdem sie die Tat in großer Hast vollbracht, flohen sie aus Furcht vor dem Volk und auch weil sie Angst hatten, Clissons Mannen könnten sich zusammenrotten, was sie auch bereits taten. Daher ergriffen sie die Flucht, doch sie konnten so rasch nicht fliehen, so daß dreie ergriffen wurden, die ins Châtelet gebracht, dort von des Königs Leuten verhört wurden und die Sache gestanden, worauf man ihnen das Haupt abschlug.

Die Leute aus Clissons Gefolge hatten sich freilich nicht zusammengetan, um Widerstand zu leisten. Auch sie ergriffen die Flucht. Sie hatten den Konnetabel stürzen sehen und überbrachten in gestrecktem Galopp die Nachricht ins Hôtel Saint-Paul. Der König, der sich gerade zu Bett begeben wollte, eilte sofort zur Stelle, um nachzusehen, was seinem Konnetabel zugestoßen war. Er fand ihn von Chirurgen umsorgt, die seine Wunde untersuchten und den besorgten Karl VI. beruhigen konnten, daß diese nicht tödlich sei. Höchst erzürnt befahl der König, die Attentäter mit äußerster Strenge zu verfolgen, und so geschah es denn auch. Im ersten Eifer des Zorns wurden jedoch auch Unschuldige mit den Schuldigen verwechselt. So wurde der Concierge von Craons Haus, der die Täter unter seinem Dach aufgenommen hatte, ohne etwas von ihrem Vorhaben zu ahnen, zum Tode verurteilt; einem Domherrn von Chartres, dessen Rechtschaffenheit allgemein anerkannt war, wurde ein Teil seiner Benefizien genommen, da er Pierre de Craon beherbergt hatte, wenn er nach Paris kam, und er mußte für den Rest seiner Tage in einem Kerker schmachten. Vor allem aber wurde Craon auf der Stelle der Prozeß gemacht.

Die Beweise waren eindeutig: Der Attentäter hatte sich namentlich genannt. Er wurde zum Tode verurteilt – in Abwesenheit, versteht sich, denn er hatte Zeit gehabt zu flüchten. Alle seine Güter wurden eingezogen, und die Häuser, die er in Paris besaß, niedergerissen. An der Stelle seines Stadtpalais errichtete man eine Markthalle, den heute verschwundenen Marché du Cimetière Saint-Jean. Alle Seigneurs des Hofes waren bei dem Abriß zugegen, jedoch nicht aus Überzeugung, sondern um dem König zu gefallen, denn man wußte, daß er Clisson über alles schätzte, und so war es besser, man tat, als stehe man gut mit dem Konnetabel. Manche unter ihnen richteten es sogar so ein, daß sie von der Konfiszierung der Güter des Verurteilten profitierten, so etwa Louis d'Orléans, der sich niemals eine Gelegenheit entgehen ließ, ein gutes Geschäft zu machen, und sei es auch auf Kosten eines einstigen Freundes. Auf den Gütern Craons in La Ferté-Bernard entdeckte man sagenhafte Reichtümer, und dies war ein eindeutiger Beweis für seine Veruntreuungen. Jeanne de Chatillon, seine Gemahlin, und seine Tochter wurden in Schande davongejagt und zur Bettelei verdammt.

Pierre de Craon hatte sich in der Bretagne natürlich zu Johann IV. geflüchtet, in dem er einen natürlichen Beschützer zu finden glaubte. Johann IV. hieß Craons Tat zwar nicht gut, doch er sagte ihm seinen Schutz zu und weigerte sich, den Täter an die Gesandten des Königs von Frankreich auszuliefern, die gekommen waren und von ihm forderten, den Mörder entweder vor Gericht zu stellen oder ihnen zu übergeben. Karl VI., von Clisson und den Marmousets aufgestachelt, entschloß sich in seiner Wut, vom Herzog der Bretagne Craons Kopf mit Gewalt zu fordern. Er weihte seine Oheime ein, »und diese waren baß erstaunt, als sie von dem Vorhaben hörten«. Ludwig von Bourbon, ein kluger, zurückhaltender Ritter, der beim König als einziger Gehör fand, versuchte seinem Neffen klarzumachen, wie gefährlich eine solche Expedition war: Da der Herzog von Bretagne mit dem König von England verbündet war, würde ein Angriff gegen die Bretagne mit Sicherheit einen englischen Gegenschlag auslösen und den prekären Frieden wieder aufs Spiel setzen. Da Karl jedoch von einem einmal gefaßten Beschluß nie abzurücken pflegte, sprach er nur noch davon, den Schuldigen zu suchen, ihn ausfindig zu machen, der Justiz auszuliefern und zu bestrafen. Die Augenzeugen bemerkten freilich einen eigenartigen Starrsinn in seiner Entschlossenheit, Widersprüche in seinen Argumenten sowie drohende Kraftausdrücke, in denen er sich bis zur Erschöpfung erging, worauf er in ein düsteres Schweigen verfiel, das sich über lange Zeit hinziehen konnte. Bei näherer Betrachtung waren diese Verhaltensweisen des Königs bereits eindeutig die ersten Anzeichen jener Krise, die sein Leben von Grund auf erschüttern sollte. Er gab Befehle und zog sie ein paar Minuten später wieder zurück. Seine Gedanken waren von nichts anderem als von Rache beherrscht: Er würde Pierre de Craon in allen Winkeln der Bretagne aufspüren, er würde das ganze Land durchsuchen, er würde alle Burgen und Festungen schleifen, die sich ihm widersetzten. Und vor allem wiederholte er ständig vor jedem, der es hören wollte: »Kein Wort mehr davon, kein Wort mehr davon, ich will, daß man mir gehorcht.«

Und ihm wurde gehorcht. Die Onkel des Königs mußten gute Miene zum bösen Spiel machen,

> und waren daher gar ungehalten über all jene, welche den König umgaben und von denen es hieß, sie würden über ihn bestimmen, nämlich Clisson, La Rivière und Noujant, und dazu zählten noch mehrere andere. Denn sie hatten den König so fest in

der Hand, daß keine Amtshandlung geschah, es sei denn durch sie oder mit ihrer Zustimmung. Und ihr Gebaren erweckte den Anschein, als wähnten sie sich ewig in ihrem Amt und man könne ihnen nicht schaden: Sie gebärdeten sich hocherhobenen Hauptes und mit großer Macht. Und auch die Männer der Kirche und der Universität waren gar ungehalten über sie. Denn die Genannten behelligten sie selbst sowie ihre Privilegien und ihre kirchliche Rechtsprechung. Und sie spielten sich so mächtig auf, daß man kaum wagte, davon zu sprechen. Und damit man keinen leichten Zutritt zum König hatte, hießen sie ihn Paris verlassen und sich nach Saint-Germain-en-Laye begeben.

Die angesehenen Häupter der Universität entsandten Abgeordnete, um den König zu bewegen, seinen katastrophalen Plan aufzugeben, doch nichts half: Sie wurden von Karl VI. nicht empfangen.

Und so kehrten sie denn wieder nach Paris zurück, ohne daß sie angehört wurden. Und dies fand man höchst befremdlich. (Juvénal des Ursins)

Letzten Endes hatte Clisson, gestützt auf die Marmousets, die Lage in der Hand, und darin sah der Konnetabel die große Gelegenheit, seinen Traum zu verwirklichen, nämlich Johann IV. zu entthronen und ihn durch einen Vertreter des Hauses Penthièvre zu ersetzen. Es bedarf keines besonderen Scharfsinns, um zu begreifen, daß Clisson in großem Umfang von der Geistesschwäche Karls VI. profitierte. Die Isolation, in der man den König hielt, beweist dies eindeutig. Es war, als hätte in der Umgebung des Königs ein Komplott stattgefunden.

An die Truppen der Provinzen erging also die Order, sich nach Le Mans zu begeben. Der Befehl war so dringlich, daß die Armee bereits im September, d. h. kaum zwei Monate nach dem Mordversuch an Clisson, versammelt war. Die Oheime des Königs weilten bei ihm, denn dazu waren sie verpflichtet, aber sie waren auch entschlossen, den Feldzug auf die eine oder andere Art zu vereiteln. Clisson hatte sogar Konzessionen gemacht: Er hatte dem

Herzog von Berry die Herrschaft über das Languedoc zurückgegeben, die ihm infolge seiner Amtsmißbräuche und Veruntreuungen jeglicher Art entzogen worden war. Er umschmeichelte den Herzog von Burgund und seine Freunde, obwohl er ihnen bis dahin mit äußerster Kälte begegnet war. Es war deutlich zu spüren, daß das Ganze keine königliche Strafexpedition, sondern vielmehr der persönliche Racheakt des Konnetabels Olivier de Clisson war. Jedermann begriff, was gespielt wurde, doch man mußte gehorchen, wenn man von dem gefürchteten Sieger von Auray nicht entmachtet werden wollte.

Karl VI. folgte dem Heer nach Le Mans. Er bemerkte sehr wohl, daß seine Vasallen, wenn auch nicht über ihn, so doch über seine Ratgeber murrten, und dies erzürnte ihn in höchstem Maße. Mehrmals geriet er in heftigen Zorn über den unverhohlenen Widerwillen, den seine Oheime gegenüber dem Unternehmen zeigten, sowie über das freche Auftreten seines Bruders Louis d'Orléans. Auch dieser war nämlich zugegen, doch man wußte, daß er dies nicht aus Freundschaft für Clisson tat: Die beiden Männer haßten sich, außerdem war dem Herzog von Orléans daran gelegen, sich die Sympathien des Herzogs von Bretagne nicht zu verscherzen, da dieser ihm in seinen eigenen Angelegenheiten von Nutzen sein konnte. Es kam sogar zu heftigen Auseinandersetzungen zwischen den beiden Brüdern, obwohl sie früher bei der Suche nach Freuden und Vergnügungen wahre Komplizen gewesen waren. Will man den Aussagen der Zeitgenossen glauben, so ging es mit Karl VI. zusehends bergab. Physisch wie psychisch befand er sich in einem äußerst geschwächten Zustand.

Johann IV. von Montfort schickte Gesandte und versuchte, den Feldzug noch aufzuhalten. Auch ihm war nicht daran gelegen, das Land mit Blut und Brandschatzung zu überziehen, nur um Clissons Rache zu befriedigen. Die Gesandten stießen bei den Fürsten auf offene Ohren, nicht aber beim König. Karl beschloß, sich in

Marsch zu setzen und seinem Heer in Begleitung des Herzogs von Orléans zu Pferde zu folgen. Bevor er sich in den Sattel schwang, verweigerte er jedoch, so wird berichtet, die Mahlzeit, die man ihm reichte: Sein Blick sei verstört, sein ganzes Gebaren stumpfsinnig gewesen.

Wie häufig zu Beginn des Herbstes, herrscht eine schwüle, gewittrige Hitze. Man reitet durch den Wald von Le Mans. Der Trupp, der den König begleitet, besteht aus nur wenigen Bewaffneten, denn man hat sich vom Hauptteil der Armee ein Stück weit abgesetzt, damit Karl nicht vom Staub der Straße belästigt wird. Plötzlich stürzt ein Mann in einer härenen Kutte, mit bloßem Haupt und nackten Füßen, zwischen zwei Bäumen hervor, ergreift das Pferd des Königs am Zügel, und ruft mit rauher Stimme: »Mein König, wohin reitest du? Keinen Schritt weiter, denn du bist verraten und sollst hier deinen Feinden ausgeliefert werden.«

Der Mann hält die Zügel so fest umklammert, daß man auf ihn einschlagen muß, damit er sie losläßt. Aber niemand denkt daran, ihn aufzuhalten: So rasch, wie er gekommen war, verschwindet er wieder im Wald. Man denkt auch nicht daran, ihn zu verfolgen und zu verhören, um herauszufinden, wer er ist und was es mit dieser Behauptung auf sich hat. Der König verliert kein einziges Wort über die Angelegenheit, doch die Augenzeugen bemerken, daß sich seine Miene verändert und daß ihn am ganzen Leibe eine Art Frösteln befällt.

Der Ritt wird fortgesetzt. Man erreicht den Waldrand und gelangt in eine offene, sandige Ebene, die, von der glühenden Sonne erwärmt, eine unerträgliche Hitze abstrahlt. Einer der beiden Pagen des Königs nickt auf seinem Pferd beinahe ein, er läßt seinen Speer aus der Hand fallen, und dieser schlägt gegen den Eisenhelm des anderen Pagen. Als der König, der ebenfalls eingenickt war, das Klirren der aneinanderschlagenden Waffen vernimmt, schreckt er jäh aus seiner Träumerei auf; vermutlich glaubt er, dieser Lärm sei die Erfüllung der Warnung, die er kurz zuvor erhalten hatte, er zückt sein Schwert, gibt dem Pferd die Sporen, schlägt in einer Art Besessenheit auf alle ein, die sich in seiner Reichweite befinden, und schreit: »Vorwärts, vorwärts, auf die Verräter...«

Allgemeine Bestürzung bricht aus. Ludwig von Orléans prescht zu seinem Bruder heran, um ihn zurückzuhalten, Karl dreht sich jäh nach ihm um und holt zu einem so mächtigen Schlag aus, daß der Herzog von Burgund ihm zuruft: »Flieht, schöner Neffe von Orléans, Monseigneur will euch töten...« Ludwig kann gerade noch zurückweichen, das Schwert des Königs saust wenige Zentimeter neben ihm nieder. Doch Karl scheint wie vom Wahnsinn gepackt und will sich auf die anderen stürzen. Philipp von Burgund schreit weiter: »Haltet ein, welch großes Unglück... Monseigneur ist ganz von Sinnen. O Gott, ergreift ihn...« Doch niemand wagt, sich dem unglücklichen König zu nähern. Um ihn herum bildet sich ein großer Kreis, wie wild jagt er darin hin und her, jeder, auf den er losstürmt, ergreift die Flucht. Es heißt, er habe in diesem Anfall von Raserei vier Männer getötet. Schließlich zerbricht sein Schwert, und seine Kräfte sind erschöpft. Einer seiner Kämmerer, ein gewisser Guillaume Martel, springt auf die Kruppe seines Pferdes und überwältigt ihn. Man entwaffnet ihn, bettet den Besinnungslosen auf einen Karren und führt ihn nach Le Mans. »Für diesmal ist die Reise beendet«, sagen die beiden Oheime. Dann geben sie Befehl, alle Truppen zurückzuziehen.

Betrachten wir uns dieses Drama näher. Gewiß, der König hat bereits zuvor Anzeichen von Zerfahrenheit, wenn nicht gar Schwachsinn gegeben. Gewiß, er war physisch sehr entkräftet, als er zu dieser Expedition aufbrach. Gewiß, an jenem Tag herrschte eine so große Hitze, daß sie einen Mann von schwachem Verstand rasend machen konnte. Dies erklärt aber noch nicht alles. Sofort nach Karls Anfall sorgten die Herzöge von Berry und Burgund zuallererst dafür, den Feldzug zu beenden. Das kam ihnen, wie gesagt, sehr gelegen.

Aber da ist noch jene Gestalt, die gelegentlich als das »Phantom« aus dem Wald bezeichnet wurde und nach wie vor Rätsel aufgibt. Wer war dieser Mann? Wer hatte ihn geschickt? War er lediglich ein Verrückter oder sonderbarer Heiliger? Hatte er wirklich bis zu diesem Augenblick gewartet, um den König vor einer Verschwörung zu warnen, die nicht existierte? War der Herzog von Bretagne weit von jener Stelle entfernt? Und weshalb kam nicht ein einziger der Anwesenden auf den Gedanken, ihn zu verfolgen und festzustellen, wer er war? Dieses »Phantom« war auf höchst mysteriöse Weise ganz plötzlich aufgetaucht und ebenso rasch wieder verschwunden.

Geht man von der Hypothese aus, der Mann sei von irgend jemandem bezahlt worden, um den König zu erschrecken und seinen bereits schwachen Verstand zum Straucheln zu bringen, mit anderen Worten, etwas zu beschleunigen, was, wie die meisten unter den Vertrauten des Königs wußten, unausweichlich bevorstand – dann müßte man bestimmen, wer dieser Jemand war. Stellt man sich die Frage: »Wem nützt das Verbrechen?«, so wäre man geneigt, zu antworten: dem Herzog von Bretagne, denn der Zwischenfall kam ihm höchst gelegen und ersparte ihm einen kostspieligen Krieg, dessen Ausgang ungewiß war. Aber das »Verbrechen« nützte nicht nur ihm: Die Herzöge von Berry und Burgund waren ebensosehr wie Johann IV. von Montfort daran interessiert, daß der König endgültig und zwar *vor aller Augen* in geistige Umnachtung verfiel. Der zwar gesicherte, offiziell jedoch nicht verkündete Wahnsinn Karls VI., der von Clisson und den Marmousets *geheimgehalten wurde*, nützte nämlich nur diesen, da sie die Herrschaft in der Hand hatten, den König zu seinen Entscheidungen inspirierten und all jene von ihm fernhielten, die ihn zu einer Änderung seiner Meinung bewegen konnten. Die Oheime des Königs, die durch Clisson und La Rivière ihrer Rolle beraubt worden waren, hatten ein ganz entschiedenes Interesse daran, daß der Wahnsinn des Königs publik wurde, denn in diesem

Augenblick konnten sie öffentlich bestätigen lassen, daß Karl VI. nicht in der Lage war, die Regierungsgeschäfte zu führen, konnten ihre einstigen Funktionen als Regenten wieder aufnehmen, den Konnetabel und seine Komplizen verjagen und die Macht unter sich aufteilen. Objektiv gesehen, könnte das »Phantom« aus dem Wald von Le Mans ein Mann in Diensten des Hauses Bretagne gewesen sein. Die »Orléans«-Hypothese, die gelegentlich angeführt wurde, ist zwar verführerisch, aber nicht unbedingt überzeugend. Gewiß, Ludwig von Orléans war der in Frage kommende Thronerbe, denn sein Bruder und Isabeau de Bavière hatten damals erst eine einzige Tochter. Die Königin war zwar wieder schwanger, aber man konnte ja nie wissen...

Der Herzog von Orléans teilte also mit seinen Onkeln nicht die gemeinsamen Interessen, im Gegenteil, er war ihr Konkurrent. Falls er hinter der Sache steckte, hat er allein, auf eigene Rechnung gehandelt, aber davon ist nichts bekannt. Daß Karl VI. in seinem Wahnsinnsanfall bewußt seinen Bruder töten wollte, als wäre dieser der angekündigte »Verräter«, der »Feind«, ist wenig wahrscheinlich. In seinem Zustand war der König sicher nicht fähig, zu unterscheiden, auf wen er gerade einschlug. Ein Zweifel bleibt in dieser »Orléans«-These jedoch bestehen, und dieser Zweifel läßt sich noch bestärken durch die späteren Ereignisse auf dem *Bal des Ardents*, der zu so trauriger Berühmtheit gelangte.

Wie dem auch sei, der Wahnsinn Karls VI. war nun öffentlich bekannt, und es stand außer Zweifel, daß er seine Funktionen als König nicht mehr ausüben konnte. Die Herzöge von Berry und Burgund mußten die Verantwortung übernehmen. Als erstes brachen sie, wie schon erwähnt, die Expedition gegen die Bretagne ab. Das zweite war, daß sie Isabeau de Bavière aus allem, was geschehen war, heraushielten, und zwar nicht, um ihr zu verheimlichen, was gespielt wurde, sondern weil sie schwanger war und weil jede Aufregung fatale Folgen für ihre Mutterschaft haben konnte. Die Oheime hatten nämlich nicht die geringste Lust, Ludwig von Orléans auf dem Thron zu sehen, und hofften sehr, daß die Königin einen Sohn zur Welt bringen würde und daß sie beide die Vormundschaft des Erben übernehmen könnten. Daher ordneten sie an, daß Isabeau unter dem Vorwand, es ginge um ihre Gesundheit, von jeglichem Kontakt mit Leuten fernzuhalten sei, die ihr die schreckliche Nachricht hätten überbringen können. Da am Ende aber alles an den Tag kommt, erfuhr die Königin trotzdem davon. Sie nahm die Sache mutig auf, obwohl sie tief erschüttert war, denn sie liebte Karl VI. und sah in dessen Erkrankung die Gefahr, daß sie beide von der Macht entfernt werden könnten.

Dann ließen die Oheime des Königs ihren *beau neveu* ärztlich behandeln. Die ersten Ärzte, die ihn in Le Mans sahen, »hielten ihn für unheilbar tot«, denn er war in eine Apathie gesunken, die einem Zustand nahekam, den man heute als Koma bezeichnen würde. Als man jedoch erkannte, daß er noch lebte, unternahm man alles, um ihn wieder gesund zu pflegen. Für die Oheime des Königs war es von entscheidender Bedeutung, daß dieser, sei es auch mit vermindertem Verstand, am Leben blieb. Und so fanden sich alle »Physici«, die im Königreich Rang und Namen hatten, am Bett Karls VI. ein. Begnügten sich die meisten auch damit, ihm die üblichen Arzneien zu verabreichen, so verfaßten sie doch eine Fülle von Dissertationen und endlosen Traktaten über die Ursachen der Krankheit. Das Ganze gemahnte bereits stark an die Komödien Molières. All ihr Raisonnement lief schließlich auf Gift oder bösen Zauber hinaus. Tatsächlich geisterte damals ein Schatten von Hexerei um den König und die Großen des Hofes. Hatte man nicht behauptet, Ludwig von Orléans umgebe sich mit Hexenkünstlern und habe ein offenes Ohr für sie? Und vor allem stammte Valentina Visconti, seine Gemahlin, aus der Lombardei, einem Land, das berühmt war für seine Gifte und für die Verfluchungen, die seine Hexen auszusprechen pflegten. Weshalb also nicht die Vermutung nahelegen, Valentina Visconti, von der man wußte, daß sie stolz und von maßlosem Ehrgeiz erfüllt war, habe Königin von Frankreich werden wollen, indem sie ihren Gemahl an die Macht brachte? Wie wir noch sehen werden, wird diese Beschuldigung später erneut auftauchen und dann um einiges erhärtet durch nicht zu bezweifelnde Umstände, die zwar nichts beweisen, aber trotzdem Nahrung für böse Zungen sind.

Unterdessen stellten die Großen dieser Welt um das Krankenlager des unglücklichen Karl herum ihre Berechnungen an. Die Herzöge von Berry und Burgund erklärten: »Wir werden den gesamten Rat von Frankreich einberufen. Und dort wird beschlossen werden, wie man im Königreich Frankreich herrschen soll und wer die Regierung in den Händen haben soll, der schöne Neffe Orléans oder wir.«

Ob diese Versammlung einberufen und ob dabei eine Entscheidung getroffen wurde, ist nicht bekannt; auf alle Fälle maßten sich Johann von Berry und Philipp der Kühne alle Rechte an und bemächtigten sich der Regierung, an der sie ihren *beau neveu d'Orléans* übrigens in keiner Form beteiligten, worauf dieser höchst erzürnt reagierte, insbesondere auf seinen Onkel von Burgund, in dem er seinen hauptsächlichen Rivalen witterte. Kaum waren sie die Herren der Macht geworden, rächten sie sich natürlich umgehend für die Bedeutungslosigkeit, in die man sie bislang abgeschoben hatte, sowie für die Beleidigungen, die sie von der Seite Clissons und der Marmousets hinnehmen hatten müssen.

Noch am selben Tag, an dem sie die Zügel der Regierung übernahmen, wurde der Konnetabel vorstellig, um den Herzog von Burgund um seine Befehle zu bitten. Philipp empfing ihn jedoch kühl und erklärte:

Clisson, Ihr habt Euch mitnichten um die Belange des Königreichs zu kümmern. Zu seinem Schaden habt Ihr Euch bereits viel zu sehr in sie eingemischt. Wo zum Teufel habt Ihr nämlich so viele Gelder zusammengerafft? Weder Monseigneur der König, noch sein schöner Bruder von Berry, noch ich selbst könnten so viel zusammenbringen. Entfernt Euch aus meinem Gemach, meidet meine Gegenwart und sorgt dafür, daß Ihr mir nicht mehr unter die Augen kommt; denn wenn es nicht wider meine Ehre wäre, ließe ich Euch auch noch das zweite Auge ausschlagen.

Clisson begriff, daß sein Gegenüber es nicht bei diesen Worten belassen würde. Er gab keine Antwort, entfernte sich und kehrte in seine Bleibe zurück. Dort verweilte er nur wenige Stunden, gerade so lange, um einige Schätze zusammenzuraffen oder in Sicherheit zu bringen, dann brach er zu seinem Schloß Montlhéry auf. Aber er erfuhr, daß man Befehl gegeben hatte, ihn zu anzugreifen. Da blieb ihm nur noch eine Lösung: in die Bretagne zu fliehen. Johann IV. würde ihm, dem Mann, der ihm einst so gute Dienste erwiesen hatte, gewiß weniger hart zu Leibe rücken als die Oheime des Königs, zu deren Demütigung er erheblich beigetragen hatte. Er flüchtete sich also in eine seiner zahlreichen Burgen in der Bretagne und wartete auf bessere Zeiten. Als er vor das königliche Gericht zitiert wurde, leistete er natürlich nicht Folge. In Abwesenheit wurde er als »falsch, schlecht und treubrüchig« gegenüber der Krone Frankreichs zu Acht und Bann sowie zu einer Geldstrafe von 100 000 Silbermark verurteilt, er wurde seines Amtes als Konnetabel enthoben, und sein Nachfolger wurde Philippe d'Artois, der Graf von Eu.

Von den vier Marmousets, die gemeinsam mit Clisson regierten, seitdem Karl VI. seine Oheime vor die Tür gesetzt hatte, konnte Montagu sich und seine Schätze nach Avignon in Sicherheit bringen; der Stotterer Le Bègue de Vilaines sowie Noujant und La Rivière wurden verhaftet. Da ersterer ein alter Mann war, wurde er schon bald wieder auf freien Fuß gesetzt, und er beeilte sich, nach Spanien zu fliehen. Noujant und La Rivière, die sehr reich waren und auf deren Beute man es abgesehen hatte, wurden als Verbrecher angeklagt. Der Todesstrafe entgingen sie nur dank der Gräfin Jeanne de Boulogne, der jungen Gemahlin des Herzogs von Berry: La Rivière hatte ihr diese reiche Heirat vermittelt, und so konnte sie ihm nun ihre Dankbarkeit beweisen. Die beiden Männer blieben ein Jahr lang im Gefängnis, dann wurden sie vom Hof verbannt, und die meisten ihrer Güter wurden eingezogen.

All dies machte den König jedoch nicht wieder gesund. Ein halbes Jahr lang war man im Zweifel, ob er je wieder zu Verstand kommen würde. Ununterbrochen war von bösem Zauber, Fluch und Gift die Rede. So sehr Jean de Berry auch beteuerte, »der König ist weder vergiftet, noch verhext, sondern nur schlecht beraten«, munkelte das Volk, das über die Krankheit des Herrschers aufrichtig verzweifelt war, dennoch die sonderbarsten Dinge über die Sitten bei Hofe. Man erinnerte sich wieder jenes Fluchs, den der Templer Jacques de Molay gegen die Könige von Frankreich ausgestoßen hatte, oder auch an die Gotteslästerung, die sich Philipp der Schöne im Jahr 1303 bei dem Attentat von Agnani gegenüber dem Papst geleistet hatte. Die öffentliche Meinung sah hauptsächlich in Ludwig von Orléans den Urheber eines bösen Zaubers oder eines Giftanschlags. Die Italiener wiederholten immer wieder ganz offen, Karl habe im Wald von Le Mans tatsächlich seinen Bruder Ludwig töten wollen, da er in diesem den Verräter und Vergifter erkannt habe. Da man sich in der Zeit des großen abendländischen Schismas befand, erklärte Urban VI., der von den Engländern und Flamen anerkannte Papst von Rom: »Gott hat ihm den Verstand geraubt, da er jenen Gegenpapst von Avignon unterstützt hatte.«

Natürlich erklärte Clemens VII., der Papst von Avignon, der von den Franzosen und Schotten anerkannt wurde, etwas anderes: »Der König von Frankreich hatte bei seinem Glauben geschworen, er werde den Gegenpapst zu Rom vernichten. Er hat nichts dergleichen unternommen, und daher ist Gott erzürnt.«

In diesem allgemeinen Konzert aus Verfluchungen, Gerüchten und Aberglauben verschiedenster Art gab es jedoch einen Arzt aus Lyon namens Guillaume de Harceley, der vernünftige Worte beisteuerte. Er erklärte, der Krankheit des Königs hafte nichts Übernatürliches an, und er mache sich stark, ihn zu heilen, sofern man geneigt sei, ihn seiner Obhut anzuvertrauen, und zwar an einem ruhigen Ort. Man tat, als glaubte man ihm, und so brachte man den König auf das Schloß Creil, wo Guillaume de Harceley ihm so viele Mittel verabreichen konnte, wie er mochte. Ludwig von Orléans folgte nach und ließ sich bei seinem Bruder nieder.

### *Der »Tanz der Brennenden«*

Nach einer gewissen Zeit der Niedergeschlagenheit begann Isabeau de Bavière jedoch zu reagieren. Obwohl man sie von den Staatsgeschäften des Königreichs ausgeschlossen hatte, war sie dennoch über die Dinge auf dem laufenden. Bei Clisson oder den Marmousets war sie nie gut angeschrieben gewesen. Ihre Geburt, ihr Rang, ihre geistige Veranlagung, ja auch die große Verlockung des Geldes auf sie, all das nahm sie natürlich eher für die Seite der Oheime des Königs ein, zumal der Herzog von Burgund derjenige von beiden war, der die eigentliche Macht in Händen hatte.

Tatsächlich herrschte eine große Affinität, ja sogar eine große Sympathie zwischen dem Herzog von Burgund und Isabeau de Bavière. Der Burgunder hatte die Hochzeit der Königin arrangiert, was für ihn ein großer diplomatischer Erfolg gewesen war: Dadurch war es ihm nämlich gelungen, die Annäherung zwischen dem Heiligen Römischen Reich und England zu durchkreuzen. Philippe le Hardi (Philipp der Kühne) war ein raffinierter Politiker und zugleich ein bedeutender Feudalherr, eine erstaunliche Mischung aus Hochmut, stolzem Konservatismus, lächelnder Diplomatie und Gewinnsucht. Dieser vierte

Sohn Johanns des Guten hatte sich seinen Beinamen in der Schlacht von Poitiers verdient, wo er noch als ein Kind seinem Vater tapfer beigestanden war. Er war ein kultivierter, feinsinniger Mann von stattlich schöner Gestalt und dem Prunk und den schönen Dingen zugetan. 1363 hatte er das Herzogtum Burgund als Apanage erhalten, und alles deutete darauf hin, daß er entschlossen war, aus seiner Provinz einen wahren Staat im Staate zu machen. 1369 hatte er Margarete von Flandern, die Erbin nicht nur von Flandern, sondern auch von Nevers, Rethel, Artois und der Franche-Comté geheiratet. Auf diese Weise war er zum mächtigsten unter den königlichen Prinzen aufgestiegen. Als Karl V. starb, war er der eigentliche Regent, da er während der gesamten Minderjährigkeit seines Neffen Karl die Politik bestimmte. Als er dann von der Macht ausgeschlossen worden war, hatte er geduldig bis zum Sturz Clissons und der Marmousets gewartet, um wieder sein Haupt zu erheben. Diese Hindernisse waren nun beseitigt. Seine Gemahlin, eine »fromme und gestrenge Dame«, tat alles, um ihn zu ermutigen. Sie selbst trat leidenschaftlich für die Sache Johanns IV. von Montfort ein, und dies ist noch ein weiteres Indiz für das objektive Bündnis zwischen den Herzögen von Bretagne und Burgund. Kein Wunder also, daß Philipp der Kühne Clisson bedrohte und schließlich vertrieb.

Isabeau war aufrichtig erschüttert über die Krankheit des Königs, den sie liebte, und bemühte sich, ihn inmitten all der Intrigen zu schützen, die sie um ihn herum vorausahnte; so wandte sie sich dem Herzog von Burgund wie ihrem natürlichen Beschützer zu. In Wahrheit mißtraute sie damals Ludwig von Orléans, der, wie sie wußte, voller Ehrgeiz und zu allem bereit war, um sein Vergnügen zu sichern. Gewiß, man hatte gemunkelt, zwischen ihr und ihrem Schwager gäbe es irgendeine Liebesaffäre, doch dies scheint völlig aus der Luft gegriffen zu sein, zumindest in den Jahren 1393/94, denn damals interessierte sich Isabeau eher für die Gerüchte einer Vergiftung des Königs durch seinen Bruder. Da sie sehr abergläubisch war und in Karls Wahnsinn die Folge eines Fluchs zu sehen glaubte, machte sie zahlreiche Schenkungen an die Klöster, zeigte Barmherzigkeit im Übermaß, ordnete Novenen an und widmete sich auch selbst frommen Exerzitien. Alles in ihrem Verhalten beweist uns ihre tiefe Verbundenheit mit Karl VI. und ihre Ratlosigkeit als Mutter wie als Gemahlin angesichts des traurigen Zustands, in dem sich der König von Frankreich befindet. Daher müssen wir Isabeaus Mißtrauen gegenüber Ludwig von Orléans und ihr Vertrauen in den klugen Philipp den Kühnen unter diesem Blickwinkel betrachten.

Unterdessen begann die durch den Arzt Guillaume de Harceley angewandte Behandlung ihre Früchte zu tragen. Sechs Monate nach seinem heftigen Wahnsinnsanfall im Wald von Le Mans erlangte Karl VI. seine Klarheit und Ruhe wieder. Isabeau sparte nicht mit ihrer Freude und umgab ihren königlichen Gemahl mit all ihrer Zärtlichkeit und Liebe. Aber man mußte auch über die Geschäfte reden. Natürlich war der König, der aus seinem Zustand wie aus einem Traum erwachte, höchst verwundert über die Veränderungen, die er um sich herum bemerkte. Während der Ära von Clisson und den Marmousets war er in seinen Traum versunken, und als er nun erwachte, sah er sich wieder von seinen Oheimen umgeben, die er doch einst von der Macht vertrieben hatte. Da er aber immer noch sehr geschwächt war, fiel es nicht schwer, ihn dazu zu bewegen, sich mit diesen Veränderungen abzufinden. Er erkannte an, daß es von Philipp dem Kühnen richtig gewesen war, den Fortbestand der Macht zu sichern. Das Schicksal seiner einstigen Minister interessierte ihn weniger, aber er zeigte sich sehr erschüttert über das Schicksal, das seinem Konnetabel widerfahren war, und er ließ nicht locker, bis alles widerrufen wurde, was man gegen ihn beschlossen hatte. Doch man ahnt es bereits: Clisson hütete sich, nach Paris zurückzukommen, denn das Attentat, dessen Ziel er gewesen war, hatte ihm gezeigt, daß die

Umgebung des Hofes alles andere als sicher war. Und so blieb er in der Bretagne und hetzte seine Parteigänger auf, um Johann IV. möglichst viele Feinde zu schaffen.

Nachdem dieses Problem – mehr zur Befriedigung von Karls Selbstwertgefühl als aus politischen Gründen – gelöst war, mußte man sich dringend ernsteren Dingen zuwenden, nämlich den König dazu überreden, Vorkehrungen für den Fall zu treffen, daß seine Krankheit wieder zum Ausbruch käme. Jemanden zu der Einsicht zu bringen, daß er verrückt ist oder wieder verrückt werden könnte, ist gewiß kein leichtes Unterfangen. Philipp der Kühne, Johann von Berry und Ludwig von Orléans ließen Karl daher keine Ruhe. Selbst die Königin versuchte das Unmögliche, um ihrem Gemahl klarzumachen, daß es dringend an der Zeit war, der Machtübernahme seiner Oheime eine gesetzliche Grundlage zu geben. Schließlich sah Karl VI. die Wohlbegründetheit der Argumente ein, die man ihm vortrug, bzw. er fand sich, so hat es den Anschein, vielmehr damit ab, daß er sie einsehen mußte. Er setzte also die Art der Regierung für die Zeit fest, wo seine Krankheit ihn daran hindern könnte, sein Amt auszuüben. Er erklärte seinen Bruder, den Herzog von Orléans, zum Regenten des Königreichs, zusammen mit einem Rat, der aus seinen drei Oheimen Berry, Burgund und Bourbon, Ludwig von Bayern, dem Bruder der Königin, sowie drei Prälaten, sechs Adligen und drei Klerikern bestand. Und schließlich übertrug er der Königin die ausschließliche Vormundschaft über seine Kinder.

Wie man sieht, wurde Isabeau ein weiteres Mal von aller Regierungsverantwortung ausgeschlossen. War es Mißtrauen von seiten Karls? Zweifelte er an den Fähigkeiten seiner Gemahlin? Das scheint nicht der Fall gewesen zu sein, eher handelte es sich wohl um jene wahnhafte Angst der Könige Frankreichs seit Philipp IV., die königliche Macht könne von einer Frau beansprucht werden. Außerdem ist die damalige Zeit keine Zeit des »Feminismus«, auch wenn die Frauen hinter der Bühne, insbesondere im

Alkoven, eine bedeutende Rolle spielen. Wir befinden uns auch nicht mehr am Hofe Heinrichs II. von Plantagenet, wo Aliénor trotz der Grobheit des anglo-angevinischen Herrschers den regierenden »Phallokraten« die Stirn bieten konnte. Mehr denn je ist die Frau im Denken von Klerus, Adel und Volk ein »teuflisches Wesen«, vor dem man sich zu hüten hat. Dies wird später deutlich werden, wenn Isabeau tatsächlich zum Skandalobjekt werden und man sie für das Unglück des französischen Königreichs verantwortlich machen wird. Aber letztlich hatte Isabeau in jenem Jahr 1393 keine anderen Ambitionen, als die gute Gemahlin des Königs von Frankreich zu sein...

Isabeau tat alles, um Karl VI. seine Momente der Krankheit vergessen zu lassen. Da Karl von heftigen Emotionen verschont bleiben mußte, wurde er inmitten eines sorgfältig ausgewählten Hofes mehr und mehr isoliert. Um in diesen Geist, der stets dazu neigte, in Erhitzung oder Schwermut zu geraten, wieder Ruhe einkehren zu lassen, veranstaltete man vor allem Feste und Divertissements. Wie bereits erwähnt, war dies die Zeit, als gerade das Kartenspiel am Hof eingeführt wurde: Karl VI. begeisterte sich leidenschaftlich für diese Neuheit[3], mit der er sich ganze Tage hindurch zurückgezogen wie ein Einsiedler beschäftigen konnte, was seinem Wiederaufblühen jedoch kaum förderlich war.

Im Januar 1393 gab Isabeau de Bavière zu Ehren der dritten Vermählung einer ihrer deutschen Hofdamen ein großes Fest mit einem Bankett und anschließendem Maskenball. Es fand statt »im Hôtel de la Reine Blanche [i. e. Königin Blanca von Kastilien] zu Saint-Marcel unweit von Paris«. Den »Clou« der Maskerade bildete der Auftritt von

3 Man wird bemerkt haben, daß die Figuren unserer traditionellen Spielkarten auch heute noch eine ganze Reihe von Elementen (besonders in der Kleidung) aus der Zeit Karls VI. aufweisen.

aneinandergeketteten Wilden, alle ganz mit Fell bedeckt. Ihre Verkleidungen saßen hauteng am Körper, waren überzogen mit Fell, hergestellt aus Linnen, Flachs oder mit Harzpech angeklebtem Werg, und waren mehrfach eingefettet, um noch besser zu glänzen. (Juvénal des Ursins)

Die Berichte über diese Maskerade, die tragische Folgen hatte, weichen stark voneinander ab. Manche behaupten, Ludwig von Orléans habe die Idee zu diesen Verkleidungen gehabt. Auf alle Fälle befand sich auch Karl VI. unter den »Wilden«, doch es heißt, Ludwig habe das Kostüm, das man für ihn vorbereitet hatte – denn auch er sollte mit von der Partie sein –, nicht angezogen. Die Maskerade an sich hatte nichts Verwunderliches, denn es handelte sich ganz einfach um eine Art *Charivari* oder »Mummenschanz«, einen uralten Brauch heidnischen Ursprungs, der zu dem Anlaß paßte: Die Heldin des Festes war schließlich eine Witwe, die wieder heiratete. Bekanntlich hat es sehr lange gedauert, bis die Kirche erlaubte, daß Verwitwete erneut heiraten, und sobald die Neuvermählungen zugelassen oder vielmehr toleriert wurden, folgte auch der Brauch jenes *Charivari*, der im Grunde nichts anderes ist als ein uraltes Ritual zur Beschwörung des Geistes der oder des Verstorbenen. Überdies entsprach diese Art von Verkleidung voll und ganz dem Ton der Feste und Divertissements, die am Hof des Königs von Frankreich wie an den Höfen der führenden Häupter des Königreichs üblich waren.

Auf alle Fälle trat der König auf diesem Ball als Wilder verkleidet auf und führte fünf junge Edelleute an, die wie er kostümiert und mit einer eisernen Kette aneinandergebunden waren. Alles schien gutzugehen. Die Anwesenden applaudierten, es herrschte eitel Freude.[4] Da soll, wie

4 »Dem Beispiel seiner Vorgänger folgend, liebte es König Karl, seine Gunst zu verteilen und seine Wohltaten um sich auszustreuen. Seine Freigebigkeiten richteten sich insonderheit an diejenigen seines Hofes, die sich durch ihre Willfährigkeiten oder

ihre Ergebenheit seine Zuneigung und die seiner geliebten Gemahlin zu verdienen suchten. Unter den Hofdamen im Dienste der Königin befand sich eine, Katharina mit Namen, die eine ganz besondere Gunst genoß. Die Königin liebte sie zärtlich, da sie eine Deutsche war wie sie selbst. Der König beschloß, sie mit einem reichen Seigneur aus Deutschland zu verheiraten, und erbot sich, zu diesem Anlaß eine große Pracht und Großzügigkeit ohne Beispiel zu entfalten. Um der Zeremonie noch mehr Glanz zu verleihen, ließ er dazu in seinem Namen die Königin und die illustren Herzoginnen von Burgund, Berry und Orléans einladen. Sie versammelten sich am 29. Januar mit einem zahlreichen Gefolge von Seigneurs und adligen Damen im königlichen Hôtel Saint-Pol, wo die Hochzeit stattfinden sollte. Nichts mangelte am Glanz dieses gar königlichen Festes. Nichts, was zum Divertissement der geladenen Personen beitragen konnte, wurde vergessen. Es gab alle Arten von Maskeraden, und man tanzte zum Klang der Instrumente bis tief in die Nacht. Doch, ach, man wußte nicht, daß all diese Vergnügen in einer grauenhaften Tragödie enden sollten.

Hier der Anlaß, welcher dazu führte. Die Geehelichte war zum dritten Male Witwe. Nun gibt es an mehr denn einem Ort im Königreich Leute, die die Torheit besitzen zu glauben, es sei der Gipfel der Unehre für eine Frau, sich wieder zu verheiraten, und in einem solchen Falle lassen sie sich zu allen Arten von Ausschweifungen herbei, vermummen sich mit Masken und Verkleidungen und überhäufen die beiden Brautleute mit tausenderlei Schimpf und Spott. Dies ist ein alberner Brauch, der allen Gesetzen von Züchtigkeit und Anstand widerspricht. Mitgerissen von den Ratschlägen einiger junger Seigneurs seines Hofes, wollte sich aber auch der König, der sich zu leichtsinnig gehen ließ in seiner Lust auf Vergnügungen, dieses Divertissement gönnen. Er nahm fünf von ihnen mit sich, und die taten folgendes: Sie kleideten sich von Kopf bis Fuß in leinene Gewänder, auf die man Hanfwergzotteln mit Pech aufgeklebt hatte. Danach maskierten sie sich das Gesicht, betraten den Saal unter dieser abscheulichen Verkleidung, die sie unkenntlich machte, und rannten mit zotigen Gesten und unter gräßlichem Geschrei und nachgeahmtem Wölfegeheul kreuz und quer durch den Saal. Ihre Bewegungen waren nicht minder anstößig als ihre Schreie. Sie tanzten die *Sarrasine* in einer Art, als wären sie wahrhaftig vom Teufel besessen. Ohne Zweifel hatte ihnen der Feind des Menschenge-

es in manchen Quellen heißt, der Herzog von Orléans, der aus Neugier wissen wollte, wer sich unter diesen Verkleidungen verbarg, einen der »Wilden« mit einer Fackel näher beleuchtet haben. Dabei soll ein Funke herabgefallen sein und das Pech und Harz des Kostüms in Brand gesteckt haben. Juvénal des Ursins erwähnt Ludwig von Orléans nicht in seiner Schilderung:

Und sie traten wie zum Tanz in den Saal, in welchem reichlich Fackeln angezündet waren. Und man begann Strohbündel zwischen die Fackeln zu werfen. Und kurz gesagt: das Feuer sprang auf die Kostüme über, die fest verschnürt und vernäht waren. Und es war ein großes Elend zu sehen, wie die Männer in Flammen standen und ihnen, so sehr sie auch versuchten, sich loszureißen, dennoch die Kräfte schwanden.[5]

---

schlechts diese Falle gestellt, um sie zu verderben, und Frankreich wäre mit einem heillosen Unglück, mit einer ewigen Schande geschlagen worden, hätte der Schutzengel des Königs und die Vorsehung, die über ihn wachte, ihn in diesem Augenblick nicht ein Stück weit von seinen Gefährten entfernt gehalten« (*Chronique de Saint-Denis*). Froissart schildert die Dinge noch genauer: »Der König näherte sich der Herzogin von Berry. Die Herzogin erhaschte ihn im Lauf und wollte wissen, wer er sei. Der König stand vor ihr stille und wollte sich nicht zu erkennen geben. Da rief die Herzogin von Berry: Ihr werdet nicht von mir loskommen, solange ich Euren Namen nicht weiß.«

5 »Während die jungen Seigneurs an nichts anderes dachten, als sich zu divertieren, warf einer der Anwesenden, wohl ohne vorauszusehen, welches Übel er anrichten konnte, einen Funken auf einen derer, die zu der Maskerade gehörten. Im Nu fingen die brennbaren Kleider der Tänzer Feuer. Man hätte ein Herz aus Stein haben müssen, um die schrecklichen Schreie, welche diese Unglücklichen da ausstießen, zu hören, ohne zu erschaudern, um kaltblütig mitanzusehen, wie sie, von einem Wahnsinn gepackt, der nur allzu echt war, in wildem Durcheinander umherrannten. Die verzehrende Flamme züngelte bis zur Decke hinauf. Das flüssig gewordene Pech troff an ihren Körpern herab und sengte sich ihnen ins Fleisch. Beinahe eine halbe Stunde lang waren sie die Beute dieser Qualen. Während sie versuchten, das Feuer zu ersticken, während sie sich die Gewänder aufzureißen suchten,

Natürlich hatten die »Wilden« größte Mühe, sich voneinander zu lösen, und das Feuer griff rasend schnell um sich. Die anwesenden Zuschauer brachen in noch wilderes Geschrei aus als die Unglücklichen selbst. Plötzlich ruft jemand inmitten des Gebrülls: »Rettet den König ...« Es ist die Königin, die diesen verzweifelten Schrei ausstößt. Dann schwinden ihr die Sinne. Eine Frau, die einen langen Mantel trägt, stürzt sich auf den König und deckt ihn mit dem Kleidungsstück zu. Manche sagen, es sei die junge Herzogin von Berry gewesen. Juvénal des Ursins spricht nur von einer »verwitweten Dame«. Wie dem auch sei, der König wird aus den Flammen gerettet. Von den fünf anderen »Wilden« erleiden vier so starke Verbrennungen, daß sie unter elenden Qualen sterben. Dem fünften gelingt es, sich rechzeitig zu befreien, er rennt zur »Flaschenkammer«, stürzt sich in einen Zuber voll Wasser und ist ebenfalls gerettet. Juvénal des Ursins berichtet, ein anderer habe sich in einen Fluß gestürzt, über sein weiteres Schicksal macht er jedoch keine näheren Angaben.[6]

Als Isabeau de Bavière aus einer nur allzu begreiflichen Ohnmacht erwachte, fand sie sich in den Armen des Königs wieder, er bedeckte sie mit Küssen und bemühte sich, sie zu trösten, so gut er konnte. Offensichtlich scheint Karl VI. den Schock, selbst unter der Einwirkung einer gewaltigen Aufregung, bestens überstanden zu haben, und seine größte Sorge galt seiner Gemahlin, die einen furchtbaren Schrecken bekommen hatte. Auf alle Fälle ist

---

brannten und verkohlten sie sich die Hände. Das Feuer verzehrte auch die unteren Partien ihres Körpers, und ihre Mannesglieder, welche in Fetzen abfielen, überschwemmten den Saalboden mit Blut« (*Chronique de Saint-Denis*).

6 »Inmitten dieser grausamen Qualen verschied Graf von Joigny, ein Edelmann von illustrer Geburt, bereits in den Armen derer, die ihn forttrugen. Der Bastard von Foix und Aymeri de Poitiers« – laut Froissart: Charles de Poitiers – »starben zwei Tage danach. Nur Huguet de Guisay lebte noch drei Tage« (*Chronique de Saint-Denis*).

es der Beweis dafür, daß in diesem Moment keinerlei Schatten die Beziehungen zwischen dem König und seiner schönen Gemahlin trübte.[7]

Soviel zu jenem Zwischenfall, den man als *Bal des Ardents* oder »Tanz der Brennenden« bezeichnet hat. Aus dem zeitlichen Abstand heraus ist man geneigt, darin nur einen schlichten »Betriebsunfall« ohne große Bedeutung zu sehen. Doch so belanglos ist der Fall sicher nicht, denn vermutlich wird die Gesundheit des Königs diesmal definitiv Schaden nehmen. Zum anderen wurde aus der Affäre, da sie sich nicht geheimhalten ließ, ein handfester Skandal gemacht. Und diesen nutzte man dazu aus, um die Sitten eines zügellosen Hofes anzuprangern. Kanzelprediger schleuderten Bannflüche, Wahrsager tauchten aus der Versenkung auf und prophezeiten weiteres Unglück. Hexenkünstler jeglicher Couleur meldeten sich in Scharen und behaupteten, sie wären in der Lage, den schrecklichen Fluch zu lösen, der auf dem Hause Valois lastete. Nach dem *Bal des Ardents* griff eine Art Massenhysterie um sich, von der niemand verschont blieb. Man wunderte sich über die Rolle, die der Herzog von Orléans spielte, und beschuldigte ihn, er habe seinen Bruder ein weiteres Mal vernichten wollen und dazu das Drama hervorgerufen. Man stellte sich die verschiedensten Fragen: Warum hatte er dieses Divertissement veranstaltet? Warum hatte nicht auch er sein Kostüm angezogen? Warum war er Karl nicht zu Hilfe geeilt? »Die Sache war gar erbärmlich und wunderlich«, meint Juvénal des Ursins.

---

7 »Die Königin war im ersten Moment des Entsetzens mit ihren Hofdamen in ein entferntes Gemach geflohen. Da sie aber nicht wußte, ob der König mit seinen Gefährten umgekommen oder ob er dem Tod entronnen war (...), sank sie halbtot vor Schreck zu Boden. Sie fand erst wieder ihre Sinne zurück, als sie den König sah, der sie beruhigen kam, nachdem er seine Verkleidung abgelegt hatte« (*Chronique de Saint-Denis*).

Mehrere Verhöre wurden angestellt, um zu untersuchen, woher dies käme, und man äußerte sich dazu auf sehr unterschiedliche Weise, und doch kann man nie mehr Gewißheit erlangen oder den Fall klären.

Der Herzog von Orléans befand sich, das muß betont werden, in einer heiklen Lage. Man beschuldigte ihn ganz offen, er habe den Tod des Königs gewollt. Es wurde gemunkelt, Valentina Visconti, seine Gemahlin, sei eine Hexe. Gewiß, die Entourage des Herzogs von Burgund war an diesen Gerüchten nicht unbeteiligt, denn Philipp hätte seinen »schönen Neffen«, der ihm gefährlich erschien und den er, an seinen eigenen Ambitionen gemessen, zu ehrgeizig fand, gerne endgültig in Mißkredit gebracht. Immerhin ließ Ludwig von Orléans, da er sich als – wenn auch nicht vorsätzlichen – Urheber des Dramas betrachtete[8], unmittelbar darauf in Paris, nicht weit vom Hôtel Saint-Paul entfernt, auf seine Kosten die Église des Célestins errichten. Was ist von diesem Beschluß zu halten? Es steht zu vermuten, daß er den Skandal nach Möglichkeit überdecken wollte. Über die Teilnehmer an diesem *Bal des Ardents* wurde nämlich geredet. Man wußte, daß eines der Opfer, Huguet de Guisay, die Gewohnheit hatte, seine Bediensteten zu schlagen und sie zu zwingen, sich auf den Boden zu werfen und zu bellen.[9] Während der

---

8 »Die Nachricht von diesem Unglück kam alsbald den Bürgern aus der Nachbarschaft zu Ohren. Sie wähnten, der König sei tot, rotteten sich zu Fünfhunderten zusammen, fanden sich vor dem königlichen Hôtel Saint-Pol ein und ließen sich unter Gewalt die Tore öffnen. Sie machten sich bereit, sich an den Höflingen für den Tod ihres wohlgeliebten Herrn zu rächen, als der König sich unter dem königlichen Thronhimmel zeigte und mit Wort und Tat ihren Zorn beschwichtigte« (*Chronique de Saint-Denis*).

9 »Huguet de Guisay war ein in Lastern verkommener Mann und galt in den Augen aller ehrbaren Leute als elender Lump. Seine Verderbtheit war so groß, daß er in seinem Haß auf die Leute des niederen Volks diese ›Hunde‹ nannte und sie häufig zwang, alle Arten von Gebell nachzumachen. Oft zwang er sie auch, wäh-

Beisetzung dieses Mannes war von den Schaulustigen zu hören, wie sie »Bell, du Hund ...!« riefen, als sein Sarg an ihnen vorüberzog, und dies sagt zweifellos einiges darüber aus, welches Ansehen die gewohnten Gefährten des Königs, zu denen auch Ludwig von Orléans zählte, beim Volk genossen. Auch wenn man Ludwig in keiner Weise beschuldigt, kann man sicher sein, daß er, wenn er sich entschloß, die Église des Célestins auf eigene Kosten (d. h. mit dem Geld, das er aus der königlichen Schatzkasse plündern konnte) bauen zu lassen, dies weit eher in dem Bemühen tat, seinen Ruf reinzuwaschen, als aus reumütiger Zerknirschung über ein kriminelles Vergehen.[10]

Der traurig berühmte *Bal des Ardents* hatte im übrigen auch noch andere Folgen:

Aufgrund der Unerhörtheit des Falles wurde angeordnet, daß das besagte Hôtel, worin sich die genannten Dinge zugetragen hatten und welches »Hôtel de la Reine Blanche« hieß, niederzureißen und zu zerstören sei. (Juvénal des Ursins)

---

rend er speiste, seinen Tisch zu halten, und wenn einer von ihnen das Pech hatte, ihm ihn irgendeiner Weise zu mißfallen, so hieß er ihn sich auf die Erde legen, stieg auf seinen Rücken, traktierte ihn mit seinen Sporen bis aufs Blut und sagte, Leuten von jener Sorte dürfe man nicht mit Faustschlägen kommen, sonder man müsse sie mit der Peitsche traktieren wie das rohe Vieh. Inmitten seiner wütigen Rasereien konnte er sich nicht einmal davor zurückhalten, seine eigenen Diener als Hunde zu beschimpfen. Er hörte nicht auf zu wiederholen, sie seien unwürdig, ihn zu überleben, bis zu dem Augenblick, wo der Tod seinen Beschimpfungen ein Ende setzte. Als sie erfuhren, daß er seinen letzten Atemzug getan, konnten die Seigneurs ihre Freude nicht länger an sich halten und sie riefen mitten in der Hofgesellschaft: Gelobt sei Gott!« (*Chronique de Saint-Denis*)

10 Froissart gibt ihm jedoch ganz offen die Schuld an dem Vorfall: »Während die fünf (Wilden) tanzten, führte er (Ludwig von Orléans) die Fackel, die einer seiner Diener vor ihm in der Hand hielt, so nah an ihn heran, daß die Harzglut das Linnen entfachte.«

Ganz offensichtlich wollte man also eine peinliche Erinnerung auslöschen, an der sich die öffentliche Meinung im wahrsten Sinn des Wortes entzünden könnte. Und wie reagierte der König?

Der König, welcher sich dem heiligen Monseigneur Denis geweiht hatte, begab sich auf Wallfahrt zu diesem, und mit ihm seine Oheime. Er ließ den Leichnam von Monseigneur Saint Louis [Ludwig dem Heiligen] in einen Schrein betten und wünschte, daß dieser mit Gold beschlagen werde. Und um ihn schön und gut auszuführen, stiftete er 252 Goldmark und dazu 1000 Pariser Pfund, um über dem Schrein ein Kapitel aus Kupfer errichten zu lassen. Auch die Messieurs von Berry und Burgund stifteten prächtige und kostbare Gewänder und dankten Gott und Monseigneur Saint Louis für die Gnade, welche Gott dem König gewährt hatte, wieder zu Gesundheit zu gelangen. (Juvénal des Ursins)

Man hatte in der Tat allen Grund, den peinlichen Eindruck eines sittenlosen Hofes, der restlos ruiniert war durch Vergnügungen, die des Volkes Stimme höchst bedenklich fand, hinter einer Fassade von Pietät und frommem Patriotismus verschwinden zu lassen.

Der König aber verfiel erneut seiner Umnachtung. Ob als Folge des *Bal des Ardents* oder nicht, sie hätte ihn in jedem Fall wieder ereilt. Vor seinem Rückfall hatte er jedoch noch eine kluge Entscheidung getroffen:

Es wurde ein Gesetz geschaffen, wonach in Frankreich die Könige im Alter von vierzehn Jahren volljährig seien und gekrönt würden, aber es war noch nicht veröffentlicht worden. Daher befahl der König, daß es nun zu veröffentlichen und in die Register aufzunehmen sei, sowohl im *Parlement* als auch in den anderen Kammern. Und so geschah es auch. (Juvénal des Ursins)

Wahrscheinlich hatte Karl VI. in einem Moment stärkerer Luzidität auf diese Weise seinen Erben, wer immer er sein würde, von der hinderlichen Vormundschaft der königlichen Prinzen befreien wollen. Daraus ist zu ersehen, daß Karl VI. weder inkompetent noch ohne Verstand war.

Einige Zeit nach der Affäre im Hôtel de la Reine Blanche hatte er einen neuerlichen Tobsuchtsanfall. Er wurde jedoch mit Umsicht gepflegt und erlangte rasch seine geistigen Kräfte zurück. Er konnte sogar an dem Treffen von Abbeville teilnehmen, wo zwischen Engländern und Franzosen über einen definitiven Frieden diskutiert wurde. Doch im Laufe der Verhandlungen erkrankte er wieder; er hatte keinen seiner Anfälle von Raserei, sondern versank in einen Zustand nahezu völliger Niedergeschlagenheit. Daher beschränkte man sich darauf, den Waffenstillstand zwischen den Engländern und den Franzosen bis auf ein Jahr nach seinem Ableben zu verlängern, mit dem man im Laufe der folgenden sechs Monate rechnete. Der neue Krankheitsanfall des Königs zog sich, unterbrochen von Phasen gewisser Besserung, über zehn Monate hin. Während dieser wechselnden Stadien konnte man in aller Ruhe die Symptome der Rückfälle untersuchen. Sie kündigten sich im allgemeinen durch eine geistige Ermattung an, die allmählich bis zu völliger Umnachtung degenerierte. Am Ende konnte er sich an nichts mehr erinnern. Er leugnete ab, daß er der König war, und wo immer er seinen Namen oder sein Wappen fand, riß er in einer Art Tobsucht diese Zeichen aus oder machte sie unkenntlich. Vor allem aber wurde ihm die Gegenwart der Königin unerträglich.

Wahrscheinlich hatte er nicht den geringsten Grund, ihr böse zu sein. Es handelte sich um eine jener unerklärlichen Aversionen, die in dem kranken Hirn eines Umnachteten keimen können. Es steht jedoch fest, daß von 1394 an zwischen Karl VI. und Isabeau de Bavière »nichts mehr lief«. Wenn sie von ihrem Gemahl trotzdem noch sieben Kinder bekam – und wir haben keinerlei sicheren Beweis dafür, daß sie nicht vom König stammten –, so deshalb, weil man seine wenigen Momente geistiger Klarheit dazu nutzte, ihm die Königin zuzuführen. Dies war notwendig, um die Thronfolge zu sichern, und Isabeau sah sich daher gezwungen, ihre ehelichen Pflichten zu erfüllen.

Letzten Endes führte man die Kuh zum Stier, nicht mehr und nicht weniger. Und dies war nicht das reine Vergnügen, denn Karl VI. ließ sich im abstoßendsten Dreck verkommen: Er lehnte es ab, sich zu waschen, er erging sich in Verwünschungen, wenn man ihm deshalb Vorhaltungen machte, und zerriß sich die Gewänder. Er vegetierte in Sack und Asche dahin, wobei er sich zuweilen jedoch beklagte, man ließe ihn nackt und bloß im Stich. Man kann sich also denken, wieviel Geduld Isabeau aufbringen mußte, um der Staatsraison Genüge zu tun. Sie, die den König so sehr geliebt hatte, mußte sich nun zwingen, ihn zu erdulden, um sich schwängern zu lassen. Doch dies war ja ohnehin der einzige wahre Nutzen einer Königin von Frankreich.

Auch wenn der König Isabeau de Bavière nicht mehr ausstehen konnte, brauchte er trotzdem noch eine Frau, um eine Sinnenlust zu befriedigen, die trotz seiner Krankheit beileibe nicht abnahm, sondern sich – zweifellos als Kompensation – sogar noch gewaltig entfesselte. So gesellte man ihm eine junge Frau zu, nämlich Odette de Champdivers, die damit betraut war, seine Gelüste zu befriedigen. Sie gebar ihm eine uneheliche Tochter und bewies auch sonst eine absolut beispielhafte Geduld und Ergebenheit.

Kurioserweise war seine Schwägerin Valentina Visconti die einzige Frau bei Hofe, die noch einigen lindernden Einfluß auf ihn hatte. Sie brauchte nur zu erscheinen und ein paar Stunden an der Seite des Königs zu verbringen, und schon beruhigte sich seine Raserei. Er plauderte mit ihr. Er spielte mit ihr Karten. Er verlangte häufig nach ihr. Von da an bedurfte es nur noch eines Schritts bis zu der Vorstellung, es habe eine Liebesaffäre zwischen dem König und Valentina gegeben. Die Tatsachen sprechen jedoch dagegen. Die Gegenwart Valentinas wirkte wie Medizin auf den König, und man muß sagen, daß die Herzogin von Orléans dieser Funktion, so gut sie konnte, gerecht wurde.

Natürlich erregte sich die öffentliche Meinung über die Frage, welchen Einfluß die Herzogin – eine Landfremde, eine Lombardin, eine, wie gemunkelt wurde, Hexe und Giftmischerin – wohl auf den Verstand des Königs hatte. Am Ende hieß es immer wieder, die Krankheit des Königs sei dem Wirken der Valentina Visconti zuzuschreiben, und sie nütze ihre Rolle weidlich aus, alles zu unternehmen, um die Krankheit zu verlängern, und zwar zum größten Vorteil für sich selbst sowie für ihren Gemahl, den lasterhaften Wüstling von Orléans, einen hemmungslosen Herzensbrecher, der, wie sich ein zeitgenössischer Chronist ausdrückte, »die Würfel und die Huren liebte« und der sich, einem anderen Zeitzeugen zufolge, »allzusehr von seinem Plaisir regieren ließ und einer gar wunderlichen Jugend pflegte«. Dies ging sogar so weit, daß Ludwig seiner Gemahlin raten mußte, den Hof und die Umgebung des Königs zu verlassen und ihre Domänen aufzusuchen, damit sich die überhitzten Gemüter beruhigten.[11]

---

11 »Gegen Mitte Juni begann der König, wie bereits zuvor, Anzeichen von Schwachsinn zu zeigen und sich in Ausfälligkeiten zu ergehen, die der königlichen Majestät durchaus unwürdig waren. Gemeinhin wurde gesagt, dies sei die Wirkung böser Zauber von gewissen böswilligen Leuten. Doch ich kann mich für die Wahrheit dieser Behauptung nicht verbürgen. Ich weiß nur, daß ein solches Gerücht auf dem Nachlassen der (geistigen) Fähigkeiten des Königs gegründet war. Zunächst konnte er seine Freunde, seine Vertrauten, die Herren des Hofes und alle Leute seines Hauses nicht mehr wiedererkennen. Dann wieder erinnerte er sich ihrer sogar in ihrer Abwesenheit und nannte sie bei ihrem Namen. Doch auf die Dauer verhüllte sich sein Geist mit so dichter Finsternis, daß er sogar solche Dinge vollkommen vergaß, an die die Natur ihn hätte erinnern müssen. So behauptete er aufgrund einer sonderbaren und unerklärlichen Laune, er sei nicht verheiratet und habe niemals Kinder gehabt. Er erinnerte sich sogar an seine eigene Person und seinen Titel *roi de France* nicht mehr, und er behauptete, er hieße nicht Charles, und erkannte die Lilien nicht als die seinen wieder. Als er sein

Der König wurde im Louvre den Möglichkeiten entsprechend bewacht und gepflegt, während die Königin mehr oder weniger definitiv ins Hôtel Saint-Paul übersiedelte, das sie, wie es scheint, von all ihren Residenzen am meisten schätzte, zumal dieser Ort seit den Umbauten und Ausstattungsarbeiten, die man auf Befehl Karls V. vorgenommen hatte, auch besonders einladend war. Das Hôtel Saint-Paul lag außerhalb der Wehranlagen der von Philipp August errichteten Stadtmauer, nämlich zwischen dieser und der Bastille an der Straße, die zum Schloß Vincennes sowie zum Manoir de Beauté in Nogent führte, einer Residenz, die von Karl V. ebenfalls verschönert worden war. Es handelte sich weniger um ein Palais im eigentlichen Sinne, sondern eher um eine Suite von kleineren, insgesamt zehn Hôtels, die Karl V. nacheinander erworben hatte und die aus dem Besitz des Grafen von Étampes,

---

Wappen oder das der Königin auf seinem Goldgeschirr oder anderswo eingraviert sah, kratzte er es rasend ab.

Ich könnte unmöglich sagen, wie tief der Schmerz war, den die erlauchte Königin Isabeau ob der Verfassung des Königs empfand. Was sie besonders erschütterte, war, daß der König sie jedesmal, wenn sie sich ihm erschöpft von Weinen und Seufzen näherte, um ihm ihre reine Liebe zu bezeugen, von sich stieß und in ruhigem Ton seine Leute fragte: ›Wer ist dieses Weib, deren Anblick mich verfolgt? Erkundet, ob sie etwas braucht, und befreit mich, so gut ihr irgend könnt, von ihren Nachstellungen und Belästigungen, damit sie sich nicht in dieser Art an meine Fersen heftet (...)‹

Von allen Frauen war die erlauchte Herzogin von Orléans die einzige, deren Gegenwart ihm überaus angenehm war. Er nannte sie *sa sœur bien-aimée* [seine geliebte Schwester] und ging sie alle Tage aufsuchen. Gar manche legten diese Vorliebe übel aus. Ihre Verdächtigungen, die nichts zu rechtfertigen scheint, gründeten darauf, daß man in der Lombardei, die die Heimat der Herzogin war, mehr als in jedem anderen Land von Gift und bösem Zauber Gebrauch machte.« (*Chronique de Saint-Denis*)

der Äbte von Saint-Maur und der Erzbischöfe von Sens stammten. Man hatte die dazugehörigen Parkanlagen belassen und sogar noch durch anmutige Obstgärten und Blumenrabatten weiter ausgestaltet. Es gab dort einen ertragreichen Weinberg, einen richtigen Zoo, Volieren und Rosengärten. Die verschiedenen Gebäude waren in strenger Symmetrie angeordnet und zu verschiedenen Zeiten erbaut worden. Die acht Parks und Innenhöfe gingen im Erdgeschoß durch sechs überdachte Verbindungstrakte und in den oberen Stockwerken durch zwölf Galerien ineinander über. Auf diese Weise konnte man sich überdacht von einem Logis zum anderen begeben und auf die gleiche Art in die Kirche und die verschiedenen Kapellen gelangen. Es ist also verständlich, weshalb dieses Hôtel Saint-Paul, auch *Hôtel des Grands Ébattements* genannt, der Lieblingsort Karls V. war, bevor Isabeau de Bavière es sich als den ihren erwählte.

Isabeau sah der Krankheit des Königs keineswegs tatenlos zu. Wie viele Leute glaubte auch sie, daß diese Krankheit wenn nicht eine teuflische, so doch zumindest eine übernatürliche Ursache hatte. Sie war selbst sehr abergläubisch, und so fand der damals weitverbreitete Glaube, der König sei verhext worden, auch in ihr sein Echo. Sie ließ Messen lesen und ordnete Wallfahrten an. Als sie am 22. August 1393 mit ihrer Tochter Marie niedergekommen war, hatte sie das Gelübde abgelegt, daß diese Tochter, sollte sie überleben, ins Kloster gehen sollte. Wie wir wissen, wurde das Gelübde eingehalten: Marie starb 1434 in Poissy als Nonne. Zuweilen empfing die Königin auch gewisse Scharlatane oder Hexenkünstler, die behaupteten, sie besäßen die Mittel, den König zu heilen. Und von ihrer Sorte gab es nicht wenige.

Es kam ein übler Mann nach Paris, welcher ganz eigentlich gesagt ein Hexer[12] war. Er rühmte sich, er werde, wenn man ihn gewähren ließe, den König heilen. Und er besäße ein Buch, welches an Adam gerichtet sei zur Tröstung über seinen Sohn Abel, welchen dieser hundert Jahre über beweint und betrauert habe. Man ließ mit ihm sprechen und fand, daß er ein Betrüger sei. Und er erhielt die Bestrafung, die dem Fall gebührte.

---

12 Es handelte sich um einen gewissen Arnaud Guillaume, der lange Zeit die Achtung des Hofes genoß. »Dieser im übrigen sehr ungebildete Mann trug stets ein Buch bei sich, welches ihm, wie er sagte, sichtbarlich und sogar von Leuten mit Wissen und Erfahrung bezeugt, absolute Macht über die vier Elemente verlieh sowie über alle Dinge, die sie beinhalten. Er behauptete, dank dieses Buches alle Planeten vollkommen zu kennen, und wenn einer darunter wäre, dessen Einfluß dieses Jahr ein großes Sterben herbeiführen könnte, so würde er einen gegenwirkenden erscheinen lassen, der den Astrologen bis dato noch unbekannt sei und der den verderblichen Einfluß des ersteren, wenn nicht ganz, so doch zum großen Teil zunichte machen würde. Er gab noch tausend andere törichte Geschichten zum besten, die nicht wert sind, berichtet zu werden, über die Wirksamkeit dieses Buches, das er *Smagorad* betitelte und dessen Urschrift, so sagte er, unserem ersten Vater von Gott überreicht worden sei. Er fügte weiters hinzu, Adam habe, nachdem er hundert Jahre lang seinen Sohn Abel beweint habe, wie uns die Heilige Schrift berichtet, einen von Gott, dem Herrn, gesandten Engel auf sich zuschweben sehen, und dieser Engel habe ihm ein Buch überreicht mit den Worten, er solle sich trösten, und habe ihm verkündet, daß er mit Hilfe dieses Buches wiedererlangen werde, was er durch die Sünde verloren habe, und daß derjenige, der es besitze, die Sterne befehligen könne. Arnaud Guillaume behauptete mehrmals vor der Königin und den Großen des Reiches, daß man den König verhext habe und daß die Urheber dieses bösen Zaubers mit all ihren Kräften daran wirkten, den Erfolg seiner Genesung zu verhindern. Ging es dem König zu einer Stunde einmal besser als zu einer anderen, so führte er dies schamlos auf Gott und dessen Kunst zurück.« (*Chronique de Saint-Denis*)

In jener Zeit nahmen ein Priester namens Yves Gilemme, sowie Demoiselle Marie de Blansy, Perrin Hémery, ein Schlosser, und Guillaume Floret, Klerikus, bestimmte Teufelsbeschwörungen vor – der Priester sagte, deren drei stünden zu seinen Diensten –, und alle rühmten sich, sie würden den König heilen. Es ward beschlossen, daß man es mit ihnen versuchen wolle und zulassen werde, daß sie ihre Beschwörungen unternähmen. Sie verlangten, daß man ihnen zwölf mit Eisen aneinandergekettete Männer stellte. Dies geschah. Sie bildeten einen Kreis und sagten den genannten Männern, sie bräuchten sich nicht im geringsten zu fürchten, dann taten sie, was sie nur wollten, brachten aber nichts zuwege. Darauf wurden sie vernommen, warum sie nichts zuwege gebracht hätten. Sie antworteten, die besagten zwölf Männer hätten sich bekreuzigt und mit dem Zeichen des Kreuzes behängt, und nur aus diesem Grunde hätten sie versagt; die Sache war nur Lug und Trug, ward von dem genannten Klerikus dem königlichen Stadtpräfekten gemeldet, worauf dieser befahl, sie aufzuhängen. Und schließlich wurde am 24. Tag des März für sie öffentlich gebetet und je nach Fall die Strafe vollzogen, nämlich Flammentod und Scheiterhaufen. (Juvénal des Ursins)

Andere erlangten am Ende aber doch Zutritt zum König. So überließ man Karl VI. für gewisse Zeit den Händen zweier Mönche, die ebenfalls behaupteten, sie könnten den König heilen. Sie verabreichten ihm abscheuliche Gebräue, nahmen an seiner Kopfhaut schmerzhafte Schnitte vor und erschöpften ihn mit magischen Handlungen, die auch nicht zu besserem Erfolg führten. Diese beiden Mönche hatten sich – und sogar bei ihrem Leben – verpflichtet, den König binnen sechs Monaten zu kurieren. Tatsächlich wurden sie zum festgesetzten Termin zum Tode verurteilt, aber vielleicht weniger für ihr Versagen als aufgrund ihres lasterhaften Betragens, das sie sich im Laufe ihrer Behandlung leisteten. Und natürlich führte man gegen sie die praktizierten Hexenzauber ins Feld, in die sie sehr unvorsichtig den Namen des Herzogs von Orléans eingeflochten hatten. Wie es scheint, war dieses schmerzhafte Experiment der Anlaß zu der Bemerkung, die der König gegenüber einigen seiner Vertrauten gemacht haben soll:

Ich möchte lieber sterben, als jemandem ein Leid zufügen. Sollten einige aus meiner Gesellschaft an meinen Leiden schuld sein, so flehe ich sie im Namen Jesu Christi an, mich nicht mehr länger zu quälen. Oh, müßte ich doch nicht mehr weiter schmachten, und brächten sie mich in Bälde doch vollends um.

Wie man sieht, wähnte sich der König in seinen lichten Augenblicken selbst als Opfer eines Fluchs.

Da die »Gegenzauber« nicht zum Erfolg führten, versuchte man es mit Säuberungen. Isabeau schlug dem Kronrat eine Reihe von Maßnahmen vor, um im Königreich das Übel, von dem der König – gewiß als Strafe für die begangenen Vergehen – so arg geschlagen war, mit der Wurzel auszureißen. Und so folgten königliche Verordnungen gegen öffentliches Sündigen, gegen Gotteslästerung, gegen Spiele um Geld und gegen Prostitution. Vor allem aber erwirkte Isabeau die definitive Verbannung der Juden, die als Überträger eines schrecklichen Fluchs betrachtet wurden.

Bekanntlich hatte Philipp der Schöne die Juden aus Frankreich verbannt und sich diese Maßnahme zunutze gemacht, um ihre Güter an sich zu reißen. Als man nach Poitiers jedoch das Lösegeld für Johann den Guten aufbringen mußte, hatte man denselben Juden unter der ausdrücklichen Bedingung, daß sie einen Teil des Lösegelds zahlten, wieder eine Aufenthaltsgenehmigung erteilt. Seitdem wurden die Juden im Königreich toleriert, denn schließlich kam dabei jeder auf seine Kosten. Mit ihrer Forderung, die Aufenthaltsgenehmigungen nicht zu erneuern, verfolgte Isabeau de Bavière dagegen die Absicht, leibhaftige »Ausgeburten Satans« aus dem Königreich zu verjagen. Zweifellos ist dies einer der ersten Fälle in der Geschichte Frankreichs, wo sich eine offen antisemitische Haltung mit moralischen und »philosophischen« Begründungen abzeichnet.

Natürlich gab man dieser Verbannung der Juden einen offiziellen Rahmen. Man erhob gegen sie den üblichen

Vorwurf, sie würden Wucher betreiben, obwohl die Großen des Reiches von diesem profitierten. Ferner beschuldigte man sie, wenn auch ohne klare Beweise, sie hätten einen ihrer Rabbiner ermordet, der zum Christentum übergetreten war. Sieben der reichsten Juden von Paris wurden angeklagt, sie würden darauf hinarbeiten, neue Anhänger zu gewinnen. Der *Prévôt de Paris* verurteilte sie zum Tod durch das Feuer, denn, so sagte er, wenn die Schänder geweihter Stätten als Gotteslästerer den Tod verdienten, so müßten die Schänder der lebendigen Tempel des Herrn und die Vergifter der Seelen erst recht mit der schwersten Form der Hinrichtung bestraft werden. Das *Parlement* milderte das Urteil des Stadtpräfekten jedoch ab und wandelte es in öffentliche Auspeitschung an drei aufeinanderfolgenden Sonntagen um. Zwei ließen die Verurteilten über sich ergehen, von der dritten kauften sie sich mit einer bedeutenden Geldsumme los. Dann mußten sie Paris und die wichtigsten Städte des Königreiches verlassen.

Man trieb die Säuberung weiter, indem man bestimmte Namen auswechselte, die Unglück bringen konnten. So wurde in Paris die *Porte d'Enfer*, das »Höllentor«, zur *Porte Saint-Michel*. Dieses Stadttor hatte seinen Namen von einer angeblichen Prostituierten, die dort einst ein Haus der besonderen Art geführt haben soll, und die Legende erzählte, dieses Mädchen mit dem Beinamen *d'Enfer* sei der Teufel in Person gewesen, und er habe auf diesem Wege die unglücklichen Männer, die für ihre Reize empfänglich waren, in den Schlund der Hölle hinabgerissen. Dem ist jedoch hinzuzufügen, daß sich die Verehrung des heiligen Michael damals nachgerade zu einem offiziellen Kult entwickelte: Während einer Phase der Beruhigung seiner Krankheit unternahm Karl VI. eine Wallfahrt nach Mont Saint-Michel, und als Isabeau am 11. Januar 1395 im Hotel Saint-Paul ein Mädchen zur Welt brachte, erhielt es den Namen Michelle zu Ehren jenes Erzengels des Lichts, der gegen den Drachen der Finsternis und des Bösen gekämpft hatte, um die Gerechtigkeit Gottes wiederherzustellen in einem Universum, das in die Hände Satans gefallen war.

Diese Epoche war nämlich eine Zeit entfesselter Mystik und zugleich eine Zeit der Hexenverfolgungen. Mehr als je zuvor beobachtete man die Zeichen, die aus dem Jenseits kamen, jene Zeichen, die Gott zu verbreiten für angemessen hielt, damit die Sterblichen in sich gehen, sich bessern und gemäß den göttlichen Gesetzen handeln. Die zeitgenössischen Berichte enthalten dazu eine Fülle aufschlußreicher Anekdoten. Im Jahre 1395

(...) herrschten wunderliche Winde drei Monate lang, und insonderheit im Monat September waren sie so schrecklich und so stark, daß sie große Obstbäume, ganze Wälder, Häuser und Kamine umrissen, und gar groß war das Elend ob der Schäden, die sie in der Diözese Maguelonne anrichteten. (Juvénal des Ursins)

Dies konnte nur die Materialisation von Gottes Zorn sein. Man reagierte darauf, indem man Novenen lesen ließ und insbesondere alle Hexer und Ketzer verbrannte, derer man habhaft werden konnte. Das Königreich mußte wieder gesunden, und man gab sich alle Mühe, Sündenböcke ausfindig zu machen. Freilich hütete man sich, zu eingehend in der Umgebung der Fürstenhöfe nachzusehen, denn man wußte nie, was man dabei entdecken konnte. Das Volk munkelte, die Ursache des Unglücks, mit dem das Königreich, insbesondere in der Person des Königs, geschlagen wurde, sei am Hof selbst, in der eigenen Entourage des Königs zu finden. Natürlich fielen dabei am häufigsten die Namen von Louis d'Orléans, der besonders gehaßt wurde, und von Valentina Visconti, die besonders gefürchtet wurde.

Man versuchte, wenn auch ohne großen Erfolg, die Zeichen zu deuten. Im gleichen Jahr 1395 hieß es,

(...) im Lande Languedoc ward am Himmel ein großer Stern gesehen sowie fünf kleine. Diese, so schien es, griffen an und wollten den großen bekämpfen, und sie verfolgten ihn wohl eine halbe Stunde lang. Und man vernahm vom Himmel eine Art Geschrei. Und dann ward ein Mann gesehen, der wie aus Kupfer schien, mit einem Speer in seiner Hand und Feuer speiend, und er packte den großen Stern und schlug ihn. Und dann ward nichts mehr gesehen. (Juvénal des Ursins)

Diese Erscheinung oder Halluzination, die man heute auf die berühmten UFOs und das Eingreifen von Außerirdischen zurückführen würde, löste eine Fülle widersprüchlicher Kommentare aus, wonach der König von gefährlichen Personen umgeben sei, und daß es eine weitere gebe, die noch verborgen sei und sich zu gegebener Zeit erheben werde, um den unglücklichen König vollends zu vernichten. Nun konnte sich jeder seinen eigenen Reim darauf machen, wer diese mysteriöse Figur war.

Diese Phänomene, die dem Zeitgeist zufolge Warnungen aus der Welt des Unsichtbaren waren, machten auf Isabeau de Bavière großen Eindruck. Ein Text über das Jahr 1401 gibt einen Einblick in die Art, wie die Königin darauf reagierte:

Im Monat Mai brach im Beauvaisais ein schreckliches Unwetter aus. Hagelkörner von der Größe eines Gänseeis verwüsteten und vernichteten, von einem stürmischen Wind getrieben, restlos die Ernten und Weinstöcke in einem Umkreis von fast 16 Meilen. In der zweiten Junihälfte vernahm man entsetzliche Donnerschläge. Der Blitz fuhr auf das königliche Hôtel Saint-Paul nieder und schlug auch in das Schlafgemach der Königin ein, die in jenem Moment in einem anderen Stockwerk weilte; er verzehrte die prächtigen Vorhänge ihres Betts und fuhr wieder durch den Kamin hinaus. Diese Naturerscheinungen erschreckten die Königin zu Tode. In ihrem Entsetzen sandte sie Opfergaben an mehrere Kirchen des Königreichs. Den Nonnen des Klosters Saint-Denis schenkte sie gar eine Summe Geldes, um drei »Annuale« in Gedenken an den hohen Herrn Dauphin selig lesen zu lassen. (*Chronique de Saint-Denis*)

Man sieht also, welche Angst damals in der Umgebung von Isabeau de Bavière herrschte.

Das Leben ging indessen weiter. Auf die eine oder andere Art mußten die staatlichen Dinge des Reiches geregelt werden. Die eigentliche Macht lag in den Händen Philipps des Kühnen, und man muß zugeben, daß er sie mit Umsicht und Verstand gebrauchte. So konnten verschiedene strittige Fragen geregelt werden, allen voran der französisch-englische Konflikt.

Zwischen den Seigneurs ward ein gewisses Abkommen getroffen, daß der König von England Madame Isabelle zur Vermählung bekommen sollte, die Tochter des Königs, welche erst ein Alter von sieben Jahren hatte, während er deren 30 zählte; ferner, daß es 38 Jahre lang Waffenstillstand geben solle; dazu kamen mehrere unterschiedliche Klauseln, welche das öffentliche Wohl der beiden Königreiche betrafen. (Juvénal des Ursins)

Das Abkommen wurde feierlich geschlossen. Die Botschafter, die sich nach Paris begeben hatten, um den Fall auszuhandeln, waren mit einem Gefolge von zweihundert Personen erschienen. Frankreich kam für ihren Aufenthalt sowie für all jene auf, die der Trauungszeremonie in der Sainte-Chapelle beiwohnten. Die Mitgift, die die Engländer zu fordern beauftragt waren, betrug zwei Millionen Pfund. Sie mußten mit ihrer Forderung auf eine Million fünfhunderttausend Pfund heruntergehen, und schließlich betrug die endgültige Mitgift nur noch eine Million. Die Engländer erreichten auch die Begnadigung von Pierre de Craon, doch dieser mußte sich, da er von den Franzosen geächtet und beim Herzog von Bretagne in Ungnade gefallen war, mit einer erniedrigenden Strafaussetzung begnügen.

Die Lombardei-Frage erwies sich als ein dornigeres Problem. Valentina Visconti wollte um jeden Preis ihren Vater, den Herzog Gian-Galeazzo von Mailand, unterstützen, der den Genuesern zu Leibe rückte. Die damals sehr reichen Genueser nahmen zahlreiche französische Ritter in ihre Dienste, um die Angriffe der Lombarden abzuwehren, was Valentina keineswegs behagte. Immer wieder versuchte sie, ihren nach wie vor starken Einfluß auf den König geltend zu machen, um Karl VI. eine Entscheidung dahingehend abzuringen, daß er den Franzosen die Unterstützung der Genueser verbot; doch Philipp der Kühne behielt die Augen offen und sorgte dafür, daß die Pläne der Herzogin von Orléans durchkreuzt wurden, um seinem »schönen Neffen«, den er für so gefährlich wie eitel hielt und von ganzem Herzen haßte, noch mehr die Hände zu binden. So schürte der Burgunder verstärkt den Klatsch über eine mögliche Liaison zwischen dem König und seiner Schwägerin und vor allem über einen schädlichen, ja sogar magischen Einfluß, den sie angeblich auf den König habe. Wie bereits angedeutet, mußte Ludwig, um diesen Verleumdungen ein Ende zu machen, seiner Gemahlin raten, sich für gewisse Zeit vom Hof fernzuhalten. Der Herzog von Mailand war höchst empört über diesen Affront gegen seine Tochter.

Es wurde aber auch noch ein anderes Motiv für Valentinas Entfernung vom Hof angeführt, und dieses könnte das wahre gewesen sein, während die Genueser Affäre vielleicht nur ein Vorwand war: die Eifersucht der Isabeau de Bavière, die sich durch den Umstand verletzt fühlte, daß ihr Gemahl Valentina den Vorzug gab. Immerhin ist zu erwähnen, daß man ganz offen darüber munkelte, Valentina hege zärtliche Gefühle für den König, und dies war keineswegs dazu angetan, den Groll der Königin gegen ihre Schwägerin zu besänftigen. So wird auch verständlich, daß sie ohne Zögern die Politik Philipps von Burgund unterstützte, die den Interessen der Herzogin von Orléans so feindlich entgegenstand. Isabeau spielte vielleicht mit dem Gedanken, sie könne Valentinas Abwesenheit dazu nutzen, das Vertrauen Karls VI. zurückzugewinnen. Wir wissen aber, daß dem nicht so war, zumindest nicht im Augenblick. Philipp der Kühne herrschte weiterhin im Namen Karls VI., und Isabeau de Bavière beschränkte sich darauf, dem Onkel des Königs und seinen Befehlen zu gehorchen.

Und doch ist in dieser Zeit ein gewisser Sinneswandel von Isabeaus Seite festzustellen. Obgleich sie vollstes Vertrauen in den Herzog von Burgund hatte, begann sie doch, an dessen guten Absichten zu zweifeln. Auf Veranlassung der Königin hatte man zwar der Fehde zwischen Johann IV. von Montfort und Olivier de Clisson ein Ende gesetzt. Die beiden hatten sich über vorgeschobene Strohmänner im Innern des Herzogtums bekämpft und sich gegenseitig ihre befestigten Stützpunkte verwüstet. Philipp der Kühne unterstützte dabei natürlich Johann IV., und der Herzog von Orléans unterstützte Clisson. Aber Clisson und Montfort hatten sich schließlich bei einer Begegnung in Vannes aufrichtig und endgültig ausgesöhnt. Burgund und Orléans, die im Grunde nur ihre eigenen Fehden austrugen, indem sie die der anderen unterstützten, standen nun wieder direkt im Gegensatz. Ludwig von Orléans aber wurde immer anmaßender. Immerhin gebührte ihm theoretisch der erste Rang, da er als Bruder des Königs den Titel *régent du royaume* führte. Isabeau de Bavière kannte ihren Schwager zu gut, als daß ihr von seinen Ambitionen irgend etwas verborgen geblieben wäre. Sie konnte sicher sein, daß Ludwig bis zum Letzten gehen würde, während Philipp der Kühne immer älter wurde. Isabeau war berechnend und begehrte die Güter dieser Welt – dachte sie also möglicherweise, die Politik Ludwigs von Orléans könnte ihr nützlich werden?

Außerdem kursierte ständig das Gerücht über eine mögliche Liaison zwischen Ludwig von Orléans und Isabeau de Bavière. Ob daran etwas stimmte, ist vor dem Jahr 1403, wo es zu einem offenen und gemeinsam betriebenen Bündnis zwischen Schwager und Schwägerin kam, schwer zu durchschauen. Ganz allgemein gibt es keinerlei Beweis für amouröse Beziehungen zwischen Ludwig und Isabeau – und schon gar nicht in den Jahren vor 1403. Außerdem war der Herzog von Orléans, wie es scheint, viel zu sehr von Frauen besessen und viel zu sehr anderweitig beschäftigt, um sich, sei es auch nur aus Gründen politischer Opportunität, in dauerhafter Form an die Königin zu binden. Möglich ist aber das Gegenteil: Ludwig war der unwiderstehliche Herzensbrecher, die Frauen liefen ihm buchstäblich nach. Warum sollte es Isabeau de Bavière also nicht ebenfalls gelüstet haben, sich an dem Wettlauf zu beteiligen und schneller zu sein als die anderen?

Dies alles ist jedoch reine Hypothese. Sicher ist lediglich, daß es zu einer Annäherung zwischen Ludwig von Orléans und der Königin kam. Und es ist logischer anzunehmen, daß diese einigermaßen verbittert darüber war, daß sie durch den mächtigen Herzog von Burgund von den Regierungsgeschäften ferngehalten wurde, und daß sie auf diese Weise eine gewisse Rolle an der Seite ihres glänzenden Schwagers spielen wollte.

Auf alle Fälle vergiftete sich die Fehde zwischen Burgund und Orléans immer mehr, und jeder Vorwand war willkommen, um einander in diesem Kleinkrieg zu bekämpfen. Dies wurde bei der Affäre um den Papst von Avignon deutlich, als die Franzosen in einem sehr löblichen Bestreben, das Schisma zu beenden, beschlossen hatten, diesen fallenzulassen. Die Herzöge von Burgund und Berry versuchten, Papst Benedikt mit Gewalt zu bewegen, sein Amt niederzulegen, doch dieser wurde wiederum heimlich durch den Herzog von Orléans unterstützt. Auch die Affäre Jean de Bar gehörte, so lächerlich sie auch war, nicht zu den geringsten Wechselfällen dieses Zwistes.

Jean de Bar, so berichtet die Chronik, war ein Schwarzkünstler, der sich als »Teufelsbeschwörer« bezeichnete, sich als Hexer ausgab und sein Ansehen offensichtlich recht geschickt dazu benutzte, den Leuten etwas vorzugaukeln und »den Teufel erscheinen« zu lassen, denn, so fügt die Chronik hinzu, »er tat seine Aufgabe gut«. Er hatte die Hexenkunst im »wilden« Schottland erlernt und »sie ward ihm gelehrt von einer Alten, von der es hieß, sie befasse sich mit derlei Dingen«. Er ließ es sich nicht nehmen, seine Praktiken in aller Öffentlichkeit vorzunehmen, denn er gehörte zu den Getreuen des Herzogs von Burgund und wähnte sich unter dessen Schutz in Sicherheit. Ohne jede Rücksicht auf diese Protektion – vermutlich gerade wegen ihr – und um Philipp in Mißkredit zu bringen, da er einen Hexer protegiert hatte, ließ der Herzog von Orléans Jean de Bar jedoch als »Nigromant« verhaften, aburteilen und verbrennen. Sofort glaubte der Onkel, sein Neffe bezwecke mit dieser Aktion, ihm zu trotzen, und so kritisierte und durchkreuzte Philipp von Stund an alles, was immer dieser unternahm. Und dies in einem Augenblick, wo es angesichts der Ereignisse in England dringend vonnöten gewesen wäre, daß unter den Mitgliedern des Kronrates Einstimmigkeit herrschte, um die erforderlichen Entscheidungen zu treffen.

König Richard von England, der, wie man weiß, durch seine Heirat mit Isabelle de France der Schwiegersohn Karls VI. war, wurde nämlich unter Drohungen von seinem Vetter Henry Lancaster zur Abdankung gezwungen, worauf dieser sich unter dem Namen Henry IV. zum König krönen ließ. Richard wurde im Tower zu London gefangengesetzt und dort ein paar Monate später tot aufgefunden. Die Umstände seines Todes sind auch heute noch umstritten. Aber man mußte das weitere Schicksal der kleinen Isabelle regeln, die erst zehn Jahre alt war. Im Namen Karls VI. forderte man Richards Witwe zurück. Und der Herzog von Orléans machte sogar Miene, den Gemahl seiner Nichte zu rächen: Er schickte eine beleidigende – und im übrigen höchst unvorsichtige – Herausforderung zum Zweikampf an den neuen König. Heinrich von Lancaster ließ ihm durch eine öffentliche Botschaft antworten, die ein schallender Gegenschlag war: In diesem Schreiben behauptete er nämlich, der Herzog von Orléans habe ihn selbst dazu ermutigt, in England die Macht zu ergreifen, da dies alle Pläne des Herzogs von Burgund durchkreuzen werde. Wie Philipp der Kühne darauf reagierte, läßt sich leicht denken. Darüber hinaus enthielt der Brief Heinrichs IV. noch eine mehr als beunruhigende Passage:

Bei der Ehre Gottes, bei der Ehre unserer Lieben Frau und des hochheiligen Georg: Ihr lügt in falscher und böswilliger Weise, wenn Ihr behauptet, wir hätten kein Erbarmen mit unserem Herrscher, dem König und obersten Lehensherrn gehabt; und gebe Gott, daß Ihr gegen die Person Eures Herrn und Bruders und die Seinen niemals Ärgeres getan oder verursacht habt als wir gegen unseren Herrn.

Die Anspielung war unmißverständlich, und sie trug dazu bei, den Gerüchten, die sich bereits harnäckig hielten, neue Nahrung zu geben, ebenjenen Gerüchten, der Herzog von Orléans habe mit Hilfe von Verhexungen die Krankheit seines Bruders »verursacht«, um sich selbst des Throns zu bemächtigen; der Umstand, daß Karl VI. sich lieber von seiner Schwägerin pflegen ließ, konnte diese These nur noch erhärten. Mit den Worten »die Seinen« griff Heinrich IV. andere Gerüchte auf, wonach der Tod von Charles, dem ältesten Sohn des Königs, der 1386 im Alter von zwei Monaten gestorben war, mit derselben Absicht von demselben Herzog von Orléans »verursacht« worden sei.

Die Vermählung einer seiner Töchter im Jahr 1400 zwang den Herzog von Burgund, eine Reise nach Flandern zu unternehmen. Ludwig von Orléans verlor allen Verstand. Er benutzte die Abwesenheit seines Onkels, um sämtliche Zügel der Regierung an sich zu reißen; vor allem bemächtigte er sich der Finanzen, die er verteilte und maßlos verschleuderte. Letzteres tat er noch dazu *mit komplizenhafter Unterstützung durch Isabeau de Bavière*, die sich auf diese Art und Weise dafür entschädigte, daß man sie über mehrere Jahre hinweg zu Vergessenheit verdammt hatte. Im übrigen trug er größte Sorge, sich alle Machtbefugnisse, die er übernahm, durch das *Parlement* amtlich bestätigen zu lassen. Empört über das, was geschehen war, schrieb der Herzog von Burgund an den *Cour des*

*Pairs* einen Brief, in dem er darauf hinwies, welche Gefahr es bedeutete, alle Macht den Händen von Personen zu überlassen, die so leicht bereit waren, sie zu mißbrauchen. Denn, so sagte er, »es ist ein großer Schmerz und Jammer zu hören, was mir zu Ohren kam«. Der Jammer bezog sich wahrscheinlich auf das Verhalten gegenüber dem König und auf die Art, wie dieser im Stich gelassen wurde: Man wurde es allmählich leid, ihn zu pflegen, man vernachlässigte ihn in seinen Wahnsinnsanfällen, und es mangelte ihm, wie glaubwürdige Zeugen bestätigen, selbst am Notwendigsten, während alle Mittel um Isabeau de Bavière und Ludwig von Orléans nur so zusammenströmten.

Im übrigen ließ es Philipp der Kühne dabei nicht bewenden. Einige Monate später, im Jahr 1401, drohte er, nach dem Ausschluß von den Regierungsgeschäften, mit dem man ihn, wie es scheint, bestraft hatte, mit Waffengewalt wieder sein Recht herzustellen. Er hatte auch noch einen anderen Grund zur Klage: Damit, daß er ihn von den Amtsgeschäften ausschloß, bezweckte der Herzog von Orléans auch noch, ihm die immer unerträglichere Last der Steuern aufzubürden. Ludwig hatte eine neue Steuer eingeführt, die er auch auf den Klerus ausdehnte mit dem Argument, dies fördere den Frieden der Kirche; er hatte sie öffentlich verkündet mit dem Hinweis, dies geschehe mit Zustimmung und auf Anweisung des Herzogs von Burgund. Der Onkel begegnete den Behauptungen seines Neffen mit einem offiziellen Dementi und brach in Begleitung von Truppen auf, um sein Recht zu erkämpfen. Der Herzog von Orléans zog seinerseits Truppen zusammen, und so füllte sich die Umgebung von Paris mit Söldnern, die bereit waren, einen brudermörderischen Kampf vom Zaun zu brechen. Daraufhin lenkten der Herzog von Berry und mehrere Seigneurs vermittelnd ein, und es gelang ihnen, den Ausbruch der Feindseligkeiten zu unterbinden. Damit war die Sache zwischen dem Onkel und dem Neffen aber noch keineswegs beigelegt, zumal dieser, wie es schien, von der Königin unterstützt wurde.

Zum Glück begann für Karl VI. nun eine Phase, wo er wieder voll und ganz bei Verstand war. Manchmal beschränkte er sich in solchen Fällen darauf, nur zu bestätigen, was während seiner Krankheit geschehen war, manchmal versagte er seine Zustimmung auch und verfügte in anderer Weise. In der gegenwärtigen Situation griff er jedoch, nachdem er sich über den Stand der Dinge hatte informieren lassen, mit aller Autorität durch: Er erließ eine Verordnung, wonach während der *occupation* oder »Unabkömmlichkeit« des Königs – so wurde die geistige Umnachtung verschämt bezeichnet – nichts ohne ausdrückliche Genehmigung durch den Herzog von Burgund unternommen werden dürfe. Auf diese Weise gab er seinem Bruder unrecht und würdigte die Weisheit seines Onkels. Im Grunde bestand die Weisheit Philipps des Kühnen jedoch hauptsächlich darin, daß er Entscheidungen traf, wann es nötig war. Daher konnte der Historiker Jacques d'Avout zu recht sagen: »Die Uneinigkeit zwischen dem Onkel und dem Neffen, wovon der eine zu befehlen versteht, während der andere nie zu gehorchen gelernt hat, ist vor allem ein Streit um den Vorrang.«[13] Vorläufig jedoch hatte das Volk des französischen Königreichs die Kosten des Wettstreits um den Thron des unglücklichen *roi occupé* zu tragen.

Denn Ludwig von Orléans gab die Reichtümer, die er sich, die Gunst der Stunde nutzend, *geliehen* hatte, trotzdem nicht zurück. Der Gerechtigkeit halber ist anzumerken, daß der Bruder sich nicht zum ersten Mal einfach nahm, was er begehrte, aber diesmal war das Maß der Unverschämtheit voll: Er hatte gewagt, in aller Offenheit zu tun, was er ständig praktizierte, nur daß er dabei zumindest die Form wahrte. Er wurde vom König mit eindrucksvollen Schenkungen bedacht, die er sich erschlich, indem er seinen Bruder beharrlich bedrängte,

13 Jacques d'Avout: *La querelle des Armagnacs et des Bourguignons,* Paris 1943, S. 28.

oder indem er auf noch raffiniertere Art und Weise Valentina Visconti agieren ließ, die uns von Froissart als »gelüstend nach den Genüssen und Gütern der Welt« (XV, 258) dargestellt wird. Seine Besitzungen sind unzählig, doch weit verstreut. Hat er auch nicht die effektive Macht seines burgundischen Onkels, so besitzt er doch das, was man als *Güter* bezeichnet, und diese sind reich an Erträgen. Trotzdem ist er ständig knapp bei Kasse: Er verliert erhebliche Summen im Spiel, und die Frauen, die seinem Charme erliegen, werden mit Geschenken überhäuft, die Töchter von niederem Stande nicht weniger als die adligen Damen, denn er ist spendabel bis zum Exzeß, und nichts ist zu schön für seine Vergnügen. Der Mann, den uns der Chronist Thomas Basin als »allen schönen Frauen nachwiehernd wie ein Hengst« (I,13) schildert, und der so viele Bastarde, darunter den berühmten Dunois, hinterlassen hat, ist ein Mann, der keine Skrupel kennt. Die überlieferten Dokumente, die ihn erwähnen, belasten den *beau duc d'Orléans* schwer. Er hat die geistige Umnachtung seines Bruders im Übermaß dazu ausgenutzt, den königlichen Staatsschatz abzuschöpfen, um die Bedürfnisse seines luxuriösen Lebenswandels sowie die ständigen Forderungen einer zahlreichen Klientel zu befriedigen, die besonders gefräßig ist, auf die er aber angewiesen ist, um seine eigene Politik zu ermöglichen.[14] Das Gold schmilzt nur so dahin zwischen den Fingern jenes »zügellosen Spielers,

---

14 Die Summen, die Ludwig von Orléans an seine Getreuen, insbesondere unter den großen Landesherren an den Grenzen zum Heiligen Römischen Reich, verteilte, lassen sich auf jährlich ca. 25 000 Pfund beziffern. Jede seiner Reisen ist Anlaß zu wahrhaft königlicher Freigebigkeit. Als er auf seine Ansprüche (die in Wirklichkeit Valentinas Ansprüche waren) auf Genua und Savoyen verzichtete, ließ er sich dafür aus der königlichen Schatzkasse 300 000 Francs auszahlen. Außerdem erhielt er eine jährliche Pension von 120 000 Francs aus den indirekten Steuereinnahmen, ganz zu schweigen davon, daß er sich hie und da noch zusätzlich aus dieser Einnahmequelle bediente.

und die Steuerpflichtigen, die murrend die Last der ständigen *aides* auf sich nehmen, wünschen des Königs Bruder, dessen Truhen sich durch ihre Opfer nicht einmal füllen lassen, zum Teufel.«[15]

Isabeau de Bavière steht ihm, im Verhältnis betrachtet, kaum nach. 1393 hatte die Königin dafür gesorgt, daß ihr eine bedeutende Witwenapanage zugesichert wurde. Peinlich genau überwacht sie den Eingang ihrer Einkünfte, seien sie auch noch so gering.[16] Sie, die während der Umnachtung des Königs mit nichts anderem als Festen und den Freuden der Liebe beschäftigt war, entwikkelt sich nun zu einer wahren »Geschäftsfrau«. Es steht zu vermuten, daß sie eine Art Obsession überkommt, die noch durch ihre permanente Angst verstärkt wird, sie könnte eines Tages mittellos dastehen. Sie weiß, daß sie sich in einer prekären Lage befindet: allein zwischen einem geisteskranken König auf der einen Seite und gefräßigen Prinzen von Geblüt auf der anderen Seite, die sich darum bemühen werden, sie auszuschalten, wenn der König stirbt. Eine Angstvorstellung beherrscht sie ganz besonders: der Tod des Königs. Dieser Tod würde für sie nicht nur Ungnade, sondern auch Armut bedeuten, zumindest glaubt sie das. Damit ließe sich jene Beharrlichkeit, mit der sie sich mit Gütern beschenken läßt, sowie auch das Bündnis erklären, das sie mit dem brillanten Herzog von Orléans geschlossen zu haben scheint, wobei diese Beziehung zwischen ihnen weniger eine Liebesgeschichte als ein gutes Geschäft sein wird, mit anderen Worten: Sie werden die königliche Schatzkammer gemeinsam plündern. Der König hat ihr zahlreiche Ländereien im Um-

---

15 Jacques d'Avout: ebenda, S. 62.

16 Stets wird dazu die folgende charakteristische Anekdote zitiert: Als die Bürger von Amiens mit der Zahlung einer Geldbuße, die an das Hôtel der Königin entrichtet werden sollte, im Verzug waren, ließ Isabeau sie vor das *Parlement*, den Obersten Gerichtshof, zitieren.

kreis von Paris geschenkt, er kauft ihr Schlösser und Residenzen. Sie spekuliert und fühlt sich von einer Passion für Immobiliengeschäfte ergriffen, und so erwirbt sie das *Hôtel Barbette*, um »in Paris in ihrem Hause und nicht in dem des Königs logieren zu können«. In den Jahren vom ersten Wahnsinnsanfall des Königs bis 1403 ist sie nämlich nicht mehr als die Gemahlin eines kranken Herrschers: Noch regiert sie nicht. Außerdem könnte man damals meinen, sie habe keinerlei Verlangen zum Regieren, so groß ist ihre Lust auf materielle Genüsse. Und doch wird sie von 1403 an eine echte Königin mit unbestreitbaren politischen Machtbefugnissen werden. Aber auch dann wird sie ihre Manie, Schätze zu horten, nicht vergessen.

Die Besserungen, die sich in der Krankheit des Königs von Zeit zu Zeit einstellten, hatten bis dahin Anlaß zu der Hoffnung gegeben, die Krankheit könnte sich gewissermaßen durch Abnutzung mit den Jahren abschwächen und schließlich ganz verschwinden. Doch das war nicht der Fall. Das Leiden verschlimmerte sich und wurde von immer alarmierenderen Symptomen begleitet. Auf die schwarze Melancholie, die seine gewöhnliche Stimmungslage kennzeichnete, folgten Anfälle von Raserei und eine anhaltende Starrköpfigkeit in seinen bizarren Wünschen. Manchmal begann Karl, wie ein Wolf heulend, durch sämtliche Galerien seines Palastes zu rennen. Er vollführte besessene Luftsprünge, zerriß sich die Kleider, warf plötzlich die verschiedensten Gegenstände durch die Luft, die sich in seiner Reichweite befanden, oder er versuchte tobend die mit den Rauten Bayerns vereinten Lilien Frankreichs zu entfernen, wo er sie gerade fand. Dann hielt er plötzlich reglos inne und wollte sich nicht mehr bewegen aus Angst, er könnte den Mann aus Glas zerbrechen, der er glaubte geworden zu sein.

Während der sechs Monate, die einer dieser Anfälle dauerte, wollte er keinem Menschen gestatten, sich ihm zu nähern, um ihn mit der nötigsten Pflege der Reinlichkeit zu versorgen. Allein Odette de Champdivers fand

Gnade vor seinen Augen, wenn auch nur für kurze Zeit, und selbst sie, die man bereits die *petite reine*, die »kleine Königin«, zu nennen begann, konnte nichts für den unglücklichen König tun. Valentina Visconti hätte ihn vielleicht besänftigen können, aber sie war vom Hof verbannt. Da kam man auf die Idee, plötzlich sechs vermummte Männer mit geschwärzten Gesichtern vor ihm auftauchen zu lassen, die ihn mit roher Gewalt ergreifen sollten. Im Grunde war dies bereits eine Vorform des »Elektroschocks«. Doch diese Methode zeigte keinerlei Wirkung: Er erschrak zu Tode und ließ folgsam wie ein Kind alles mit sich geschehen. Natürlich mangelte es nicht an Zeugen, die die Schilderungen dieser schmerzlichen Szenen verbreiteten. Das Volk von Paris war bald auf dem laufenden. Jeder war tief betroffen, beklagte das traurige Schicksal des Herrschers und nahm dies zum Anlaß, immer offener anzuprangern, was um ihn herum im Gange war.

Eines Tages gab es jedoch eine Überraschung, und zwar eine völlig unerwartete: Nach jenem schrecklichen Anfall gelangte Karl VI. wieder voll und ganz zu geistiger Klarheit, so als sei er niemals krank gewesen. Da er aber wußte, daß die Krise von einem auf den anderen Tag wieder über ihn hereinbrechen konnte, nutzte er diesen lichten Augenblick, um das Funktionieren der Regierung gesetzlich zu regeln. Bisher waren die vorgesehenen Maßnahmen jeweils nur zeitlich begrenzt wirksam gewesen, doch nun hielt es der König für angebracht, diesen einen permanenten Charakter zu verleihen. Vor allem richtete er einen neuen *Cour d'État* oder Staatsrat ein, bestehend aus der Königin Isabeau, den königlichen Prinzen, dem Konnetabel, dem Kanzler und den gerade amtierenden Ministern. Dem Edikt, das diese Formation enthielt, fügte er ein weiteres hinzu – und zwar ganz zum Vorteil der Königin. Darin bestimmte er, daß bei seinem Tode sofort sein ältester Sohn als Herrscher anzuerkennen und *ausschließlich* dem Schutz und der Vormundschaft *seiner Mut-*

*ter* unterstellt sei. Dies bedeutete, daß Isabeau de Bavière nun nicht nur vollgültiges Mitglied des Rates war, sondern daß sie zusätzlich das Amt der Regentin im Namen ihres Sohns und Souveräns ausübte, solange dieser noch nicht volljährig war. Diese beiden Edikte wurden vom Konnetabel und dem Kanzler dem *Parlement* vorgelegt. Der Hof sowie die Prinzen, die hohen Offiziere und selbst die Königin mußten mit ihrem Eid beschwören, sich an die Edikte zu halten, und dieser Order wurde ohne Einspruch Folge geleistet.

In einem jähen Meinungsumschwung oder in einem Funken klaren Verstandes, der die Finsternis seines Lebens als geistig Umnachteter erhellte, hatte Karl VI. von Valois, König von Frankreich, seine Entscheidung getroffen. Und diese sollte tiefgreifende Folgen haben. Denn fortan bestimmt Isabeau de Bavière, »von Gottes Gnaden Königin von Frankreich«, wie sie künftig ihre Briefe beginnen wird, die Spielregeln der Politik.

# 3
# Isabeau – Präsidentin des Kronrates

Der Staatsstreich vom 26. April 1403 – denn es handelt sich um nichts anderes als um einen echten Staatsstreich – mag auf den ersten Blick verwunderlich erscheinen. Bei näherer Untersuchung zeigt sich jedoch, daß er weder absurd, noch das Ergebnis einer königlichen Laune oder eine durch die Umstände erzwungene Kompromißlösung ist. Man spürt darin die Entschlossenheit und den Weitblick Karls VI., und so kurios es klingen mag: dieser *roi fou* war einer der weisesten Könige der französischen Monarchie. Er hatte es deutlich bewiesen, als er sich bei seinem Amtsantritt seiner Oheime entledigte, in denen er Haie sah, die bereit waren, wenn nicht die Macht, so doch die Finanzen an sich zu reißen, was eindeutig mehr einbrachte. Er hatte es deutlich bewiesen in seinen Phasen geistiger Klarheit, da er in diesen Momenten alles, was nur möglich war, ins Werk setzte, um den fragilen Frieden zwischen Frankreich und England aufrechtzuhalten. Er hatte es bewiesen durch die geschicke Heiratspolitik, die er eigenständig ins Leben rief, indem er jedes seiner Kinder mit jedem Mitglied seiner Familie zu Verbindungen führte, die dem Frieden und der Kontinuität der rechtmäßigen Macht förderlich waren. Und seiner Gemahlin die Macht zu übertragen, war für ihn im Jahr 1403 eindeutig das einzige Mittel, um zwischen dem Herzog von Orléans und dem Herzog von Burgund, den beiden Säulen des Königreichs, wieder Eintracht herzustellen und seine Nachkommen vor den allzu berechnenden Forderungen der Nebenlinien des königlichen Hauses zu bewahren. Um diese Vorgänge wirklich zu verstehen, muß man unbedingt wissen, daß der Staatsstreich Karls VI. nur mit Hilfe Philipps des Kühnen, des Herzogs von Burgund, zu realisieren war.

Dies mag uns erstaunen, denn allem Anschein nach verlor der mächtige Vassall des Königs von Frankreich dabei seine Privilegien. Und doch lassen die Chronisten der Zeit in diesem Punkt keinen Zweifel zu. Ein gewisser Cousinot, ein ergebener Mann des Herzogs von Orléans und Verfasser einer *Geste des Nobles* (»Taten der Adligen«), behauptet dies mit aller Entschiedenheit. Und der anonyme Verfasser einer *Chronique d'Angoulême* wird gar noch deutlicher: Die Entscheidung des Königs »wurde im Rat *auf Betreiben des Herzogs von Burgund* gefällt«. Dies bedarf der Erläuterung.

Schon seit geraumer Zeit war der Herzog von Burgund, der in die Jahre kam und seine Ambitionen zu mäßigen wußte, die Ausübung der Macht leid. Außerdem war Philipp ein Politiker mit Gespür, und wenn er seine eigenen Interessen auch nie aus dem Blick verlor, so unternahm er doch nie etwas, das dem französischen Königreich insgesamt hätte schaden können. Darin lag im übrigen der große Unterschied zwischen dem vierten Sohn Johanns des Guten und seinem »schönen Neffen« von Orléans, der zwar nicht mit den psychischen Schwächen der Valois belastet war, aber keine Hemmungen hatte, für sein unmittelbares Wohl die Zukunft aufs Spiel zu setzen, und der außerstande war, eine klare politische Linie zu verfolgen. Andererseits irritierten den Herzog von Burgund die immer wieder aufbrechenden Schwierigkeiten eines offenen Kampfs mit seinem Neffen, wußte er doch, daß es keine andere Lösung als die der Gewalt gab und was dies an Unannehmlichkeiten für die Beteiligten bedeutete. Ein baldiger Eklat schien unabwendbar zu sein, wenn die beiden Prinzen sich noch länger die Verwaltung der Finanzen teilten, mit der Karl VI. sie im Januar desselben Jahres 1403 betraut hatte. Daher verfolgte Philipp das zweifache Ziel, nämlich dieser drohenden Gefahr entgegenzuwirken und sich zugleich eines Teils seiner Verantwortlichkeiten zu entledigen, als er den König ersuchte, die Erlässe von 1392 aufzuheben und neue Regelungen zugunsten von Isabeau de Bavière zu treffen. Karl VI. sah ein, daß seine Argumente wohlbegründet waren.

Während der vergangenen Jahre hatte Philipp der Kühne Gelegenheit gehabt, die Wesensart der Königin aus nächster Nähe zu studieren und ihr Verhalten in der heiklen Lage, die durch die Krankheit des König für sie entstanden war, schätzenzulernen. Ihre rasche Art, mit den Bedrängnissen fertig zu werden, die man ihr ständig bereitete, ihre Zähigkeit und Ausdauer in der Ausführung ihrer Pläne und das instinktive Gespür, das sie in ihrer Rolle als Schiedsrichterin zwischen den aufeinanderprallenden Tendenzen und Meinungen zeigte, hatten ihn davon überzeugt, daß sie auch weitreichenden Aufgaben gewachsen wäre. Außerdem wußte er, daß Isabeau Bewunderung für ihn empfand und daß sie gerne seinem Rat folgte. Daher war er der Meinung, daß sich im ganzen Königreich niemand so gut wie die Königin dazu eignete, im Kronrat den Vorsitz zu führen. Er hatte erkannt, daß sich hinter der vergnügungssüchtigen Königin auch eine Politikerin verbarg. Und außerdem wußte er, daß sie nichts gegen das Haus Burgund unternehmen würde: Das hatte sie während der Genueser Affäre gezeigt, als sie gemeinsam mit ihm gegen die Ansprüche Ludwigs von Orléans und Valentina Viscontis Partei ergriff. Freilich waren zu diesem Zeitpunkt die Interessen Burgunds und Bayerns die gleichen; auch darf man nicht vergessen, daß Isabeau sehr genau auf die Pläne des Herzogs von Bayern achtete und daß es ihr stets am Herzen lag, in jeder Situation die Interessen des Landes zu wahren, aus dem sie stammte. Und schließlich waren die Rauten Bayerns mit den Lilien Frankreichs vereint! In den Augen des Burgunders bestand das einzige Problem darin, daß Isabeau im Bereich der Außenpolitik, auch wenn sie die gleiche Richtung wie er verfolgte, häufig über das Ziel hinausschoß. Aber er nahm sich vor, sie aufmerksam zu überwachen, was ihm um so leichter fallen würde, als die Königin auf seinen Rat hörte.

In den wenigen Monaten, die auf die Erlässe vom 26. April folgten, mußte Philipp der Kühne zweifellos erkennen, daß er sich Illusionen gemacht hatte. Die Königin prägte der Außenpolitik des Königreichs kaum einen neuen Kurs auf, und nicht einmal der Innenpolitik. Alles lief weiter wie bisher, mit anderen Worten: ziemlich schlecht. Es schien, daß die Königin als Präsidentin des Kronrates nur in ihren Familienangelegenheiten und in Finanzfragen – in diesen, um ihren persönlichen Geschäften zum Erfolg zu verhelfen – von ihrer ganzen Macht Gebrauch machte.

Tatsächlich lag alle Macht in Isabeaus Händen. In seinem Edikt hatte der König nämlich erklärt, daß das Königreich »nach Gottes Willen und Gefallen« zu regieren sei, d. h. gemäß der Formel, die voll und ganz der Monarchie kraft göttlichen Rechts entsprach, und »zum Wohl und Nutzen der Untertanen«, was man allzuoft geneigt war zu vergessen. Ferner hatte er der Königin und den vier Herzögen (Burgund, Berry, Bourbon und Orléans) sein volles Vertrauen bestätigt und verfügt, daß die Königin in dem Fall, wo er »verhindert« war, mit Unterstützung seiner Oheime und seines Schwagers sowie des Konnetabels d'Albret und des Kanzlers Arnaud de Corbie regierte. Die Entscheidungen waren mit der Mehrheit der Ratsmitglieder zu treffen, aber kein Beschluß des Rates konnte rechtskräftig werden, ohne daß der König zuvor in Kenntnis gesetzt, der betreffende Beschluß schriftlich niedergelegt und mit dem großen Siegel als Urkunde beglaubigt worden wäre. Sobald der König genesen war, würde er die Regierungsgeschäfte und zugleich den Ratsvorsitz wieder selbst übernehmen, und nichts könnte ohne seinen Befehl geschehen. Insgesamt betrachtet, vertrat Isabeau den König also während der Zeit seiner »Unabkömmlichkeit«. Doch dies bedeutete, daß sie an erster Stelle stand.

Das zweite Edikt vom 26. April hob die Bestimmung auf, wonach der König, wie es der Tadition entsprach, erst mit vierzehn Jahren volljährig war. Statt dessen wurde verfügt, daß im Fall des Ablebens von Karl VI. dessen ältester Sohn Louis, der 1397 geborene Herzog von Guyenne, so schnell wie möglich und ungeachtet seines Alters die Weihe als König zu empfangen habe. Der Grund für diese Klausel wurde eigens erläutert: Niemand sollte »unter dem Vorwand von Lehnsvertrag oder Nähe der Verwandtschaft« die Regentschaft an sich reißen können. Mit diesem juristischen Schachzug ließ sich vor allem Ludwig von Orléans ausschalten, da in dem betreffenden Moment das Reich entweder vom König selbst oder in seinem Namen regiert würde. Und da Schutz und Vormundschaft über die königlichen Kinder in Isabeaus Händen lagen, war sie diejenige, die im Namen des geweihten Königs regieren und die »Bürde des Königreiches« tragen würde. Da sie gleichzeitig Präsidentin des Kronrates und Präsidentin des Familienrates war, würde sie alle Macht behalten und es würde nicht zu einer sogenannten Regentschaft kommen. Es versteht sich von selbst, daß Ludwig von Orléans durch diese Vorkehrungen, die ihn seiner Vorteile beraubten, schwer gekränkt wurde und daß er in der Folge alles tat, um sich die Gunst der Königin zu erwerben, damit er, auch ohne offizielles Mandat, die Macht mit ihr teilen konnte.

Überhaupt gab sich Ludwig, wie wir sehen werden, nicht geschlagen. Seit geraumer Zeit intrigierten die Herzöge von Burgund und Orléans, um durch Vermählungen ihre Häuser der königlichen Familie anzunähern. Margarete von Burgund, die Tochter des Grafen Jean de Nevers, des künftigen Johann Ohnefurcht, war dem Dauphin Charles versprochen worden, doch der Tod des jungen Prinzen im Jahr 1401 hatte diesen Plan zunichte gemacht. Danach war eine Heirat zwischen Louis, dem neuen Dauphin, und einer Tochter des Herzogs von Orléans im Gespräch. Wie wir wissen, hatte Ruprecht von der Pfalz seinen Einfluß bei Isabeau de Bavière geltend gemacht, um sie zu bewegen, diese Verbindung abzulehnen und einer Vermählung des Dauphins mit Margarete von

Burgund den Vorzug zu geben. Daher bemühte sich die Königin, die Pläne ihres Schwagers zu durchkreuzen. Zwei Jahre lang kam es zu keiner Entscheidung, doch sobald Isabeau die Macht hatte, beeilte sie sich, die burgundische Heirat durchzusetzen.

## *Ein fragiles Gleichgewicht*

Zwei Tage nach dem »Staatsstreich«, nämlich am 28. April 1403, setzte Karl VI. in zwei Briefen die Verlobung zwischen dem Dauphin Louis de Guyenne und Marguerite de Nevers dies fest. Doch Ludwigs Rache ließ nicht lange auf sich warten. Und in einer Großen Ratsversammlung, die beim König stattfand, – in der von den vier Herzögen wohlgemerkt nur Philipp der Kühne zugegen war –, wurden am 5. Mai drei Heiratsversprechen ausgetauscht. Wie man sieht, war der Herzog von Burgund durchaus noch gewillt zu regieren. Zumindest wußte er die Abwesenheit seiner Rivalen gut zu nutzen. Ludwig von Guyenne wurde tatsächlich mit Margarete verlobt, die 200 000 Francs Mitgift sowie die Schlösser Villemaur und Chaource erhielt. Ferner wurde Michelle, die vierte Tochter Karls VI., Philipp, dem ältesten Sohn des Grafen von Nevers (und künftigem Philipp dem Guten) versprochen. Und schließlich verpflichtete sich der König von Frankreich, seinen Sohn Jean, den Grafen von Touraine, mit einer noch zu bestimmenden Tochter des Grafen von Nevers zu vermählen. Der Erfolg Philipps des Kühnen war perfekt. Noch am selben Abend gab er im Louvre ein Festbankett sowie Belustigungen, woran der König in Person, die Königin, Ludwig von Orléans (der gute Miene zum bösen Spiel machte) sowie die Herzöge von Berry und Bourbon teilnahmen.

Den ganzen nächsten Tag über weilte Ludwig von Orléans beim König. Was er ihm alles sagte, wissen wir nicht. Fest steht jedoch, daß Karl VI. am 7. Mai in neuen königlichen *lettres* erklärte, er habe zu einem früheren

Zeitpunkt die Vermählung des Dauphin mit einer bereits geborenen oder künftigen Tochter des Herzogs von Orléans beschlossen; er habe danach »einige Vermählungen von mehreren unserer Kinder mit anderen« ausgehandelt; er habe Klauseln, Testamente und Erlässe zwischen Eiferern verfaßt, die die Rechtsansprüche verletzten, »welche der Gewohnheit gemäß dem Herzog von Orléans zukämen«; und er erkläre die Erlässe, die Isabeau den Vorsitz des Rates verliehen, für null und nichtig und breche die Heiratsprojekte mit dem Haus Burgund ab.

Eine solche Kehrtwende hatte etwas Suspektes. Der König befand sich in einer ausgeglichenen Phase und hatte keinerlei Grund, sich anders zu besinnen. Nur eine Pression seitens seines Bruders konnte ihn dazu bewogen haben, seine Haltung zu ändern. Doch kaum hatte Ludwig von Orléans ihn wieder verlassen, schrieb der König vier Tage später, am 11. Mai, wiederum neue Briefe, die dem Rat übergeben wurden. Darin zeigte sich Karl VI. sehr besorgt, die Sicherheit seiner »teuersten und liebsten Gemahlin, der Königin«, seines Sohnes und seiner anderen Kinder zu gewährleisten. Die Erlässe vom 26. April seien, so erklärte er nun, für sie von großem Nutzen, und ein Verstoß gegen diese hätte für die genannten Personen schwerwiegende Folgen; dann verurteilte er in strenger Form den überraschenden Anschlag auf seinen Willen und erklärte alle gegenteiligen Beschlüsse, welche Isabeau, die königlichen Kinder und das Königreich beträfen, von vornherein für ungültig. Damit wurden die Machtbefugnisse der Königin noch einmal in eklatanter Form bestätigt.

Am 28. Juni verpflichtete sich die Herzogin von Burgund, den Ehekontrakt zwischen dem Dauphin Ludwig und Margarete von Nevers in allen Punkten zu erfüllen, und Isabeau erklärte sich durch drei aufeinanderfolgende Ratifizierungen mit dem am Monatsanfang beschlossenen dreifachen Vermählungsprojekt einverstanden. Die neue Dauphine wurde ihrem Gemahl im Hôtel der Königin zugeführt. Isabeau versprach die junge Prinzessin Catherine, die damals erst zwei Jahre alt war, Charles de Bourbon, dem Enkel des Herzogs. Diese Verbindung konnte zwar erst in ferner Zeit vollzogen werden, doch Isabeau wollte dem Herzog von Bourbon einen Beweis ihres Vertrauens geben, und Philipp der Kühne befürwortete diesen Plan natürlich, da er Ludwig von Orléans die Hoffnung nahm, seine Kinder mit der königlichen Familie zu verheiraten.

In jenem Jahr 1403 hatte Isabeau de Bavière von Karl VI. bereits elf Kinder. Das erste, Charles, wurde am 25. September 1386 in Vincennes geboren, starb aber bereits nach zwei Monaten. Das zweite war Jeanne, geboren am 14. Juni 1388 in Saint-Ouen, und starb noch im selben Jahr. Als drittes Kind kam Isabelle am 9. November 1389 im Louvre zur Welt: Sie heiratete nacheinander Richard II. von England und nach dessen Tod im Jahr 1399 Charles d'Angoulême. Das vierte Kind, Jeanne, wurde am 24. Januar 1391 in Melun geboren und heiratete Jean V. de Montfort, den Herzog von Bretagne. Charles, der erste Dauphin, kam am 6. Februar 1392 im Hôtel Saint-Paul zur Welt, starb aber im Jahr 1401. Marie, geboren am 22. August 1392 in Vincennes, starb 1434 als Nonne in Poissy. Michelle, geboren am 11. Januar 1395 im Hôtel Saint-Paul, heiratete Philipp den Guten, den späteren Herzog von Burgund, und starb im Jahr 1422. Der zweite Dauphin war Louis, Herzog von Guyenne, geboren am 22. Januar 1397 im Hôtel Saint-Paul: er heiratete 1412 Marguerite de Nevers, starb aber bereits 1415. Der dritte Dauphin Jean, Herzog von Touraine, wurde am 31. August 1398 geboren und starb 1417. Isabeaus zehntes Kind war Catherine: Sie wurde am 27. Oktober 1401 im Hôtel Saint-Paul geboren, mit Heinrich V. von England vermählt und wurde die Mutter Heinrichs VI., des »Königs von Frankreich und England«. Am 22. Februar 1403 kam im Hôtel Saint-Paul wieder ein Sohn zur Welt, den man auf den Namen Charles taufte: Er wurde 1417 zum Dauphin erklärt und herrschte unter dem Namen Karl VII. Bekanntlich gibt es Zweifel oder Ungewißheiten in der Frage, ob Karl VI. tatsächlich der Vater des späteren *petit roi de Bourges* war. Das Gleiche gilt für Isabeaus zwölftes Kind, Philippe, das am 10. November 1407 geboren wurde und noch am selben Tag starb.

Im Grunde war Isabeau de Bavière bis dahin nichts anderes gewesen als eine Gebärerin, deren Funktion darin bestand, der französischen Krone einen oder mehrere Erben zu schenken. In jenem entscheidenden Jahr 1403 war sie 33 Jahre alt. Seit ihrer Hochzeit mit Karl VI. und ihrer Ankunft in Frankreich waren inzwischen achtzehn Jahre vergangen, und während dieser Zeit war sie acht Jahre lang schwanger gewesen. Aber sie besaß noch viel Charme, und dieser Charme beruhte im wesentlichen auf jener erstaunlichen Mischung aus germanischem Temperament und südländischem Äußeren, denn man darf nicht vergessen, daß sie über ihre Mutter, eine Visconti, Mailänderin war. Sie wird beschrieben als eine Frau mit glühenden Augen, dunklem Teint, tiefschwarzem Haar und einer mächtigen Stirn, die in eine majestätische Nase auslief. Sie war von tadelloser Haltung, obgleich klein an Gestalt. Im übrigen trug sie stets Holzpantinen mit hohen Absätzen. Sie war sehr stolz auf ihren Busen, aber durch die zahlreichen Schwangerschaften waren ihre Hüften in die Breite gegangen, und durch übermäßiges Essen hatte sie einen Bauch bekommen, der eines Tages monströse Ausmaße annehmen sollte.

Sie lebte eher wie in einem geschlossenen Gefäß und trat aus ihrer Abgeschiedenheit nur heraus, um auf den Festen zu glänzen, die man ihr zu Ehren gab, und um die Ankunft eines hohen Besuchs zu feiern. In ihren Gemächern des Hôtel Saint-Paul und des Hôtel Barbette herrschte der ausgefallenste Luxus. Es gab darin Badestuben mit blumengeschmückten Wandbehängen, ein »Rosenwasser«-Gemach mit kostbaren Tapisserien und Möbeln, umschwebt von sämtlichen Wohlgerüchen des Orients.

Überall stieß man auf Käfige voller Vögel in allen Farben, auf Bassins, in denen sich sogar Tümmler tummelten, auf Gitterzellen, in denen Affen herumtollten. Gekleidet in perlenbesetzten Roben, ihre gezähmte Leopardin an der Leine führend, ihre Gemälde und Sammlerobjekte betrachtend, wandelte Isabeau durch all diesen Reichtum. Und sie war stets darauf bedacht, immer noch mehr anzusammeln und sich mit dem strahlendsten Luxus zu umgeben.

Gegenüber den Parkanlagen des Hôtel Saint-Paul hatte Isabeau das in der Rue du petit Muce gelegene Champ au Plâtre erworben, einen ehemaligen Besitz des Klosters Saint-Éloi von Paris. Dieses Grundstück hatte sie zur Straßenseite hin mit Mauern einfrieden und dann »zum Garten umpflügen und bepflanzen« lassen. Anschließend ließ sie zwischen dem Garten des Champ au Plâtre und dem Weingarten des Zölestiner-Klosters »bestimmte Mauern öffnen und Eingänge schaffen, die man mit Schlüsseln und Schlössern oder auf andere Art zusperren konnte«. Daneben ließ sie noch verschiedene weitere Türen anlegen, so daß sie auch in das Kloster und zu den Gärten und Weinbergen der Mönche gelangen konnte. Aus einem persönlichen Brief von Isabeau erfahren wir, daß sie diese Veränderungen nicht nur vornahm, um allein oder in Begleitung ihrer Kinder das Kloster oder die Kirche zur Andacht aufsuchen zu können, sondern auch, damit sie häufig durch diese Türen treten konnte, um »sich zu erlustigen« und sich in den großen Gärten des Klosters zu ergehen. Da aber auch Ludwig von Orléans es liebte, sich, wie uns einer seiner Briefe verrät, in den nämlichen Gärten der Zölestiner zu »erlustigen«, in denen er, wie man sich erinnert, unmittelbar nach dem *Bal des Ardents* eine Kapelle errichten ließ, bedurfte es keines weiteren Anlasses, um zu behaupten, die Königin und der Herzog von Orléans träfen sich in jenen berühmten Gärten zum heimlichen Stelldichein. Die Chronisten der Zeit beschränken sich auf Andeutungen. Die satirischen Dichter drücken sich dagegen unverblümter aus. Zudem lag auch noch ganz in der Nähe, nämlich an der Stelle der heutigen Rue du Petit Musc, das sogenannte Hôtel de Pute-Y-Musse, eine Eremitage, die für galante Rendezvous und *parties fines* wie geschaffen und kurioserweise ausgerechnet dem Herzog von Orléans überlassen war. Dies alles sind Details, die aufhorchen lassen. *Le Pastoralet* (»Das Schäferspielchen«), ein anonymes Spottgedicht, wirft dem »schönen Ludwig von Orléans« vor, er widme den Zölestinern nur deshalb eine so fromme Verehrung, um seine sündigen Gedanken und verräterischen Ränke gegen Karl VI. verheimlichen zu können.

Das Leben der Isabeau de Bavière war aber nicht nur mit Vergnügungen und anderen »Erlustigungen« ausgefüllt. Die große Zahl von Botschaften, die sie in dieser Zeit an alle möglichen Adressen richtet, weist auf eine intensive Aktivität hin, die, mag sie auch nicht politischer Natur sein, auf alle Fälle von ihrer Geschäftstüchtigkeit zeugt. Regelmäßig korrespondiert sie mit dem Herzog von Burgund, und als Philipp der Kühne im September 1403 erkrankt, schickt sie ihm zweimal Maître Guillaume Cardonnel, den »Leibphysicus des Herzogs von Guyenne« nach Melun.

Natürlich schickt sie zahlreiche Briefe an den Herzog von Orléans nach Senlis wie nach Orléans, Blois oder Coucy. Sie empfängt ihren Schwiegersohn Herzog Johann V. von Bretagne, und als dieser wieder in seine Lande zurückgekehrt ist, korrespondiert sie über ihren Kurierreiter Jean le Charron weiter mit ihm. Auch mit ihren eigenen Leuten in der Umgebung von Paris pflegt sie durch ausgetauschte Botschaften Kontakt.

Der größte Teil dieser Botschaften betrifft freilich Isabeaus private Angelegenheiten. Fast immer handelt es sich um Entlastung der Kosten für ihre Residenz und ihre *argenterie*, d. h. ihre Finanzverwaltung, deren Ausgaben ständig anwachsen. Im Jahr 1393 betrugen ihre Ausgaben für die Argenterie nur 10000 *livres tournois*. Im Oktober

1403 belaufen sie sich bereits auf 41947 *livres*, 19 *sous* und 4 *déniers*, und im selben Jahr beträgt die Summe ihrer Schulden 5970 *livres*. Diese Zahlen bedürfen keines Kommentars. Zum Vergleich ließe sich anführen, daß das Palais der Königin Jeanne de Bourbon die Staatskasse jährlich nur 36000 *livres* kostete, während das der Isabeau fast 60000 *livres* verschlang. Das Geld schien der Königin nur so zwischen den Fingern zu zerrinnen, und da sie ihre gewöhnlichen Einnahmen für unzureichend hielt, bemühte sie sich mit allen Mitteln, eine Reserve an Geld oder Grund und Boden zu schaffen.

Diesem Geschäftssinn begegnen wir auch in einer Aktion der Königin im Zusammenhang mit den öffentlichen Finanzen. Am 11. Juni hatte Karl VI., der zu diesem Zeitpunkt wohlauf war, das *Office des Trésoriers de France*, die königliche Schatzmeisterei, aufgelöst, da die *Trésoriers* zu den wahren Herren über die Finanzverwaltung geworden waren und daher enorme Privilegien genossen. Der König hatte sich vorgenommen, ihre Zahl »zu Wohl und Blüte seiner Domäne« zu reduzieren, wie er es bereits am 19. Mai mit den *Conseillers généraux des Aides*, den Herren über die Steuern, die man als »Budgetfresser« bezeichnen könnte, praktiziert hatte. Als der König erneut »unabkömmlich« war, gelangten die Königin und die Prinzen von Geblüt jedoch zu dem Urteil, »gar manche Notwendigkeit sei entstanden, sich um das Schatzamt zu kümmern«. Und so hielt Isabeau persönlich eine Ratsversammlung ab, in der »in ihrer Gegenwart und zu ihrer Zufriedenheit« beschlossen wurde, zwei der entlassenen Magistraten wieder in ihre Ämter einzusetzen und ihnen sogar noch einen dritten an die Seite zu stellen. Der Herzog von Orléans begrüßte diese Entscheidungen, aber er beantragte und erreichte, daß sogar noch ein vierter Schatzmeister ernannt wurde.

Das Problem war nur, daß die Rechnungskammer diese Ernennungen registrieren und die Ernennungsurkunden ausstellen mußte. Die Beamten des Rechnungshofes waren der Königin jedoch extrem feindlich gesonnen und mißtrauten »Kreaturen«, die sie in die hohen Ämter des Königreichs einsetzen konnte, wie es ihr beliebte. Und so weigerten sie sich, die Registrierung vorzunehmen, unter höchst fadenscheinigen Vorwänden zwar, von denen sie sich aber versprachen, daß die Sache schließlich von selbst einschlief. Die Folge war ein Streit, der sich so weit vergiftete, bis die Rechnungskammer schließlich von der Königin den offiziellen Befehl erhielt, die Ernennungsurkunden der vier neuen *Trésoriers* auszustellen. Die Magistraten mußten gehorchen, aber sie rächten sich an Isabeau, indem sie beschlossen, von nun an niemanden mehr zu ernennen, »bevor (sie) nicht persönlich mit dem König gesprochen und ihm dargelegt hätten, wie unangebracht Ernennungen von jener Sorte waren«.

Bis Ende 1403 residierte Isabeau de Bavière im Hôtel Saint-Paul und im Hôtel Barbette. Ihre jüngeren Kinder lebten bei ihr, während das letzte, Graf Charles de Ponthieu, der künftige Karl VII., seinen Wohnsitz im Hôtel de la Pute-Y-Musse hatte. Es ist zu vermuten, daß sich die früheste Jugend des künftigen Königs von Frankreich in einer Atmosphäre recht sonderbarer Begegnungen abspielte, denn der Ruf dieses Ortes war nicht mehr der beste, und jedermann in Paris konnte sich in etwa ausmalen, was sich dort abspielte, vor allem dann, wenn der Herzog von Orléans dort logierte.

Unterdessen wurde eine neue Besteuerung durchgeführt, ohne allzu großen Anstoß zu erregen. Man hatte versucht, sie mit dem Vorwand eines Bruchs mit England zu rechtfertigen. Tatsächlich kam es auch zu militärischen Operationen, für die sich die Herzöge von Burgund und Orléans die Verantwortung teilten. Der offene Ausbruch des Kampfes wurde jedoch vermieden und der Konflikt in dem Moment beigelegt, als die Steuer reale Erträge einzubringen begann. Der Ertrag dieser angeblich außergewöhnlichen »Sonderabgabe«, wie man dies zu nennen pflegt, wurde in einem Turm des Louvre eingeschlossen.

Aber nach seiner Rückkehr verlangte Ludwig von Orléans die Öffnung der Schatzkammer. Die Wachen lehnten unerbittlich ab. Da ließ Ludwig die Türen mit dem Beil einschlagen und nahm sich alles, was er darin fand. Von dem Vorfall benachrichtigt, eilte der Herzog von Burgund sofort nach Paris und tadelte lautstark das Verhalten seines Neffen. Dann kehrte er wieder in seine Lande zurück, fest entschlossen, seine Truppen in Marsch zu setzen und die Regierung mit Gewalt unter seine Kontrolle zu bringen.

Aber im Frühjahr 1404, als der Herzog losschlagen wollte, wütete in Frankreich und den benachbarten Ländern eine Epidemie. »Alle, die von ihr getroffen wurden, schwebten in Lebensgefahr«, berichtete der Mönch von Saint-Denis. »Das Übel begann mit heftigen Kopfschmerzen, die den Appetit raubten, und bald darauf starb der Kranke, in entsetzlichem Maße abgemagert, an der Auszehrung.« Der Herzog von Berry erkrankte in Vincennes, sein Zustand verschlimmerte sich bis zum äußersten, aber am Ende konnte er dem Tod entrinnen. Der Herzog von Burgund, von schwächerer Konstitution und durch seine vorangegangene Krankheit bereits angegriffen, steckte sich an und erlag der Seuche am 27. April 1404 in Halle. Hatte sich Philipp der Kühne auch einiges vorzuwerfen, so war er immer noch der aufrichtigste – oder, wenn man so will, der am wenigsten unaufrichtige – unter den königlichen Prinzen gewesen, auf alle Fälle war er derjenige, dem das Überleben des Königreichs am meisten am Herzen lag.

Er war zweifellos der reichste Fürst seiner Zeit gewesen. Doch als er starb, war er bankrott – so widersprüchlich ist zuweilen des Menschen Schicksal. Seine Witwe, Margarete von Flandern, sah sich gezwungen, auf die Gütergemeinschaft zu verzichten, um nicht für seine Schulden aufkommen zu müssen, und unterwarf sich der demütigenden Zeremonie, die damals Brauch war: Sie legte eigenhändig ihren Gürtel, ihre Schlüssel und ihre

Geldbörse auf den Sarg ihres Gemahls, zum Zeichen dafür, daß sie sich von ihrem Anteil am Mobiliar trennte, und dieses wurde öffentlich verkauft, um die Gläubiger Philipps des Kühnen zu befriedigen.

Neuer Herzog von Burgund wurde Philipps Sohn Jean de Nevers, genannt *sans Peur* oder Johann »Ohnefurcht«. Er erbte Burgund, Flandern und zahlreiche Erwerbungen seines Vaters. Vor allem aber erbte er dessen Ehrgeiz und den Eifer, mit dem dieser sich in die Angelegenheiten des französischen Königreichs einzumischen pflegte. Und das sollte man schon bald zu spüren bekommen.

## *Louis d'Orléans*

Es scheint, als habe Isabeau nach dem Tod Herzog Philipps des Kühnen völlig allein dagestanden. Bis dahin hatte der Onkel des Königs, vor dem Isabeau großen Respekt hatte, sowohl auf seinen »schönen Neffen« von Orléans als auch auf die Königin von Frankreich einen zügelnden Einfluß gehabt. Sobald Philipp in seiner Gruft ruhte, fühlte Isabeau, wie die Dämonen von ihr Besitz ergriffen.

Sie war Königin und Präsidentin des königlichen Rates. Sie kam in ein Alter, in dem man weniger das Vergnügen sucht, dafür um so mehr vom Ehrgeiz gefressen wird. Und dann war da noch Ludwig von Orléans, der ausschweifende Lebemann der Jahre um 1390; auch er kam in die Jahre und tauschte einige fleischliche gegen Machtgelüste. War er in Isabeau de Bavière verliebt? Vielleicht. Fühlte er sich geschmeichelt, er, der so viele Eroberungen sowohl in der Welt der Fürsten als auch im niederen Volk gemacht hatte, wenn er einer Königin von Frankreich gefiel, die noch dazu, – und das verlieh der Sache eine pikante Würze – die Frau seines Bruders war? Der Inzest entsprach ganz dem Geschmack der Zeit, und wenn es eine Liaison zwischen Isabeau und Ludwig gab, dann konnte es sich dabei nach kanonischem Recht nur um Inzest handeln. Das mußte dem Herzog von Orléans gefallen. Doch mehr als an die Liebe dürfte er daran gedacht haben, daß die Komplizenschaft der Königin ihm Tür und Tor zur Macht öffnete. Er war der Bruder des Königs, der Nachfolger Philipps des Kühnen dagegen nur dessen Cousin. Warum also nicht gleich aufs Ganze gehen?

Bei Hofe hatte der Ruf des *beau Louis d'Orléans* und charmanten Prinzen noch nichts von seinem Glanz verloren: Amüsiert über seinen anmutigen Elan, applaudierten ihm hohe Damen und hohe Herren bei all seinen launischen Einfällen und betrachteten seine Laster als höhere Qualitäten. Gewiß, an Qualitäten mangelte es ihm nicht: zunächst einmal physischer Natur, denn aus seinem Gesicht strahlte Aufrichtigkeit, Güte, Lebensfreude, und edel war seine Gestalt und Haltung. Wie sein Bruder, dem er sehr ähnlich sah, war er ein kühner Reiter, jedoch mit mehr Ausdauer. Im Grunde kannte er keine Müdigkeit. Und auf intellektueller Ebene war er einfach brillant. Die gute Erziehung, die Karl V. seinen Kindern angedeihen ließ, hatte bei ihm zweifellos besser angeschlagen als bei seinem unglücklichen älteren Bruder. Er war sehr gebildet, sehr belesen, ein glänzender Erzähler, und die Chroniken der Zeit rühmen »seine schöne, auf natürliche Art mit Rhetorik gezierte Rede« (Christine de Pisan). Mit seiner leutseligen Art und seinen schönen Worten verstand er, allen zu gefallen, besonders den Damen, denn ihnen gegenüber hatte er es zum Meister der Galanterie gebracht. Obwohl mit einer bildschönen Frau verheiratet, die noch dazu in vorbildlicher Weise treu war – eine an den Fürstenhöfen nicht gerade weitverbreitete Eigenschaft –, suchte er weiterhin gute Partien zu machen und legte dabei ebensoviel Leidenschaft an den Tag wie beim Spiel, wo er sich regelmäßig ruinierte. Der öffentliche Klatsch ging jedoch weniger zart mit ihm um als die Höflinge: Dort erging man sich in heftigsten Schmähungen über die Zügellosigkeit dieses fürstlichen Spielers und Weiberhelden. Man behauptete gar, er habe hinter einem Wandvorhang des Palastes die Gemahlin Johanns von Nevers vergewaltigt, und dieses Gerücht, auf das wir noch zurückkommen werden, war, wie man zugeben wird, nicht dazu angetan, Ludwig in den Augen von Johann Ohnefurcht, dem Herzog von Burgund, beliebt zu machen. Kurzum, eine Liaison zwischen Louis d'Orléans und Isabeau de Bavière wäre nicht verwunderlich gewesen. Wir haben zwar keine Beweise, doch die Zeugnisse aus der damaligen Zeit spielen immer wieder darauf an, und bei näherer Betrachtung sieht es ganz danach aus, als beruhten die Klatschgeschichten doch auf gewissen Tatsachen.

Zumindest ab 1404, d. h. nach dem Ableben Philipps des Kühnen, wäre es denkbar. Denn zuvor liegt alles im Dunkel, obwohl man an der Abstammung des Dauphins, des zukünftigen Karl VII., zweifelte, obwohl auch der Dauphin selbst an seiner Legitimität zweifelte und obwohl Isabeau durch ihr Verhalten zu verstehen gab, daß sie ihren Sohn haßte. Sicher ist aber, daß die Königin in der ersten Zeit der Krankheit des Königs viel gebetet und geweint hat. Aufgrund ihrer tiefen Zuneigung zu ihrem Gemahl hatte sie sich lange Jahre in ihr Schicksal gefügt, von ihm verstoßen zu werden, wenn er sich im Zustand der Schwachsinnigkeit befand, und wieder so etwas wie ein Eheleben zu führen, sobald er bei klarem Verstand war. Die Hoffnung, Karl VI. könne wieder vollkommen genesen, hatte sie sich unerschütterlicher bewahrt als irgend jemand sonst aus der Entourage des Königs. Aber dann war der wahnsinnige König von gemeinen Worten zu Tätlichkeiten gegen seine Frau übergegangen, ja, er schlug sie zuweilen so heftig, daß die Prinzen stets befürchteten, es könnte ein Unglück geschehen.

Da überkam die Königin bereits ein Schaudern, wenn sie den Besessenen nur erblickte, der sie mit einem tödlichen Haß verfolgte, und sie begann sich vor ihm zu ekeln, ohne daß man darüber schockiert sein könnte. Schließlich kam der Moment, wo ihr klar wurde, daß der Verfall des Königs unabänderlich war. Von da an existierte der König in ihren Augen nicht mehr als Gemahl. Isabeau respektierte in ihm nur noch den rechtmäßigen König. Etwa um das Jahr 1404 betrachtete sie sich wahrscheinlich als frei von ihren Verpflichtungen gegenüber dem so tragisch »unabkömmlichen« Gatten.

In dieser Zeit war Ludwig von Orléans mehr denn je zuvor regelmäßiger Gast in den Residenzen der Königin. Obwohl keinerlei geistige Affinität zwischen ihnen herrschte, brachten die Liebe zum Luxus, die Organisation von Festen und Divertissements sowie bestimmte politische oder finanzielle Interessen die beiden einander immer näher. Daher konnte Brantôme schreiben: »Ludwig von Orléans fiel es nicht schwer, seine Schwägerin Isabeau de Bavière zu lieben.« Doch auch Brantôme führt genausowenig wie die anderen einen Beweis an. Es war eben öffentlicher Klatsch.

Die Königin läßt sich nämlich mit ihrem Schwager auch in der Öffentlichkeit sehen. Im Juli 1405 begaben sich, während der König und die Kinder des Hauses Frankreich in Paris blieben, Isabeau und Ludwig nach Poissy.

Der Grund war, Madame Marie de France, welche den Schleier genommen hatte und Nonne im besagten (Kloster) Poissy geworden war, dazu zu bewegen, den Hort der Kirche verlassen zu wollen, um sich mit Eduard, dem Sohn des Herzogs von Bar, vermählen zu lassen. Und sie sprachen mit der genannten Dame Marie und machten ihr vielerlei Reden, um sie dazu zu bewegen.

Doch die Tochter von Isabeau und Karl VI. wollte nichts davon wissen

(...) und sagte, daß sie, da es des Königs, der Königin sowie ihrer Anverwandten und Freunde Wunsch gewesen sei, den heiligen Stand niemals wieder verlassen werde.

Juvénal des Ursins, der von dieser Unterredung berichtet, fügt noch jenen etwas rätselhaften Satz hinzu:

Und es geschahen, wie man erzählt, mehrere nicht ehrenhafte Dinge in jener Abtei, und was es auch immer gewesen sein mag, es machte als Gerücht die Runde.

Es wurde also der Verdacht nahegelegt, daß es im Juni 1405 zu »sonderbaren Dingen« zwischen der Königin und ihrem Schwager kam. Im übrigen kehrten sie anschließend auch nicht sofort wieder nach Paris zurück. Sie begaben sich beide auf das Schloß von Saint-Germain-en-Laye. Am 12. Juli machten sie eine gemeinsame Spazierfahrt in den Wald, sie in der Kutsche, er zu Pferde. Plötzlich brach ein heftiges Unwetter los. Die Sturm- und Regenböen zwangen Ludwig, im Wagen der Königin Platz zu nehmen. Vom Donnern erschreckt, bäumten sich die Pferde auf, gingen durch und jagten in wildem Galopp hinab zur Seine. Die beiden Reisenden sahen sich bereits verloren, doch einem Kutscher gelang es mit großer Kaltblütigkeit, Geschirr und Deichsel zu kappen, und die Kutsche kam zum Stehen.

Am folgenden Tag erfuhren Isabeau und Ludwig beunruhigende Dinge:

Es gab schreckliche Unwetter und Donner und Hagel. Und der Donnerblitz schlug in die Brücke zu Charenton ein, wo er drei Kamine fällte und in den Fluß warf. Und traf einen Mann, dem er die Kappe vom Haupt und den rechten Gewandärmel vom Leib riß und dann abzog, ohne ihm weiters Schaden zu tun. Und drang durch ein Loch in das Haus von Monseigneur le Dauphin; und traf in einer Kammer ein kleines Kind, welches er tötete, indem er Fleisch, Knochen und alles ihm versengte und nur noch die ganz schwarze Haut zurückließ; und verletzte mehrere andere auf diverse Manier. Und fuhr fort zu wüten, bis man Weihwasser nahm und in der Kammer und auch anderenorts im Hôtel versprengte. (Juvénal des Ursins)

Eine solche Nachricht mußte die Königin und Ludwig von Orléans, vor allem nach dem, was sie selbst erlebt hatten, natürlich bis ins Mark treffen.

Einige weise Personen lasen aus diesen sinistren Ereignissen schlimme Vorzeichen und wagten sogar, vor der Königin und dem Herzog unverhohlen ihre Befürchtung auszudrücken, in Bälde könnten die ärgsten Unglücke über sie hereinbrechen zur

Strafe für ihre Missetaten; denn sie zögen zu Hauf bösen Fluch an aus dem ganzen Königreich, indem sie vom Raub lebten und sich weigerten, ihre Gläubiger zu befriedigen. (*Chronique de Saint-Denis*)

Die Anspielung war deutlich. Ludwig von Orléans fühlte sich angesprochen und beschloß, seine Gläubiger kommen zu lassen, doch dann begnügte er sich damit, sie mit seiner ganzen Verachtung zu strafen. Isabeau dagegen wußte, was zu tun war:

Die Königin hatte sechs Pferde, beladen mit gemünztem Gold, nach Deutschland aufbrechen lassen; dieser Packzug ward von den Einwohnern von Metz abgefangen, welche aus den Fuhrleuten herausbrachten, daß sie auf diese Art bereits mehrere Male Geldsummen nach Deutschland geschafft hätten. Das Staunen war groß, als man so erfuhr, daß die Königin Frankreich verarmen wolle, um die Deutschen zu bereichern. (*Chronique de Saint-Denis*)

Tatsächlich versäumte Isabeau nie, ihre Familie in Bayern zu bereichern, sooft sie nur konnte, und ihr Bruder Ludwig im Barte, eine sonderbare Person, feig und auf den eigenen Vorteil bedacht, hatte schon so manches Mal ihre Freigebigkeit ausgenutzt, d. h. auch er hatte sich aus der königlichen Schatzkasse bedient. Dies erklärt die Heftigkeit der zeitgenössischen Kritiken an der Regierung:

Die Regierung war, wie man sagte, gar schwach. Und der König und auch die Seigneurs wurden mehrmals durch Anzeigen oder andere Art in Kenntnis gesetzt; doch keine vorkehrenden Maßnahmen wurden getroffen. Auch in der Öffentlichkeit wurde über viele Dinge geredet, die gar übel und unehrenhaft waren. (Juvénal des Ursins)

Diese Anprangerung reichte bis zur Kanzel hinauf. Im Mai zuvor hatte Isabeau sich den Tadel ihres Lebenswandels aus dem Munde eines Augustinermönchs namens Jacques Legrand anhören müssen, der bei Hofe die Himmelfahrts-Messe gehalten hatte. Die »Chronik von Saint-Denis« berichtet uns die Einzelheiten:

Er stellte in einem lebendigen Bilde die Art des Kampfes dar, welcher zwischen den Tugenden und Lastern der Leute am Hofe herrschte, und zeigte die Beispiele auf, welche man zu meiden, und diejenigen, welchen man zu folgen habe.

Der Verfasser zitiert auch einen Teil der Predigt:

Gerne würde ich, edle Königin, nichts erwähnen von dem, was Euch nicht willkommen ist, doch Euer Heil ist mir teurer als Eure Gunst. Ich werde also die Wahrheit sagen, ganz gleich, wie Eure Gefühle wider mich sein mögen. An Eurem Hofe herrscht allein die Göttin Venus. Rausch und Ausschweifung dienen ihr als Gefolge und machen die Nacht zum Tage inmitten der zügellosesten Tänze. Jene verfluchten und höllischen Zofen, die ohn Unterlaß Euren Hof belagern, verderben die Sitten und empören die Herzen. Sie verweibern die Ritter und jungen Knappen und hemmen sie, ins Feld zu ziehen, indem sie ihnen Angst einjagen, sie würden durch Wunden verstümmelt.

Doch dabei ließ es der Prediger noch nicht bewenden:

Überall, edle Königin, redet man von dieser Unordnung und noch von manch andrer mehr, die Euren Hof entehrt. Wollt Ihr mir nicht glauben, so begebt Euch als ein armes Weib vermummt durch die Stadt, und Ihr werdet hören, was ein jeder redet.

Man kann sich leicht vorstellen, daß diese Sprache der Königin nicht gerade behagte. Aber was konnte sie dem entgegenhalten? Einige von Isabeaus Vertrauten versuchten, den Mönch mit Drohungen einzuschüchtern, aber er ließ sich nicht beirren.

Einige Höflinge gingen zum König und berichteten ihm, um seinen Zorn auf ihn herabzubeschwören, was der Augustinermönch in beleidigendsten Worten über den Wandel der Königin geredet hatte. *Der König zeigte darüber größte Befriedigung*. Er begehrte sogar, ihn selbst zu hören. (*Chronique de Saint-Denis*)

Die Reaktion des Königs ist unerklärlich. Hatte er gerade eine seiner Phasen, wo er in Haß gegen Isabeau entbrannt war? Wußte er, daß der Mönch die Wahrheit sagte? Wie dem auch sei, der Mönch predigte vor ihm mit der nämlichen Emphase, geißelte mit der nämlichen Heftigkeit die Laster des Hofes und die Machtmißbräuche im Bereich von Steuern und Abgaben. Der König war weit davon entfernt, ihn wegen seiner Offenheit zu tadeln:

Wider Erwarten der Hofleute, die nach nichts anderem trachteten, als ihn zu vernichten, nahm er ihn unter seinen Schutz und beschloß, den Exzessen, die er aufgezeigt hatte, ein Ende zu setzen. Aber er konnte diesen Entschluß nicht in die Tat umsetzen, denn am 9. Juni erlitt er einen Rückfall und lag krank darnieder bis Ende Juli.

Diese Anekdote ist bezeichnend. Doch es scheint, als habe die Königin nicht begriffen, daß sie auf bestem Wege war, sich dem Vertrauen ihrer Untertanen, insbesondere der Pariser, zu entfremden. Sie hegte einen tiefen Widerwillen gegen den Augustinermönch, änderte aber in keiner Hinsicht ihren Lebenswandel. An jenem Tag, als sie in Saint-Germain-en-Laye solche Todesängste ausstand, hatte sie vielleicht beschlossen, sich zu bessern, doch dieser Vorsatz war nicht von Dauer. Ein paar Tage später brach sie mit Ludwig von Orléans nach Melun auf. Dort weilte sie zwei volle Monate lang im selben Hôtel wie ihr Schwager. Und natürlich gab es Feste und Divertissements. Die Verschwendung kannte keine Grenzen.

Mitten in jenem Jahr 1405 warfen einige Leute aus der Umgebung Karls VI. Isabeau ganz offen vor, sie vernachlässige die Erziehung ihrer Kinder. Diese Klagen kamen dem König zu Ohren, und da er sich gerade in einer Phase geistiger Klarheit befand, wünschte er sich zu vergewissern, ob sie begründet waren. Er ließ den Dauphin Louis zu sich kommen und fragte ihn, wie lange er schon ohne die Zärtlichkeit seiner Mutter sei. Der junge Herzog von Guyenne antwortete, sie habe ihn schon seit drei Monaten nicht umarmt oder geküßt. Der König, so hieß es, war tief betrübt über das, was er da hörte, und erklärte sogar, »auch ich werde nicht besser behandelt«. Er belohnte die

Gouvernante des Kindes, eine Hofdame der Königin, und bat sie, sich weiterhin um den Dauphin zu kümmern.

Dies verwundert ein wenig, wenn man bedenkt, daß sich Isabeau de Bavière bis dahin stets ausgiebig mit ihren Kindern beschäftigt hatte. Wie die Zeitgenossen bekunden, war sie bemüht, sie so würdig wie nur irgend möglich aufzuziehen, und hatte stets eine zärtliche Beziehung zu ihnen gehabt. Was ging also vor? Warum entwickelte sich die Königin zu einer »schlechten Mutter«?

Geschah dies unter dem Einfluß Ludwigs von Orléans, den man heimlich bezichtigte, er wünsche das Verschwinden seiner Neffen, oder könnte es die Folge des Ekels gewesen sein, den ihr nun die Person des unglücklichen, wahnsinnigen Königs einflößte?

Auf alle Fälle wurden die Gerüchte, die über die Königin und Louis d'Orléans kursierten, nicht nur auf Befehl des Herzogs von Burgund verbreitet und nicht nur von den Kreisen des Volkes kolportiert. Sogar innerhalb des Hofes führten bestimmte hochgestellte Persönlichkeiten wiederholt skandalöse Reden. Dies taten insbesondere bestimmte adlige Demoisellen, die berüchtigten »Zofen«, wie sie der Mönch Jacques Legrand genannt hatte. Im Laufe des Monats August 1405 wurde Isabeau klar, daß die Leute ihrer Entourage über sie klatschten. Sofort beschloß sie, diejenigen, die sie als Verleumder betrachtete, exemplarisch zu bestrafen. Die Dame de Minchière, die Siegelverwahrerin der Königin, traf es als erste, und mit ihr wurden noch mehrere andere entlassen. Dann kam die Reihe an die Gräfin von Breteuil und den Stallmeister Robert de Varennes. Diese wurden sogar in den Kerker geworfen und mußten dort für längere Zeit schmachten. Die Vermittlungsversuche, die ihre Familien bei der Königin unternahmen, konnten ihnen auch nicht helfen. Isabeau wollte nicht einmal ihre Zustimmung geben, daß man gegen die beiden nach den regulären Formen des Rechts gerichtlich vorging. Wahrscheinlich befürchtete sie, die Gräfin und der Stallmeister könnten für unschuldig erklärt werden, oder sie könnten, falls man sie für schuldig erklärte, zuviel reden. Der »Chronik von Saint-Denis« zufolge war jedenfalls der Zorn der Königin, wie es scheint, nicht zu besänftigen, so als wollte sie all jene zum Schweigen bringen, die sich erlaubt hätten, laut über ihren Lebenswandel nachzudenken. Natürlich ist das bei allem, was geredet wurde, kein Argument zugunsten von Isabeaus Unschuld.

Es wurden nämlich noch andere Stimmen laut, die die Königin – und bei dieser Gelegenheit auch Ludwig von Orléans – belasteten. So sehr der dem Haus Orléans ergebene Cousinot alle gemeinen Reden, die damals am Hof und in der Stadt verbreitet wurden, als Verleumdungen bezeichnet, so wenig kann er sie verschweigen. Er versucht auch zu erklären, wo ihr Ursprung zu suchen ist. Er sagt nämlich, der Herzog von Burgund lasse, um »die Herzen des Volkes« gegen die Königin und Ludwig von Orléans aufzuwiegeln, »durch Bettelvolk und in Tavernen falsche Lügen über die Königin und ihren Schwager, den Herzog von Orléans, ausstreuen. (*Geste des Nobles*, 109)

Der Verfasser der »Chronik von Saint-Denis« hat dagegen eine zu keusche Feder, um Anklagen auf unbewiesene Fakten zu stützen. Doch auch seine Sprache ist nicht weniger aufschlußreich: Er präsentiert uns Isabeau und den Herzog stets gemeinsam, jedoch eher wie zwei Komplizen denn wie zwei Liebende, selbst wenn er schreibt:

Sie setzten all ihre Eitelkeit auf den Reichtum, all ihre Freuden auf die Genüsse des Körpers. Sie vergaßen so sehr die Regeln und Pflichten des Königtums, daß sie für Frankreich zum Gegenstand eines Skandals und für fremde Länder zum Märchen geworden waren.

Dem ist hinzuzufügen, daß Isabeau und Ludwig ihre intime Beziehung nun auch nicht mehr verbargen. Anläßlich einer Fastenmesse nahmen sie gemeinsam an den Gebeten teil. Sie besuchten Hospitäler und verteilten großzügige Almosen, bei denen sie sich jedoch nicht in große Unkosten stürzten, denn sie kamen auf direktem Wege aus der öffentlichen Staatskasse. Böse Zungen sahen in dieser Geste eher den Skandal einer zu intimen Liaison als den Ausdruck echter Nächstenliebe. Massenhaft verbreitete Flugschriften diffamierten, so sehr es irgend ging, jede Aktion, die von den beiden Protagonisten ausging.

Natürlich wurde niemand persönlich genannt. Die Namen waren fiktiv. Aber jeder erkannte, wer gemeint war. Wer die beißenden Spottverse, die in einer anonymen Schmähschrift mit dem Titel *Songe Véritable* (»Der wahre Traum«) aus den Jahren um 1405 enthalten sind, aufmerksam liest, kann die Anspielung unmöglich mißverstehen. Allegorische Figuren sprechen furchtbare Drohungen gegen Isabeau aus. So reagiert an einer Stelle *Fortuna* auf die flehentlichen Bitten von *Souffrance* (›Leid‹) mit folgenden Worten:

> Ich werde Ihm so viel Schande machen
> und so viel Schaden und so viel Verlust,
> daß Er am Ende gar verödet (= verlassen) ist.
>
> (V. 1741-1743)

An anderer Stelle spricht *Raison* sogar einen regelrechten Haftbefehl gegen die Königin von Frankreich aus:

> Wenn du nicht bald vor mir erscheinst,
> send ich dir solches Unglück nieder,
> daß dir erzittern alle Glieder
> samt deinem Haupt in großem Zorn,
> doch mehr davon will ich mir spar'n,
> wie Weiber sind voll Schand und Sünden,
> wovon meine Worte noch gar wenig künden,
> und doch wirst du erinnern dich am End,
> denn nach dem Sprichwort oftmals ist:
> Was du dem Aug verschließt, dich dennoch frißt.
>
> (V. 2838-2855)

Sollten Isabeau diese Verse zu Ohren gekommen sein, so müssen sie ihr ins Gedächtnis gerufen haben, was früher einmal mit einer Königin von Frankreich geschah: Klang in diesen Schmähungen nicht die Erinnerung an Margarete von Burgund an, die im finsteren Château-Gaillard eingekerkert und dann erwürgt wurde? Im übrigen ist das nicht das einzige Mal, wo von Margarete von Burgund die Rede sein wird, und es scheint, als sei zumindest in den Volkskreisen die Gemahlin Karls VI. ganz spontan mit der Gemahlin von Ludwig X. dem Zänker (Louis le Hutin) assimiliert worden.

Eine andere anonyme Schrift aus der damaligen Zeit, das bereits erwähnte *Pastoralet,* geht noch weiter. Die Zeitgenossen erkannten unter dem Pseudonym der Schäferin *Belligère* (die ›Kriegerische‹ oder ›Streitsüchtige‹) unschwer Isabeau de Bavière, unter *Tristifer* (›Leidbringer‹) den Herzog von Orléans und unter dem Pseudonym *Florentin* König Karl VI. *Tristifer*, also Ludwig von Orléans, wird als sinistre, unheilvolle Erscheinung präsentiert. Eines Tages bietet sich ihm die Gelegenheit zu einer Begegnung mit *Belligère*, der »falschen Freundin« von *Florentin*, die »ganz ihr Herz im Stich gelassen und stillschweigend hergeschenkt hat«. *Tristifer* »hatte Unheilvolles im Sinn – zu lieben, die er lieben nicht durfte«. Und doch wurden lange Zeit zwischen *Tristifer* und *Belligère* nach der Mode der höfischen Minne und des »Rosen-Romans« (»Er denkt an sie, sie denkt an ihn«) nur süße Blicke ausgetauscht, doch eines Tages endet die Geschichte, wie vorauszusehen war. Während die Schäfer ihre »Posaunen und Hörner« erklingen lassen, verlassen die beiden die liebliche Quelle und führen ihre Herden heim. *Belligère* »setzt sich«, von Liebe geplagt, »unweit des kleinen Hofs – direkt auf den Boden ihrer Weide«. Wie zu erwarten, dauert es nicht lange, bis sich »der Liebhaber, gar toll und nicht artig« zu ihr gesellt. Und es kommt, wie es kommem muß:

So vergeht die ganze Nacht
und wird mit solcher Sach verbracht,
und sie werden so in Lieb entfacht,
daß zum Hahnrei Florentin gemacht.

Natürlich kann man hinter *Belligère* und *Tristifer* auch den Streit erkennen, der gerade zwischen den Armagnacs und Bourguignons entbrennt, die auf dem besten Wege sind, das Land in einen Bürgerkrieg zu stürzen. Wäre freilich die Liebesaffäre zwischen der Königin und ihrem Schwager nicht in aller Munde gewesen – was allerdings nicht beweist, daß das Gerücht auf Tatsachen beruhte –, dann hätte wohl ein Autor wie der des »Schäferspielchens«, der bekanntlich den Interessen der Königin verbunden war, kaum in so nachdrücklicher Weise darauf angespielt. Überdies erklärt er, daß er als Stoff nur Dinge aufgreift, die allgemein bekannt sind:

Denn die Geschichte, welche hier versteckt,
ist andren Orts so offen aufgedeckt
als wie in Frankreichs Chronika. (V. 8832 ff.)

Ab 1420 war für die Engländer die Versuchung groß, solche Geschichten auszuschlachten. Jahrelang ergingen sie sich in Glossen über die Gerüchte, die über den Ehebruch der Königin kursierten. Dies kam ihnen sehr gelegen, mußte doch alles unternommen werden, um Karl, »welcher sich als Thronfolger bezeichnet«, in Verruf zu bringen. Diese Gerüchte, bis hin zur Ungewißheit des künftigen Karl VII. über seine wahre Abstammung und zum Verhalten Isabeaus, die ihren Sohn verstieß und verleugnete, wollten die Engländer als Vorwand benutzen, um zu beweisen, daß der junge »König von Bourges« nicht legitim war »und aufgrund dessen nicht geeignet, als Nachfolger die Krone Frankreichs zu tragen«. Heute erscheinen uns diese Zeugnisse als voreingenommen und parteiisch, da sie von Feinden stammten, die jedes Interesse daran hatten, sich solcher Mittel zu bedienen, selbst wenn sie nicht den Tatsachen entsprachen, doch der Fall verdient eine nähere Betrachtung. Wir dürfen nämlich nicht vergessen, daß Karl VII. seine ganze Jugend hindurch von Zweifeln hinsichtlich der Person seines Vaters gequält wurde und sich beängstigt fragte, ob er ein »echter Sohn des Königs von Frankreich« war.

Diese Frage wurde ausführlich diskutiert, keine einzige Antwort ist jedoch überzeugend. Karl VII. wurde 1403 geboren, in einer Zeit, als sich die Beziehungen zwischen Isabeau und ihrem Gemahl erheblich verschlechtert hatten. Wie bereits festgestellt, scheint die Liaison Isabeaus mit ihrem Schwager erst ab 1404, mit dem Tod Philipps des Kühnen, zu beginnen. Eindeutige Beweise gibt es dafür aber nicht, und es läßt sich keinesfalls abstreiten, daß diese Liaison nicht schon früher begonnen hat. Mit anderen Worten, die Frage lautet sehr präzise: Ist Karl VII. der Sohn Karls VI. oder Ludwigs von Orléans? Es sei denn, man muß noch einen dritten Namen nennen, doch dies erscheint höchst unwahrscheinlich.

Die Ängste Karls VII. sind auch in einem kuriosen Werk der Zeit, nämlich im *Miroir des Femmes vertueuses* oder »Spiegel der tugendsamen Frauen«, zu finden. Darin wird der Dauphin geschildert, »während er bei Nacht in Gedanken seine schweren Sorgen wälzt«, und während die Seinen schlafen, erhebt er sich sacht und fleht »auf nackten Knien« inständig zur Jungfrau Maria, sie möge, »sofern er echter Sohn des Königs von Frankreich und Erbe der Krone« ist, ihm helfen, sein »Königreich« wiederzuerlangen. Die eher schwankende Haltung des Dauphins beweist, daß ihm die Sache nicht ganz geheuer war; es hat den Anschein, als habe er sich in viel stärkerem Maße vom Einfluß seiner Ratgeber, insbesondere dem von Tanguy du Chastel, leiten lassen, als daß er gleich von Anfang an eine eigene klare und zuversichtliche Auffassung über seine Lage gehabt hätte.

Bekanntlich wurde er jedoch durch Jeanne d'Arc in seiner Meinung gefestigt. Von dem Moment an, wo er eine geheime Unterredung mit jenem Mädchen hatte, das man gemeinhin *la Pucelle* oder die »Jungfrau« nennt, war er von seiner Legitimität überzeugt und schritt zur Tat, um ihr Geltung zu verschaffen. Was ist daraus zu schließen? Daß Jeanne d'Arc das Geheimnis der Geburt von Karl VII. kannte?

Diese Annahme ist durchaus zulässig. Aber dadurch werden bestimmte Fragen nur verschoben. Wie gelangte Jeanne d'Arc in den Besitz des »Geheimnisses«? Denn ein Geheimnis *mußte* es zwischen dem »kleinen König von Bourges« und der künftigen Märtyrerin von Rouen gegeben haben. Und worin bestand dieses Geheimnis?

Dieses Thema wurde im nachhinein endlos diskutiert, jedoch ohne Erfolg, und wir werden nie mehr erfahren, wie sich die Dinge tatsächlich abgespielt haben. Genausowenig kann man auch behaupten, eine Antwort auf das Rätsel der Jeanne d'Arc selbst, ihrer Herkunft und ihrer wahren Rolle zu finden, denn die Akten des Prozesses gegen Jeanne d'Arc, die verschiedenen Dokumente aus jener Zeit, die Zeugenaussagen derer, die mit Jeanne in Berührung kamen, sind zwar schlüssig in bezug auf die *Taten* der Pucelle, aber sie erhellen in keiner Weise die tiefen Beweggründe des Mädchens. Das fromme Bild der »Schäferin« aus Domrémy ist weit eher ein Symbol als eine Realität. Und die berühmten »Stimmen« wurden, so fest Jeanne auch davon überzeugt war, daß sie sie real vernommen hatte, niemals anders als im wörtlichen Sinn gedeutet. Wir können hier natürlich nicht die gesamte Jeanne-d'Arc-Forschung resümieren, doch die Episode des »Geheimnisses« berührt Isabeau de Bavière so sehr, daß wir einen Moment dabei verweilen müssen. Fand die Unterredung von Chinon auch erst fünfundzwanzig Jahre nach jenen Ereignissen statt, die unser Thema sind, so ist es doch sinnvoll, wenn wir sie uns kurz ins Gedächtnis rufen.

Nachdem Sire de Baudricourt sie zuerst wieder nach Hause schicken wollte, war es Jeanne doch gelungen, mit dem berühmten Empfehlungsschreiben ausgestattet den Hof des Königs zu erreichen, der damals gerade in Chinon weilte. Der König trug an jenem Tag ein sehr schlichtes Gewand und befand sich in der Schar seiner Höflinge. Dies hinderte Jeanne nicht daran, direkt auf Karl zuzugehen und ihm den Zweck ihrer Reise darzulegen. Sie hatte also den Mann wiedererkannt, den sie aufsuchen kam. In abgrundtiefe Zweifel gestürzt, weiß der König weder, was er denken, noch, was er antworten soll. Da macht sie den Vorschlag, ihm unter vier Augen etwas zu sagen, was nur ihm allein bekannt ist. Er willigt ein und zieht seinen Beichtvater und vier Seigneurs als Zeugen der Vertraulichkeit hinzu. Die Jungfrau redet. Der König hört zu und schwört einen Eid, daß das, was sie gesagt hat, wahr und von niemand anderem als von Gott und ihm selbst ist.

Was aber hat Jeanne gesagt? Bruder Jean Pasquel, der Beichtvater der Pucelle, hat unter feierlichem Eid ausgesagt, seine Pönitentin habe gerufen: »Und ich sage dir von Gott dem Allmächtigen: Du bist der wahre Erbe Frankreichs und der Sohn des Königs.«

Dennoch ist zu bezweifeln, daß Karl sich mit schönen Worten bereits zufriedengab. Im »Journal der Belagerung von Orléans« (*Procès de Réhabilitation* IV, S. 103) steht etwas anderes: »Und sie sprach aus freien Stücken mit dem König im Geheimen unter Anwesenheit seines Beichtvaters und einiger seiner Geheimen Räte von einem Gelöbnis, welches er geleistet habe; darüber war er sehr verwundert, denn niemand konnte davon wissen, außer Gott und er selbst.«

Auch das ist eine noch wenig befriedigende Erklärung, denn diese Enthüllung konnte nur dazu angetan sein, den König zu bestärken, was die Göttlichkeit von Jeannes Mission anbetraf. Jean d'Aulon, ein für seine kühnen Taten berühmter Ritter, den Karl als Jeannes Leibwächter bestimmt hatte, erklärt: »Die genannte Pucelle sprach im geheimen mit unserem erlauchten Herrn, dem König, und sagte ihm verschiedene geheime Dinge, welche ihm (= dem Zeugen) nicht bekannt sind.« (*Procès de Réhabilitation* III, S. 209)

Simon Charles, der im Jahr 1429 Requetenmeister der Rechnungskammer gewesen war, sagte während des Rehabilitationsprozesses ( III, S. 116) aus: »Jeanne hatte lange mit dem König gesprochen, und nachdem er sie angehört, schien er voll Freude.«

Kein Zweifel: Das »Geheimnis« bezog sich auf das, was Karl VII. am meisten quälte, nämlich die Frage nach seiner Legitimität, doch niemand scheint dies gehört zu haben, nicht einmal diejenigen, die behaupten, sie wären dabeigewesen. Es ist sicher, daß zwischen dem König und Jeanne auch Worte gefallen sein müssen, von denen die Anwesenden nichts bemerkt haben – *oder sie tun so, als hätten sie nichts bemerkt.* Wie dem auch sei, das »Geheimnis« gab dem König seine Freude zurück und bestärkte ihn in seinen Entschlüssen.

Bereits die Logik zwingt uns zu der Annahme, daß das Geheimnis, das Jeanne vor Karl VII. enthüllte, ein besonderes körperliches Kennzeichen, vielleicht ein erbliches Gebrechen war, anhand dessen der Dauphin nicht mehr daran zweifeln konnte, daß er der leibliche Sohn Karls VI. war. Wenn Jeanne d'Arc dieses besondere Merkmal kannte, so bedeutet dies, daß sie zur Familie gehörte, oder gar noch mehr: Wenn sie in der Lage war, die Vaterschaft des schwachsinnigen Königs zu bestätigen, dann hieß das, daß sie ihm verwandtschaftlich besonders nahestand. Diese Überlegung stützt die These, Jeanne d'Arc sei eine Halbschwester Karls VII. gewesen, eine natürliche Tochter Karls VI. Und warum eigentlich nicht? Odette de Champdivers hatte dem König um das Jahr 1406 immerhin einen Bastard geschenkt. Möglich ist alles. Doch das Rätsel bleibt bestehen. Das einzige, was sich behaupten ließe – wiederum ohne Beweis, doch mit allergrößter Wahrscheinlichkeit –, ist, daß Karl VII. tatsächlich der Sohn Karls VI. war. Und damit kann man Isabeau de

Bavière nicht vor dem fatalen Datum 1404, dem Tod Philipps des Kühnen, des Ehebruchs bezichtigen.

Bezieht man sich auf die satirischen Werke der Zeit, so ist wahrscheinlich, daß die Königin Ludwig von Orléans seit langem liebte, ihrem Gemahl aber treu geblieben war. Zudem war Ludwig derart flatterhaft, daß es kindisch gewesen wäre, ihn zurückhalten zu wollen. Isabeau spürte, daß sie älter wurde. In der Reichweite des Herzogs von Orléans gab es Mädchen, die jünger und hübscher waren als sie. In der Zeit, als Karl VII. geboren wird, macht er sogar mit einer leidenschaftlichen – wenn auch nur vorübergehenden – Liebesaffäre mit *Maret la tonse mignote* von sich reden, »welche tanzte wie sonst keine«. Diese Maret aber ist niemand anderes als Mariette d' Enghien, die Dame de Cany, von der er zwischen 1402 und 1404 einen Sohn bekam, der unter dem Namen Dunois oder »Bastard von Orléans« bekannt ist.

Daher wird man jede Liaison zwischen Isabeau und Ludwig vor 1404 ausschließen müssen. Und vor allem muß man sich vor romantischen Klischees hüten: Nach allem, was uns vorliegt, handelte es sich mitnichten um eine verzehrende Leidenschaft oder auch nur um eine schöne Liebesgeschichte. Die Wirklichkeit war wesentlich schmutziger: Aufgrund des Hasses, mit dem Karl VI. ihr begegnete, von allen ehelichen Hemmungen gelöst, vollkommen auf sich gestellt inmitten der finanziellen Machenschaften der Fürsten, mußte Isabeau sich im eigenen Interesse Ludwig von Orléans in die Arme werfen. Er war für sie kein Unbekannter. Sie wußte, daß er ehrgeizig und gerissen war. Er konnte ihr also von Nutzen sein. Und er mußte dasselbe über sie denken. Sie waren also eher *Partner* als ein Liebespaar.

Es gab jedoch jemanden, der jeden Schritt dieses Duos aufmerksam belauerte, nämlich Jean de Nevers, seit kurzem Herzog von Burgund. Jene schillernde Gestalt, deren Leben eine lange Folge von Verrat und Mord wurde, sollte für die Nachwelt zu »Johann Ohnefurcht« werden.

Er war ein schweigsamer Typ, der auf den Festen, die sein Vater Philipp der Kühne am Hof von Burgund gab, stets deplaziert wirkte. Er erschien nur zu einem kurzen Auftritt, um sich dann gleich wieder in seine Gemächer einzuschließen. Er machte stets eine düstere Miene. Tatsächlich brütete er ständig über irgendeinem Plan und besaß eine außerordentliche Hartnäckigkeit. Er war von kurzem Wuchs und ebenmäßigen Zügen. Er hatte eine lange Nase und schwere Augen. So eloquent sein Vater war, so sehr tat sich Johann mit dem Reden schwer. Man spürte, daß ihm in der Öffentlichkeit nicht wohl zumute war, und doch spürte man eine kalte, luzide Entschlossenheit, die man als heimtückisch und mißtrauisch bezeichnen konnte. Er erweckte den Eindruck, als wären ihm Skrupel fremd. Was man ihm jedoch nicht absprechen konnte, war eine überdurchschnittliche Intelligenz, eine große Energie und auch eine maßlose Hinterhältigkeit.

Nach dem Tod seines Vaters setzte er mit Erfolg seine Aufnahme in den königlichen Rat durch. Dort präsentierte er sich als Erbe der Gefühle seines Vaters für das Volk und beklagte dessen Elend. Als Ludwig von Orléans die Erhebung einer neuen Steuer vorschlug, die durch eine baldige Wiederaufnahme der Feindseligkeiten mit England notwendig sei, opponierte Johann von Nevers dagegen. Doch er stieß auf taube Ohren. Daher unternahm er alles, um die Gründe für seine Opposition in der Öffentlichkeit zu verbreiten, und dies brachte ihm die Wertschätzung der Pariser ein, die in ihm einen ihrer natürlichen Beschützer sahen. Auch die Politik, die er in der Folgezeit betrieb, war stets so ausgerichtet, daß sie ihm die Gunst des Volks von Paris sicherte, denn Johann wußte, »Wer Paris hat, hat das ganze Reich«, eine Wahrheit, die sich schon bald und mehr als einmal in der französischen Geschichte bestätigen sollte.

Was er ebenfalls von seinem Vater geerbt hatte, war der Haß auf Ludwig von Orléans. Darüber hinaus hatten beide auch noch andere und weit persönlichere Gründe, sich gegenseitig zu verabscheuen. Aufgrund ihrer Rivalität mußte es eines Tages unweigerlich zum Ausbruch von Gewalt kommen. Bald bot sich eine erste Gelegenheit. Da Johann von der realen Macht ausgeschaltet war, suchte er nach einem Weg, sie zum Nachteil seines Cousins Ludwig an sich zu reißen. Er befand sich in Flandern und mit der Regelung dringender Probleme beschäftigt. Isabeau und Ludwig führten unterdessen in aller Ruhe und gewissermaßen völlig ungestraft die Regierungsgeschäfte. Da erfuhren sie, daß der Herzog von Burgund gerade mit einem Gefolge, das man für ein ganze Armee halten konnte, Flandern verlassen hatte und sich Paris näherte. Ludwig und Isabeau bekamen Angst.

Überstürzt verließen sie Paris und machten sich in aller Hast auf den Weg nach Melun, wie um sich der Verfolgung eines Feindes zu entziehen. Die Königin befahl dem Oberhofmeister des Königs, welcher ihr Bruder war, sowie dem Marschall Boucicaut, ihr am folgenden Tag heimlich und unter einer guten Eskorte den erlauchten Herrn Herzog von Guyenne, Monseigneur le Dauphin de France, sowie seine Brüder und die Kinder des Herzogs von Burgund nachzusenden, und dafür zu sorgen, daß die anderen königlichen Prinzen und die Pariser von ihrem Aufbruch nichts bemerkten. (*Chronique de Saint-Denis*)

Die Befehle werden ausgeführt. Die königlichen Kinder, darunter der Dauphin und seine Schwester, werden auf der Seine an Bord eines Schiffs gebracht. Doch

(...) in diesem Augenblick erhob sich ein wunderliches und schreckliches Unwetter aus Regen, Sturm und Donner, so daß sie gezwungen waren, die Nacht über in Villeneuve bei Paris zu verbleiben. (Juvénal des Ursins)

Inzwischen war der Herzog von Burgund jedoch bereits im Louvre eingetroffen. Dort erfuhr er durch seine Spione von der Entführung des Dauphins und seiner eigenen Tochter. Er sah in diesem Coup den Wunsch Ludwigs von Orléans, sich zwei Geiseln zu verschaffen.

In aller Hast und mit einem wenig zahlreichen Geleit brach er zu Pferde auf, ritt – zur großen Verwunderung der Pariser –, ohne sich aufzuhalten durch Paris, und nahm in wildem Galopp die Spur des Dauphins auf, den die Königin zum Dîner auf Schloß Pouilly erwartete. In Juvisy holte er ihn ein und zeigte sich ihm, noch ganz mit Staub bedeckt. Nachdem er ihm seinen untertänigen Gruß dargebracht hatte, fragte er ihn voller Zuneigung, wohin seine Reise ginge, und bat, ihm zu sagen, ob er seinen Weg denn fortsetzen wolle. Als der Dauphin antwortete, er wolle lieber auf der Stelle umkehren, war der Herzog von Burgund hocherfreut und befahl den Mannen, die die Karosse führten, ihn nach Paris zurückzubringen. Der Bruder der Königin, der auch zugegen war, wollte sich der Ausführung des Befehls widersetzen und verbot ihnen, unter Drohung, sie zögen den Zorn seiner Schwester auf sich, zu gehorchen. (*Chronique de Saint-Denis*)

Da Herzog Johann von Burgund aber der Stärkere war, führte man die königlichen Kinder »zur großen Freude des Volkes«, wie Juvénal des Ursins vermerkt, wieder nach Paris zurück.

## *Blutige Rivalität*

Johann Ohnefurcht machte sich die Lage geschickt zunutze. Tatsächlich reagierten die Pariser sehr empfindlich darauf, daß man ihnen den Dauphin, die Garantie für den Fortbestand der königlichen Macht, hatte entführen wollen. Herzog Johann ließ sich also als »Verteidiger der Stadt« feiern. Vertreter der Universität und der Zünfte kamen ihm öffentlich Dank abstatten. Und der Rat, an dem sich die Herzöge von Berry und Bourbon sowie der König von Navarra beteiligten, trat in der Stadt zusammen. Der Herzog von Burgund präsentierte sich als Mann der Ordnung, »indem er darlegen ließ, wie schlecht die Regierung war und welche Mißstände daraus folgten. Und was er getan hatte, war zum Wohle geschehen.« (Juvénal des Ursins)

Was er vorschlug, waren insbesondere Maßnahmen zu einer Reform der Regierung und zur Sanierung der Finanzen sowie eine sorgfältigere Pflege des Königs, den man geneigt war zu vernachlässigen. Somit erhob der Herzog nicht den Anspruch, die Macht an sich zu reißen, sondern er gab sich als Reformator, und zwar zur größten Zufriedenheit der Pariser und, wie man hinzufügen muß, zur Zufriedenheit seiner Oheime, denen die Rolle, die der Herzog von Orléans an der Seite der Königin spielte, ernsthafte Sorgen bereitete. Isabeau und Ludwig,

die in Pouilly weilten, traf diese Nachricht mit Entsetzen, und sie glaubten, der Herzog von Burgund werde sich sofort auf ihre Verfolgung machen. Sie verließen jäh das Dîner, das man ihnen bereitet hatte, und brachen unverzüglich in größter Unordnung mit ihrem Gefolge nach Melun auf. Der Marschall Boucicaut schwang sich, ohne auf sie zu warten, aufs Roß und ergriff als erster die Flucht. (*Chronique de Saint-Denis*)

Doch sobald sie in Melun eintrafen, begann der Herzog von Orléans zu überlegen: Da sein Cousin sich einen Gewaltakt geleistet hatte, mußte man ihm mit Gewalt antworten. Da er über alles bestens informiert war, wußte Ludwig, daß die Truppen seines Rivalen Paris in der Hand hatten und die Zugänge der Stadt versperrten. Daher machte er sich seinerseits daran, Truppen zu mobilisieren, denn er war fest entschlossen, die Politik, die seiner Behauptung nach für das Königreich die bessere war, mit Waffengewalt durchzusetzen.

Zum Glück ließ sich die Affäre durch Verhandlungen beilegen, in denen die Herzöge von Berry und Bourbon, die Könige von Sizilien und Navarra als Vermittler fungierten. Obgleich der Burgunder hoch und heilig beteuerte, er wolle sich keineswegs an der Regierung beteiligen, tat er dies dennoch in einem Maße, das dem seines Cousins mindestens ebenbürtig war. Die Finanzen ließ er geschickt in den Händen seines Rivalen, wußte er doch im voraus, daß Ludwig sich auf diese Weise automatisch den Haß aller Opfer künftiger Steuern zuziehen würde, die dieser unweigerlich erheben würde. Anschließend wurde in Vincennes, wo Isabeau und Ludwig ihre Residenz eingerichtet hatten, allgemeine Versöhnung gefeiert. Die beiden Cousins schlossen sich in die Arme und schworen sich ewige Freundschaft. Um die Bedeutung ihres Einvernehmens zu bekräftigen, schliefen sie in einem gemeinsamen Bett, was der höchste Ausdruck des gegenseitigen Vertrauens war. Danach hielt Isabeau de Bavière Einzug in Paris. Reich behangen mit prächtigen Geschmeiden und umgeben von Hofdamen, die durch die Pracht ihrer Gewänder und ihres Schmucks nicht minder glänzten, inszenierte sie ihre triumphale Rückkehr. Die Herzöge von Orléans und Burgund schritten zu beiden Seiten der Sänfte der Königin, und die Pariser bekundeten ihre Zufriedenheit, indem sie mit ihrem Beifall und Jubel die Luft erfüllten. In Notre-Dame wurde ein *Te Deum* zelebriert. Da mit dieser Versöhnung die Gefahr eines drohenden Bürgerkrieges gebannt war, fühlte sich das Volk am Ziel aller Wünsche.

Aber es sollte sich irren, denn die beiden Cousins rafften, im guten wie im schlechten nun vereint, sofort und unverzüglich alles an sich, was von den Steuereinnahmen noch übrig war.

Um diese Strategien und Manöver, diese deplazierten Versöhnungen, diese nie gehaltenen Gelöbnisse begreifen zu können, muß man sich in den Geist der Zeit zurückversetzen und sich vor allem die wirtschaftliche Situation der königlichen Prinzen einerseits und des Volkes andererseits vor Augen halten. Denn hinter den Verträgen, hinter den Absichtserklärungen, hinter den Lehenseiden und Beteuerungen von Vasallentreue (von Patriotismus kann in jener Zeit noch nicht die Rede sein, denn als Idee wie als Begriff kam dieser erst später auf) verbirgt sich ein hohes Maß an Heuchelei. Was zählt, ist nicht so sehr die Macht, als vielmehr das, was sie einbringt, mit anderen Worten: Reichtum oder ganz einfach Lebensstandard.

Die Regierungszeit Karls VI. stellt in der sozio-ökonomischen Geschichte des Abendlandes eine kritische Epoche des Umbruchs dar. Die Feudalherrschaft im eigentlichen Sinn ist verschwunden, nicht verschwunden sind aber die Feudalherren. Das Bürgertum der Städte hat seit seiner Emanzipation im 12. und 13. Jahrhundert zwar einen ehrbaren Platz innerhalb des wirtschaftlichen Lebens, aber innerhalb der vielfältigen Konflikte, die die rivalisierenden Parteien entzweien, genießt es noch nicht die Anerkennung als vollwertiger, ebenbürtiger Partner: Sein einziges Machtpotential besteht darin, sich mit der einen oder anderen Seite zu verbünden, um davon zu profitieren – besonders durch Verleihen von Geld – oder um sich zu verteidigen. Und doch stellt es bereits eine nicht zu unterschätzende Macht dar, mit der die großen Feudalherren rechnen müssen. Diese Epoche ist also eine Übergangsphase zwischen der Feudalzeit und dem bürgerlichen Königtum, das den Triumph der absolutistischen und zentralistischen Herrschaft besiegeln wird. Außerdem hat der Hundertjährige Krieg die althergebrachten Lebensweisen erschüttert sowie Landwirtschaft und Handel von Grund auf verändert. Die Folge davon sind undurchschaubare Wirren im Währungssystem, und in einem solchen Fall profitieren immer diejenigen von der Fluktuation des Geldwertes, die damit zu spielen wissen.

Konkret heißt das: Die Kosten zur Verwaltung der großen Lehen (und bei diesen Verwaltungsausgaben ist auch der Lebenswandel der Fürsten zu berücksichtigen) sind höher als das, was diese Lehen real einbringen. Um die Verhältnisse anschaulicher zu machen, könnte man die Situation des französischen Königreichs unter Karl VI. mit der Dritten Republik vergleichen, wo die verschiedenen, in allen Teilen der Welt verstreuten Kolonien, abgesehen von Cochinchina (Südvietnam), den Steuerzahler mehr Geld kosteten, als sie ihm einbrachten – nur mit dem Unterschied, daß man dank der Kolonien Rohstoffe zu Niedrigpreisen beschaffen und daß man vor allem die

Überschüsse an schlechter Ware wie an Personal (das sonst arbeitslos geworden wäre) exportieren konnte. Ganz zu schweigen vom Prestige und Stolz, wofür das Volk stets empfänglich ist...

Betrachtet man die großen Lehen Karls VI., so stellt man fest, daß sie alle weitgehend defizitär sind. Die Bretagne gehört zwar nicht dazu, denn zum einen ist sie kein Lehen der Krone und zum anderen schöpft sie ihre Ressourcen aus der eigenen wirtschaftlichen Aktivität sowie aus den jeweiligen Umständen[1]; doch es bleiben die Apanagen der Fürsten von königlichem Geblüt, nämlich Burgund, Berry, das Bourbonnais, Anjou und natürlich die dem Herzog von Orléans vermachte Domäne.

Anhand verschiedener Dokumente aus den Rechnungsbüchern hat man berechnen können, daß der Burgunderherzog Philipp der Kühne im Jahr 1395 über einen mittleren Etat von 520 000 Francs der damaligen Zeit verfügt haben dürfte. Nur die Hälfte dieses Budgets stammte jedoch aus herzoglichen Rechten und aus der Bewirtschaftung seiner Domäne, des Herzogtums; die andere Hälfte floß ihm von der Krone zu. Galt der Herzog von Burgund auch als der reichste unter den großen Feudalherren, so war er doch ständig damit beschäftigt, sich Geld zu leihen, um seine Überhänge an Ausgaben zu decken.[2] Und wie

---

1 Hierzu gehört vor allem der Umstand, daß die Bretagne während ihres Sukzessionskrieges, einer Randepisode innerhalb des französisch-englischen Krieges, in Konkurrenz zur eigenen bretonischen Währung noch zusätzlich mit englischem (*Sterling*) und französischem Geld (dem Franc, bzw. *livre tournois*) überschwemmt wurde, was natürlich höchst subtile Transaktionen, um nicht zu sagen: blühenden Schwarzmarkthandel, mit diesen Geldern erlaubte.

2 Zu den Ausgaben eines Fürsten gehören die Kosten für stehende Heere und im Konfliktfall zusätzlich ausgehobene Truppen sowie für Bewaffnung und Ausrüstung, Pferde und Wehrsold, was große Summen verschlang und sich nicht immer durch Plünderungen kompensieren ließ.

man weiß, starb Philipp der Kühne in finanziellen Verhältnissen, die man als »Bankrott« bezeichnen kann.

Der Herzog von Berry hatte ein Budget von 300 000–350 000 Francs, aber da seine Ländereien wenig ertragreich waren und da es in seiner Domäne kein echtes Waren produzierendes Gewerbe gab, kam ein Großteil dieser Summe aus dem Kronschatz. Ludwig II. von Anjou dürfte ein Budget von etwa 150 000 Francs zur Verfügung gehabt haben, und zwar dank der Gelder aus königlichen Schatullen. Das Budget des Herzogs von Bourbon wiederum, dessen Länder »mit nur mäßiger Bevölkerung und gar zweifelhaften Reichtümern« gesegnet waren, scheint bestenfalls nicht mehr als 120 000 Francs betragen zu haben, und man weiß, daß er vom König eine jährliche Pension von 36 000 Francs bezog. All diese Zahlen geben uns einen Eindruck davon, welche enormen Summen die königlichen Finanzen den Fürsten gewährten. Zweifellos bestand der Hauptgrund für diese Großzügigkeit des Königs darin, sich diese Fürsten zu verpflichten, sie in einem Zustand der Abhängigkeit zu halten, doch man weiß auch, daß ihnen dies nicht genügte: Konnten sie vom König keine Gaben erhalten, so bedienten sie sich hemmungslos selbst oder sie ließen sich etwas einfallen, um die Steuereinnahmen umzulenken.[3]

Und wie sah die finanzielle Situation des Herzogs von Orléans aus? Die genaue Höhe seines Budgets ist nicht bekannt, und es wäre auch schwierig, sie zu ermitteln, so sehr dürfte sie geschwankt haben. Seine wenig rentablen Ländereien konnten kaum viel abwerfen, und er lebte vornehmlich von dem, was er – rechtmäßig oder durch diverse krumme Touren – von seinem Bruder bezog. Man weiß, daß er jährlich 12 000 Pfund von den Einkünften der

3 Aus einem Dokument von 1383 erfahren wir, daß Olivier de Clisson, der ungeheuere Reichtümer besaß, dem Herzog von Berry 2000 Francs lieh; aus einem weiteren geht hervor, daß er 1388 dem Herzog von Orléans 20000 Francs lieh.

*aides* empfing, womit jedoch noch nicht gesagt ist, was er sich zusätzlich aus den anderen Einnahmequellen zuteilen ließ. Und als er auf die Ansprüche auf Genua und Savoyen verzichtete, die er durch seine Gemahlin Valentina Visconti erworben hatte, ließ er sich dies teuer bezahlen, nämlich mit einer Summe von 300 000 Francs. Das läßt vermuten, daß er auch bei anderen Geschäften nicht versäumte, mit einem geradezu haarsträubenden Zynismus seinen Profit herauszuschlagen. Tatsächlich war Ludwig von Orléans derjenige, der die königliche Staatskasse bei weitem am meisten kostete.

Diese Zahlen sind für uns heute eher nichtssagend, wenn man sie nicht mit dem Einkommen der Leute aus dem Volk, und vor allem mit dem realen Preis bestimmter gängiger Waren oder Grundnahrungsmittel vergleicht. Zudem vermittelt uns dies ein Bild von den schreienden Ungleichheiten der damaligen Zeit. Ohne bis in die extrem vertrackten Details des mittelalterlichen Geldsystems zu gehen, läßt es sich doch zusammenfassend und vereinfacht so darstellen: Die Bezugs- und Vergleichswährung zur Zeit Karls VI. ist in Frankreich das *livre tournois*, das königliche, in der Stadt Tours geprägte Pfund mit einem Wert von 20 *sous* oder 240 *deniers*. Ferner ist seit 1360 der von Johann dem Guten geschaffene *franc* im Umlauf, der sich zunächst mit dem *livre tournois* deckt; doch schon bald sinkt sein realer Kurswert so weit ab, daß er schließlich nur noch Wechsel- und Bargeld darstellt. Ein *écu de France* ist etwa 22 *sous* und einige *deniers* wert. Die *marc d'argent* (Silbermark) hat einen Wert von etwa 5 *livres*. Ein englisches Pfund Sterling hat damals einen Tauschwert bzw. Wechselkurs von 6 *livres tournois*.

Ein Gardesoldat oder Truppensöldner im Felde verdient 5 *livres* pro Monat, und ein Seneschall, der die landesherrliche Gerichtsbarkeit ausübt, verdient genausoviel, nämlich 60 *livres* im Jahr. Ein Schäfer erhält dagegen im ganzen Jahr 70 *sous*, was soviel wie 3 *livres* und 10 *sous* bedeutet. Der bestbezahlte Steinmetz bekommt 3 *livres* und ein paar *sous* im Monat, während der Steinsetzer oder Maurer in derselben Zeit nur ein einziges verdient, und ein einfacher Handlanger oder Tagelöhner 20 *deniers* pro Tag (oder 2,5 *livres* pro Monat) erhält. Im Vergleich dazu verdient ein Kanzler der Bretagne – eine Art »Premierminister« – 1 000 *livres* im Jahr, was gegenüber den Einkünften der Herzöge und Prinzen natürlich immer noch wenig ist, und ein Ritter erhält einen jährlichen Sold von 100-120 *livres*. Ein Konnetabel wie Clisson bezieht dagegen jährlich mehr als 20 000 *livres* ...

Besonders deutlich springen die damaligen sozialen Ungleichheiten ins Auge, wenn man sich die Preise der Waren betrachtet, denn das Verhältnis zwischen dem, was ein einfacher Steinsetzer verdient, und dem, was der Konnetabel (offiziell) verdient, beträgt 1:2000.

In der Epoche, wo ein Tagelöhner (Hilfsarbeiter) 20 Deniers pro Tag verdient, kostet ein Hähnchen 15–18 Deniers, ein Huhn 12–18 Deniers, ein Schaf 120–150 Deniers, ein Schinken ca. 50 Deniers, ein großer Käse 40 Deniers, ein Dutzend Birnen 20 Deniers, ein Dutzend Orangen 20 Deniers, ein Pfund Zucker 50 Deniers, ein Krug Anjou-Wein 16 Deniers, ein Krug Gascogne-Wein 20 Deniers und ein Krug Likörwein, Ypocras genannt, 120 Deniers. Werkzeug ist ebenfalls sehr teuer, vor allem wenn es teilweise aus Eisen besteht: So wird eine Schaufel für 20–25 Deniers, ein einfacher Weidenkorb für 5–10 Deniers gehandelt.[4]

Unter solchen Bedingungen können die Arbeiter und ihre Familien kaum Abwechslung in ihre Ernährung bringen, die ohnehin bereits in der Hauptsache aus Brot von schwankender Qualität und zu wechselnden Preisen besteht. Wir wissen beispielsweise, daß man im Jahr 1372 in Paris für einen *denier parisis* 380 g Brot von besserer Qualität (Weißbrot) und 1080 g Brot von minderer Qualität (Vollkornbrot oder Brot aus sogenannten armen Getreiden) kaufen konnte. Durchschnittlich konnte also ein ein-

---

4 J.P. Leguay: *Histoire de Rennes,* Paris 1972.

facher Tagelöhner an einem Arbeitstag den Gegenwert von 4-10 kg Brot verdienen, und dies für eine vier- bis fünfköpfige Familie, während das Tageseinkommen eines Kleinbauern in derselben Epoche dem Preis von 3 kg Brot entsprach, wozu noch andere, jedoch unregelmäßige Einkünfte aus Gemüseanbau und Viehzucht kamen.

Diese Zahlen dürften eine ausreichende Vorstellung von den täglichen Lebensbedingungen geben. Dem wäre noch hinzuzufügen, was Kleidung, Unterkunft und die in bestimmten Berufen notwendigen Tiere kosten: So kostet ein Reitpferd 30–40 Francs, was dem Jahresgehalt eines gut bezahlten Maurers entspricht. Ein edles Rassepferd ist natürlich wesentlich teurer, und ein abgerichteter Beizfalke, den die feudalen Herren auf der Jagd verwenden, wird ab 200 Francs gehandelt. Dies dürfte verdeutlichen, wie hoch die ständigen Bedürfnisse der Adligen und Fürsten sind, deren Lebensstil oder gar Lebens-»Standard«, wie wir heute sagen würden, durch die Nöte der Zeit nicht beeinträchtigt werden darf.

Um genau zu sein, muß man auch in diesem knappen Überblick zur wirtschaftlichen und finanziellen Situation der großen Landesfürsten des Königreichs unter der Herrschaft Karls VI. noch einen Schritt weiter gehen und sich der Frage zuwenden, mit welchen Zielen oder mit welchen Mitteln die Prinzen von Geblüt, allen voran Ludwig von Orléans, die Staatskasse der französischen Krone buchstäblich ausgeplündert haben. Und in diesem Zusammenhang muß man auch Königin Isabeau erwähnen. Denn bei allem, was man über sie sagen mag, und bei allen Bedenken hinsichtlich ihres politischen Verstandes, die zuweilen geäußert wurden, darf man nicht vergessen, daß sie zu jenem Rudel gefräßiger Raubtiere gehört, die sich nostalgisch nach der Feudalzeit zurücksehnen und sich die Überreste des kapetingischen Erbes teilen, dabei die Masse ihrer Untertanen immer ärmer machen und dennoch den Durchbruch zu einer neuen Wirtschaftsordnung versuchen.

Die ökonomische Situation Frankreichs, Englands – und auch der Bretagne, die zwar, wie bereits betont wurde, vage französisch orientiert ist, aber ganz nach Belieben taktiert, da sie juristisch vom französischen Königreich unabhängig ist – gerät im Laufe des 14. Jahrhunderts aus den Fugen und muß um 1400 auf völlig neue Grundlagen gestellt werden. Das Kräfteverhältnis steht dabei erstmals zugunsten von Frankreich, das von allen Staaten in Europa derjenige mit der höchsten Bevölkerungszahl ist und somit über eine weit höhere Produktionskapazität als die übrigen Länder verfügt. Frankreich, d. h. die Besitzungen der Krone einschließlich der großen Lehen, ist in der Lage, aufgrund seines gewaltigen Reichtums überall die Oberhand zu gewinnen. Zunächst hat man zwar nicht diesen Eindruck, wenn man bedenkt, wie sehr sich im Laufe des Hundertjährigen Krieges die französischen Niederlagen häufen: Crécy, Poitiers, Azincourt und, nicht zu vergessen, die Niederlage von Auray im Jahr 1364, von der in den französischen Geschichtsbüchern nie die Rede ist, obwohl sie für die Dauer von mehr als einem Jahrhundert das Ende der französischen Ansprüche in der Bretagne bedeutete. Doch wie sagte eine berühmte Persönlichkeit unseres Jahrhunderts: Eine Schlacht verlieren, heißt noch nicht den Krieg verlieren. Und der Krieg ist, auch wenn die patriotischen Hymnen etwas anderes singen, nicht die Sache der Helden, sondern eine Konfrontation von Finanziers und Wirtschaftsexperten. Daher konnte eine andere berühmte Persönlichkeit unseres Jahrhunderts sagen: Der Krieg ist eine zu ernste Angelegenheit, als daß man sie allein den Militärs überlassen könnte. Dieses geistreiche Aperçu spiegelt genau die wahren Verhältnisse wider. Wie wäre auch sonst der Hundertjährige Krieg zu erklären, wie wäre sonst das so widersprüchliche Verhalten zu erklären, das die Großen des Reiches wie die Herzöge von Orléans und Burgund sowie die Königin und Präsidentin des Kronrates je nach Jahr und Lage zeigten?

Der Krieg ist ein einträgliches Geschäft. Zum einen für die Waffenhändler wie für die Waffenträger: Für sie ist er ein Handwerk wie jedes andere, noch dazu ein gut bezahltes mit zusätzlichen Prämien wie den Erträgen aus Plünderungen. Zum anderen für die Fürsten, und zwar aus mehreren Gründen: Er absorbiert die Aggressionen der Bevölkerung, kanalisiert sie in der gewünschten Richtung und ermöglicht ein ständiges Auffrischen der Warenbestände. Die verschiedenen direkten und indirekten Steuern, die dem steigenden Absatz von Lebensmitteln oder Waren folgen, bedeuten eine ganz erhebliche Bereicherung für die königlichen und herzoglichen Kassen. Wir wissen z.B., daß die Bretagne im 15. Jahrhundert nicht deshalb so reich war, weil sie sich aus den Wechselfällen der letzten Phase des Hundertjährigen Krieges heraushielt, sondern vielmehr deshalb, weil sie von den Folgen des hauseigenen Sukzessionskrieges profitierte: Sie erlebte einen mächtigen Zustrom ausländischer, d. h. französischer und englischer Gelder; sie baute zu Kriegszwecken ihr wirtschaftliches Potential aus; sie festigte ihre Unabhängigkeit durch eine wirtschaftliche Autonomie. Auch das Beispiel der Bundesrepublik Deutschland nach dem Zweiten Weltkrieg müßte all jene nachdenklich stimmen, die der Ansicht sind, der Krieg sei für die Nation eine Katastrophe. Im Gegenteil: Der Krieg ist für den Staat ein profitables Geschäft – *sogar und vor allem dann, wenn dieser zunächst scheinbar geschwächt oder völlig ruiniert wird.*

Während der Herrschaft Karls VI., einer Phase der Ruhe zwischen zwei Stürmen, stellte sich zwischen den Engländern und Franzosen ein provisorischer Frieden ein. Wie sich dies auf das Geldsystem auswirkte, konnte jedoch niemand voraussehen. Es kam zu einem Einsturz der alten gesicherten Werte. Das Geld wurde wiederholt entwertet, und das bedeutet im modernen Sprachgebrauch: Es gab eine Inflation. Bekanntlich fördern aber Inflationszeiten auf der einen Seite den Geldfluß und auf der anderen Seite die Spekulation. Diese Situation um 1400 muß man bereits mit kapitalistischen Maßstäben betrachten: Die großen Seigneurs des Reiches sowie Isabeau verhalten sich wie Kapitalisten, die bestrebt sind, ihr ursprüngliches Vermögen mit allen Mitteln zu vermehren, wobei sie von einer Konjunkturlage profitieren, die zu Erschütterungen neigt. Letztlich spielen die Fürsten an der Börse und spekulieren mit den *de facto*-Abwertungen, die sie – als Angehörige der Regierung – *selbst bestimmen*. In seinem beachtlichen Werk über Olivier de Clisson, worin dessen Leben größtenteils aus ökonomischer Sicht betrachtet wird, beleuchtet Yvonig Gicquel am Beispiel des Konnetabel, der selbst erheblich von der Lage profitierte, jenen Mechanismus, der die Turbulenzen unter den Fürsten bestimmte:

Das gesamte 14. Jahrhundert hindurch erlebt Mitteleuropa Bevölkerungs- und Ernährungskrisen, die zum Teil mit den Verwüstungen in Kriegszeiten zusammenhängen und zu einer Lähmung der Wirtschaft sowie zu spürbaren Auswirkungen auf das Geldsystem führen.[5]

Nach einem Überblick über die verschiedenen Geldbewegungen und einer Erläuterung der *de facto*-Entwertungen kommt Yvonig Gicquel zu dem Schluß:

Während der Zeit von Clissons Aktivitäten in der Bretagne und in Frankreich bieten Schwankungen des Geldwertes die Möglichkeit zu interessanten Spekulationen aufgrund der jeweiligen Umstände: Entweder legt man sich mehr Silber oder Gold zu, oder aber man tauscht es gegen eine bedeutendere Währung ein, die man sofort wieder zu Käufen verwendet, bevor infolge der Geldabwertung die Preise steigen. Im Jahr 1385, d. h. in einer Epoche, wo Nachrichten, darunter auch solche über Geldentwertungen, noch eine gewisse Zeit brauchen, bis sie sich herumsprechen, braucht Clisson als Mitglied der königlichen Regierung also nichts anderes zu tun, als die Informationen aus erster Hand schnellstens zu nutzen.[6]

---

5 Yvonig Gicquel: *Olivier de Clisson*, Paris 1981, S. 177.
6 Ebenda, S. 179.

Und weiter stellt er fest:

Tatsächlich war es besser, sich möglichst rasch und wegen der Geldentwertung größere Mengen an Münzgeld zu verschaffen. Auf diese Weise konnte man zu einer Zeit, wo das Angebot an Land relativ unbegrenzt war, da die Besitzer von Grund und Boden Geld brauchten, zu niedrigen Preisen Ländereien kaufen und sofort in bar bezahlen, bevor jede Information über die Abwertung des Geldes in Umlauf kam.[7]

Genau dies praktizierten die Prinzen von königlichem Geblüt. So konnten sie ihre Domäne zu vorteilhaften Bedingungen vergrößern, und dies erklärt auch, weshalb sie sich ständig, wenn nicht in offensichtlichem Bankrott wie Philipp der Kühne bei seinem Tod, so doch zumindest mit einem Defizit in der Schatzkasse konfrontiert sahen. Sie taten nichts anderes, als nach den Regeln des orthodoxesten Kapitalismus zu handeln, nämlich die Krise zu nutzen, um billig zu kaufen und sehr teuer zu verkaufen oder in Form von Grundbesitz Kapital anzulegen. Und da sie sich zuweilen sagenhafte Geldsummen ausliehen, waren sie aufgrund der Regel: »Wer leiht, gewinnt« – einer weiteren goldenen Regel der kapitalistischen Wirtschaft, die in Zeiten von Geldentwertung und Inflation gilt[8] –, auch

---

7 Ebenda, S. 180.

8 Das Prinzip einer Geldentwertung im 14. Jahrhundert entspricht genau dem heutigen, nur ihre Technik ist natürlich eine andere, da es noch kein Papiergeld und keine Bankkonten gibt: Man vermindert lediglich den Gold- oder Silbergehalt im offiziellen Münzgeld, während man seinen Nominalwert beibehält. So enthielt bei seiner Einführung im Jahr 1360 der *Franc* in Anlehnung an das *livre tournois* 3,88 g Feingold; im Jahr 1400 enthielt er dagegen nur noch 3,50 g. Dies erlaubte, mehr Münzgeld in Umlauf zu bringen (Inflation) und die Schulden der königlichen Schatzkasse zu tilgen. Nach einiger Zeit wurde das Münzgeld aufgrund der Verringerung seines Feinmetallgehalts automatisch wertloser, und die Preise der Waren oder Dienstleistungen stiegen in gleichem wenn nicht gar größerem Maße an. Um ein gutes Geschäft zu machen, mußte man daher sehr rasch handeln, z.B.

dann, wenn sie vorübergehend erheblich in den roten Zahlen standen, in jedem Fall die Gewinner.

Beispiele dafür gibt es zur Genüge. Philipp der Kühne und Johann Ohnefurcht nützten die Umstände weidlich aus, um ihre Besitzungen zu erweitern. Der Herzog von Berry tat es ebenso, wenn auch in weniger großem Stil. Ludwig von Orléans kaufte ununterbrochen alles, was sich an ihn verkaufen ließ: So hatte er im Jahr 1402 vom Grafen von Chiny für eine Summe von 100 000 Dukaten das Herzogtum Luxemburg erstanden. Und wenn es Isabeau de Bavière einmal nicht gelang, sich von Karl VI. ein Stück Land oder ein Palais schenken zu lassen, so fand sie sich doch bestens damit ab, indem sie, wie man heute sagen würde, in Immobilien investierte. Ein Beispiel dafür ist der Kauf des Hôtel Barbette, das sie eine gewisse Zeitlang zu ihrer Lieblingsresidenz machte. Aus diesen Gründen legten die Königin und der Herzog von Orléans so großen Wert darauf, über die königlichen Finanzen zu verfügen. Als gute Komplizen, die sie waren, konnte es für sie nur von Interesse sein, sich gegenseitig zu unterstützen, auch wenn sie dabei den Gewinn einer höchst rentablen Transaktion miteinander teilen mußten.

Daher hat man alle Bündnisverträge zwischen Isabeau und den Großen des Reiches mit Vorsicht und kritischen Augen zu betrachten. Einer dieser Verträge, datiert auf den 1. Dezember 1405, ist dafür bezeichnend, denn hinter einer ehrbaren Fassade sehr lobenswerter Ziele, die dem guten Funktionieren der Reichsgeschäfte gelten, trieft er geradezu vor Heuchelei. Es handelt sich um einen echten Vertrag zwischen der Königin, dem Herzog von Orléans

---

Goldgegenstände verkaufen, deren Rohmaterial zum Gießen neuer Münzen benötigt wurde, sich anschließend mit großen Mengen an Hartgeld eindecken, und bevor die Abwertung allgemein und öffentlich bekannt wurde, dieses Hartgeld wieder gegen Sachwerte eintauschen, die, wie z.B. Ländereien oder Häuser, nicht von der Geldentwertung betroffen waren.

und dem Herzog von Berry, worin sich Isabeau umständehalber mit den beiden Komplizen verbündet und für sie zu bürgen scheint. Das Ganze beginnt mit der offiziellen Formel, durch die die Königin ihre Legitimität beweisen will:

Wir, Ysabel, von Gottes Gnaden Königin von Frankreich; Johann, Sohn des Königs von Frankreich, Herzog von Berry und Auvergne, Graf von Poitou, Etampes, Boulogne und Auvergne; sowie Ludwig, Sohn und Bruder des Königs von Frankreich, Herzog von Orléans, Graf von Valois, Blois und Beaumont, Seigneur von Coucy, entsenden all jenen, welche Einsicht erhalten in den nachstehenden Text, unseren Gruß (...)

Und nach den üblichen Gelöbnissen und Beteuerungen beschließen die Unterzeichnenden

(...) daß wir, so lange wir leben, einander gute, wahre und treue Freunde und Verbündete sein werden; einander mit allem, was in unserer Macht steht, Wohl, Ehr und Nutzen erstreben werden; und daß wir, sobald etwelche Personen Übel, Schaden oder Unehr gegen uns oder einen von uns tun oder ersinnen wollen an Leib und Gut, sei es zum Schaden meines genannten Herrn, des Königs, seiner Kinder und des genannten Königreiches, sei es zum Schaden unsrer eigenen Personen, unserer Aufgaben und Geschäfte, mit all unserer Macht einander durch Rat und Tat schützen und verteidigen werden gegen alle Personen außer gegen meinen genannten Herrn, den König, und seine genannten Kinder; und daß wir Übel, Schaden und Unehr abwehren und abhalten wollen von einem jeden von uns. Und wenn einem von uns zur Kenntnis gebracht wird, daß irgend jemand gewillt ist, dies zu tun, zu sagen oder zu ersinnen, so wird derjenige, der es als Erster erfährt, es den anderen zu Kund und Wissen bringen, und wird jedes erdenklich beste Mittel, so er vermag, anwenden zu Schutz, Verteidigung und Hut desjenigen von uns, gegen den man die genannte Unternehmung auszuführen gewillt ist oder sich bemüht. *Item* werden wir gemeinsam und mit unser aller Einvernehmen und Zustimmung, so gut und sorgsam wir vermögen, dem Wohle und den Geschäften meines genannten Herrn, des Königs, seines Königreiches und dessen Gemeinwohl dienen, wobei keiner von uns ohne Beisein der anderen oder Zustimmung eines jeden von uns dreien irgend etwas unternimmt (...)[9]

Dieses Dokument besagt nichts und alles. Es handelt sich nämlich um ein zeitlich befristetes Bündnis zwischen Isabeau, dem Herzog von Orléans und dem Herzog von Berry, das sich, ohne es mit einem Wort zu erwähnen, gegen den Herzog von Burgund richtet. Und dieses Bündnis war vielleicht durchaus von Nutzen, will man der »Chronik von Saint-Denis« glauben:

Die Zwietracht herrschte weiter zwischen den Herzögen von Orléans und Burgund; der eine konnte nichts unternehmen, ohne daß es dem anderen sofort hinterbracht worden wäre durch feige Höflinge, deren treulose Beziehungen ihren Haß aufeinander weiter vergifteten. Unter anderem beklagten sie sich über die unersättliche Habgier des Herzogs von Orléans; sie behaupteten, dieser Fürst habe in Melun gewaltsam die königliche Schatzkasse erbrochen[10] und er habe 200 000 *écus d'or* entwendet sowie Juwelen von größtem Wert, die der König kürzlich dem Schutz seines *maître d'hôtel* anvertraut habe mit dem Befehl, diesen Verwahrungsort niemandem ohne seine Erlaubnis oder die des Thronerben, seines ältesten Sohns, zu enthüllen. Weiters vermeldeten sie, der Herzog habe der Wache an der Porte Saint-Martin 100 *écus* zugesteckt, um nächtens und heimlich mit 30 Mann von seinen Leuten Paris betreten und gewaltige Summen aus seinem Hause fortschaffen zu können. Dem Herzog von Burgund ward dies hinterbracht, und er ließ die betreffende Wache ins Gefängnis werfen und das Stadttor zumauern.

---

9 In: *Choix de pièces inédites sur le règne de Charles VI,* S. 283-285. (= Archives de l'Empire, carton K. 55, pièce 36).

10 Dies war nicht das erste Mal, daß der Bruder des Königs in einen Raum einbrach, in dem sich die Staatskasse befand. Ähnliche Aktionen hatte er sich bereits im Louvre geleistet und wohl auch an anderen Orten und bei anderen Gelegenheiten. Sind darüber auch keine genauen Fakten bekannt, so kann man sie sich doch leicht denken: Als Bruder des Königs befand sich Ludwig anderen gegenüber im Vorteil, denn man fürchtete ihn, da er eine gewisse Immunität bzw. Straffreiheit genoß.

Wie man sieht, herrschte zwischen den Unterzeichnern des Vertrags von 1. Dezember Vertrauen. Es scheint, als habe der Herzog von Berry, ob zu recht oder zu unrecht, Ludwig von Orléans und Johann Ohnefurcht gleichermaßen mißtraut. Hören wir, was der anonyme Autor der *Chronique de Saint-Denis* weiter schreibt:

Trotz aller Wachsamkeit, mit der die Nachtrunden in den Hôtels meiner Herren Herzöge zu Paris ausgeführt wurden, versuchte eine Bande unerkannter Leute beim Herzog von Berry in dessen Hôtel de Nesle einzudringen. Von Pfeilschüssen vertrieben, retteten sie sich über die Seine nach dem königlichen Hôtel de Saint-Paul. Dies verursachte einen Aufruhr beim Volk, denn es glaubte, man wolle den König gewaltsam aus Paris entführen. Sofort eilte der Herzog von Burgund in Person mit 500 von Kopf bis Fuß bewaffneten Rittern und Knappen herbei, schlug die Missetäter in die Flucht und beruhigte den Lärm des Volkes wieder. Am nächsten Tag hieß er im Namen des Königs die Einwohner eine dicke eiserne Kette schmieden, die man bei Nacht in voller Breite über den Fluß spannen sollte, damit niemand heimlich per Boot in die Stadt gelangen konnte.

Wer waren diese »Missetäter« und was hatten sie wirklich im Sinn gehabt? Das ist schwer zu sagen. Juvénal des Ursins gibt den Vorfall in einer leicht abweichenden Version wieder:

Es herrschte Zwietracht zwischen den Seigneurs, welche auf dem Umlande Kriegsvolk stehen hatten, das unzählige Übel anrichtete. Die Herzöge von Berry und Burgund waren in Paris, und die Königin und der Herzog von Orléans auswärts, und man wußte gar offen und gewiß, daß sich auf gut gerüsteten und bewehrten Schiffen auf dem Fluß, in der Stadt Paris Bewaffnete nahten. Und so wähnte man, dies geschähe, um Mittel und Weg zu finden, den König im Hôtel de Saint-Paul zu ergreifen und ihn dorthin zu führen, wo die Königin und der Herzog von Orléans weilten; aus diesem Grunde ließ der Herzog von Berry dicke Pfeiler errichten und dicke Eisenketten über den Fluß spannen.

Wem ist zu glauben, wem nicht? War der Herzog von Berry oder der Herzog von Burgund derjenige, der die beiden Seineufer mit Ketten sperren ließ? Waren die »Missetäter« von Louis d'Orléans oder von der Königin gedungen? Damals war Paris von Söldnern jedweder Nationalität überschwemmt. Vielleicht wollten sie sich einfach nur an einem Ort, wo Geld zu finden war, die Taschen füllen. Logischer erscheint jedoch die Annahme, es habe sich um eine Aktion gehandelt, die die Fürsten inszeniert hatten. Die Bewachung des Königs wurde zu einem immer entscheidenderen Element, denn wer den König »in der Hand hatte«, der hatte die Macht »in der Hand«. Somit entspricht die Vorstellung voll und ganz der Logik der Dinge, Isabeau und Ludwig von Orléans hätten den König als Geisel in ihre Macht bekommen wollen, um – »im Namen des verhinderten Königs«, wohlgemerkt, und unter dem Vorwand, das Königreich zu retten – nach ihrem eigenen Belieben regieren zu können. Immerhin hatten sie nur wenige Monate zuvor versucht, den Dauphin Louis in ihre Gewalt zu bringen, um ihre Aktionen auf eine bessere Legitimation stützen zu können.

In all dieser Zeit rang der unglückliche Karl VI. ständig mit seinen Dämonen. Er ließ sich in jämmerlicher Art und Weise gehen:

Nach Anraten eines kundigen Arztes entfernten sich die gewöhnlichen Bediensteten des Königs täglich bei Einbruch der Nacht aus dessen Gemach, und zehn andere traten ein, die ihre Stimme verstellten und ihr Äußeres verkleideten, so daß sie unkenntlich waren. Nach Ablauf von drei Wochen gelang es ihnen durch ihre Ratschläge und Vorhaltungen, ihn dazu zu bewegen, daß er sich entkleidete, bevor er zu Bett ging, daß er Hemd und Laken wechselte, Bäder nahm, sich den Bart scheren ließ, und schließlich, daß er zu geregelten Zeiten speiste und schlief. Bereits seit fünf Monaten hatte er sich gegen all dies gesträubt, und der durch seine üblen Ausdünstungen gebildete Schmutz hatte an mehreren Stellen seines Körpers bereits Pusteln hervorgerufen; er war ganz zerfressen von Gewürm und

Flöhen, die ihm am Ende noch ins Innere des Fleisches eingedrungen wären, wenn der Arzt nicht dieses probate Mittel ersonnen hätte. (*Chronique de Saint-Denis*)

Juvénal des Ursins wird sogar noch drastischer:

Ein großes Elend war die Krankheit des Königs, die ihn über lange Zeit gefangenhielt, und wenn er speiste, so tat er es gefräßig wie ein Wolf. Und man konnte ihn nicht entkleiden, und er war voller Flöh', Gewürm und Kot. Auch hatte er ein kleines Stücklein Eisen, das er heimlich direkt auf der Haut trug. Man wußte rein gar nichts von diesem Ding, und es hatte ihm sein armes Fleisch ganz verfault, und es gab niemanden, der es wagte, sich ihm zu nähern, um es zu heilen. Immerhin gab es einen Physicus, welcher sagte, es sei vonnöten, ihn zu behandeln, oder es bestünde Gefahr für sein Leben, und doch gäbe es, so schien ihm, kein Mittel, um die Krankheit zu heilen. Und er verordnete, man solle etwa zehn bis zwölf vermummte Männer bestellen, die sich über und über schwärzen und unterm Gewand gut polstern sollten zur Sicherheit, damit er sie nicht verletze. Und dies ward getan, und die Gesellen traten in sein Gemach und waren gar schrecklich anzusehen. Als er sie erblickte, ward er starr vor Schreck, und so traten sie an ihn heran; und man hatte ihm alle Kleider neu machen lassen, Leibhemd, Wams, Rock, Socken, Stiefel, und brachte sie herein. Sie packten ihn, er machte unterdes viel Gerede, dann schälten sie ihn aus seinen Fetzen und bekleideten ihn mit den genannten Dingen, welche sie mitgebracht hatten. Es war ein großer Jammer, ihn zu sehen, denn sein Körper war ganz zerfressen von Flöhen und Kot. Und sie fanden auch das besagte Eisenstück. Jedesmal, wenn man ihn reinigen wollte, mußte es auf die beschriebene Art geschehen.

Unter diesen Voraussetzungen ist stark zu bezweifeln, daß die Königin noch ehelichen Verkehr mit Karl VI. hatte, selbst wenn dieser zuzeiten ganz oder teilweise wieder bei klarem Verstand war. Wie ist aber dann zu erklären, daß Isabeau de Bavière im Jahr 1407 zum zwölften Mal schwanger war? Natürlich war man auf den Gedanken gekommen, diese Schwangerschaft sei das Ergebnis ihrer Liaison mit dem Herzog von Orléans gewesen. Aber dafür gibt es keinerlei Beweise. Das Rätsel bleibt bestehen, obwohl die Wahrscheinlichkeit groß ist, daß das Kind, das am 23. November zur Welt kam und noch am gleichen Tag starb, nicht von Karl stammte.

Währenddessen agierte die von Isabeau und Ludwig von Orléans geführte Regierung, von Johann Ohnefurcht ständig überwacht, schlecht und recht weiter. Man unterstützte die Waliser, die sich gegen die englischen Unterdrücker erhoben hatten, und das war letztlich ganz normal, denn das Königreich Frankreich verurteilte entschieden die Übergriffe, die sich der König von England allerorts leistete.[11] Man befaßte sich mit der Frage des Papsttums – doch das Große Schisma währte unvermindert fort. Im übrigen waren die Fürsten sogar daran interessiert, daß dieser echte, tiefe Riß innerhalb der Kirche auch weiterhin bestand: Er gab ihnen nämlich die Möglichkeit, gegen den einen wie den anderen Papst zum Vorteil ihrer politischen Ziele vorzugehen, und dies konnte sie auf religiöser Ebene kaum beunruhigen, denn der Papst von Avignon wie der von Rom rangen darum, sich gegenseitig überbietend, die Großen dieser Welt zu kaufen. Im Prinzip herrschte in Frankreich die Tendenz, den Papst von Avignon anzuerkennen, und dies war zum Teil das

---

11 Der König von Frankreich hatte mit Prinz Owen von Wales am 14. Januar 1406 einen Vertrag geschlossen. Die Expedition wurde von Marschall de Rieux, einem Bretonen, geleitet und bestand aus einer großen Zahl von Bretonen, die begeistert waren, daß sie jenem Volk, das sie aufgrund seiner Rasse und Sprache als Brudervolk betrachteten, gegen die *Saxons rouges*, die »Rot-Sachsen«, wie die Engländer in der Bretagne heute noch genannt werden, zu Hilfe kommen konnten. Owen Glendwr (Glendower) war der erste historisch authentische *Prince of Wales*, und er wird ähnlich wie Vercingetorix in Frankreich als der walisische Nationalheld verehrt. Der Titel »Prince of Wales«, ein reiner Ehrentitel, wurde in der Folgezeit auf den Sohn des Königs von England, den designierten Thronfolger, übertragen (dem entspricht in Frankreich der Titel »Dauphin«).

Resultat der Politik Ludwigs von Orléans, der aus Gründen, die auf der Hand lagen – seine Absichten auf Genua –, seit jeher dessen Politik unterstützt hatte.

Wie dem auch sei, Johann Ohnefurcht sah dem Spiel nicht tatenlos zu. Gegenüber dem Herzog von Orléans und der Königin, die sich als nächste Verwandte des Königs den Anschein gaben, die Klasse der Aristokratie zu repräsentieren, bemühte er sich, als der Repräsentant einer wahren Volkspartei zu erscheinen, mit anderen Worten: Er versuchte mit allen Mitteln – und zuweilen mit ganz offen demagogischen Methoden –, als der Beschützer der Pariser anerkannt zu werden. Es fiel ihm auch nicht besonders schwer, das Pariser Volk davon zu überzeugen, wie übel sich Ludwig von Orléans und die Königin aufführten – schließlich umgaben diese sich kaum mit Heimlichkeit, wenn sie sich aus der königlichen Schatzkammer bedienten. Geduldig beschränkte sich der Herzog von Burgund darauf zu beobachten, zu registrieren und anzuprangern. Und vor allem behauptete er, er allein könne im Falle einer Krise die einzige Rettung sein, war er doch der Schwiegervater des Dauphins, denn Ludwig hatte seine Tochter geheiratet. Da das Volk zu seinem König, auch wenn dieser krank war, sowie zu demjenigen hielt, der einmal sein Nachfolger sein würde, hatte es ein offenes Ohr für die Worte Johanns Ohnefurcht, zumal diese Worte von den Emissären und Agenten des Burgunders in allen Gassen der Stadt laut genug verbreitet wurden.

In diesem Klima versuchte der Philosoph und Theologe Jean Gerson, Kanzler von Notre-Dame und Priester von Saint-Jean-en-Grève, einzulenken und die Regierung dazu zu bewegen, ihre eigene Form sowie die beklagenswerten Sitten mancher ihrer Mitglieder zu reformieren. Doch man schenkte ihm kaum Gehör, und, wie Juvénal des Ursins notierte, »man predigte vergebens, denn die Seigneurs und diejenigen, welche um sie waren, hielten sich nicht daran, und dachten nur jeder an seinen besonderen Gewinn.«

Der Haß des Volkes gegen Ludwig von Orléans wuchs und wuchs, es gab ihm die Schuld an allen Übeln, angefangen von der Teuerung des Lebens bis hin zur Krankheit des Königs. Dadurch ließ sich der Herzog aber nicht abhalten, seinen zwölfjährigen Sohn Charles d'Angoulême (den künftigen berühmten Dichter Charles d'Orléans) in großem Pomp mit Isabelle de France, der Tochter Karls VI., zu vermählen, die, obgleich erst dreizehn Jahre alt, bereits die Witwe des englischen Königs Richard II. war. Endlich sah Ludwig, wie sein Traum konkrete Gestalt annahm, nämlich der Traum, seine Familie in die seines Bruders einzubinden. Auf diese Weise gedachte er den Einfluß, den er ohnehin bereits auf die Regierung des schwachsinnigen Königs hatte, noch weiter zu festigen. Und im selben Jahr 1406 »gab es erschreckliche und grauenhafte Stürme, welche Obstbäume und andere große Bäume der Wälder entwurzelten«, sowie eine Sonnenfinsternis, die alle Schichten des Volkes mächtig beeindruckte:

Es war ein großer Jammer, zu sehen, wie das Volk sich in die Kirchen flüchtete, und man wähnte, die Welt müsse einstürzen. Doch schließlich ging das Unheil vorüber, und die Astronomen wurden zur Versammlung berufen und sie erklärten, diese Dinge wären höchst sonderbar und ein Zeichen eines großen Übels, daß da kommen werde. (Juvénal des Ursins)

Worin dieses Übel bestand, sollte sich schon bald offenbaren, und zwar für Ludwig von Orléans, für Isabeau und alle anderen. Im Jahr 1407 stürzten sich die beiden Cousins, die beide von sich behaupteten, der bessere Beschützer der Krone zu sein, in Unternehmungen, die dazu beitragen sollten, das Ansehen der eigenen Person zu mehren. Der Herzog von Orléans ließ verlautbaren, er werde die Provinzen, die die Engländer aufgrund des Vertrags von Bretigny von Frankreich losgelöst hatten, wieder mit dem Land vereinigen. Die Gelegenheit dazu war in der Tat besonders günstig, denn Heinrich IV., der

König von England, war mit den Parteien beschäftigt, die ihm schwer zu schaffen machten, indem sie seine Autorität verspotteten und ihn daran erinnerten, daß er sich auf letzlich räuberische Weise des Throns bemächtigt hatte. Ludwig von Orléans sammelte daher Truppen und zog aus, um Blaye und Bourg zu belagern, zwei befestigte Stützpunkte, deren Einnahme auch die von Bordeaux nach sich ziehen konnte. Johann Ohnefurcht, der Herzog von Burgund, konnte da nicht im Hintertreffen bleiben, und so hob auch er Truppen aus und machte sich daran, Calais zu belagern.

Aber das Heer des Herzogs von Orléans erreichte keinerlei Ergebnis. Die englischen Festungen im Bordelais hielten stand. Die regnerische Jahreszeit setzte ein, Krankheit brach im Lager des Kriegsvolks aus, und die Söldner ergriffen in Scharen Fahnenflucht. Als Ludwig sah, daß das Unternehmen unausweichlich auf ein Fiasko hinauslief, zog er es vor, den Waffenstillstand mit England zu erneuern: Auf diese Weise würde er wenigstens nicht das Gesicht verlieren. Also schickte man dem Herzog von Burgund die königliche Order, alle Unternehmungen gegen Calais einzustellen. Johann Ohnefurcht gehorchte nur widerwillig, denn er wiederum hatte gute Chancen, Calais einzunehmen. Ihm wurde klar, daß dieser Waffenstillstand ein taktisches Manöver des Herzogs von Orléans war, den der Mißerfolg seiner Expedition demütigte und der eifersüchtig auf den Ruhm war, den sich sein Rivale mit seiner Unternehmung erwerben könnte. Johann kehrte jedoch nach Paris zurück und umgarnte seinen Cousin mit allem Anschein von Herzlichkeit.

Der Burgunder war nämlich mehr denn je entschlossen, einen Anschlag auf den Bruder des Königs zu versuchen. Ihre Beziehungen hatten sich sowohl aufgrund der erbitterten Rivalität, die sie politisch zu Gegnern machte, als auch auf der Ebene ihrer persönlichen Geschäfte erheblich verschlechtert. Sie legten einander Hindernisse in den Weg, wo sie nur konnten, sie erschienen im Kronrat nur, um einander zu widersprechen, und ließen keine Gelegenheit aus, sich gegenseitig vor den Kopf zu stoßen, wann immer dies zu machen war, ohne einen Skandal auszulösen. Darüber hinaus munkelte man die sonderbarsten Dinge, die allem Anschein nach auch noch der Wahrheit entsprachen. So wurde kolportiert, Ludwig von Orléans besäße ein geheimes Appartement, in das nur ganz bestimmte Besucher Zutritt erhielten. In diesem Appartement habe er eine wahre Porträtgalerie einrichten lassen – jedoch nicht von Bildnissen irgendwelcher x-beliebiger Personen, sondern von allen Hofdamen, deren Gunst er behauptete erhalten zu haben. Und wie es scheint, hatte das Porträt der Herzogin von Burgund, der Gemahlin Johanns Ohnefurcht, darin einen ganz besonderen Platz. Natürlich mangelte es nicht an Intriganten, die alles sogleich dem gehörnten Ehemann berichteten. Dieser zusätzliche Affront versetzte ihn in einen Zorn, der, wenn auch ganz natürlich, seinen Haß auf Ludwig nur noch mehr entfachte. Nach außen hin tat er jedoch, als wüßte er von nichts.

Doch dieser Haß stand ihm so deutlich ins Gesicht geschrieben, sobald er seinem Cousin über den Weg lief, daß manch einen die dunkle Vorahnung befiel, eines Tages könnte ein schreckliches Unglück geschehen. Besonders die Herzöge von Berry und Bourbon unternahmen alles in ihrer Macht Stehende, um die beiden Männer wieder zu versöhnen. Der Herzog von Burgund zeigte großes Widerstreben, aber auf Drängen seiner Onkel erklärte er sich dann doch bereit, sich besänftigen zu lassen. Und so nahm er eine Einladung des Herzogs von Berry an, der vorhatte, eine Begegnung zwischen Johann und Ludwig in seinem Haus herbeizuführen, um beiden ins Gewissen zu reden und sie wieder zur Vernunft zu bringen. Der Herzog von Berry ließ sie gemeinsam an einer Messe teilnehmen und zusammen zur Kommunion gehen. Anschließend gab er sich die Ehre, sie an seiner Tafel zu bewirten. Vor seinen Augen unterzeichneten sie einen

Bruderschaftsakt, ein Gelöbnis, das bei Kriegern, die dieses Namens würdig waren, als heilig galt. Jeder ließ sich vom anderen zum Ritter schlagen. Feierlich bekräftigten sie das bereits gegebene Versprechen, einander als Freunde zu behandeln. Und zum Schluß, so berichtet die Chronik, »nahmen sie die Gewürze und tranken gemeinsam den Wein«. Am Sonntag, der auf dieses Treffen folgte, lud der Herzog von Orléans den Herzog von Burgund zu sich zum Dîner. Johann versprach zu erscheinen, dann umarmten sich beide und nahmen voneinander Abschied.

Fürs erste glaubten alle, die beiden Herzöge meinten es ernst und aufrichtig. Doch dies hieß den schweigsamen Johann Ohnefurcht verkennen. Er verstand zu heucheln, wann immer es notwendig war, und Skrupel hatten ihn noch nie belästigt – warum also nicht ein paar Schwüre ewiger Freundschaft leisten, sei es auch nur, um dem Onkel von Berry eine Freude zu machen? Kaum hatte er das Haus verlassen, stellte er unter dem Befehl von Raoul d'Octonville, einem bewährten Handlanger, der dem Haus Burgund seit jeher ergeben war und den bereits sein Vater Philipp der Kühne zur Erledigung niederster Verrichtungen benutzt hatte, ein Kommando von achtzehn Mann zusammen und stationierte es in einem unauffälligen Haus in der Rue Vieille-du-Temple. Weshalb gerade dort? Weil das Haus unmittelbar an jenem Weg lag, den der Herzog von Orléans zu benutzen pflegte, um von seinem Stadtpalais zum Hôtel Barbette und wieder zurück zu gelangen. Nachdem er seine Befehle gegeben hatte, begab sich der Herzog von Burgund höchst zufrieden nach Hause – ob er auch gut schlief, ist allerdings nicht überliefert.

Am nächsten Tag, am 23. November, begab sich Louis d'Orléans zu einem Besuch zu Isabeau de Bavière, da sie selbst, von ihrer jüngsten Entbindung noch geschwächt, das Hôtel Barbette nicht verließ. Wie es scheint, war die Königin hocherfreut, den Mann zu sehen, den die öffentlichen Gerüchte als den wirklichen Vater jenes Sohns namens Philippe bezeichnete, den sie am 10. November geboren hatte und der noch am selben Tag verstorben war. Sie zeigte sich tief betrübt über diesen Verlust und konnte sich von diesem zwölften Kindbett nur schwer erholen. Immerhin war sie inzwischen 37 Jahre alt, und sie fühlte bereits die Krise der Wechseljahre nahen, die bei ihr zahlreiche physische Störungen auslösten und die Leibesfülle, die sich bereits abzuzeichnen begann, in monströser Weise vergrößern sollten. Bildete Ludwig sich ein, er sei der Vater dieses sofort nach der Geburt wieder entschwundenen Kindes? Empfand er zärtliche Gefühle für Isabeau, die bereits verblühte, alternde, obwohl ihm die schönsten Damen des Hofes zu Füßen lagen? Liebte Isabeau ihren Schwager? All diese Fragen müssen unbeantwortet bleiben. Man hat jedoch eher den Eindruck, der Herzog von Orléans habe seiner Partnerin in politischen und finanziellen Geschäften, einer Partnerin, ohne die er Gefahr lief, seine Machtposition gegenüber dem gefährlichen Herzog von Burgund zu verlieren, einen Besuch abgestattet.

Am 23. November 1407 erhält Ludwig von Orléans bei Einbruch der Nacht überraschend eine Nachricht, die angeblich vom König stammte, der zu dieser Zeit im Hôtel Saint-Paul residierte. Diese Botschaft läßt ihm ausrichten, er werde dringend von seinem Bruder erwartet. Er verabschiedet sich von Isabeau, wartet nicht ab, bis seine gewöhnlich recht zahlreiche Eskorte eintrifft, und nur von zwei Knappen begleitet, die zu zweit auf einem einzigen Pferd vor ihm herreiten, bricht er auf. Er nimmt die Rue Vieille-du-Temple in Richtung Seine.

Die Gasse ist gewunden und bereits sehr düster. Die Männer des Burgunders stehen dicht an die Mauer gepreßt im Dunkel. Sie sind nicht zu sehen. Nur das Pferd der Begleiter wittert etwas, scheut, geht durch und stürmt mitsamt seinen Reitern bis zur Rue Saint-Antoine. Der Herzog von Orléans bleibt allein zurück. Sofort ist er von

Bewaffneten umringt, sie schreien: »Tötet ihn!« Er glaubt an eine Verwechslung und ruft: »Ich bin der Herzog von Orléans!« »Um so besser«, entgegnet einer der Kerle, »genau den suchen wir.« Ein erster Axthieb hackt ihm die Hand ab, die die Zügel seines Pferdes führt. Weitere Hiebe mit Streitkolben und Schwert fällen ihn von seinem Reittier. Zu Boden stürzend schreit er: »Wer seid ihr? Was soll dies?« Ein Hieb mit einem Morgenstern schlägt ihm den Schädel ein, das Hirn spritzt aufs Pflaster. Schließlich springt ein Mann, »vermummt unter einer blutroten Haube« und mit einer kleinen Laterne in der Hand aus dem Haus, in dem sich die Mörder zuvor versteckt hatten, stürzt in die Rue Saint-Antoine, tritt an die Leiche heran, untersucht sie eingehend, versetzt ihr einen letzten Schlag mit der Keule, dann ruft er: »Alle Lichter aus, los, verschwinden wir, er ist tot«, und verschwindet.[12]

---

12 Der Mord an Ludwig von Orléans wurde mit größter Sorgfalt vorbereitet. Alle Einzelheiten sind – anders als im Fall der Ermordung Johanns Ohnefurcht im Jahr 1419 – bestens bekannt, und wir wissen auch genau, wer die Drahtzieher und Täter sind. So hatte der Herzog von Burgund seit langem den Plan gehegt, seinen Cousin in dem Moment aus dem Weg zu räumen, wo dieser das Hôtel der Königin verließ. Tatsächlich hatte Johann Ohnefurcht bereits am 24. Juni durch den Studenten Jean Cordelant ein Haus suchen lassen, in dem sich die Mörder verstekken und auf den günstigen Moment warten konnten. Am 15. November hatte Jean Cordelant durch Vermittlung eines alten Lombarden, seines Zeichens »öffentlicher Makler von Häusern, Renten und Erbschaften«, nicht weit entfernt vom Hôtel Barbette, in dem Isabeau damals residierte, ein Haus in der Rue Vieille-du-Temple gemietet. Da der Herzog von Burgund alle Wege seines Cousins beobachten ließ, wußte er zudem, daß dieser sich nie mit einer zahlreichen Eskorte belästigte, wenn er den König oder die Königin aufsuchte. Über das Folgende gibt es eine ganze Reihe von Zeugenaussagen. Blanche Labbé, die Enkelin des Hausbesitzers, die genau gegenüber wohnte, sagte aus, sie sei höchst beunruhigt gewesen über »finstere Gestalten, die am Tage nicht aus dem Haus traten und die man die ganze

Wer ist der Mann? Johann höchstpersönlich. Seine Rache ist vollbracht. Seine Hände sind mit Blut befleckt, aber frei, um nun seine großen Pläne verwirklichen zu können. Was er aber nicht weiß, ist, daß er zwölf Jahre später auf der Brücke von Montereau selbst einen Hieb mit der Streitaxt mitten ins Gesicht erhalten und daß man seine Leiche danach mehrere Tage lang unbestattet liegenlassen wird.

Juvénal des Ursins behauptet, Ludwig von Orléans sei nicht allein gewesen, als er starb, sondern einer seiner ergebenen Diener, ein Deutscher, habe versucht, sich schützend vor ihn zu stellen, und sei ebenfalls erschlagen worden. Die Leiche wurde sogleich von der Eskorte des Herzogs entdeckt und zu den Zölestinern gebracht. Wie die anderen Prinzen von dem Geschehen benachrichtigt, fand sich auch der Herzog von Burgund vor Ludwigs Leichnam ein, um ihm gemeinsam mit den übrigen die

---

Nacht über rumoren hörte«. Jacquette Griffard, die Frau eines Schusters, wartete in der Nacht des Verbrechens an einem Fenster ihrer Wohnung, die sich fast direkt gegenüber dem Haus der Mörder befand, auf die Rückkehr ihres Mannes und hat gesehen, wie der Herzog von Orléans unter den Schlägen der Meuchelmörder zu Boden stürzte. Sie schrie: »Zu Hilfe! Mörder!«, aber die Schergen schüchterten sie ein, befahlen ihr, den Mund zu halten, und hatten sie eine »üble Schlampe« geschimpft. Man kann sich fragen, weshalb Johann Ohnefurcht befohlen hatte, Ludwig von Orléans die Hand abzuhacken, doch wahrscheinlich geschah dies in Anlehnung an den türkischen Brauch, Dieben die Hand abzuschlagen. Johann Ohnefurcht beschuldigte nämlich – und zwar zu Recht – seinen Cousin, die königliche Staatskasse geplündert zu haben, und dies wird auch als eines der Argumente zur Rechtfertigung des Verbrechens dienen. Daher läßt zwölf Jahre später der Umstand, daß in Montereau auch dem Herzog von Burgund die Hand abgeschlagen wird, den Schluß zu, daß auch die Ermordung Johanns Ohnefurcht vorsätzlich geschah und von treuen Anhängern des Hauses Orléans ausgeführt wurde, die danach trachteten, das Talionsgesetz (der Vergeltung von Gleichem mit Gleichem) anzuwenden.

letzte Ehre zu erweisen. Er wirkte betrübt und tief erschüttert und soll, so wird berichtet, gesagt haben: »Nie mehr soll in diesem Königreich ein so gemeiner und so trauriger Mord geschehen.« Juvénal des Ursins fügt noch eine kuriose Beobachtung hinzu: »Und manche sagten, Blut sei aus dem Leichnam hervorgequollen«, mit anderen Worten: Die Wunden des Toten sollen erneut geblutet haben. Dies ist ein alter keltischer Glaube, der in zahlreichen irischen oder walisischen Texten belegt wird, wonach die Wunden eines Toten in Gegenwart seines Mörders wieder zu bluten beginnen.

Zunächst wußte man nicht, wer ihn getötet hatte, und man sagte, Seigneur de Cany sei es gewesen, denn es hieß, er (Ludwig) habe ihm seine Frau (die Mutter von Dunois, dem Bastard von Orléans) genommen.

Und in Anbetracht der Eide, die sie geschworen, und der Bündnisse und anderen Freundschaftsversprechen, sowie angesichts dessen, daß sie den Leib Christi empfangen hatten, wäre man niemals auf den Gedanken gekommen, der Herzog von Burgund habe dies vollbringen können. (Juvénal des Ursins)

Und doch beichtete Herzog Johann von Burgund aus Furcht, man werde bei der Verfolgung der Mörder der Sache ohnehin auf den Grund kommen, am folgenden Tag vor der Sitzung des Kronrates alles seinem Onkel, dem Herzog von Berry. Und dieser rief aus: »Ich habe meine beiden Neffen verloren...«

Ludwig von Orléans, der so sehr danach getrachtet hatte, des Königs Platz einzunehmen, war tot. Und doch wird, so paradox es klingt, die französisch-karolingische Monarchie durch seine Nachkommen weiter am Leben erhalten.

Isabeau de Bavière aber stand nun so allein da wie nie zuvor – gegenüber Johann Ohnefurcht, gegenüber ihrem Gemahl, dem schwachsinnigen König, gegenüber ihrem Volk, gegenüber ihrem Schicksal. Sie war geboren für das Leben einer Paradekönigin. Doch nun stürzten, ohne daß sie danach gestrebt hätte, schwere Verantwortungen auf sie ein. Christine de Pisan, die einzige Dichterin jenes phallokratischen Jahrhunderts, grüßt sie in einem Brief vom 5. Oktober 1505 als »Medizin und königliches Mittel zur Genesung dieses Königreiches, das zur Stunde elend gebrochen und verwundet und in ärgster Gefahr ist.«

War Isabeau tatsächlich imstande, diese Hoffnung verkörpern?

# 4
# Eine Königin – konfrontiert mit ihrem Schicksal

Der Mord vom 23. November 1407 sollte für das Königreich Frankreich – und von dort aus für das gesamte politische Leben Westeuropas in der ersten Hälfte des 15. Jahrhunderts – unberechenbare Folgen haben. Die Persönlichkeit Ludwigs von Orléans, sein mächtiger Einfluß, sein unwiderstehlicher Charme, sein Rang als Bruder des Königs, seine nicht zu bestreitenden Qualitäten, all dies trug zweifellos entschieden dazu bei. Denn sosehr man ihm seinen maßlosen Stil des prunk- und lasterhaften Landesfürsten vorwarf, sosehr man ihn beschuldigte, sich im Interesse seines eigenen Vorteils und seiner maßlosen Ambitionen mit vollen Händen aus dem Kronschatz bedient zu haben, sosehr man ihn bezichtigte, er sei der Liebhaber seiner Schwägerin Isabeau gewesen, lassen sich seine Fähigkeiten dennoch nicht leugnen: Er verstand es, seine Güter zu verwalten, er besaß einen scharfen politischen Verstand, einen zähen Willen, eine hohe Intelligenz, *und* er war körperlich wie geistig bei bester Gesundheit. Kein Zweifel: Hätte er anstelle seines unglücklichen Bruders die Krone getragen, so wäre das Königreich in guten Händen gewesen, und die Katastrophen, die reihenweise über das Königreich hereinbrachen, wären zum größten Teil vermieden worden. In seiner Rolle als Bruder des Königs bildete er bei all seiner Freigebigkeit immerhin ein ausgleichendes Gegengewicht zu den maßlosen Ansprüchen seines burgundischen Vetters. Nur er allein hätte sich Johann Ohnefurcht mit Erfolg entgegenstellen können. Und genau dies war der Grund, weshalb der Burgunder es so eilig hatte, ihn aus dem Weg zu räumen.

Aber Louis d'Orléans verkörperte, über seine Person und Persönlichkeit hinaus, auch ein Symbol. Und indem sein Tod ihn zum Märtyrer machte, steigerte er den Wert dieses Symbols noch mehr und löste einen wahren Kreuzzug aus, den der Armagnacs, in dem zu einem gewissen Gerechtigkeits- und Legitimitätsgefühl nun noch Haß und Rachegeist gegenüber dem Burgunder Jean sans Peur hinzukamen. Auch wenn die Ausschreitungen der Armagnacs in der Folgezeit ebenso exzessive Formen annahmen wie die der Bourguignons, ist nicht zu leugnen, daß sich die Orléans-Partei – am Anfang zumindest – ebenso stark in den Kampf geworfen hat, um die Integrität des Königreichs zu bewahren, wie um einen Mörder seiner gerechten Strafe zuzuführen, der mit einer verblüffend böswilligen Niedertracht fortfuhr, sein Opfer im Namen der Staatsraison zu beleidigen.

Zudem sollte dieses Ereignis ähnlich wie die geistige Umnachtung Karls VI. dazu führen, daß die Königin Isabeau de Bavière ein weiteres Mal allein dastand und mit ihrem Schicksal konfrontiert wurde. Mehr als je zuvor war sie nun die Herrin über ein politisches Spiel, auf das sie nie vorbereitet worden war und das sich zu einer Tragödie entwickeln konnte. Nun ist es nicht mehr von Belang, noch weiter über ihre angeblichen oder tatsächlichen amourösen Beziehungen mit Ludwig von Orléans zu diskutieren, denn diese spielen eine völlig nebensächliche Rolle; worum es vielmehr geht, ist, zu sehen, wie die Königin von Frankreich angesichts einer Lage reagierte, durch die sie allein zwischen die Parteien gestellt wurde, und diesmal ohne offiziellen Beschützer. Denn Ludwig von Orléans war in weit größerem Maße ihr Beschützer als ihr Liebhaber gewesen und somit derjenige, mit dessen Hilfe sie in der schwankenden, zuweilen konfusen Politik des Königs eine gewisse Linie zu bewahren vermochte. Isabeau besaß nicht die Kraft, sich ohne Unterstützung eines Fürsten zu schlagen. Und selbst wenn dies der Fall gewesen wäre, hätte sie deshalb auch nicht besser handeln können, als sie es tat, denn ihre Zeit kannte keinen Raum für die Herrschaft von Frauen. Diese mußten vielmehr sich damit begnügen, *par la bande* zu spielen, um mit der

Technik des Billard zu sprechen, d. h. auf Umwegen und auf indirekte Weise, nämlich mittels ihrer Ratschläge – oder ihrer Amouren – zu agieren. Nicht jede Königsgemahlin ist unbedingt eine neue Aliénor von Aquitanien, und wenn man Isabeau de Bavière ihren Mangel an Entschlossenheit, ihre – im übrigen unbestrittene – Gewinnsucht vorgeworfen hat, so dürfte man dies eigentlich nicht so stehenlassen, ohne einen Schritt weiter zu gehen und zu betrachten, unter welchen Bedingungen sie handeln mußte: nämlich als Gefangene der antagonistischen Kräfte, die danach trachteten, sie je nach Bedarf als Garantie, Geisel oder Schiedsrichterin zu benutzen.

Besonders vom Jahr 1407 an war das Urteil der Geschichte streng gegen sie verfahren und hatte kein gutes Haar an ihr gelassen, doch diese Strenge entspringt eher moralischen oder angeblich patriotischen Antrieben als einer sachlichen Diskussion auf der Grundlage der Fakten. Isabeau hat sich ihre Aufnahme in das Museum der großen Königinnen gewiß verscherzt, doch ihr Scheitern läßt sich dadurch rechtfertigen, daß sie sich an einer Schachpartie versucht hatte, die sie unmöglich gewinnen konnte.

Nachdem die Bediensteten Ludwigs von Orléans zum Hôtel Barbette zurückgekehrt waren, wo sie Isabeau de Bavière sofort berichteten, was geschehen war, ließ diese sich den Berichten der Augenzeugen zufolge von ihrem Schmerz kaum etwas anmerken. Dennoch ließ sie sich umgehend in einer Sänfte – denn sie war vom Kindbett noch sehr geschwächt – und in Begleitung ihres Bruders Ludwig im Barte zum König in das Hôtel Saint-Paul bringen. Guillaume de Tignonville, der *prévôt de Paris*, ließ sofort eine Untersuchung einleiten. Seltsamerweise fiel der Verdacht zunächst auf Sire de Cany, den Gemahl von Mariette, der Mätresse Ludwigs von Orléans und Mutter des »Bastards von Orléans«, des künftigen Grafen von Dunois. Jener Sire de Cany hatte jedoch nicht den geringsten Grund, Ludwig von Orléans nach dem Leben zu trachten: Dieser hatte ihn Mariette heiraten lassen und noch dazu mit Wohltaten überhäuft – und der Herr von Cany fügte sich in seine Lage und hatte keinerlei Probleme mit seinem Gewissen.

Ludwigs Beisetzung fand am nächsten Tag statt. Valentina Visconti, die Herzogin von Orléans, wohnte ihr nicht bei – man hatte sie von dem Drama noch nicht informiert. Am übernächsten Tag trat der Kronrat zusammen, und auch Johann Ohnefurcht fand sich ein, um teilzunehmen. Der Herzog von Berry wies ihn jedoch mit einiger Heftigkeit zurück und untersagte ihm, den Fuß über die Schwelle des Königs zu setzen. Johann Ohnefurcht insistierte nicht weiter, und das war sein Glück, denn der Herzog von Bourbon war, als er eintraf, höchst überrascht, daß man den Mörder noch nicht verhaftet hatte. Im Grunde wußte Jean de Berry nur zu gut, daß er den Herzog von Burgund nicht verhaften konnte: Die Pariser Bevölkerung, die Ludwig von Orléans haßte, jubelte über das Verbrechen und zeigte ganz offen ihre Sympathie für den Mörder. Man darf auch nicht vergessen, daß sich Johann Ohnefurcht stets als wachsamer Zensor der Aktionen seines Cousins präsentiert und dessen Amtsmißbräuche wiederholt verurteilt hatte, und die Pariser, die absolut nicht einsahen, daß sie von Steuern erdrückt wurden, die dem Wohle der Fürsten dienten, neigten ganz natürlich dazu, den Versprechungen von Steuersenkungen, die der Burgunder machte, zu glauben. So konnte Johann Ohnefurcht ungestraft in seine Stammlande zurückkehren, und mit ihm die Vollstrecker des Mordes. Der König reagierte nicht. Isabeau de Bavière, die die Möglichkeit einer Rache des Herzogs von Burgund fürchtete, nahm sich in acht, kein Öl ins Feuer zu gießen, und schloß sich der Ansicht des Herzogs von Berry an, der für Versöhnung plädierte, jedoch nicht etwa, weil er seinen Neffen entschuldigt hätte, sondern um eine Machtprobe zu vermeiden, die ganz offensichtlich zugunsten des Mörders ausgehen würde. Doch wie sollte diese Versöhnung herbeigeführt werden? Niemand im Kronrat, weder die Königin noch die Prinzen, noch die Männer des Königs, hatte eine Idee, wie man die Forderungen nach einer strengen gerichtlichen Verfolgung mit den Gegebenheiten, d. h. mit der effektiven Macht des Herzogs von Burgund und seinem Einfluß bei den Parisern, unter einen Hut bringen konnte.

Zu diesem Zeitpunkt traf Valentina Visconti ein. Sie residierte in Château-Thierry, als sie die Nachricht von der Ermordung ihres Gemahls erhielt. Die Herzogin von Orléans verlor keine Zeit: Sofort schickte sie ihre drei Kinder, Charles, den neuen Herzog von Orléans, sowie Philippe, Graf von Vertus, Jean, Graf von Angoulême, und Jean le Bâstard (Graf von Dunois), den sie mit viel Liebe selbst aufzog, in die befestigte Stadt Blois, denn sie wußte, daß sie dort vor allem, was der Herzog von Burgund versuchen könnte, sicher sein würden. Dann begab sie sich in tiefer Trauer, doch mit einem gnadenlosen Zorn im Herzen, nach Paris, um Gerechtigkeit zu fordern.

Die Fürsten empfingen sie mit ergreifenden Worten des Beileids, doch das war im großen und ganzen bereits alles. Der König bezeugte ihr die zärtlichste Zuneigung, denn zu dieser Zeit war er gerade bei klarem Verstand. Valentinas Geduld ihm gegenüber, ihre Zärtlichkeit, die Pflege, mit der sie ihn umgeben hatte, während alle anderen sich von ihm zurückzogen, all das hatte er nicht vergessen. Unter Tränen schloß er seine Schwägerin in die Arme. An der Aufrichtigkeit seiner Gefühle war nicht zu zweifeln, denn Karl VI. liebte seinen Bruder wie auch Valentina sehr. Er versprach der Herzogin, sie zu rächen. Aber das war leichter gesagt als getan.

## *Die Manöver des Johann Ohnefurcht*

Natürlich könnten der Schmerz und Zorn der Valentina Visconti nach der Ermordung eines Gemahls verwundern, der sie so lange vor aller Augen mit allen Frauen des Hofes und allen Schönheiten, die in seine Reichweite kamen, betrogen hatte. Doch eines ist sicher: Die Herzogin liebte Ludwig abgöttisch, und dieser liebte allem Anschein zum Trotz seine Gemahlin nicht weniger. So paradox es klingen mag, bildeten Valentina und Ludwig aufgrund ihrer Gefühle, ihrer Begeisterung für Feinsinn und Raffinement, ihrer Liebe zu Dichtung und Kunst sowie aufgrund ihrer gemeinsamen Liebe zu ihren Kindern ein fest vereintes Paar. Immerhin hatte Valentina selbst den Vorschlag gemacht, den künftigen Dunois persönlich aufzuziehen, den sie wie ihren eigenen Sohn betrachtete und in dem sie im übrigen nicht nur das leibhaftige Ebenbild seines Vaters, sondern auch den einzigen sah, der wirklich die Gaben besaß, die Macht des Hauses Orléans weiterzuführen. Und wie man weiß, hatte sie sich darin nicht getäuscht, denn der Bastard von Orléans erwies sich während der langsamen Zurückeroberung des Königreiches in der Tat als treue und zuverlässige Stütze seiner Brüder und des französischen Königs. Diese Übereinstimmung der Ansichten und Gefühle hatte zur Folge, daß Valentina Visconti, die Ludwig von Orléans leidenschaftlich liebte, alle Mittel ins Werk setzte, um ihren Gemahl zu rächen und für die Sicherheit ihrer Kinder zu sorgen.

Bei Isabeau de Bavière fand sie ein aufmerksames Ohr. Und doch war zwischen der Königin und der Herzogin zunächst einiges zu klären, nicht aufgrund der angeblichen Liaison zwischen Isabeau und Ludwig, sondern vielmehr hinsichtlich der italienischen Politik. Valentina hatte ihre Mailänder Herkunft nämlich nicht vergessen, und ihr Enkel Ludwig XII. wird sie ein Jahrhundert später ebenfalls nicht vergessen. Sie war eine Visconti, und als solche war sie die Verbündete des gestürzten Kaisers Wenzel und wollte für ihre Familie bestimmte italienische Gebiete wie den Hafen von Genua wiedererlangen, während Isabeau und ihr Bruder Ludwig im Barte auf der Seite des neuen Königs Ruprecht von Bayern standen, eines Mitglieds ihres Hauses Wittelsbach, der mit England und Burgund verbündet war und gegen die Ansprüche der Visconti heftig opponierte. Das war übrigens noch einer der geringeren Widersprüche der ganzen Situation: Wie schwer begreiflich ist dagegen erst das widernatürliche Bündnis zwischen Ludwig von Orléans, dem Gemahl der Valentina Visconti, und Isabeau de Bavière, da ihre jeweiligen italienischen Interessen einander diametral entgegengesetzt waren! Bei näherer Betrachtung stellt man jedoch fest, daß Isabeau dabei eine ganz bestimmte Absicht verfolgte und höchstwahrscheinlich ihren Einfluß auf Ludwig dazu genutzt hat, ihn in seinen Mailänder Ambitionen zu bremsen. Diese Frage läßt sich aber wohl nicht mehr klären, da wir zu wenige Dokumente über die tatsächliche Rolle Ludwigs von Bayern besitzen – der *stets im Schatten der Königin präsent* und stets mit irgendwelchen Schachzügen außerhalb der politischen Bühne, doch unbestreitbar allein zum Vorteil des bayrischen Hauses beschäftigt war –, um eindeutig sagen zu können, was hier eigentlich vor sich ging.

Wie dem auch sei, Valentina und Isabeau wurden durch die Trauer über den Verlust eines geliebten Wesens vereint. Die Herzogin teilte der Königin ihren Wunsch mit, Ludwigs Mörder bis ans Ende zu verfolgen. Die Königin versprach der Herzogin, ihr nach besten Kräften dabei zu helfen; sie machte aber auch keinen Hehl aus ihrer Beunruhigung wegen Johann Ohnefurcht, dem sie durchaus zutraute, daß er es schaffen würde, die Lage zu seinen Gunsten zu wenden.

Darin hatte sich die Königin nicht getäuscht. Der Herzog von Burgund manövrierte geradezu teuflisch geschickt. Er hatte den Mord an Ludwig mit größter Umsicht vorbereitet und deshalb auch alles unternommen, um sein Opfer in ein möglichst schlechtes Licht zu setzen, bevor er es vernichtete. Seine Handlanger trieben sich auf allen Gassen herum und verbreiteten die »rechte Meinung«, d. h. die burgundische Version der Dinge. Johann Ohnefurcht verfügte nämlich nicht nur über ein perfekt funktionierendes Spionagenetz, sondern auch über eine ganze Armee eifriger Propagandisten, die die Kunst der dialektischen Überredung bis zur Meisterschaft beherrschten und in allen Städten des Königreichs höchst präsent waren – zuallererst natürlich in Paris, der Stadt, die der Herzog zu recht als das absolute Zentrum jeglicher politischer Aktion betrachtete.

Genau in jener Epoche bildet sich nämlich die entscheidende Rolle des Volks von Paris im politischen Leben des Königreichs heraus, und es entsteht das Bewußtsein darüber, welche Rolle die *öffentliche Meinung* bei jeder bedeutenden Unternehmung spielt, die eine Regierung oder die Opposition dieser Regierung plant. So hatte sich die Herrschaft Karls V. bereits zu seiner Zeit als Dauphin in Paris entschieden, und zwar gegen den aufständischen *prévôt des marchands* Étienne Marcel. Um die öffentliche Meinung auf seine Seite zu bringen, hatte Karl V. nicht nur Étienne Marcel bestrafen, sondern auch eine Reihe drastischer Maßnahmen ergreifen müssen, damit wieder Ruhe einkehrte unter den Parisern, die über ein reales Machtpotential verfügten und egal welche Regierung, egal welchen Monarchen von einem Tag auf den anderen einfach zu ihrem Gefangenen machen konnten.[1] Jede Aktion, die

1 An Beispielen für die zentrale Macht der Stadt Paris herrscht von dieser Zeit an kein Mangel. Dem berühmten Refrain *Il n'est bon bec que de Paris* (»Nirgends ist gut schnäbeln wie zu Paris«) des François Villon entsprechen nicht weniger berühmte, geschichtsträchtige Ereignisse: »Paris ist eine Messe wert«, der Ausspruch Heinrichs von Navarra, des berühmten Henri Quatre; dann die Fronde und der ausdrückliche Wunsch Ludwigs XIV., Versailles zum Regierungssitz zu machen; später die erzwungene Rückkehr Ludwigs XVI. und der Königin Marie Antoinette nach Paris; die tragischen Szenen der Revolutionen von 1789, 1830 und 1848; schließlich die Pariser Kommune und der Rückzug der Regierung nach Versailles – wie überhaupt die Tatsache, daß man Paris jahrhundertelang eine eigene Verwaltung wie in den anderen großen Städten vorenthielt. Der jakobinische Zentralismus wird schon Ende des 14. Jahrhunderts geboren und ist in der ersten Hälfte des 15. Jahrhunderts bereits deutlich ausgeprägt, wie der gescheiterte Versuch Jeanne d'Arcs, die Stadt Paris einzunehmen,

Johann Ohnefurcht unternehmen wird – und jede von Isabeaus Seite, denn auch sie hatte das Problem sehr wohl begriffen –, wird also ganz und gar von der öffentlichen Meinung und dem Verhalten der Pariser Bevölkerung abhängen.

Nun traten die Propagandisten des Herzogs von Burgund in Aktion. Sie taten alles, um zu beweisen, daß Jean sans Peur zum Wohl des Königreiches gehandelt hatte, daß er dieses von einem Veruntreuer, von einem Verräter und vor allem von einem Feind des Volkes erlöst hatte, der für all die Steuern verantwortlich war, die das Volk erdrückten. Besonders dieses Argument merkten sich die Leute, und eines weiteren bedurfte es nicht, um es dem Herzog von Burgund als Verdienst anzurechnen, daß er zum Wohle aller im französischen Königreich gehandelt hatte. Da der unglückliche Ludwig von Orléans beileibe keine fleckenlos reine Weste hatte und da er seit langem Anlaß zu aller möglichen Kritik bot, konnten die zu Gunsten seines Feindes konstruierten Argumente bei den Leuten aus der Mittelschicht wie aus der Arbeiterklasse, deren Bedeutung in den Städten zu Beginn des 15. Jahrhunderts allzu leicht unterschätzt wird, nur auf Beifall stoßen. Kurzum, Johann Ohnefurcht sorgte eifrig dafür, sich als das Haupt einer Volkspartei gegenüber der Partei der Fürsten, einer Partei von Profiteuren und Ausbeutern, zu präsentieren. Julius Caesar hatte diesen Coup in Rom versucht, und er war ihm gelungen. Weshalb sollte der Herzog von Burgund es also nicht ebenso machen?

---

bestätigt. Dieser materielle Mißerfolg rückte jedoch die herausragende Rolle von Paris in den Vordergrund: Von diesem Moment an sollte die *Capitale* auf fatale Weise stets ganz Frankreich repräsentieren. Dies ist der Grund, weshalb der öffentlichen Meinung von Paris eine so große Bedeutung zukam. Daher hatten die *Girondisten* in der Revolution von 1789 nicht die geringste Chance, ihren Föderalismus gegenüber den *Montagnards* durchzusetzen, da diese die solide Unterstützung der Pariser hinter sich wußten.

Doch Johann Ohnefurcht war ein großer Feudalherr und kein Revolutionär, und die rechtmäßige Macht wurde von einem umnachteten König verkörpert. Daher mußte nicht nur die öffentliche Meinung bearbeitet und die Pariser Bevölkerung mit demagogischen Mitteln gewonnen werden, sondern auch der König mußte umgarnt werden: In dieser Situation mußte man zuerst seine Zustimmung besitzen, bevor man ihn vollkommen entmachten konnte, wenn sich die Gelegenheit dazu bot. Da er sehr genau wußte, daß seine Feinde, die Fürsten, hinsichtlich ihrer Truppenstärke nicht mit ihm konkurrieren konnten, begann er seine Armeen zusammenzuziehen. In seinem Aufruf an die Flamen und seine anderen Untertanen gab er den Mord an Ludwig offen zu, belud den Verstorbenen mit allen erdenklichen Übeln und ging dabei sogar so weit, daß er ihn bezichtigte, er hätte schwarze Magie betrieben und seinem Bruder nach dem Leben getrachtet, um den Thron an sich zu reißen. Mit anderen Worten, er habe den Herzog von Orléans töten lassen, um das Leben des Königs zu retten. Diese Verteidigungsstrategie wandte er systematisch an und hielt bis zum Schluß beständig an ihr fest. Und da er nicht warten wollte, bis man ihn in die Defensive drängen würde, rüstete er sich zu einem Angriff, um dem zuvorzukommen.

Die Kriegsvorbereitungen des Herzogs von Burgund versetzten die Mitglieder des Kronrates zu Paris in größten Schrecken, und da sie weder über Geld, noch über Soldaten oder militärische Strategen verfügten, verlegten sie sich sofort auf Verhandlungen. Man entsandte Ludwig von Anjou, den König von Sizilien, und den Herzog von Berry nach Amiens, wo Johann Ohnefurcht gerade weilte. Während eines Festbanketts, das der Herzog von Burgund für sie gab, schlugen die Gesandten aus Paris einen Handel vor: Es würde genügen, wenn er sein Verbrechen öffentlich zugäbe, wenn er tiefe Reue bekundete und *den König um Gnade anflehte*. Johann Ohnefurcht lehnte jedoch kategorisch ab. Höchst erzürnt, doch absolut machtlos zogen sich die Unterhändler zurück. Per Beschluß eines *lit de justice* oder Hohen Gerichtstags wurde der Herzog von Burgund aus dem Kronrat, der im Fall der »Unabkömmlichkeit« des Königs mit der Regierung betraut war, ausgeschlossen.

Daraufhin hatte Johann Ohnefurcht natürlich nichts Eiligeres zu tun, als mit seinen Truppen nach Paris zu marschieren, um seinen Anspruch auf seinen Sitz im Kronrat des Königreichs geltend zu machen. Und seine Anhänger streuten überall das Gerücht aus, durch den Besuch Valentina Viscontis beim König habe sich dessen Zustand des Wahnsinns noch verschlimmert, sie habe ein weiteres Mal ihre Hexenkünste an ihm praktiziert und sei sogar an dem strengen Winter schuld, der das Land heimgesucht und die Seine in einen wahren Gletscher verwandelt hatte. Wie man sieht, waren alle Argumente recht. Im Namen des Königs erging an den Herzog von Burgund, der inzwischen wenige Meilen vor Paris stand, das offizielle Verbot, noch weiter vorzurücken und in die Stadt einzumarschieren. Doch dieser scherte sich nicht darum. Er setzte seinen Marsch fort und rückte in Paris ein, ohne auf den geringsten Widerstand zu stoßen. Seine Söldner bemächtigten sich der Stadttore, Straßen und Plätze, und seine Infanteristen besetzten die wichtigsten Stellungen in der Umgebung. Zum Schutz seiner eigenen Person baute er mit Hilfe von Barrikaden sein Hôtel d'Artois zu einer Art Festung aus. Im übrigen hatte er sich ein Schlafgemach aus Stein und mit nur einem Eingang mauern lassen, wohin er sich nachts, vor jeder Gefahr geschützt, zurückzog. Man hatte den Eindruck, er bereite sich darauf vor, einer längeren Belagerung standzuhalten.

Isabeau de Bavière fühlte sich alles andere als wohl in ihrer Haut. Sie wußte, daß Johann Ohnefurcht zu allem fähig war. Ihre Allianz mit seinem verhaßten Cousin würde er ihr gewiß nicht verzeihen. Sie fühlte sich entsetzlich isoliert und traute nicht einmal mehr den Prinzen, die sich, wie man dazusagen muß, auf strikte Neutralität versteiften. Der König war wieder in seine Umnachtung versunken. Niemand führte wirklich die Regierung. Und das wußte Johann Ohnefurcht. Auch die Pariser wußten es, und das war der Grund, weshalb sie dem Herzog von Burgund soviel Sympathie entgegenbrachten: In ihren Augen konnte als einziger er wieder Ordnung schaffen in einem Königreich, das sich in völliger Auflösung befand. Daher wandte sich Isabeau an ihren Schwiegersohn Johann V. von Montfort, den Herzog von Bretagne und Gemahl ihrer Tochter Jeanne, denn dieser hatte den Vorteil, daß er nicht im geringsten in die Geschehnisse verwickelt war und mit dem Herzog von Burgund nach wie vor in besten Beziehungen stand. Johann V., dessen Politik es seit jeher gewesen war, sich aus den französischen Angelegenheiten herauszuhalten, sah nun jedoch eine Möglichkeit, seine Machtposition zu verstärken. Daher setzte er sich mit einem bewaffneten Truppenkontingent in Bewegung und marschierte in Richtung Paris. Aber auch er fiel unter das königliche Verbot, denn keiner Truppe, weder einer burgundischen noch einer bretonischen, war es erlaubt, die Hauptstadt zu betreten. Johann Ohnefurcht hatte sich ins Unrecht gesetzt, indem er das Verbot übertreten hatte, aber Johann V. war darum besorgt, seine guten Beziehungen zum Hof Frankreichs nicht zu gefährden, und so ließ er seine Truppen wieder umkehren und kam allein nach Paris, wo er hoffte, eine Rolle als Vermittler spielen zu können. Isabeau de Bavière stieß bei ihm jedoch auf ein verständnisvolles Ohr: Johann V. sprach ihr Mut zu und erklärte sich bereit, falls nötig, für sie zu garantieren. Dies gab der Königin von Frankreich wieder etwas Mut, und sie harrte der weiteren Entwicklung der Dinge.

Diese entwickelten sich zu einem Triumph des Burgunders. Nachdem er im wörtlichen wie im übertragenen Sinn seine Stellung ausgebaut hatte, begab sich Johann Ohnefurcht zum König, um sein Verhalten zu rechtfertigen. Zu diesem Zeitpunkt, also im Dezember 1407, war

Karl VI. zwar nicht vollkommen umnachtet, doch seine Geistesschwäche war allgemein bekannt. Er gewährte seinem Cousin im großen Saal des Hôtel Saint-Paul eine Audienz. Dieser wohnten die Prinzen königlichen Geblüts bei, nämlich Herzog Ludwig von Guyenne, der Dauphin und älteste Sohn Karls VI., sowie Ludwig von Anjou, König von Sizilien, und der unvermeidliche Herzog von Berry, der letzte noch lebende Bruder Karls V. Der Burgunder selbst ergriff nicht das Wort, sondern ließ sich vertreten, und zwar durch den Franziskaner »Maître Jean Petit, von Geburt Normanne, Professor für Theologie und berühmter für die Frechheit als für die Feinheit seiner Rede«, wie die *Chronique de Saint-Denis* vermerkt.

Sehr rasch bekannte der Franziskaner Farbe und ließ durchblicken, zu wessen Verteidigung er beauftragt war. Er erklärte, daß er sich entschlossen habe, im Namen des Herzogs von Burgund zu sprechen, denn »da er nur über geringe Benefizien verfüge, gebe der Fürst ihm seit drei Jahren eine gute und mächtige Pension, mit der er sein Auskommen finde und auch weiterhin finden werde, sofern es seiner Gnade gefalle«.

Diese Einleitung war deutlich genug, und alle hatten verstanden: Maître Jean Petit war eine voll und ganz dem Burgunder ergebene Kreatur, und er würde alles ins Werk setzen, um die Dialektik zugunsten seines Mandanten zu beugen. Tatsächlich machte er sich daran, anhand von »zwölf Gründen zu Ehren der zwölf Apostel« zu beweisen, daß der Mord an Ludwig von Orléans legitim gewesen sei. Fast alle diese Gründe entnahm er der Heiligen Schrift sowie der profanen Geschichte und paßte sie höchst geschickt seinem Thema an. Über das Maß ihrer Sachlichkeit mag sich jeder anhand der folgenden Beispiele sein eigenes Urteil bilden.

Zunächst ließ er die angeblichen Verbrechen Revue passieren, die der Herzog von Orléans an Gott, sodann gegen den König und dessen Kinder und schließlich gegen das Königreich und die öffentlichen Interessen begangen habe. Er beschuldigte ihn der Beleidigung der Majestät Gottes und behauptete, er habe Hexerei und Götzenanbetung betrieben und sei einer der Urheber der Kirchenspaltung gewesen, indem er Benedikt XIII., den Gegenpapst von Avignon, unterstützt habe. Dann ging er von den geistlichen zu den weltlichen Dingen über und beschuldigte ihn der Majestätsbeleidigung an der Person des Königs und behauptete, er habe ihn durch Hexerei, Verzauberung, bösen Fluch, vergiftete Tränke, Feuer und »andere Anschläge« töten wollen. Der Beweis, den er dazu anführt, könnte wahrhaftig aus einem Schund- und Schauerroman stammen:

Da er den Tod des Königs beschleunigen wollte, der bereits mit einem unheilbaren Leiden geschlagen war, ließ er vor mehreren Jahren heimlich einen abtrünnigen Mönch zusammen mit einem Ritter, einem Knappen und einem Knecht kommen und gab ihnen ein Schwert, ein Messer und einen Ring, um diese Gegenstände zu weihen, oder um sie vielmehr, wenn's erlaubt ist, so zu sagen, im Namen des Teufels zu entweihen. Um ihr Tun vor allen Blicken besser zu verheimlichen, schlossen sie sich auf der Burg Montjoie ein. Von dort begab sich der Apostat vor Sonnenaufgang auf einen benachbarten Berg, und nachdem er mit dem Stahl einen Kreis um sich gezogen hatte, begann er mit seinen Beschwörungen. Darauf erschienen ihm zwei Teufel, genannt Herman und Astramon, in menschlicher Gestalt. Er brachte ihnen nach den Rezepten der Magie die göttlichen Huldigungen dar, überreichte ihnen die genannten Dinge und befahl ihnen, sie zu weihen und dann wieder in den Kreis zu bringen. Nachdem die Teufel diesen Befehl ausgeführt hatten, begaben sich der Apostat und seine Kumpane den Anweisungen folgend, die ihnen gegeben wurden, zur Galgenstätte, hängten die Leiche eines Diebes ab, steckten ihm den Ring in den Mund und beließen ihn darin eine Weile. Nachdem sie ihm mit dem Schwert den Leib geöffnet hatten, gaben sie dem Herzog die genannten Dinge wieder zurück und versicherten ihm, er könne dank ihrer Kraft alles bekommen, was er begehre. Sie gaben ihm auch ein Knochenstück von der Schulter des genannten Gehenkten, auf welches der besagte Apostat mit seinem Blute gewisse teuflische

Namen geschrieben hatte. Lange Zeit trug der Herzog diesen Talisman zwischen seiner Haut und seinem Hemde. Nachdem es einem Ritter, einem Verwandten des Königs, gelungen war, ihm diesen zu entwenden, trieb der Herzog solange seine Intrigen vor dem König, bis dieser den Genannten ohne Gerichtsurteil verbannen ließ.[2] Diese Bestrafung entsetzte die Seigneurs am Hofe sowie die Bewohner des Königreiches sehr, aber sosehr ein jeder im Geheimen über den bösen Zauber munkelte, dessen sich der Herzog bedient hatte, getraute man sich doch nicht, ihn öffentlich darob anzuklagen. (*Chronique de Saint-Denis*)

Wie wir wissen, stand Ludwig von Orléans – zu Recht oder Unrecht – in dem Ruf, er betriebe schwarze Magie; trotzdem dürften diese haarsträubenden Beschuldigungen den heutigen Leser erstaunen. Man darf aber nicht vergessen, daß Ende des 14. und Anfang des 15. Jahrhunderts der Glaube an Magie, Hexenkunst und Astrologie bei den Großen dieser Welt wie in den niederen Volksschichten weit verbreitet war. So hatte Johann Ohnefurcht stets einen jüdischen Astrologen in seiner Nähe, und Karl V. hatte Thomas de Pisan, den Vater der Dichterin Christine de Pisan, der ebenfalls Astrologe war, zu seinem Vertrauten gemacht. Tatsächlich stützte man sich zu keiner Zeit so sehr auf magische Handlungen und Teufelsbeschwörungen wie in jener Epoche. Gerade in jenen Jahren der Wirren wirkte das Übernatürliche – das höllische nicht weniger als das himmlische – besonders stark bis in die kleinsten Dinge des Alltags hinein. So ist auch Jeanne d'Arc ein reines Produkt jener Epoche.

Doch der Franziskaner Jean Petit ließ es bei alledem noch nicht bewenden. Nachdem er die dämonische Hexenkunst abgehandelt hatte, ging er zum Thema Liebeszauber über. Stand Ludwig von Orléans nicht im Ruf, ein unwiderstehlicher Herzensbrecher zu sein? Die Erklärung dafür lag auf der Hand: Der nämliche abtrünnige Klosterbruder hatte dem Herzog, einem »der Göttin Ve-

---

2 Eine gezielte Anspielung auf Pierre de Craon.

nus ergebenen Sklaven«, einen Ring gegeben, der die Kraft hatte, alle Frauen, wenn sie ihn berührten, zu verzaubern und sie ungehindert »seinen unreinen Gelüsten« zu unterwerfen, wann immer der Wüstling es wollte. Und der Herzog, so fügte der Franziskaner hinzu, »machte sogar in der heiligen Karwoche davon Gebrauch, um den Schöpfer noch ärger zu verhöhnen«, was natürlich die allerschlimmste Gotteslästerung war. Dieses Argument hatte Johann Ohnefurcht seinem würdigen Anwalt vielleicht auch deshalb zugespielt, um die Herzogin von Burgund in den Augen ihrer Zeitgenossen reinzuwaschen, wurde sie doch vom öffentlichen Klatsch bezichtigt, sie sei den Avancen des galanten Herzogs von Orléans erlegen.

Alles war jedoch nur Zauber und Magie. Aber selbst das genügte vielleicht noch nicht, um das Auditorium zu überzeugen. Man mußte noch mit ganz anderen Dingen aufwarten. Und da kam der Wahnsinn des Königs als besonders erlesenes Argument wie gerufen:

Zum Beweis, daß der Herzog all dies mit der Absicht getan hatte, des Königs Tod zu beschleunigen, erinnerte (Maître Jean Petit) an das, was der König gesagt hatte, sei es in Beauvais während jener schweren Krankheit, in deren Folge er die Nägel und das Haar verlor, sei es in Le Mans während des Wahnsinnsanfalls, welcher ihn zum äußersten getrieben: Kaum habe er wieder sprechen können, habe er mehrmals verlangt, man möge das Schwert entfernen, welches dieser ihm ins Herz gestoßen habe, und nach seiner Genesung habe er gesagt: Freunde, ich muß ihn unbedingt töten. (*Chronique de Saint-Denis*)

Sich auf geistlose Reden eines Schwachsinnigen zu berufen, ist natürlich einfach, und erst recht, wenn sie aus dem Zusammenhang gerissen werden. Maître Jean Petit war ein Meister dieser Kunst. Er nutzte die Gelegenheit, noch den Herzog von Mailand, den Schwiegervater Ludwigs von Orléans, in das Komplott einzubeziehen und damit auch Valentina Visconti zu kompromittieren, die bereits häufig genug beschuldigt wurde, ihren Schwager mit magischen Ritualen zu traktieren. Diese Anspielungen hatten, das sei noch einmal betont, einen wahren Hintergrund: Will man den Zeugen der damaligen Zeit glauben, so war die Anwendung von Hexenkunst, von Magie sowie prosaischeren Mitteln wie Gift in Mailand weit verbreitet.

Daher erklärt sich auch die weitere Beschuldigung: versuchte Giftanschläge auf den König. Der Franziskaner behauptete, Ludwig von Orléans habe bestimmten Herren am Hofe Geld geboten, damit sie ein vergiftetes Pulver unter die Speisen des Königs mischten. Da die treuen Diener des Königs diese Pläne vereitelt hätten, habe Ludwig

> sich entschlossen, diesen Anschlag selbst auszuführen. Eines Tages, als *Madame la reine Blanche* (die ›weiße Königin‹, wie Isabeau auch genannt wurde) in Neauphle dem König ein großes Dîner gab, hatte er heimlich sein vergiftetes Pulver in das Gericht des Königs gemengt. Die Königin, die davon in Kenntnis gesetzt wurde, hatte sofort eine neue Portion bringen lassen und die erste ihrem Almosenier gesandt, damit er sie an die Armen verteile. Nachdem dieser die Speise in mehrere Portionen aufgeteilt und sich anschließend ein Stück Brot zum Munde geführt hatte, ohne sich zuvor die Hände zu waschen, hatte er die Wirkungen des Gifts verspürt und sich von der Tafel erhoben; wenig später war er dem Gift erlegen. Nachdem die Königin auch erfahren hatte, daß ein Hund ganz plötzlich, als er von jener Speise gekostet, verendet war, hatte sie die Reste des Gerichts in der Erde verscharren lassen. (*Chronique de Saint-Denis*)

Natürlich war auch die Affäre des *Bal des Ardents* ein Argument, das in diesem regelrechten Anklageplädoyer nicht fehlen durfte: Ludwig von Orléans wurde beschuldigt, er habe den König ganz bewußt aufgefordert, ein brennbares Kostüm anzuziehen, um es dann ungestraft in Brand stecken zu können. Aber auch von einem Bündnispakt mit Heinrich von Lancaster war die Rede: Ludwig von Orléans soll dem englischen Usurpator – der Richard II. entthronte und sich als Heinrich IV. krönen ließ –

versprochen haben, er wolle ihm dabei behilflich sein, seinen Herrscher zu beseitigen, unter der Bedingung, daß Henry ihm gegenüber Karl VI. die gleiche Hilfe leistet.

Somit war Ludwig von Orléans ein Hexer, ein Mörder und ein Verräter, denn im letztgenannten Fall spielte er das Spiel Englands gegen Frankreich. Im übrigen, so fügte Jean Petit hinzu, habe sich Ludwig nicht damit zufriedengegeben, die Person des Königs anzugreifen, sondern auch noch versucht, sich der Königin Isabeau und des Dauphins Ludwig zu bemächtigen und sie nach Luxembourg, seiner Domäne, zu senden, um sie unter seiner Kontrolle zu haben. Außerdem habe er den Dauphin beseitigen wollen:

Der Herzog sandte *Monsieur le Dauphin*, des Königs ältestem Sohn, der gerade in Vincennes residierte, einen wunderschönen Apfel.[3] Doch die Amme des Prinzen fand das Obst so schön, daß sie es entgegen der Anweisung des Pagen ihrem eigenen Kinde gab, das daraufhin vergiftet starb. (*Chronique de Saint-Denis*)

Der Franziskaner schreckte in seiner Rede vor nichts zurück. Von den angeblich authentischen Tatsachen ging er zu den absurdesten Vermutungen über; er vergaß nicht, mit demagogischen Argumenten zum Thema der Steuern aufzuwarten, und erging sich in Andeutungen darüber, die Königin habe sich als unbestreitbare Komplizin des Herzogs keinem seiner Komplotte versagt. Mit einem Wort: Der Herzog von Burgund war weit davon entfernt, ein Mörder zu sein – er war ein Held und Kämpfer für die gerechte Sache, der den König und das Königreich gerettet hatte, indem er einen Verbrecher zum Tode verurteilt und hingerichtet hatte. Und Jean Petit gelangte zu dem Schluß, der König müsse »den Herzog von Burgund und

3 Eigenartigerweise wurde eine ähnliche Beschuldigung auch gegen den Enkel Ludwigs von Orléans, den künftigen Ludwig XII., vorgebracht: Man verdächtigte ihn, er habe König Karl VIII. eine vergiftete Orange gegeben.

seine Tat willkommen heißen und ihn belohnen nach Art des Lohnes, welcher dem heiligen Herrn Erzengel Michael dafür zuteil ward, daß er den Teufel getötet hatte«. (Monstrelet)

Vor Entsetzen wie gelähmt, reglos auf seinem Thron sitzend, hatte sich der König dieses Plädoyer wortlos angehört. Ebenso schweigend zog er sich zurück, und die Versammelten taten es ihm nach. Der Mönch von Saint-Denis, der dies in seiner »Chronik« berichtet, fügt als Kommentar hinzu:

Ich erinnere mich, daß mehrere rühmenswerte Persönlichkeiten von eminentem Wissen, die zugegen waren, dieses Plädoyer in vielen Punkten als tadelnswert erachteten. Ich wäre geneigt, ihre Ansicht zu teilen. Doch ich überlasse den ehrenwerten Doctores der Theologie die Sorge zu entscheiden, ob die von dem Redner angeführten Argumente als irrig oder lächerlich zu betrachten sind.

Dieses Plädoyer war nichts anderes als eine Lobeshymne auf den Tyrannenmord. Am nächsten Tag wiederholte Jean Petit die gleiche Rede von einer Tribüne herab, die man auf dem Platz vor der Kathedrale Notre-Dame errichtet hatte, und diese Rede, die er vor einer von vornherein gewonnenen Volksmenge hielt, wurde mit Beifall überschüttet. Am selben Tag überreichte der König dem Herzog von Burgund verschiedene Begnadigungsurkunden sowie einen von eigener Hand unterzeichneten Erlaß, der ihn ermächtigte, jeden zu verfolgen und zu bestrafen, der versuchen sollte, seine Ehre anzugreifen. Johann Ohnefurcht hatte das Spiel gewonnen.

Eine Frage stellt sich jedoch: Wer hat dem König dabei die Hand geführt? Es ist nämlich undenkbar, daß Karl VI., der seinen Bruder zärtlich liebte, selbst und aus freien Stücken seinem Mörder so leicht verziehen haben konnte. Man muß annehmen, daß er an diesem Tag einen Anfall von Umnachtung hatte. Und Juvénal des Ursins behauptet: »In jener Nacht begab sich der König mit der Königin zu Bett, und man sagt, dies habe ihn noch schlimmer krank gemacht, als wie er in zehn Jahren davor gewesen: Und es ging vielerlei und wunderliches Gerede.«

Diese Bemerkung ist mehr denn sonderbar. Isabeau hatte praktisch jeden ehelichen Verkehr mit dem König abgebrochen. Handelte es sich also um ein Gerücht, das die Parteigänger des Herzogs von Burgund lanciert hatten, um zu beweisen, welch unheilvollen Einfluß die Königin auf die Krankheit des Königs hatte? Wie dem auch sei, Isabeau de Bavière wußte, daß sie in einem Paris, das für die Sache des Herzogs von Burgund gewonnen war, ihres Lebens nicht sicher war.

Drei Tage nach jener sonderbaren Apologie des Mordes am Herzog von Orléans verließ die Königin mit Monseigneur de Guyenne, ihrem Sohn, überstürzt die Stadt Paris und zog sich nach Melun zurück. Wie wenn sie irgendeinen Anschlag ihrer Feinde befürchtete, ließ sie Stadt und Burg ausbessern, versorgte beide mit Lebensmitteln und befahl, Tag und Nacht die Tore von Bewaffneten bewachen zu lassen. (*Chronique de Saint-Denis*)

Diese Details beweisen in aller Deutlichkeit, wie beängstigend das Klima war, in dem sich Isabeau befand. Wie um sich auf eine Machtprobe vorzubereiten, begann sie zusätzlich aus allen Richtungen Söldner zusammenzuziehen. Der König soll ihr, so heißt es, in einer Phase plötzlich zurückgekehrter Luzidität befohlen haben, letzteres zu unterlassen. Auch hier bleibt alles ein Rätsel: Meinte es Karl VI. ernst oder war er nur eine willenlose Marionette in den Händen seines gefürchteten Cousins? Er befand sich allein in Paris. Die Herzöge von Anjou und Berry sowie Johann V. von Montfort waren der Königin nach Melun gefolgt. So wie es aussah, gab es von nun an zwei Regierungen im Königreich: die eine in Paris, wo der geisteskranke König tat, was dem Herzog von Burgund beliebte, und die andere in Melun, wo man sich im Umkreis der Königin Isabeau sehr aktiv gebärdete, doch praktisch ohne Erfolg. Johann Ohnefurcht sorgte in Paris für Recht und Ordnung, tauschte alle Offiziere und Beamten durch Leute aus seinen Reihen aus und bereitete seinen definitiven Zugriff auf das Königreich vor.

Mitten im Jahr 1408 wurde der Herzog von Burgund jedoch durch beunruhigende Nachrichten aus Lüttich gezwungen, Paris zu verlassen, um seinem Schwager, dem Erzbischof und Herren über diese Stadt, gegen die Bürger zu Hilfe zu eilen, die sich zu einem Aufstand erhoben hatten. Man erzählte sich damals, Johann Ohnefurcht sei sogar höchst erfreut gewesen, daß er diesen Grund hatte, um sich zurückzuziehen: So sicher fühlte er sich nämlich nicht, denn die Königin, die Fürsten und die Herzogin von Orléans, deren Partei wieder Mut gefaßt hatte, zogen Truppen zusammen, und diese wären imstande gewesen, ihn zu einem weniger ehrenhaften Rückzug zu zwingen.

## *Die Trumpfkarte Paris*

Auf alle Fälle war dies die erträumte Gelegenheit für den Versuch, Paris zurückzuerobern.

Der Herzog von Burgund hatte, bevor er Paris verließ, die ersten Bürger der Stadt zu sich berufen. Er hatte ihnen befohlen, stets dem König als treue Untertanen zu dienen, und hatte ihnen zu verstehen gegeben, er sei nur darum solange in der Stadt geblieben, um die Universität von Paris dort zurückzuhalten und (die Bürger) nicht eines so kostbaren Schatzes zu berauben, sowie um festzustellen, wer die wahren Diener des Königs seien. (*Chronique de Saint-Denis*)

Wie man sieht, hatte sich Johann Ohnefurcht mit aller Vorsicht abgesichert, und seine wohldurchdachten Worte waren nicht ohne Hintergedanken. Isabeau de Bavière verstand sehr wohl, wen der Herzog von Burgund damit meinte.

Als der *prévôt des marchands*, den die Königin zu sich beordert hatte, um zu erfahren, was geschehen war, ihr alles berichtet hatte, war sie um so mehr erzürnt, als die Worte des Herzogs einen versteckten Angriff auf ihre Person enthielten. Daher beschloß sie, dessen Abwesenheit zu nutzen, um die Beschuldigungen zu zerstören, welche er gegen den Herzog von Orléans hatte vorbringen lassen. Nachdem sie sich die Zustimmung der Herzogin von Orléans gesichert hatte, traf sie Vorbereitungen zu einen prunkvollen Einzug in Paris mit einem Gefolge, das noch zahlreicher war, als das des Herzogs gewesen. Da der König, der sie in der zweiten Augustwoche zu Melun aufgesucht hatte, am Tag nach diesem Besuch wieder von seiner Krankheit ereilt worden war, beschleunigte sie ihre Rückkehr, und um sie noch feierlicher zu gestalten, befahl sie die Herzöge von Berry, Bretagne und Bourbon, den Grafen von Alençon, den *connétable de France* sowie die höchsten *officiers* vom Hofe des Königs zu sich und ließ sich von ihnen am letzten Sonntag besagten Monats mit *Monseigneur le Dauphin*, dem Herzog von Guyenne, welcher zum ersten Male zu Pferde ritt, nach Paris zurückgeleiten. (*Chronique de Saint-Denis*)

In diesem Augenblick scheint Isabeau de Bavière tatsächlich die Herrin der Lage zu sein. Auf alle Fälle handelt sie als souveräne Königin und in vollem Bewußtsein, daß sie imstande ist, diese Rolle zu spielen.

Der Glanz dieser Zeremonie wurde noch erhöht durch eine große Zahl von Rittern und Knappen in voller Rüstung, welche der goldenen Karosse der Königin vorauszogen und folgten. All diese Waffenmänner wurden auf Bitten der Bürger, die die Königin zu schonen gewillt war, in den fürstlichen Häusern der Stadt logiert. Auf ihren Befehl verkündete ein Herold mit seinem Fanfarensignal, daß sie bei Todesstrafe angewiesen seien, das Eigentum anderer zu achten, nicht auf dem umliegenden Lande zu verweilen, allesamt in der Stadt zu verbleiben und sich dort wie friedliche Bürger zu betragen. Weiters fügte er hinzu, daß diejenigen unter den Einwohnern, gegen welche man Gewalt anwenden würde, befugt seien, von ihren Nachbarn Beistand zu fordern und den Angreifer in das Gefängnis Châtelet zu führen. Die Bürger lobten diese Maßnahme sehr. Sie hatten sich nicht träumen lassen, daß die Königin imstande wäre, mit solcher Strenge den gewohnten Ausschreitungen all dieser Fremden vorzubeugen. Sie habe damals, so wurde gesagt, dreitausend Mann um sich gehabt. (*Chronique de Saint-Denis*)

Gewiß hatte die Königin allen Grund, sich zu schützen, denn Paris, das wußte sie, war noch berauscht von den schönen Versprechungen des Johann Ohnefurcht, und in der Stadt wimmelte es immer noch von burgundischen Agenten, die nur darauf lauerten, bereits die geringste Schwäche von ihrer Seite auszuschlachten. Daher war Isabeau sosehr daran gelegen, auch den Bürgern ein Gefühl der Sicherheit zu geben und ihnen die Unannehmlichkeiten einer militärischen Besetzung zu ersparen, die fast automatisch alle Arten von Ausschreitungen nach sich ziehen würde.

Dann nahm sie sich auf eine sehr kluge Art der Entourage des Königs an. Karl VI. war von zu vielen Verbündeten des Burgunder-Herzogs umgeben. Isabeau entfernte möglichst viele von ihnen und ließ ihren Gemahl verschiedene Verordnungen unterzeichnen, die die Fürsten wieder in ihre Rechte einsetzten. Kaum war Valentina Visconti zu Ohren gekommen, was geschah, eilte sie herbei, denn sie fand, nun sei die Stunde gekommen, um Rache zu fordern. Als Isabeau von Valentinas Eintreffen erfuhr, ordnete sie »gleich am nächsten Tag nach ihrer Ankunft eine gewisse Zahl Bewaffnete ab und schickte sie der Frau Herzogin von Orléans, damit sie ihr als Eskorte dienten. Zum großen Mißfallen der Bürger verteilte sie auch einige auf die verschiedenen Viertel der Stadt, vertraute ihnen Schlüssel und Bewachung der Stadttore an und bestimmte andere, die Brücken in der Umgebung von Paris zu bewachen und unbekannten Leuten die Durchfahrt zu untersagen.« (*Chronique de Saint-Denis*)

Im Louvre hielt man eine Versammlung ab, bestehend aus den führenden Mitgliedern des Staates. Es wurde bestimmt: »Die höchste Macht wird der Königin und Monsieur de Guyenne (dem Dauphin Ludwig) gemeinsam übertragen, da der König verhindert und abwesend ist.« Auf die Versammlung folgte ein *lit de justice*, das die Herzogin von Orléans und ihre Kinder ermächtigte, gegen den Herzog von Burgund vorzugehen.

In der Klage- und Bittschrift, die Valentina Visconti einbrachte, forderte sie, daß er sie und ihre Kinder in Gegenwart des Königs, der Prinzen, der Kronräte und des Volks mit entblößtem Haupt, ohne Waffengürtel und auf Knien um Verzeihung bitten müsse. Diese Zeremonie müsse in den Höfen des königlichen Palais, im Hôtel Saint-Paul, sowie an jenem Ort, wo das Verbrechen begangen wurde, wiederholt werden. Aber das war noch nicht alles: Alle Häuser des Herzogs von Burgund müßten abgerissen und an ihrer Stelle sollten Kreuze mit brandmarkenden Inschriften errichtet werden. Der Herzog müsse in Jerusalem und Rom zwei Stifte und zwei Kapellen gründen, eine Strafe von einer Million in Gold zahlen. Und schließlich müsse er für mindestens zwanzig Jahre aus dem Land verbannt werden unter dem Verbot, sich mehr als 100 Meilen dem Ort zu nähern, an dem die Königin und die Prinzen von Orléans jeweils weilten. Diese Forderungen waren natürlich maßlos überzogen, doch der Dauphin, der aufgrund der Abwesenheit des Königs im Rat den Vorsitz führte, versprach Valentina, man werde ihr voll und ganz zu ihrem Recht verhelfen.

Das Problem war aber, wie dieses Recht in die Tat umgesetzt werden sollte. Es galt nämlich der Rechtsgrundsatz, daß einem Pair nur von Seinesgleichen der Prozeß gemacht werden konnte. Und dabei waren eine Unmenge von Formalitäten und Fristen zu beachten, ganz zu schweigen von der Möglichkeit, daß einige Fürsten, mehr besorgt um ihre Ruhe und ihre eigenen Interessen als um eine ordentliche Rechtsprechung, der Sache den Rükken zukehren könnten. Und wie stand es mit der öffentlichen Meinung, vor allem mit derjenigen der Pariser? Diese stand nämlich auf der Seite des Herzogs von Burgund. Wäre es daher überhaupt klug, einen Mann, dessen

Prestige in einer Stadt, in der es von seinen Anhängern nur so wimmelte, völlig ungebrochen war, öffentlich zu einem Verbrecher zu erklären? Lief man dabei nicht Gefahr – oder war man nicht sogar gezwungen –, ein Urteil zu seinen Gunsten zu fällen, oder bestand nicht auch die Gefahr, daß man es nicht vollstrecken könnte, wenn es der öffentlichen Meinung widersprach? Die Königin und der Rat waren der Ansicht, man dürfe keinen Prozeß anstreben, sondern es sei besser, den Täter mit Waffengewalt zu unterwerfen. Die Umstände dafür waren günstig, denn der Herzog von Burgund saß tief im Wespennest Lüttich fest: Man brauchte also nur den Lüttichern Hilfe zu schikken.

Zum Pech für Isabeau, für die Prinzen und für Valentina Visconti konnte der Herzog von Burgund nach wochenlangen Rückschlägen die Lütticher jedoch bezwingen, ihr Heer zerstreuen und die Stadt einnehmen. So erwarb er sich bei dieser Expedition, deren Ausgang keineswegs gewiß war, seinen endgültigen Beinamen: Von nun an war er »Johann Ohnefurcht«, während sich der Bischof von Lüttich, sein Schwager Johann von Bayern-Holland, zum »Johann Gnadenlos« machte, da er seine Gefangenen niedermetzeln ließ.

Natürlich bestärkte der Sieg des Herzogs von Burgund sein Ansehen bei den Parisern noch mehr. Er erklärte, daß er sich persönlich in die Stadt begeben werde, um zu den gegen ihn erhobenen Klagen Stellung zu nehmen. Der Hof hatte kein Mittel, weder Truppen noch Geld, zur Hand, um ihn an seinem Kommen zu hindern. Die Seigneurs und königlichen Prinzen, die so lautstark gegen ihn wetterten, wenn er sich in weiter Ferne und in einer schlechten Position befand, begannen zu zaudern: Sie hatten Angst.

Auf die Nachricht vom Sieg des Herzogs von Burgund beschlossen die Prinzen königlichen Geblüts, die zu jener Zeit mit dem König und der Königin in Paris residierten, nämlich die

Herren Könige von Sizilien und Navarra sowie die Herzöge von Berry und Bourbon, einige ob der Umstände notwendige Maßnahmen zu ergreifen, und hielten zu diesem Behuf mehrere geheime Ratsversammlungen ab. Sie hatten sich untereinander verpflichtet, über das Ergebnis ihrer Beratungen tiefstes Stillschweigen zu bewahren. (*Chronique de Saint-Denis*)

Außerdem begann die Bevölkerung zu murren und sich gefährlich zu regen, da sie mit Besorgnis sah, daß die Brücken und Häfen bewacht wurden, und da ein kursierendes Gerücht sie alarmierte, die Königin wolle die Ketten entfernen lassen, die die Straßen von Paris versperrten. Der Kanzler Arnaud de Corbie und die Räte des Königs

ersuchten die Königin und erreichten mit knapper Not, daß dem *Prévôt* von Paris genehmigt werde, sich auf den Gassen von einer bewaffneten Eskorte begleiten zu lassen. Weise Vorkehrungen hielten die rechte Ordnung unter den in Paris einquartierten Truppen aufrecht, doch die außerhalb weilenden verübten allerorts unerträgliche Plünderungen und hatten ihrer Gewohnheit gemäß keinerlei Hemmung, alles zu rauben, was sich mitnehmen ließ, und sie wiederholten überall, sie hätten Erlaubnis, sich auf diese Art für ihre Mühen und Ausgaben zu entschädigen. (*Chronique de Saint-Denis*)

Die Königin brauchte treu ergebene Truppen, aber sie besaß in der Tat keine Mittel, um sie zu bezahlen.

Infolgedessen beorderte die Königin die reichsten und ehrwürdigsten Bürger zu sich und bat jeden einzeln, ihr in Form einer Anleihe das nötige Geld zur Vefügung zu stellen, um ihre Truppen zu besolden. Ein jeder entschuldigte sich jedoch und lehnte unter vielerlei Gründen untertänig ab. Manche sagten gar, daß ihnen diese große Zusammenziehung von Truppen nutzlos erscheine, da das Königreich keinen Krieg zu unterstützen habe. Diese Tadel mißfielen der Königin sehr. Sie verbarg jedoch ihre Unzufriedenheit und suchte sich an den Parisern zu rächen, indem sie auf ein Mittel sann, sie der Anwesenheit des Königs zu berauben. (*Chronique de Saint-Denis*)

Liest man die »Chronik von Saint-Denis«, so kann man unschwer ermessen, wie bedeutend Isabeaus Rolle in den Ereignissen jenes Jahres 1408 war. Obwohl um sie herum die Prinzen königlichen Geblüts agieren, obwohl Johann Ohnefurcht weiterhin intrigiert und heimlich die Pariser aufhetzt, ist sie in Wirklichkeit der tragende Pfeiler der Politik, die gemacht wird. Isabeau wußte, daß sie es mit einem gefürchteten Gegner zu tun hatte, der mit seinen Mitteln nicht zimperlich war. Daher mußte sie unbedingt alle ihre Trümpfe, alles, was ihr an Autorität noch geblieben war, ausspielen. Sie wußte ebenfalls, daß die Pariser nichts ohne den König als Bürgen unternehmen konnten und daß sie ihn unbedingt in ihrer Mitte behalten wollten. Von dem Augenblick an, wo die Pariser sich – wahrscheinlich auf Anraten des Herzogs von Burgund – weigerten, für den Unterhalt ihrer Truppen aufzukommen, sah sie sich geradezu verpflichtet, zum Gegenangriff zu schreiten und sie zur Raison zu bringen.

Nach fünf Wochen bestellte die Königin den *prévôt des marchands* sowie die ersten Bürger der Stadt in das königliche Hôtel Saint-Paul, begegnete ihnen mit außerordentlicher Freundlichkeit und sagte ihnen in Gegenwart der Könige und Prinzen (...), dem König, ihrer aller Herrn, und ihr selbst wären die Stadt und ihre Einwohner stets am Herzen gelegen, und daher bitte sie sie, den Gerüchten keinen Glauben zu schenken, welche ihr die Absicht unterstellten, sie wolle ihre Eisenketten entfernen und sie entwaffnen lassen; weit davon entfernt, jemals an dergleichen gedacht zu haben, wolle sie vielmehr, daß sie zwei Ketten statt einer bekämen[4], falls sie dies wünschten, und daß sie besser bewaffnet würden. Sie ermahnte sie, friedlich ihren Geschäften und Berufen nachzugehen, dem König stets die Treue zu halten und Frieden zu bewahren als gute und treue Untertanen, um den

4 Die quer über die Gassen der Stadt gespannten Ketten waren für die Pariser die Garantie ihrer Unabhängigkeit sowie ihres Rechts, sich selbst zu verteidigen, ohne auf die Hilfe der königlichen Truppen zurückzugreifen; die Ketten hinderten diese sogar daran, in den Vierteln des Stadtzentrums einzuschreiten.

anderen Städten als Beispiel zu dienen und um sich ihre und des Königs besondere Gunst zu erwerben. Danach ließ sie ihnen durch den königlichen Kanzler mitteilen, sie sollten sich nicht wundern, daß sie ihre Person bis dahin mit so vielen Bewaffneten umgeben habe und daß einige Unstimmigkeit zwischen den Prinzen herrsche, denn dies seien schwerwiegende Angelegenheiten und es sei nicht angebracht, daß sie sie davon in Kenntnis setze. (*Chronique de Saint-Denis*)

All diese schönen Worte sollten dazu dienen, das Mißtrauen der Pariser einzuschläfern. In diesem Moment hatte Isabeau de Bavière bereits beschlossen, was sie unternehmen würde, und sie handelte im Einvernehmen mit den Mitgliedern des Kronrates.

Schon bald erkannte man unter heftigem Mißfallen, daß das Folgende nicht diesen Worten entsprach. Zwei Tage danach, nämlich am Nachmittag des 10. November, wurde der König, der wieder krank geworden war, im Namen der Königin und auf ihren Befehl so heimlich, wie es sich irgend machen ließ, und sogar ohne Wissen der Offiziere seines Hauses und der Bürger aus dem Palais entführt und auf ein Schiff gebracht, um an einen anderen Ort geführt zu werden. Danach verließen die oben genannten Seigneurs unter Waffen durch die Porte Saint-Jacques die Stadt und führten gemäß dem, was beschlossen und vereinbart worden, in Begleitung des Kriegsvolks, das sie bis dahin zum argen Mißbehagen der Bürger in Paris und der Umgebung gehalten hatten, den König auf dem Landwege gen Tours. Dort hielten sie ihn eingesperrt, wie gewohnt, bis zum 29. November, dem Tage, an dem er wieder genas. Gemeinhin sagte man, und dies war höchst wahrscheinlich, daß die Prinzen es waren, die zu jener plötzlichen Entführung angeraten hätten, nämlich aus Furcht, der König könnte den Herzog von Burgund, welcher sich Paris näherte, mit Wohlwollen empfangen und er könne belieben, sich mit ihm zu unterreden. (*Chronique de Saint-Denis*)

Tatsächlich zog Johann Ohnefurcht in die Hauptstadt ein. Obgleich er von den Parisern als Sieger empfangen wurde, war er maßlos erzürnt und gedemütigt zugleich: Man hatte ihm den König vor der Nase weggeschnappt.

Nur noch das *Parlement*, das man beauftragt hatte, die Ordnung aufrechtzuerhalten, war in Paris geblieben.

Natürlich erfolgte nun wieder ein Szenenwechsel in der Hauptstadt: Nach dem Willen Johanns Ohnefurcht wurden die pro-burgundischen Offiziere und Beamten wieder in ihre Ämter eingesetzt. Zu dieser Zeit weilte Graf Wilhelm von Holland und Hennegau am Hof, er war der ältere Bruder des Bischofs von Lüttich und wurde ob seiner Rechtschaffenheit und Intelligenz von allen geschätzt. Er war gekommen, um die Heirat seiner Tochter, der später so berühmten Jakobäa von Bayern[5], mit Herzog Johann von Touraine, dem zweiten Sohn von Karl VI. und Isabeau, auszuhandeln. Er machte der Königin den Vorschlag, als Schwager des Herzogs von Burgund eine

---

5 Jakobäa von Bayern, die einzige Tochter des Grafen Wilhelm IV. von Bayern-Hennegau und seiner Gemahlin Margarete von Burgund, der Schwester Johanns Ohnefurcht, hatte ein romanhaft bewegtes Leben. Zunächst heiratete sie den königlichen Prinzen, Herzog Johann von Touraine (Jean de France), und wurde damit *dauphine de France*, Kronprinzessin von Frankreich. Als ihr Gemahl 1417 starb, wurde sie noch im selben Jahr mit ihrem Cousin, Herzog Johann von Brabant, verheiratet. 1423 verliebte sie sich unsterblich in den Herzog von Gloucester, den Bruder Heinrichs V. von England, erreichte durch den Gegenpapst Benedikt XIII. die Annullierung ihrer Ehe, heiratete den Engländer und vermachte ihm noch dazu alle ihre Besitzungen, was Philipp dem Guten, ihrem obersten Lehensherrn, natürlich überhaupt nicht gefiel. Inzwischen hatte sich der Herzog von Gloucester aber in eine ihrer Hofdamen verliebt, machte sich mit dieser aus dem Staub und ließ Jakobäa auf ihren Träumen sitzen. Daraufhin ließ sie ihre dritte Ehe annullieren und verteidigte ihre Besitzungen gegen Philipp den Guten, wobei sie auch nicht zögerte, ihre Truppen höchstpersönlich in den Kampf zu führen. Schließlich heiratete sie ein viertes Mal, nämlich François de Borselle, den Gouverneur von Seeland, und trat ihre Besitzungen gegen eine Leibrente auf Lebenszeit an den Herzog von Burgund ab. 1437 starb sie mit 36 Jahren; trotz ihrer vier Ehen war sie kinderlos geblieben.

Schlichtung der Lage zu versuchen, und bot seine Dienste als Vermittler an. Die Königin, die an nichts anderes dachte, als den Frieden im Königreich zu bewahren, willigte ein, und nachdem er die ersten Schwierigkeiten ausgeräumt hatte, entsandte sie ihren Bruder Ludwig von Bayern, den Oberhofmeister Jean de Montaigu und andere Minister nach Tours, dem Ort, der für die Konferenz ausersehen war.

Darüber war Valentina Visconti alles andere als glücklich. Sie sah voraus, daß die Verhandlungen im wesentlichen auf eine Begnadigung, wenn nicht gar auf einen Freispruch des Mörders von Louis d'Orléans hinauslaufen könnten. Sie versuchte mit all ihrer Autorität auf die Verhandlungen einzuwirken und den Beschluß des Abkommens hinauszuzögern. Doch es half nichts. Die Herzogin von Orléans wurde aufs Krankenlager geworfen und konnte sich nicht wieder erholen. Manche behaupten, der Kummer und der Schmerz sowie der Umstand, daß sie keinerlei Macht hatte, ihren Gemahl zu rächen, wären die Ursache ihrer Krankheit gewesen. Andere behaupten, auch in der Entourage des Herzogs von Burgund habe man mit Gift umzugehen gewußt. Tatsächlich kam das Verschwinden der Person, die ihn mit einem solchen Haß verfolgte, Johann Ohnefurcht höchst gelegen, doch wir haben keinerlei Beweise. Auf alle Fälle war Valentina Visconti vom Tode gezeichnet. Sie ließ ihre Kinder[6] zu

---

6 Allen Kindern Valentina Viscontis war ein unvergleichliches Schicksal beschieden: Philippe, Graf von Vertus, erwies sich als glühender Verteidiger der väterlichen Ziele, doch er starb bereits früh und ohne Nachkommenschaft. Marguerite heiratete Richard d'Étampes, den dritten Sohn Johanns IV. von Montfort, und wurde die Mutter des Herzogs François II. de Bretagne und damit die Großmutter von Anne de Bretagne. Graf Jean d'Angoulême hatte 30 Jahre als Geisel am englischen Hof verbringen müssen und gründete die Linie Valois-Angoulême (Franz I., Heinrich II. Franz II., Karl IX., Heinrich III.). Charles, der jüngste Sohn und Erbe des Titels Orléans, lebte 25 Jahre in englischer

sich kommen. Das älteste, Charles, war sechzehn Jahre alt. Sie achtete auch darauf, Jean le Bâtard, den künftigen Grafen von Dunois, nicht zu vergessen, von dem sie sagte: »Er ward mir genommen, und doch ist keiner der meinen so wohl geschaffen, um den Tod seines Vaters zu rächen.« Sie ermahnte ihre Söhne sowie den Bastard Dunois, den Mörder ihres Vaters ohne Unterlaß zu verfolgen und sich darin niemals entmutigen zu lassen. Und sie, deren Devise, seitdem sie zur Witwe geworden war, nur noch lautete: »Nichts habe ich mehr, denn mehr habe ich nicht«, starb im Alter von 35 Jahren an »Groll und Mißfallen«, wie Monstrelet schreibt, an »Groll und Trauer«, wie Juvénal des Ursins berichtet. Mit ihr verschwand eine der bemerkenswertesten Frauen jenes Jahrhunderts, in der sich unbestreitbar bereits der Geist der Renaissance ankündigte.

Der Tod der Witwe Ludwigs von Orléans am 14. Dezember 1408 löste jedoch keineswegs die Probleme. Die Söhne machten es sich zur Aufgabe, im gesamten Königreich ihren Haß auf die Bourguignons zu verbreiten. Und dennoch kam es als Resultat verschiedener heimlicher Transaktionen von Isabeaus Seite zu einem offiziellen Abkommen. Dieses Ereignis wurde in Form einer grandiosen Zeremonie am 9. März 1409 im Beisein Karls VI., der zu diesem Zeitpunkt gesundheitlich bei Kräften war, der Königin sowie mehrerer großer Füsten in der Kathedrale

---

Gefangenschaft; er ist einer der bedeutendsten Dichter des 15. Jahrhunderts und des Mittelalters insgesamt. Durch seine zweite Ehe mit Marie de Clèves wird er zum Vater Ludwigs XII. (obgleich gewisse Zweifel bestehen, ob er tatsächlich der Vater war). Jean le Bâtard, den Valentina wie ihren eigenen Sohn aufzog, machte eine außergewöhnliche Karriere: zum Grafen von Dunois erhoben, sorgte er für den Schutz der Rechte und Länder seiner Brüder, wurde an der Seite Karls VII. und Ludwigs XI. zum Schöpfer der Wiedervereinigung des französischen Königreichs. Sein Sohn spielte eine wichtige Rolle bei Franz II. und Anne von Bretagne.

zu Chartres gefeiert. Karl von Orléans und seine Brüder mußten sich zunächst – mit Zorn im Herzen – anhören, wie der Mörder ihres Vaters sich rechtfertigte, und anschließend auf das Evangelium schwören, niemals den hiermit geschlossenen Frieden zu verletzen. Aber da Gelöbnisse dieser Art etwas ganz Alltägliches waren, wußten alle, was sie davon zu halten hatten, die Parteigänger des Herzogs von Burgund ebenso wie die des Hauses Orléans.

Und so wurde das Abkommen von Chartres denn auch sofort als »Scheinfrieden«, mit anderen Worten: als ein rein äußerlicher Frieden, bezeichnet, der den Verrat nur vor den Augen der Öffentlichkeit verbarg. Wie dem auch sei, in einem grundsätzlichen Punkt blieb der Fall mehr als unklar: In den Nichtigkeitserklärungen per Begnadigung, die noch am selben Tage seinen Adressaten erreichten, hieß es, die volle Begnadigung, die gewährt wurde, beziehe sich nur auf den Herzog allein, während seine Komplizen für immer und ewig aus dem Königreich verbannt seien. Und dies öffnete natürlich sämtlichen Nachstellungen, die im Prinzip gegen jene berühmten Komplizen gerichtet waren, Tor und Tür. Nichts war also geregelt.

Kaum zurückgekehrt von dieser schlichten Formalität, begann Johann Ohnefurcht mehr denn je seine Intrigen zu spinnen. Mit Hilfe von Schmeicheleien gelang es ihm, den Herzog von Berry und mehrere andere Prinzen und Fürsten auf seine Seite zu bringen – denn zumindest im Augenblick brauchte er sie als Bürgen für seine weiteren Aktionen. *De facto* riß er die Zügel der Macht an sich und hielt den König als Geisel. Die Königin Isabeau mußte Paris verlassen und ließ sich in Melun nieder, wo sie sich in größerer Sicherheit fühlte. Der Herzog von Bourbon zog sich in seine Stammlande zurück, denn er lehnte es ab, mit dem Mörder seines Neffen zu paktieren.

Der Herzog von Burgund hatte seinen Plan. Er ließ den Parisern die Freiheit, ihre eigenen Magistraten zu wählen, sowie weitere Privilegien und Eigenständigkeiten zurückgeben, die man ihnen nach dem Aufstand der Maillotins[7] genommen hatte. Ferner kündigte er an – und das war natürlich reine Demagogie –, daß die Finanzbeamten, die für Verteuerung und mißbräuchliche Steuererhebungen verantwortlich seien, gerichtlich verfolgt würden. Den Anfang machte man mit dem Oberfinanzintendanten Jean de Montaigu, der zudem noch Oberhofmeister und Oberster Kammerherr Karls VI. war und einst zu den Marmousets gehört hatte. Montaigu war ein geschickter, fähiger Mann, nur hatte er den Fehler, daß er sehr reich war und seine anti-burgundischen Gefühle allzu offen gezeigt hatte. Er wurde der Folter unterzogen und zum Tode verurteilt. Seine Güter wurden konfisziert, doch man muß betonen, daß dies der öffentlichen Staatskasse keinerlei Gewinn einbrachte. Johann Ohnefurcht war so klug, daß er dabei nichts in die eigene Tasche umleitete, doch er erwarb sich solide Freundschaften, indem er den fremden Besitz großzügig verteilte. Das Mobiliar aus Jean de Montaigus Besitz ging an den Grafen von Hennegau, seine Ländereien an mehrere Grundherren. Aber der Herzog von Burgund achtete darauf, daß auch die königliche Familie nicht leer ausging: Der Dauphin Ludwig erhielt einen schönen Landbesitz, und Ludwig von Bayern, der

---

7 Dieser Aufstand von März 1382 wurde so bezeichnet, da sich die Aufrührer mit *maillets*, d. h. zylindrisch geformten, schweren Bleischlegeln mit Holzgriff bewaffneten, die sie mit beiden Händen als Streithammer schwangen. Die Maillotins hatten in der Abwesenheit Karls VI. und seiner Oheime in Paris Angst und Schrecken verbreitet, doch die Revolte wurde brutal niedergeschlagen und führte dazu, daß den Pariser Bürgern zahlreiche Privilegien genommen wurden.

Bruder der Königin, bekam Schloß und Park von Marcoussis zugesprochen.

Johann Ohnefurcht legte nämlich großen Wert auf die Allianz mit Isabeau. Sie war für ihn ein ganz entscheidendes Element, ohne das er für seine Aktionen keine Legitimität beanspruchen konnte. Die Königin befand sich immer noch in Melun, doch Johann Ohnefurcht sandte ihr einen Boten nach dem anderen, um sie über seine wichtigsten Geschäfte auf dem laufenden zu halten, d. h. zumindest über diejenigen, von denen er annahm, sie würden ihr gefallen. So gelang es ihm schließlich, sie umzustimmen: Ihr bisheriges Mißtrauen und ihr Haß auf den Mörder Ludwigs von Orléans legten sich einigermaßen angesichts der offenkundigen Fähigkeiten, die Johann Ohnefurcht in den öffentlichen Angelegenheiten bewies. Obwohl der Herzog von Burgund ein »Schieber« war, wie wir heute sagen würden, darf man nicht vergessen, daß er es auf eine geniale Art war, ja, er war mit Sicherheit der größte Politiker seiner Zeit und unbestreitbar ein Staatsmann.

Im übrigen handelte Johann Ohnefurcht nicht aus finanziellem Interesse, und das unterschied ihn von Louis d'Orléans und manch anderen Seigneurs. Dies wußte das Volk, und daher erhielt er so häufig die Unterstützung aus der Mittelklasse und den niederen Schichten. Was ihn in Wirklichkeit trieb, war ein maßloser Ehrgeiz, ein besessener Hunger nach Macht: Am liebsten hätte er aus Burgund einen noch größeren und mächtigeren Staat als das ganze Königreich Frankreich machen wollen. Und die Möglichkeit dazu hatte er, denn seine Besitzungen unterstanden nicht nur dem König von Frankreich, sondern auch dem Heiligen Römischen Reich. Aufgrund dieser Position zwischen zwei Imperialismen konnte er zwei Spiele zugleich spielen. Außerdem waren seine Territorien industriell gesehen die reicheren, denn immerhin vereinte er die Champagne und Flandern unter seiner Herrschaft. Der Handelsverkehr auf dem Landweg stand unter seiner

Kontrolle. Das einzige Problem bestand für ihn darin, wie er sich der einengenden Bindung entledigen könnte, die ihn aufgrund der Tatsache, daß das Herzogtum Burgund seinem Bruder Philipp dem Kühnen als Apanage vermacht worden war, an die Krone Frankreichs band. Dadurch läßt sich im wesentlichen erklären, wenn nicht gar rechtfertigen, weshalb er sich die »Verhindertheit« Karls VI. zunutze machte, um die königliche Regierung unter seine Kontrolle zu bringen.

Indem er immer mehr Sympathie für Isabeau de Bavière zeigte, indem er Ludwig von Bayern mit Wohltaten überhäufte, obwohl der Bruder der Königin einzig und allein seine persönliche Fortüne im Kopf hatte, und indem er den Thronfolger Ludwig umschmeichelte, der 1412 seine Tochter Margarete von Burgund heiraten sollte, hoffte er, die königliche Regierung auf die legalste Weise der Welt auf seine Seite zu bringen.

Das allerwichtigste war also, sich die Königin zur Verbündeten zu machen. Welche Argumente Johann Ohnefurcht ins Feld führte, um sie dazu zu bringen, ein neues Pariser Experiment zu versuchen, wissen wir nicht. Wahrscheinlich war Isabeau nicht davon überzeugt, daß sich die Interessen des Dauphins mit denen von Charles d'Orléans deckten. Sie, die den verstorbenen Herzog von Orléans gut gekannt hatte, wußte zuverlässig, daß gewisse Vorwürfe des Herzogs von Burgund gegen seinen Rivalen wohlbegründet waren. Das Haus Orléans stand im Ruf der Raffgier. Charles d'Orléans war jung und gewiß von guten Absichten erfüllt, aber wer konnte voraussagen, welche Stellung er einmal einnehmen würde? Konnte er unter Berufung darauf, daß er neben den Kindern von Isabeau und Karl VI. der nächste in Frage kommende Erbe war, nicht immer höhere Ansprüche stellen? Diese Überlegungen dürften eine bedeutende Rolle gespielt haben bei Isabeaus Entscheidung, in Begleitung des Königs nach Paris zurückzukehren und zu versuchen, sich mit dem Herzog von Burgund zu arrangieren.

Tatsächlich nahmen ihr die Pariser ihre heuchlerische Flucht vor einigen Monaten nicht mehr übel, und so wurde ihr der herzlichste Empfang bereitet.

Überall (...) schrie man »Noël!« (= ›Vivat!‹) und warf ihm (dem König) Veilchen und andere Blumen zu (...). Und am folgenden Tag kamen die Königin und der Dauphin, und so ward die Freude wieder gar groß wie am Tage zuvor oder noch größer, denn die Königin erschien in größeren Ehren, als wie man sie je in Paris hatte einziehen sehen, seit sie dort zum ersten Male erschien. (*Journal d'un Bourgeois de Paris*, Nr. 6)

Johann Ohnefurcht war begeistert. Nun hatte er den König und die Königin in der Hand. Er nutzte den Einfluß, den er im Augenblick auf Isabeau hatte, und verlor keine Zeit: Es gelang ihm, sich die Erziehung des Dauphin anvertrauen zu lassen, die bisher allein der Königin oblag. Dem Herzog von Burgund war es gelungen, sie zu der Einsicht zu bringen, daß ein junger Prinz, der noch dazu König werden sollte, von männlicher Fürsorge umgeben sein müsse. Die Königin nutzte einen lichten Augenblick Karls VI., um die Situation ihrer Kinder zu regeln und ließ bei dieser Gelegenheit auch noch den Herzog von Burgund zum Obersten Erzieher des Thronfolgers ernennen. Ferner wurde in einem *lit de justice* beschlossen, daß der Dauphin Ludwig von nun an während der »Unabkömmlichkeiten« seines Vaters die Rechte eines minderjährigen Königs – er war inzwischen immerhin 14 Jahre alt – genießen und somit als Souverän allein regieren werde. Da aber Johann Ohnefurcht kraft seines Amtes als Oberster Erzieher nun der Gouverneur bzw. Statthalter von Ludwig, seinem künftigen Schwiegersohn, war, lag die Staatsgewalt *de facto* in den Händen des Herzogs von Burgund.

Hatte Isabeau daran gedacht, daß sie auch selbst einige ihrer Privilegien verlor, indem sie den Forderungen Johanns Ohnefurcht nachgab? Mit Sicherheit, aber sie wußte auch, daß der Burgunder so viel Macht besaß, daß es besser war, sich zumindest die wohlwollende Neutralität von seiner Seite zu sichern, sofern sie ihn nicht zu ihrem Verbündeten machte. Bekanntlich waren die Interessen des Hauses Wittelsbach zu allen Zeiten eng mit denen des Hauses Burgund verbunden: Isabeau war infolge der politischen Absichten Philipps des Kühnen Königin von Frankreich geworden. Bis zu dessen Tod stand sie offen auf burgundischer Seite. Das dürfte sie noch nicht vergessen haben. Und daher mußte sie zu einem Arrangement mit Johann Ohnefurcht finden, auch wenn dieser, wie sie ahnte, die Königin nur deshalb tolerierte, weil sie ein Trumpf in seinem Spiel war.

Die Historiker haben, wie schon erwähnt, an Isabeau kaum ein gutes Haar gelassen, und dies gilt besonders für die Zeit ihrer Allianz mit Johann Ohnefurcht, also von 1407, als Ludwig von Orléans ermordet wurde, bis zum Jahr 1417. Sie machten Isabeaus Politik zum Vorwurf, ohne jede klare Linie gewesen zu sein. Zutreffender wäre jedoch, sie als vollkommen heuchlerisch zu bezeichnen. Isabeau gehorchte dabei aber nur der Verpflichtung der Königin, in dem Konflikt zwischen den beiden gegenüberstehenden Mächten sich selbst, soweit es irgend möglich war, neutral zu verhalten. Man darf dabei nicht außer acht lassen, daß Isabeau sich in den Zeiten der »Abwesenheit« des Königs für das Schicksal ihrer Kinder und ganz besonders für das von Ludwig, dem Erben der Krone, verantwortlich fühlte. Immer wieder wurde behauptet, Isabeau sei eine schlechte Mutter gewesen. Das ist absolut nicht bewiesen. Gewiß, eine Mutter von zwölf Kindern kann sich nicht in dem Maße um jedes einzelne kümmern wie eine Frau, die nur zwei oder drei hat. Doch zahlreiche Zeugnisse belegen, wie sehr sie sich um die Erziehung aller ihrer Kinder sorgte. Und wenn sie jenen Charles haßte, der einst der *petit roi de Bourges* und schließlich Karl VII. werden sollte, so hatte dies andere, sehr vielschichtige Gründe, die wir noch eingehender diskutieren müssen. Fest steht jedenfalls, daß auch Charles in seiner frühesten Jugend von seiner Mutter nicht weniger umsorgt wurde als ihre anderen Kinder. Isabeau mußte also in den Jahren 1409-1410 aufmerksam über das Schicksal ihrer Kinder wachen und vor allem verhindern, daß sie einen Weg einschlugen, der ihnen zum Verhängnis werden konnte. In jener Zeit, in der sich, und das wußte jeder, gefährliche Unwetter zusammenbrauten, galt es gewissermaßen, wie auf rohen Eiern zu gehen. Und Isabeau de Bavière glaubte zweifellos, daß ihr Sohn Louis besser geeignet war, dem Herzog von Burgund die Stirn zu bieten.

Obwohl dieser Ludwig, seines Zeichens Herzog von Guyenne, einen entschlossenen Charakter zeigte, sich Respekt zu verschaffen wußte und den Eindruck erweckte, er sei seines Amtes würdig, war leider auch er in Wirklichkeit nichts anderes als ein von allen Lastern seiner Zeit infizierter junger Prinz. Da ihn junge Mädchen weitaus mehr interessierten als die Staatsgeschäfte, war er kaum in der Lage, sich rechtzeitig vor dem politischen Intrigenspiel zu schützen, das um ihn herum und ohne sein Wissen gesponnen wurde. Das wußte Johann Ohnefurcht, und so setzte er alles daran, ihm »gute Ratschläge« zu erteilen. Auf der anderen Seite, im Hause Orléans, wußte man es jedoch ebenfalls und war bestrebt, den Dauphin mit jungen Herren zu umgeben, die für die »guten Worte« der Orléanisten empfänglich waren. Der Einsatz war so hoch, daß man in der schwierigen Partie, die nun beginnen sollte, alle verfügbaren Trümpfe ausspielte.

Denn nun begann das Spiel: Karl von Orléans, der zwar ein vielversprechender Jüngling war, aber noch nichts von jenem verträumten, hermetischen Poeten hatte, wie ihn die Literaturgeschichte durch seine feinsinnigen Dichtungen und unter dem Namen Charles d'Orléans kennt, bearbeitete das Gewissen all derer, die sich mit dem Mord an seinem Vater noch nicht abgefunden hatten, und rüttelte das Interesse all jener wach, die in der gegenwärtigen Lage eine Möglichkeit witterten, die burgundische Macht zu ihrem eigenen Vorteil zu schwächen. So erklärt sich die Allianz zwischen Karl von Orléans und Bernhard von

Armagnac, ein Bündnis, das auf einem großen umfassenden Plan gegründet war, nämlich auf die Wiedereroberung des gesamten Königreichs und seiner Neuformierung im Westen, d.h. mit Zielrichtung auf Okzitanien und die Küstenregionen am Atlantik.

In jedem Krieg, in jedem Konflikt dient das ideologische Element lediglich dazu, im Volk Begeisterung zu entfachen. In diesem Fall machte das ideologische Element Propaganda für ein zweifaches Ziel: Johann Ohnefurcht für sein Verbrechen zu bestrafen und das Königreich von der Vormundschaft zu befreien, die dieser darin ausübte. Und all dies im Namen des unglücklichen Königs Karl VI. Die Geschichtsbücher strömen über von brillanten und *patriotischen* Erklärungen dieser Art. Solche edlen und selbstlosen Ziele haben die Gabe, kleine Schulkinder, die die Vergangenheit ihres Landes lernen, sowie die guten Bürger, von denen man stets verlangt, daß sie sich für das Gemeinwohl opfern, tief zu rühren. Doch leider ist das Ganze nur eine gigantische Farce. Und eine tragische noch dazu.

Betrachten wir also dieses Problem, das man als »Fehde zwischen Armagnacs und Burgundern« bezeichnet hat, vorurteilsfrei und eingehender – und lassen wir uns dabei vor allem nicht durch den französischen Patriotismus unseren Blick trüben, denn der Patriotismus ist zu Beginn des 15. Jahrhunderts noch nicht geboren: Er ist ein wesentlich späterer Begriff, der zwar, wenn auch sehr zaghaft, schon zur Zeit von Jeanne d'Arc aufkommt, aber erst während der Französischen Revolution reale Formen annehmen wird. Auch England müssen wir aus diesem Problem heraushalten, denn die englische Intervention ist dabei nur eine Begleiterscheinung, die erst später und unter neuen Gegebenheiten eine Rolle spielen wird. Herzog Karl von Orléans wird nämlich im Jahr 1411 erhebliche Unterstützung von den Engländern erhalten, und der Konnetabel von Armagnac war ebenfalls bereit, sich mit dem König von England ins Einvernehmen zu setzen, um den Kuchen zu teilen: Das Pech war nur, daß England sich genäschiger zeigte, als den orléanistischen Ansprüchen lieb sein konnte. Und wenn später die englisch-burgundische Allianz effektiv zustande kam, so deshalb, weil sie weder Johann Ohnefurcht noch seinen Sohn, Philipp den Guten, in ihren Plänen störte. Daher war es gewiß ein wenig zu vorschnell geurteilt, wenn man feierlich behauptete, die Armagnacs und das Haus Orléans wären die Partei Frankreichs und die Burgunder wären die Partei Englands gewesen. In Wirklichkeit ist diese oberflächliche Klassifikation nur das Ergebnis einer kindischen Schwarzweißmalerei: Es muß eben stets einen Teufel und einen lieben Gott geben, das wird sich spätestens dann wieder einmal zeigen, wenn das Epos der Jungfrau von Orléans beginnt.

Im Jahr 1409 sieht Isabeau de Bavière mit Besorgnis zwei einander entgegengesetzte Mächte entstehen. Die eine, die burgundische Macht, hat den Vorteil, daß sie bereits seit vielen Jahren besteht. Sie bildet ein geschlossenes, klar umrissenes Ganzes. Sie stützt sich, wie wir gesehen haben, auf die industrielle Macht im Osten und Norden Frankreichs entlang der Handelsachse auf dem Landweg, die sich von Norditalien bis Flandern und von dort bis nach England erstreckt. *Aber sie ist in erster Linie eine industrielle und kommerzielle Macht*, und dies erklärt, weshalb die Parteigänger des Herzogs von Burgund im wesentlichen die Bürger, das Volk der Arbeiter sowie die großen Landesherren sind, die ihre Einkünfte aus dem Handel und der Industrie beziehen. Dieses Bündnis ist im übrigen ganz natürlich: Es beruht auf dem Bewußtwerden einer neuen Wirtschaftsform, einer Art *Präkapitalismus*. Daher finden sich nun so unterschiedliche Länder wie Flandern, die Picardie, die Champagne, das Herzogtum Burgund, die Freigrafschaft Burgund sowie die an die Meuse grenzenden belgischen Provinzen und die Normandie, das ewige Objekt des Streits mit England, miteinander verbündet.

Die andere Macht, die sich um Karl von Orléans zentriert, *de facto* aber von Bernhard von Armagnac gelenkt wird, ist eine völlig anders gestaltete wirtschaftliche Macht. Sie ist das Frankreich des Westens und Südens, *und dieses Gebiet ist im wesentlichen landwirtschaftlich geprägt*; es bildet also ein Konglomerat von heterogenen Elementen. Okzitanien sah seinen einstigen Aufschwung in Industrie und Handel unter der Herrschaft von Ludwig dem Heiligen durch den fadenscheinigen Kreuzzug gegen die Katharer zunehmend dahinschwinden und ist zu einem ruinierten Land geworden, das sich nur mit seinen Erträgen aus der Landwirtschaft am Leben erhalten kann. West- und Südfrankreich liegt jedoch nicht an der Handelsroute des Warenverkehrs auf dem Landweg: Absatzmöglichkeiten findet es nur auf dem Seeweg über den Atlantik und in beschränktem Maße über das Mittelmeer. Zu Beginn des 15. Jahrhunderts ermöglichen die Häfen des Languedoc zwar einige Handelsbeziehungen mit Italien und Spanien, doch der Hauptteil der Atlantikküste befindet sich, abgesehen von La Rochelle, nicht in französischer Hand. Das Bordelais ist nach wie vor von den Engländern besetzt, und die Bretagne ist ein unabhängiges Herzogtum, das sich im übrigen ganz entschieden hütet, offiziell in die französischen oder englischen Belange einzugreifen. Und man weiß, daß Bordeaux und die bretonischen Häfen die unersetzlichen Umschlagplätze für den Überseehandel sind. Es hat also ganz den Anschein, als sei das armagnakische Frankreich vom Ersticken bedroht. Es ist eine Konföderation aus verschiedenen Agrarprovinzen, wo der Reichtum noch nach dem Grundbesitz bemessen wird, wo die Bauern weitgehend die Mehrheit der Bevölkerung bilden, wo die großen Grundherren von den landwirtschaftlichen Erträgen ihrer Domänen leben und wo die Blüte der Wirtschaft ganz wesentlich von einem unsicheren maritimen Handelsweg abhängig ist.

Stellen wir uns also einmal ein burgundisches Frankreich von damals vor oder zumindest ein Frankreich, über das der Herzog von Burgund herrscht, der bestrebt ist, diejenigen zu privilegieren, die die wirtschaftliche Macht seiner Staaten darstellen: Der Osten des heutigen Frankreich ist diejenige Zone, die sich zum Nachteil der westlichen und südlichen Gebiete kräftig entwickelt. Dies war in der Geschichte mehrmals der Fall, und auch im 20. Jahrhundert ist man sich der wirtschaftlichen Schwäche des Westens und Südens deutlich bewußt in einer Industrielandschaft, in der der Osten Frankreichs, das Seinetal und die Achse Rhône-Rhein, mühelos sein Auskommen findet. Die Industrie Europas bewegt sich in besonderer Konzentration entlang einer Linie, die in England beginnt, dann den Tälern von Rhein, Seine oder Rhône folgt und in Norditalien endet. Bis auf wenige Ausnahmen war die Situation im 15. Jahrhundert die gleiche. Der Westen und Südwesten Frankreichs kann nur mit Aussicht auf maritime Handelsverbindungen zwischen Spanien, England und Nordsee eine Rolle spielen. Und dies erklärt auch den sagenhaften Reichtum – und die Unabhängigkeit – des Herzogtums Bretagne im 15. Jahrhundert: Die Bretagne regulierte und bestimmte den Seehandel, und dies nutzte sie zu ihrem größten Vorteil aus, denn geographisch lag sie an der entscheidenden Schlüsselposition des damals bedeutendsten Verkehrs.

Ein burgundisches Frankreich, das sich entlang der Achse des Landwegs zwischen England und Norditalien konzentrierte, bedeutete also Ruin oder Entvölkerung für den Westen und Süden. Und es bedeutete die politische Vorherrschaft des Ostens und Nordens zum Nachteil der großen Feudalherren, die noch in der Hoffnung lebten, sie könnten von ihren Grundrenten leben. Und wie zufällig waren alle Parteigänger Karls von Orléans Grundherren jener von der wirtschaftlichen Hegemonie Burgunds bedrohten Regionen. Daher muß man ihre tugendhafte – und verspätete – Empörung über den Mord an Ludwig von Orléans mit Vorsicht beurteilen; dies gilt auch für ihren »patriotischen« Eifer, denn dieser kam zum großen

Teil daher, daß die Allianz mit England, die auch sie eine Weile ins Auge faßten, viel zu kostspielig war. Ansonsten waren all die Seigneurs, die sich unter dem Banner der Orléans/Armagnac-Partei versammelten, entweder Abenteurer, die begierig waren, rasch zu Reichtum zu gelangen, oder gerissene Gauner, die ihnen ihre Privilegien neideten und begierig waren, sich mehr oder weniger unlautere Existenzmittel zu sichern. Auf alle Fälle standen sie den Handlangern Johanns Ohnefurcht in keiner Hinsicht nach, wie sie durch ihre Ausschreitungen zur Genüge bewiesen.

Der junge Charles d'Orléans diente lediglich als Fahnenträger, als Aushängeschild. Denn die treibende Kraft, um die sich die orléanistische Partei gruppierte, war in Wirklichkeit Graf Bernhard IV. von Armagnac. Darüber waren sich die Zeitgenossen voll im klaren, denn nicht umsonst gaben sie der Koalition, die er auf die Beine brachte, seinen Namen. Bernhard IV. von Armagnac ist das Musterbeispiel jener großen Raubtiere der Feudalzeit, die im ausgehenden Mittelalter, das von so vielen ökonomischen Umwälzungen geprägt war, ihre maßlosen Ansprüche mit allen Mitteln gegen den Aufstieg eines bereits kapitalistischen Bürgertums zu behaupten suchten. 1360 als zweiter Sohn von Jean II. d'Armagnac und Jeanne de Périgord geboren, hatte zusammen mit Bertrand du Guesclin das Waffenhandwerk erlernt und entwickelte sich zu einem beachtlichen Taktiker. Als sein Bruder Jean III. 1391 starb, hatte er Titel und Besitz der Grafschaft Armagnac geerbt, doch sein Einfluß ging weit über diese Grenzen hinaus. Zutiefst von seiner Superiorität überzeugt, behauptete er, ein entfernter Nachfahre von Chlodwig zu sein, und manchen Historikern zufolge war er es tatsächlich. Bereits 1407 hatte er mit Leib und Seele für das Haus Orléans Partei ergriffen und sich zum Beschützer des jungen Herzogs Karl erhoben, den er mit seiner Tochter Bonne vermählen wollte, denn diese Heirat verschaffte ihm den Eintritt in die königliche Familie.

Im Jahr 1410 beschloß Bernhard IV. von Armagnac, zur Tat zu schreiten. Er wiegelte die natürlichen Feinde des Herzogs von Burgund zum Aufstand auf und rief sie in Gien zusammen: Es erschienen Karl von Orléans und seine Brüder, die Grafen von Alençon und Clermont, der Herzog von Berry sowie der Herzog von Bourbon. Offiziell traten sie zu einer Konferenz zusammen, um den damals herrschenden Streit zwischen Herzog Johann V. von Bretagne und dem Haus Penthièvre zu schlichten[8], und der bretonische Herzog war tatsächlich auch anwesend. Doch Johann Ohnefurcht hatte von der Sache Wind bekommen, und da er in der Bretagne einigen Einfluß besaß, erledigte er den Streitfall, allen anderen zuvorkommend, persönlich und zwar zum Vorteil von Johann V., so daß dieser sich fortan dem Burgunder gegenüber zu einer wohlwollenden Neutralität verpflichtet glaubte.

Aber die um den Grafen von Armagnac gescharten Seigneurs legten den Grundstein zu einer wahren Konföderation. Sie sondierten die Möglichkeiten, wie sich der Herzog von Burgund beseitigen ließ. Sie kamen zu dem Schluß, daß sie Truppen ausheben konnten, und zählten

---

8 Die Penthièvres, eine jüngere Nebenlinie des Hauses Bretagne, gaben den Anlaß zum bretonischen Sukzessionskrieg zwischen Charles de Blois, dem Gatten von Jeanne de Penthièvre, den die Franzosen unterstützten, und Jean de Montfort, den die Engländer unterstützten. Dieser Krieg, eine Episode zu Beginn des Hundertjährigen Krieges, hatte 1365 mit dem Sieg Montforts, der inzwischen Herzog Johann IV. geworden war, bei Auray geendet. Im folgenden Vertrag von Guérande wurde Johann IV. zwar offiziell anerkannt, aber es wurde festgesetzt, daß die Herzogskrone, wenn die Montforts keinen männlichen Erben hatten, wieder an die Penthièvres zurückfallen würde. Diese verfolgten den Herzog unausgesetzt mit Intrigen, und schließlich verkaufte die Erbin der Familie ihre Erbfolgerechte an Ludwig XI.; von diesem gingen sie an Karl VIII. über, der sie, da er ohne Erben starb, wiederum auf seine Witwe Anne de Bretagne übertrug, die aus dem Haus Montfort stammte.

nach, wieviel Mann sie in den Kampf werfen konnten, der über kurz oder lang ausbrechen mußte. Und am 15. April 1410 unterzeichneten sie einen Bündnispakt mit dem Ziel, »dem König zu dienen gegen diejenigen in seinem Reiche, welche gesonnen sind, seine Ehre anzutasten«.

Anläßlich der Hochzeit zwischen Charles d'Orléans und Bonne d'Armagnac trafen alle wieder in Meung le Château zusammen und beschlossen, nach welcher Taktik man im weiteren vorgehen würde. Truppen waren bereits ausgehoben. Man brauchte sie also nur noch nach Paris zu führen. Unter dem Vorwand, Ordnung zu schaffen, hatten jene Banden, die nun allmählich als Armagnacs bezeichnet wurden und die man an der weißen Schärpe erkannte, die ihr Symbol geworden war, tatsächlich bereits mehrere Provinzen verwüstet und befanden sich auf dem Marsch nach Paris. Johann Ohnefurcht wartete nicht ab, bis man ihn überrumpeln würde: Er hob ebenfalls Truppen aus und zog sie um Paris zusammen. Die beiden Armeen waren jeweils etwa 100 000 Mann stark und bereits nahe daran, aufeinander loszustürmen, als die Anführer plötzlich nicht mehr sicher waren, wie die Sache ausgehen würde, und sich entschlossen, eine Versöhnung zu versuchen. In Bicêtre, wo sich das Hauptquartier des Herzogs von Berry befand, wurde eine Konferenz abgehalten. Die Königin Isabeau, die immer noch in Melun residierte, sowie Gesandte des Herzogs von Burgund traten ebenfalls hinzu. Und wieder kam es zu einem »Scheinfrieden«.

Was im Vertrag von Bicêtre vom 2. November 1410 bestimmt wurde, war folgendes: Nur Pierre de Navarre, Graf von Mortain, darf als Prinz von königlichem Geblüt am Hof bleiben; die Herzöge von Berry und Burgund dürfen dort nur *gemeinsam* erscheinen, d. h. niemals einer ohne den anderen, und sie haben sich die Oberintendanz der Erziehung des Dauphins zu teilen; der Staatsrat soll aus zwölf Rittern, sechs aus jeder Partei, bestehen. Und Pierre des Essarts, ein Getreuer des Herzogs von Burgund, wird als königlicher Stadtpräfekt abgesetzt.

Nachdem man diesen Vertrag unterzeichnet hatte, ging man wieder nach Hause. Die Königin kehrte nach Melun zurück, das ihr zu Recht sicherer erschien als Paris. Johann Ohnefurcht zog sich in seine flandrischen Lande zurück. Die Truppen wurden entlassen. Da die Söldner kaum oder überhaupt nicht bezahlt wurden, rotteten sie sich zu Plündererbanden zusammen und legten alles in Schutt und Asche, was auf ihrem Weg lag. Man glaubte sich zurückversetzt in die Zeit der Grandes Compagnies[9]. Doch man ließ sich nicht beirren und intrigierte weiter.

Zu Beginn des Jahres 1411 ließ Karl von Orléans den Grafen von Croy, einen Boten Johanns Ohnefurcht, verhaften und unterzog ihn der Folter, um ihm das Geständnis einer möglichen Mittäterschaft bei der Ermordung seines Vaters abzupressen. Höchst erzürnt forderte der Herzog von Burgund Genugtuung für diese schwere Beleidigung und nutzte den Anlaß, um neue Truppen auszuheben. Karl von Orléans hielt dem entgegen, der Remissions-Akt beziehe sich nur auf die Person des Herzogs von Burgund, und nichts stehe einer Verfolgung von Leuten entgegen, die am Mord an seinem Vater beteiligt gewesen sein könnten. Und so kam es zur allgemeinen Mobilmachung in beiden Lagern.

Zu diesem Zeitpunkt schrieben Karl von Orléans und seine Brüder einen Brief an Karl VI., worin sie den Mord an Ludwig von Orléans heftig verurteilten, sich über die

---

9 *Anm. d. Übers.*: Im Friedensvertrag von Brétigny (1360), der eine erste große Phase des Hundertjährigen Krieges beendete, wurden ganz Südwestfrankreich und Calais an England abgetreten, und der englische König verzichtete auf seinen Anspruch auf die französische Krone. Damit waren die gewaltigen englischen und französischen Söldnerheere arbeitslos geworden; sie formierten sich zu Freischärlerhorden, den berüchtigten *Grandes Compagnies*, und verheerten jahrelang brandschatzend und plündernd das Land.

Trägheit der königlichen Justiz beschwerten und behaupteten, der König müsse sich durch die »abscheuliche Ermordung seines einzigen Bruders« persönlich beleidigt fühlen. Sie nannten auch die Motive für das Verbrechen:

Der wahre Grund, weshalb er Euren Bruder hat umbringen lassen, ist der, um sich zum Landesherrn zu machen und zu herrschen. *De facto* hat er die Macht usurpiert, und damit usurpiert er auch die Macht über Eure Autorität und Regierung sowie über Eure Person.

Ob diese vehemente Anklageschrift gegen Johann Ohnefurcht bis zu Karl VI. gelangte, wissen wir nicht. Jedenfalls erfolgte von seiten des Königs keinerlei Antwort.

Daher sandten Herzog Karl von Orléans und Valois, Graf von Blois und Beaumont, Herr von Coucy, sowie Graf Philipp von Vertus und Graf Johann von Angoulême am 18. Juli 1411 ihren »Fehdebrief« an den Mörder ihres Vaters:

Dir, Johann, der Du Dich Herzog von Burgund nennst, erklären wir hiermit aufgrund des abscheulichen Mordes, begangen in großem Verrat durch vorsätzlichen Hinterhalt an der Person unseres hochgefürchteten und -geachteten Herrn und Vaters, daß wir Dir schaden werden mit all unserer Macht.

Johann Ohnefurcht erhielt den Brief in Douai. Sofort sandte er eine heftige Antwort, worin er seine Tat rechtfertigte:

Dir, Karl, der Du Dich Herzog von Orléans nennst, Dir, Philipp, der Du Dich Graf von Vertus nennst, Dir, Johann, der Du Dich Graf von Angoulême nennst, geben wir zu Kund und Wissen und wünschen, daß ein jeder es erfahre: Einerseits, um die gar abscheulichen Verrate durch gar große Schlechtigkeiten und Hinterhalte, auf mehrere und verschiedene Art in wahnwitziger Weise ersonnen, konspiriert, angestiftet und ausgeführt von verstorbenem Ludwig, Eurem Vater, gegen *Monseigneur le Roi*, unseren hochgefürchteten und -geachteten Herrn und Souverän von uns wie von Euch sowie gegen sein gar edles Geschlecht zu bekämpfen; und andererseits, um zu verhindern, daß

Euer genannter Vater, ein falscher und treuloser Verräter, zur endlichen Ausführung seiner verachtenswerten Tat gelangt, welche er gegen unseren genannten hochgefürchteten und -geachteten Herrn und Souverän und die Seinen sowie gegen sein Geschlecht auf so falsche und allbekannte Art ersonnen, durfte kein Mann von Ehr und Stand ihn mehr am Leben lassen; und so durften auch wir, die wir der Cousin ersten Grades unseres genannten Herrn sowie Ältester der Pairs und selbst zweifacher Pair und daher ihm und seiner genannten Familie noch stärker verpflichtet sind als irgendein anderer seiner Verwandten und Untertanen, einen so falschen, treulosen und grausamen Verräter nicht länger auf Erden weilen lassen, und dies ward unser nicht geringes Amt. Und um treu zu handeln und gegenüber unserem hochgefürchteten und -geachteten Herrn und Souverän und seiner genannten Familie unsere Pflicht zu tun, haben wir daher, so wie es gebührte, den besagten falschen und treulosen Verräter zum Tode gebracht. Und damit handelten wir Gott zu Gefallen, im treuen Dienst unseres hochgefürchteten und -geachteten Herrn und Souveräns und zur Ausführung von Fug und Recht. Und da Ihr, Du und Deine genannten Brüder, dem falschen und treulosen und verräterischen Weg Eures genannten Vaters folgt, ist unser Herz erfüllt von Freude über die genannten Taten der Vorsicht, da wir des Glaubens sind, daß die Ziele, nach denen er trachtete, verdammenswert, sträflich und treulos waren. Doch wie des weiteren in (Eurem Brief) enthalten, habt Ihr, Du und Deine Brüder, gelogen und Ihr lügt falsch und übel und treulos, da Ihr falsche und treulose Verräter seid. Daher werden wir dafür sorgen, daß dies ein Ende und Bestrafung findet, wie es mit solch falschen und treulosen, üblen, aufrührerischen, ungehorsamen und eidbrüchigen Verrätern wie Dir und Deinen genannten Brüdern mit Fug und Recht zu geschehen hat. (Juvénal des Ursins)

Das war nach aller Form und Regel eine Kriegserklärung zwischen Armagnacs und Bourguignons. Die Würfel waren gefallen. Der König und der Dauphin Ludwig befanden sich in Paris vollständig in der Hand der Männer von Johann Ohnefurcht. Die Königin Isabeau sah in Corbeil, wo sie seit einiger Zeit weilte, mit einigem Entsetzen, wie sich die Kreise des Bürgertums und des Volkes, die ihr gegenüber von Natur aus und zweifellos auch aus Mißtrauen gegenüber der Ausländerin stets eine deutliche Feindschaft gezeigt hatten, nun um ihren Cousin von Burgund gruppierten. Allem voran fürchtete sie natürlich, daß der absolute Sieg des Herzogs von Burgund, mit dessen Reichtum sich die Bürger verbündet hatten, eine Art Revolution auslösen könnte, in der die Kreise des Hofes alles zu verlieren und nichts zu gewinnen hatten. Da sie sich sehr isoliert fühlte, glaubte sie um jeden Preis verhindern zu müssen, daß sich eine Königin von Frankreich eines Tages gegen einen entfesselten Volksmob zu verteidigen hätte. Da sie hinreichend durchschaute, was tatsächlich gespielt wurde, und durch treue Diener gut unterrichtet war, begriff sie, daß eine neue Geisteshaltung im Entstehen war und daß man nicht mehr gegen die öffentliche Meinung regieren konnte. Daher die Notwendigkeit für sie, alles zu versuchen, um Zeit zu gewinnen und mit allen Mitteln zu verhindern, daß das Regime, in dem sie bis dahin gelebt hatte, einfach gestürzt würde. Dies erklärt jene schwankende, wechselhafte Position, die manche Historiker ihr vorwerfen. Und obwohl Isabeau de Bavière die Brücken zum Herzog von Burgund nicht abbrach, näherte sie sich gleichzeitig und ganz natürlich dem Herzog von Berry an, der, auch wenn er seine Sympathien für die Armagnacs nicht verbarg, eine abwartende Haltung einnahm und stets bereit war, in der Fehde den Schiedsrichter zu spielen.

Johann Ohnefurcht, der über Isabeaus Unternehmungen bestens informiert war, begriff, daß der Sieg ihm zu entgleiten drohte. Sollte sein Plan gelingen, mußte er unbedingt die Königin in seinem Spiel einsetzen. Zwei Jahre zuvor war ihm dies bereits geglückt, als sie für ihn den Posten des Oberintendanten über die Erziehung des Dauphins erwirkt hatte. Sie mußte unbedingt weiter für seine Politik bürgen. Daher tat er das Nötige, um sie auf seiner Seite zu halten, und schrieb ihr einen langen Brief. Darin legt er in allen Einzelheiten seine Überzeugungen, seine tadellose Treue und seine Achtung vor den von ihm unterzeichneten Verträgen dar.

Hier einige bezeichnende Auszüge aus diesem Brief und seiner Tonart:

Meine hochgefürchtete und -geachtete Dame,
ich empfehle mich Euch so untertänig, wie ich irgend vermag. Und mögt Ihr zu wissen geruhen, daß ich Eure zu Melun geschriebenen Briefe am letzten Tag des letztvergangenen Juli empfangen und aus diesen erfahren habe, daß Ihr Euch wohlauf befindet; darüber war ich in höchstem Maße glücklich und erfreut und werde es auch stets und fürder sein, wann immer Ihr geruht, mir dies zu schreiben. Ich bete zu Gott, unserem Herrn, daß er Euch ein solches und so gutes Wohlbefinden gewähre, wie Ihr es Euch wünscht, und ich wünsche es auch selbst. Und da Ihr, meine hochgefürchtete und -geachtete Dame, in diesem Euren Brief zu erfahren beliebt, wie es um mein Befinden steht, wofür ich Euch untertänigst danke, mögt Ihr zu wissen belieben, daß ich mich im Moment der Niederschrift des meinigen gar guter Gesundheit meiner Person erfreute, dank Gott, welcher dieselbe in seinem Wohlgefallen uns zu allen Zeiten gewähren möge.

Meine hochgefürchtete und -geachtete Dame,
in Eurem genannten Brief war enthalten, daß Ihr, seitdem mein sehr teurer Herr und Oheim von Berry und mein sehr teurer und geliebter Schwager, der Herzog von Bretagne, bei Euch in der Stadt Melun eingetroffen sind, beständig gehandelt habt nach dem, was Monseigneur der König Euch zu befehlen geruhte bezüglich der Zwiste, welche dieses Königreich spalten. Und um einhellig vorzugehen durch Vertrag und gütliche Einigung, und da mit Tat und Gewalt vorzugehen widrig wäre, habt Ihr nach mir und auch nach meinen gegnerischen Parteien geschickt, damit während der Dauer des genannten Vertrages keinerlei Tätlichkeit eröffnet werde. Denn dies würde meinem genannten Herrn gar großes Mißfallen erregen. Und es würde Euch, meine hochgefürchtete und -geachtete Dame, meinem genannten Herrn und Onkel sowie meinem genannten Schwager von Bretagne wenig Ehre machen, wenn (...) irgendeine Tätlichkeit von der einen oder anderen Seite unternommen würde. Und seid fest davon überzeugt, daß der Herzog von

Orléans ebenso gut beraten sein wird, nichts zu unternehmen, was meinem genannten Herrn mißfallen dürfte und was wider Eure Ehre wäre (...). Und daß ich fürderhin keinerlei Tätlichkeit selbst tun und auch keine durch meine Leute tun lassen will und daß ich gewillt bin, mich all dessen während des besagten Vertrages zu enthalten. Andernfalls würde ich Eure und meines genannten Herrn Oheims und meines Schwagers von Bretagne Ehre gar wenig achten. Daher mögen meine hochgefürchtete und -geachtete Dame zu wissen geruhen, daß ich die Ehre meines genannten Herrn, die Eure und die Eures Geschlechts stets mit all meiner Macht dienend und gehorsam geschützt habe. Und für den guten Dienst, den ich erwiesen, und um den höchst treulosen, üblen und vedammenswerten Plan des Herzogs von Orléans zu vereiteln, jenes falschen, nunmehr toten Verräters, des Vaters von Charles, welcher sich Herzog von Orléans nennt und mit all seiner Macht danach strebt, meinen genannten Herrn, Euch und Euer edles Geschlecht ganz und gar zu vernichten, wie mehreren wohlbekannt ist, und Ihr wißt es wohl, meine hochgefürchtete und -geachtete Dame, so kommt die Angelegenheit, die ich gegenwärtig habe (...)

Stets seit dem Frieden von Chartres und dem Vertrag von Bicêtre habe ich den guten Weisungen und Befehlen meines genannten Herrn gehorcht, wie recht und billig ist, und auf keine Art wider sie verstoßen. Dies ward mir gar schwer zu durchstehen aufgrund des höchst treubrüchigen Verhaltens und Ungehorsams meiner genannten Gegner.

(...) Und darum, meine hochgefürchtete und -geachtete Dame, bitte ich Euch gar untertänig, daß in all meinen Beschäftigungen und Belangen und desgleichen in diesem vorliegenden Fall alle Dinge bedacht werden, insonderheit die Verbindungen, welche mein genannter Herr und Ihr durch Eure Gnaden zwischen Euch und mir zu knüpfen geruhtet durch die Vermählung meines sehr gefürchteten und -geachteten Herrn (Schwieger-)Sohns, Monseigneur de Guyenne, mit meiner ältesten Tochter sowie meiner sehr verehrten Dame und (Schwieger-)Tochter Madame Michelle mit meinem einzigen Sohn, dem Grafen von Charolais, welche, wie gesagt, meinem genannten Herrn, Euch und Eurem edlen Geschlecht zum Wohle und Erhalt geschlossen wurden, sowie auch die Gelöbnisse, welche abgelegt wurden anläßlich des Friedens von Chartres, der von mir niemals gebrochen ward. Möge es Euch darum belieben, mich als ganz besonders empfohlen zu erachten als Euren ergebensten und treuesten Untertan und Verwandten, indem Ihr mir Hilfe und Beistand gewährt wider meine Gegner. Indem Ihr mir stets befehlen und mir Eure gütigen Wünsche und Befehle nennen und erteilen mögt, auf daß ich sie bereitwillig und von Herzen erfülle, wie es mir gebührt, (verbleibe ich) ... (Juvénal des Ursins)

Insgesamt ist dieser Brief ein schönes Glaubensbekenntnis von der Seite des Herzogs von Burgund. Er handle, so betont er, zum Wohl der Königin und auf ihren Befehl. Man muß sagen, Isabeau hatte sich größte Mühe gegeben, sich die Sympathien ihres burgundischen Vetters zu bewahren. Der Brief beweist, daß eine rege Korrespondenz zwischen ihnen herrschte, aber da wir die einzelnen Teile dieses Briefwechsels nicht besitzen, müssen wir uns auf Hypothesen beschränken. Handelte es sich um Ratschläge, die Isabeau Johann Ohnefurcht erteilte, um Ratschäge, die von der Vorsicht der Königin diktiert wurden, oder handelte es sich um echte Befehle mit dem Ziel, dem Herzog von Burgund zu verstehen zu geben, daß er seine Macht nur dem guten Willen der offiziellen Herrscherin verdankte, die ja während der »Absenzen« Karls VI. *nach wie vor die Regentin des Reiches war*? Auf alle Fälle deutet der ungemein untertänige Ton dieses Briefs an Isabeau darauf hin, daß der Burgunder auf die Allianz mit der Königin tatsächlich großen Wert legte. Aber er sollte enttäuscht werden. Denn Isabeau beantwortete den Brief des Burgunders nicht. Sie hatte sich nämlich gerade auf die Seite der Armagnacs geschlagen und dem Schutz des Herzogs von Berry unterstellt.

Dies geschah im August des Jahres 1411. In seiner Blauäugigkeit als Vermittler beging der Herzog von Berry einen Fehler, der zahlreiche Erschütterungen auslöste: Unter Mißachtung des Abkommens von Bicêtre war er allein, d. h. ohne den Herzog von Burgund, nach Paris gekommen und hatte einen lichten Moment Karls VI. dazu ausgenutzt, um sich zum Gouverneur der Stadt ernennen zu lassen. Aber aufgrund der Parteilichkeit, die er zugunsten des Herzogs von Orléans an den Tag legte, betrachteten ihn die Pariser als von der Clique der Armagnacs gekauft und als Feind, der die Stadt an diese ausliefern wolle. Enttäuscht und unzufrieden zog sich der Herzog von Berry in seine Provinz zurück. Diese Unzufriedenheit schlachtete Johann Ohnefurcht still und heimlich aus: Durch seine zahlreichen Strohmänner ließ er unter den Parisern andeutungsweise den Verdacht verbreiten, der Herzog von Berry werde nicht versäumen, sich für die Schmach, die ihm die Pariser angetan hatten, zu rächen, und daß sie daher einen zuverlässigen Stadtkommandanten bräuchten, um sich gegen ihn zu verteidigen. Der Graf von Saint-Pol, der seit jeher mit Johann Ohnefurcht befreundet war und dessen Ländereien an die Staaten des Herzogs von Burgund grenzten, wurde vorgeschlagen und akzeptiert.

Dieser Graf von Saint-Pol ging wie ein richtiger Revolutionär ans Werk. Er begriff, daß die organisierten Zünfte und Gilden Respekt vor Recht und Ordnung hatten und daß man sich nicht allzu sehr auf sie verlassen konnte, obwohl sie Parteigänger des Herzogs von Burgund waren; deshalb zog er es vor, sich die niedersten Volksschichten zu verbünden. Als Gouverneur von Paris brauchte er eine Leibgarde. Er kam auf die glorreiche Idee, sie mit Bettlern, Dieben und vor allem mit Leuten aus der mächtigen Zunft der Abdecker und Metzger zu durchsetzen. Unter diesen rekrutierte der Graf von Saint-Pol die Gebrüder Le Goix, die in Sainte-Geneviève ihren Betrieb hatten, und die Familien Saint-Yon und Tibert, deren Schlachthäuser sich in der Nähe des Châtelet befanden. Diese Rädelsführer, die eine enorme Macht hatten, scharten weitere Leute aus anderen Handwerkskreisen um sich, nämlich Kürschner, Schneider und sogar Chirurgen wie etwa Jean de Troyes, der zu trauriger Berühmtheit gelangen sollte. Die Parole lautete: »Nieder mit den Armagnacs!«

In Paris begann ein entfesselter Mob zu herrschen, der durch die Gassen zog und die Häuser durchsuchte. Wer keine Zeit mehr hatte zu fliehen, wurde ins Gefängnis geworfen, und viele kamen in den Kerkern um. Die Justiz war völlig machtlos, denn die Aufrührer belagerten die Gerichtssäle und erzwangen Urteile, die ihnen genehm waren. Der Hof war völlig in ihrer Hand und wagte keine Entscheidung, aus Angst, er könnte den Aufständischen mißfallen. Der König, der Dauphin Ludwig und der Kronrat waren praktisch Gefangene. Der Graf von Saint-Pol preßte dem König einen Erlaß ab, wonach allen bewaffneten Franzosen befohlen wurde, sich unter die Fahnen des Herzogs von Burgund zu reihen und ihm zu gehorchen, als wäre er der König persönlich. Ferner zwang Saint-Pol den Dauphin, einen Brief an Johann Ohnefurcht zu schreiben und ihn zu bitten, er solle ihm zu Hilfe eilen.

Unterdessen hatten die Armagnacs eine Armee zusammengezogen und bereiteten sich darauf vor, Paris zu belagern. Der Burgunder beschloß, sie anzugreifen, und die beiden Heere standen schon im Begriff, bei Montdidier aufeinander loszuschlagen, als zwischen den Pikarden und Gentern Streit ausbrach und die Flamen sich nach Hause zurückzogen. Dadurch war Johann Ohnefurcht eines Teils seiner Truppen beraubt, und so hielt er es für besser, die Stellung zu räumen. Die Armagnacs ließen sie ziehen, ohne sie zu verfolgen. Sie zogen es vor, Agenten aus ihren Reihen nach Paris einzuschleusen, um unter ihren Anhängern in der Hauptstadt neuen Mut zu entfachen.

Doch die Männer des Grafen von Saint-Pol waren auf der Hut. Unter dem Kommando von Jean de Troyes verstärkten sie sich und rekrutierten eine mehr denn zwielichtige Gestalt, einen gewissen Simon mit dem Beinamen Caboche, einen Volkstribun reinsten Wassers, dessen Genossen sich als *Cabochiens* einen berüchtigten Namen machten. Es wurden jedoch auch Pläne gefaßt, um eine Aussöhnung herbeizuführen. Die Königin wurde nach Paris eingeladen, um als Vermittlerin zu wirken. Sie war so unvorsichtig, darauf einzugehen, und so fand sie sich, sobald sie eingetroffen war, wie ihr Gemahl, ihr Sohn und der gesamte Kronrat *de facto* als Gefangene wieder. Und wieder begann man, rücksichtslos jeden zu verfolgen, der im Verdacht stand, zur orléanistischen Partei zu gehören. Die Truppe der Cabochiens versuchte einen Ausfall gegen die Armagnacs, plünderte Bicêtre und steckte den Ort in Brand. In der Stadt herrschte totales Chaos.

In diesem Moment zog der Herzog von Burgund in Paris ein, nachdem es ihm gelungen war, die feindlichen Linien an einer Seite zu passieren, wo ihn niemand erwartete. Er präsentierte sich als Friedensstifter, als Mann, der entschlossen war, die Ordnung wiederherzustellen. Die Pariser bereiteten ihm einen triumphalen Empfang. Mit einem Schlag hoben die Armagnacs die Belagerung auf. Aber ihre Führer zogen sich erst zurück, nachdem sie sich Isabeaus Schätze aufgeteilt hatten, die die Königin in die Abtei von Saint-Denis wie an einen unverletzlichen Zufluchtsort hatte auslagern lassen.

Johann Ohnefurcht übernahm die Verwaltung von Paris. Anders als die Armagnacs war er so geschickt, sich nichts anzueignen: Er borgte sich nur aus. Da er nun Herr über den Kronrat, über den König, über die Königin und noch mehr über den Dauphin war, ließ er eine Personensteuer durchführen, von der sich niemand, auch nicht die Magistraten, Kirchenmänner und Adligen, befreien konnte. Jeder mußte die Höhe seiner Besteuerung jedoch selbst veranschlagen, und der Herzog versprach, den Ertrag dieser *taille* in besseren Zeiten wieder zurückzuerstatten. Schließlich verbot er alle Strafexpeditionen gegen die Armagnacs und richtete Sondertribunale ein, die über sie zu Gericht sitzen und ihnen nur Geldstrafen auferlegen sollten, denn diese waren ihm gerade höchst willkommen. Paris schien die Hauptstadt des burgundischen Frankreich zu werden, zumal die Anwesenheit der königlichen Familie dem Gouvernement des Johann Ohnefurcht alle Anzeichen der Legitimität verlieh.

Im April 1412 erfuhr der Herzog von Burgund zu seiner größten Überraschung, daß sich die Orléans-Partei anschickte, Verhandlungen mit England aufzunehmen. König Karl VI., der gerade eine Phase klaren Verstandes hatte, war von diesem Verrat zutiefst schockiert und beschloß, Bourges, die Hauptstadt des Herzogs von Berry, zu belagern, denn als Souverän konnte er es selbstverständlich nicht zulassen, daß dieser Frankreich dem englischen Feind auslieferte.

Der anglo-armagnakische Vertrag, der am 18. Mai 1412 mit Heinrich IV. von England unterzeichnet wurde, war in der Tat unerhört: Als Gegenleistung für eine englische Truppenhilfe in ihrem Kampf gegen die Bourguignons erkannten die Führer der Armagnacs die uneingeschränkte Lehnshoheit Englands über Aquitanien an. Bernhard von Armagnac, der Herzog von Berry (für seine Grafschaft Poitou) und Karl von Orléans (für das Angoumois und Périgord) erklärten sich zu Vasallen von Heinrich IV. Plantagenet. Dies bedeutete eine Rückkehr zum Vertrag von Brétigny sowie zu einer Situation, die mit der zur Zeit Aliénors von Aquitanien vergleichbar war. Und damit würde unweigerlich der Krieg wieder ausbrechen, diesmal mit Beteiligung der Engländer.

Doch er wurde ein weiteres Mal verhindert. Dennoch war man auf beiden Seiten angesichts der englischen Präsenz beunruhigt. Man nahm Verhandlungen auf, die am 22. August zum Frieden von Auxerre führten. Das Ganze war zwar wieder einmal ein »Scheinfrieden«, immerhin bot er die Möglichkeit, Zeit zu gewinnen. Zwischen Jean de Berry und seinem Neffen Jean sans Peur kam es zu einer feierlichen Versöhnung. Man war übereingekommen, den Mord an Ludwig von Orléans mit keinem Wort mehr zu erwähnen. Charles d'Orléans legte auf Bitten des Dauphin seine Trauerkleider ab, die er seit dem Tod seines Vater ständig getragen hatte. Kurzum: Angesichts der Bedrohung, die England bedeutete, tat man, als würde man die Fehde begraben.

Inzwischen aber waren die englischen Truppen unter der Führung des Herzogs von Clarence, des zweiten Sohns von Heinrich IV., in Frankreich gelandet und hatten, um die Vertragsvereinbarungen zu beherzigen, damit begonnen, das Land zu besetzen. Der Herzog von Clarence protestierte entschieden gegen den Frieden von Auxerre. Man mußte ihn entschädigen. Da aber Karl von Orléans kein Geld hatte, konnte er die enorme Summe, die er ihm schuldete, nicht in bar aufbringen, und so mußte er dem Engländer seinen Bruder, Graf Johann von Angoulême, als Geisel ausliefern, und dieser blieb rund dreißig Jahre unfreiwillig im Exil.

Johann Ohnefurcht war weiterhin der Herr über Paris. Doch sein gutes Einvernehmen mit dem Dauphin Ludwig hatte nicht gehalten. Schwiegervater und Schwiegersohn lebten in gegenseitigem Mißtrauen. Ludwig tat alles, was in seiner Macht stand, um die Pläne des Herzogs von Burgund zu durchkreuzen, die früheren Beamten zu rehabilitieren und die Günstlinge des neuen Regimes auszuschalten. So setzte er Jean de Nesle, den Kanzler seines Schwiegervaters, vor die Tür, rief des Essarts, den Verräter an der burgundischen Sache, wieder zurück und machte ihn zum Gouverneur der Bastille.[10] Man hatte den Eindruck, Ludwig, Herzog von Guyenne und zusammen mit seiner Mutter Regent des Königreiches, lege es darauf an, seine Autorität unter Beweis zu stellen. In Wirklichkeit wurde er aber von seiner Mutter unterstützt: Beide sahen den günstigen Moment kommen, wo sie den Burgunder ausschalten könnten. Sosehr Isabeau de Bavière den Armagnacs mißtraute, sowenig war sie davon überzeugt, daß die richtige Lösung die war, Johann Ohne-

10 Die Bastille Saint-Antoine war die Festung, die das Hôtel Saint-Paul schützte und den Eingang nach Paris auf der Ostseite verteidigte. Sie war in der Zeit Karls V. errichtet worden, wurde während der Herrschaft Karls VI. weiter ausgebaut und blieb in diesem Zustand unverändert bis zum Jahr 1789.

furcht regieren zu lassen. Wieder einmal galt es, Zeit zu gewinnen, vor allem aber, für keine der beiden Gruppen Partei zu ergreifen.

Der Herzog von Burgund wartete in aller Ruhe ab, bis die Zustände sich wieder so dramatisch verschlimmern würden, daß sie ihm ein weiteres Mal erlaubten, als Friedensstifter einzugreifen. Er konnte weder gegen den Dauphin handeln, noch die Königin brüskieren, denn beide brauchte er dringend als Garanten für sein Vorgehen. Aber seine Helfershelfer agierten im Dunkeln, schürten Unzufriedenheit und kritisierten die Regierung, die dem Anschein nach immer noch in den Händen des Kronrates lag, in dem Ludwig und Isabeau den Vorsitz führten.

Im März 1413 ließ Johann Ohnefurcht seine Intrigen spielen, damit die Pariser Bürger und die Universität die Absetzung von Pierre des Essarts und den meisten königlichen Verwaltungsbeamten forderten, denen man unlauteres Erheben von Gebühren und Veruntreuung vorwarf. Der Rat des Königs bestätigte, daß diese Forderungen wohlbegründet waren. Eine große Säuberungswelle bahnte sich an. Der Herzog von Burgund hatte um Paris herum Truppen zusammengezogen. Außerdem ließ er das Gerücht verbreiten, die Armagnacs hätten vor, den Dauphin mit dessen Einverständnis und der Komplizenschaft von des Essarts zu entführen.

Diese Nachricht löst unter dem Volk helle Empörung aus. Hélion de Jacqueville, den der Herzog von Burgund zum *prévôt de Paris* gemacht hatte, der Chirurg Jean de Troyes, die Metzger Saint-Yon, Le Goix und Tibert sowie der Abdecker Simon Caboche hetzen ihre Anhänger auf, versammeln sie, ziehen gemeinsam zur Bastille und fordern des Essarts auf, sich zu ergeben. Der Kommandant der Bastille erkennt, daß er die Aufständischen nicht mehr daran hindern kann, aufs Ganze zu gehen, und räumt seine Stellung. Unter dem Vorwand, es geschehe zu seiner Sicherheit, wird er ins Gefängnis geschafft. Darauf ziehen die Aufständischen zum Hôtel Saint-Paul, wo der Dauphin residiert. Mit lautem Geschrei verlangen sie, ihnen die Verräter auszuliefern, von denen er umgeben ist. Den Dauphin packt die Angst, und er fordert den Herzog von Burgund auf – der befindet sich, angeblich um sie zu beruhigen, ebenfalls in der Menge –, ihm zu Hilfe zu eilen. Er läßt ihm ausrichten: »Werter Schwiegervater, diese Schmach geschieht mir auf Euren Rat, und Ihr könnt Euch nicht herausreden, denn die Anführer sind Leute aus Eurem Hôtel. Seid versichert, daß Ihr dies dereinst bereuen werdet, und daß die Dinge nicht immer so zu Eurem Wohlgefallen verlaufen werden.«

Kalt entgegnet ihm Johann Ohnefurcht: »Monseigneur, Ihr werdet Euch eines besseren belehren, sobald Euer Zorn sich abgekühlt hat.«

Unter den Augen des vor Empörung bebenden Herzogs von Guyenne werden seine treuesten Seigneurs, sein Kanzler und die Offiziere seines Hofs abgeführt. Man bringt sie zum Hôtel de Bourgogne, und mehrere von ihnen werden bereits auf dem Weg dorthin erschlagen. Der Dauphin sitzt in seinem eigenen Haus gefangen. Johann Ohnefurcht war von einstigen Genter Rebellen begleitet, die das *chaperon blanc*, eine weiße Haube, trugen. Die Pariser Aufrührer hatten sie als Zeichen der Solidarität übernommen. Der Chirurg Jean de Troyes setzt sie auch Karl VI. auf, als dieser sich in die Kathedrale Notre-Dame begibt, um Gott für seine Genesung zu danken. Jeder, der sich bei den neuen Herren der Stunde lieb Kind machen möchte, beeilt sich ebenfalls, die weiße Haube zu tragen.

Unterdessen setzt der Herzog von Burgund seine Wühlarbeit fort. Er will Paris in die schlimmste Anarchie stürzen, um anschließend wieder den Retter der Ordnung spielen zu können. Einige Tage später stürmen die Cabochiens das Hôtel Saint-Paul, dringen bis zum König vor, überreichen ihm eine Liste mit Namen, auf die sie es abgesehen haben, und erklären, sie würden ohne die aufgeführten Personen nicht wieder abziehen. Unter den Gesuchten befinden sich Männer wie Frauen und Angehörige jeglichen Standes: der Erzbischof von Bordeaux, der Kanzler, der Beichtvater der Königin, Edelleute und Offiziere des Palastes, etwa zwanzig Damen und Demoisellen aus dem Hofstaat der Königin und ihrer ältesten Tochter. Alle werden zu Paaren gefesselt und unter dem Gejohle des Mobs ins Gefängnis abgeführt.

Doch damit hatte ihre Frechheit noch nicht ihr Bewenden. Sie wagten sich auch an Herzog Ludwig von Bayern, dem Oheim des Herzogs von Guyenne, zu vergreifen und brachten ihn wie manch anderen gewaltsam in ihre Hand (...) So mußte Herzog Ludwig erfahren, daß Fortuna die Ereignisse, welche sich unter günstigsten Vorzeichen ankündigten, oftmals durchkreuzt: Er hoffte nämlich, sich in drei Tagen inmitten glänzender Feste mit Madame la comtesse de Mortain, der Schwester des Grafen von Alençon und Witwe von Monseigneur de Navarre, zu vermählen. Und siehe, nun verwandelte sich all dies Glück in Trauer, und man schleppte ihn mitsamt seinen Unglücksgefährten ins Gefängnis. (...) Die Königin empfand bitteren Schmerz und konnte ihre Tränen und ihr Schluchzen nicht unterdrücken, als sie von diesen häßlichen Anschlägen erfuhr, die sie als persönliche Beleidigung empfand. Sie tat all ihr Bemühn, auf daß man ihrem Bruder die Freiheit zurückgäbe. Aber die Häupter des Aufstandes schenkten weder ihren flehentlichen Bitten, noch ihrem heftigen Tadel die geringste Beachtung (...). In beispielloser Barbarei packten sie mit ihren unheiligen Händen mehrere der vornehmsten und angesehensten Damen des Hofes, die, als sie sie heranrücken sahen, allesamt zitternd geflohen waren und sich in den heimlichsten Gemächern des Palastes versteckt hatten (...). Ich könnte nicht sagen, wie arg es die Königin schmerzte, als sie sich auf diese Art der Gegenwart ihres Bruders und der Gesellschaft der Damen ihres Gefolges beraubt sah (...). Ich will nur soviel anmerken, daß sie schwer erkrankte. Ohne die Kunst der geschicktesten Ärzte wäre sie (ihr) gewiß erlegen (...). (*Chronique de Saint-Denis*)

Johann Ohnefurcht tat noch so, als wolle er die gewalttätigen Ausschreitungen beenden. Doch eines Tages ließen ihn die Aufständischen wissen: »Es geschieht zum Wohle des Königs und Nutzen des Königreichs.« Da beschlich den Herzog von Burgund allmählich die Furcht, die Dinge würden ihm über den Kopf wachsen. Berauscht von ihren Siegen, verbreiteten die Cabochiens Terror über der Stadt: Raub, Mord, Rache, gefälschte Urteile, wahllose Verhaftungen waren an der Tagesordnung. Es war jene Zeit, die man als die *Diktatur der Schlachthöfe* bezeichnet hat. Mit einem am 26. und 27. Mai im Kronrat gefaßten Beschluß, der sogenannten *ordonnance cabochienne*, versuchte Johann Ohnefurcht die Flut der aufgebrachten Volksmassen einzudämmen, aber es war zu spät: Der Herzog hatte mit dem Feuer gespielt und hatte es entfacht in dem Glauben, er könnte es mit all den Vorteilen, die er daraus ziehen würde, wieder löschen. Das Feuer entwickelte sich jedoch zu einer Feuersbrunst und weitete sich aus. Auf den Gassen schrie man nicht mehr »Es lebe Burgund!« sondern nur noch »Es lebe Caboche!« Der Aufruhr wuchs sich zu einem Volksaufstand aus. Die Bürger, die die ersten Demonstrationen noch unterstützt hatten, begannen zu zittern. Der Dauphin Ludwig und Königin Isabeau schickten Boten zum Herzog von Orléans und ersuchten ihn, eilends einzugreifen, und nicht wenige Pariser sehnten die Armagnacs herbei.

Dem Herzog von Burgund wird klar, daß er die Partie verloren hatte. Er beschließt, die Cabochiens fallenzulassen und mit den Armagnacs zu verhandeln. Zunächst werden diskrete Kontakte aufgenommen, dann trifft sich der Herzog von Burgund in Begleitung des Herzogs von Berry am 22. Juli in Pontoise mit Vertretern von Charles d'Orléans und Bernard d'Armagnac. Anfang August lassen Johann Ohnefurcht und Johann von Berry die einzelnen Punkte des Abkommens durch den königlichen Rat billigen und schicken eine Delegation von Cabochiens, angeführt von Jean de Troyes und Caboche persönlich, unverrichteter Dinge wieder nach Hause. Die Bürger von Paris defilieren in ganzen Zügen durch die Gassen und fordern Frieden. Caboche und seine Freunde begreifen, daß ihre Herrschaft zu Ende ist, und schicken sich an, die

Stadt zu verlassen. Man läßt sie fliehen, ohne sie aufzuhalten oder zu verfolgen. Sie verteilen sich auf das Umland und sind bereit, sofort wieder von vorn anzufangen, sobald sich die Gelegenheit bieten würde.

Am 8. August wurde feierlich der Frieden verkündet. Wieder kam es zu einer gewaltigen Versöhnungsszene zwischen den Orléanisten und Johann Ohnefurcht, doch diesmal wechselten die Pariser das Lager und bezeugten ihre Verbundenheit mit den Armagnacs. Man machte Jagd auf die Cabochiens, die sich noch in der Stadt befanden. Der Dauphin schwang sich in den Sattel und ritt mit dem Herzog von Berry davon. Johann Ohnefurcht schloß sich persönlich den Truppen seines Schwiegersohns an und ließ alle Gefangenen frei, die während der Schrekkensherrschaft der Cabochiens in die Gefängnisse geraten waren. Man hatte das Gefühl, als erwache man aus einem Alptraum.

Allen voran freute sich der Herzog von Burgund über diese Beruhigung der Lage, hatte er doch eine Schlacht verloren, die für ihn als Katastrophe hätte enden können. Aber er gab sich nicht geschlagen. Nachdem er den neuen Machthabern gegenüber seine Wohlgesonnenheit geheuchelt hatte, schmiedete er in aller Heimlichkeit seinen Plan: Er wollte den König entführen und ihn in seine Lande mitnehmen. Er hatte an alles gedacht. Am 23. August lud er Karl VI. in den Bois de Vincennes zur Jagd. Doch das Komplott wurde Juvénal des Ursins, dem neuen *prévôt*, hinterbracht, und so trat er rechtzeitig in Aktion, um den Burgunder an der Ausführung seines Plans zu hindern. Johann Ohnefurcht begriff, daß er wieder verloren hatte. Er hielt es für ratsam, nicht nach Paris zurückzukehren, brach noch am selben Tag mit einer Hundertschaft treu ergebener Ritter nach Flandern auf und traf in Lille mit seinem Sohn, dem Grafen von Charolais und künftigen Philipp dem Guten zusammen.

In Paris konnte der Dauphin aufatmen. Alle Gefahr war abgewehrt. Isabeau de Bavière begann zu hoffen, daß die

Lage sich wieder vollkommen normalisieren würde. Schließlich war es auch ihr Wunsch gewesen, daß die Orléanisten den Herzog von Burgund verjagten. Doch die Freude der Königin und des Herzogs von Guyenne hatte schon bald ein Ende. In der neuen Lage, in der sich Paris nun befand, waren die Darsteller im Vordergrund der Bühne zwar durch andere ersetzt, die Tragödie aber blieb, mit Ausnahme einiger Greuel, die gleiche. Kaum hatte sich der Herzog von Burgund aus der Hauptstadt zurückgezogen, kehrten die armagnakischen Fürsten als Sieger zurück. Die Minister und Beamten, die Johann Ohnefurcht eingesetzt hatte, wurden eliminiert, man setzte neue ein, die der Orléans-Partei ergeben waren. Sire d'Albret, der bald darauf zum Konnetabel ernannt wurde, und Bernhard von Armagnac, beides Komplizen der Engländer, mit denen sie versucht hatten, gegen den König von Frankreich Krieg zu führen, erhielten voll und ganz ihre einstige Gunst und Ehre zurück. König Karl VI. – oder zumindest sein Kronrat – ließ durch alle Geistlichen der Pariser Kirchensprengel in ihren Predigten verkünden, daß auch er *getäuscht, verführt und falsch informiert* worden sei. Für die Umkehr der Verhältnisse war man schließlich eine Erklärung schuldig. Und diese nutzte man weidlich dazu aus, um die Bourguignons mit sämtlichen Bannflüchen und Verwünschungen zu belegen, die man noch wenige Wochen zuvor gegen die Armagnacs ausgestoßen hatte. Der so hochgelobte, so jubelnd gefeierte Johann Ohnefurcht wurde von einem Tag auf den anderen zur Zielscheibe von Hohn und Haß. Die orléanistische Propaganda machte sich in einer Bevölkerung breit, die noch kurz zuvor aus tiefster Überzeugung burgundisch gesonnen war.

Nachdem die Feste verklungen waren, das Fieber sich wieder legte und das neue Regime zur regulären Tagesordnung schritt, gingen der Königin Isabeau allmählich die Augen darüber auf, welche neue Realität nun herrschte. Sie war die Gefangene des Herzogs von Burgund gewesen – und nun war sie die Gefangene der Armagnacs.

Da erhielt sie von Yolanda von Aragón, der Königin von Neapel und Sizilien sowie Herzogin von Anjou, die soeben in Paris eingetroffen war, die Bitte um eine Audienz. Sie willigte ein. Und nach dieser Begegnung sollte sich der Kurs der europäischen Geschichte ändern.

## 5
# Damenspiele

Die Geschichte ist immer ungerecht, und zwar im wesentlichen deshalb, weil sie keine exakte Wissenschaft ist und weil in die Darstellungen der Historiker zuviel persönliche Zu- und Abneigung einfließt, als daß sich eine gesunde Objektivität erreichen ließe. Daher wird man feststellen, daß die einen über das Schicksal des unglücklichen, von den Dämonen des Wahnsinns heimgesuchten Königs Karl VI. tief gerührt sind, die anderen über die Aufopferung der armen Jeanne d'Arc weinen, und wieder andere eine Flut von Beleidigungen über Isabeau de Bavière ausschütten, aus der mit der Zeit die »häßliche und fette Bayerin« wurde, eine schlechte Mutter, eine schlechte Gemahlin, eine schlechte Königin, die sich – der Gipfel des Entsetzlichen! – auch noch an Frankreichs Erbfeinde, die Engländer, verkaufte; und daß es schließlich noch andere gar wagen, sich bewundernd vor Johann Ohnefurcht zu verneigen, der zwar ein abscheulicher Verräter war, aber ein kluger und beachtlicher Staatsmann, mit anderen Worten, der Prototyp des Westernhelden und höchst genialen Outlaws, für den unsere Herzen höher schlagen.

So einfach sind die Dinge freilich nicht, schon gar nicht während der Herrschaft Karls VI. von Valois und damit auch von Isabeau de Bavière. Die Ereignisse überstürzen sich in immer dichterer Folge, voller Widersprüche und, wie zum Hohn auf die solide Schullogik, völlig unverständlich in sich, da sie mit anderen Ereignissen, seien es gleichzeitige, aber unbekannte, oder weiter zurückliegende und heute vergessene, in Zusammenhang stehen. Ein hochkompliziertes Kartenspiel also, das sich vor unseren Augen abspielt, wenn wir uns dieser Epoche zuwenden, und ein um so vertrackteres, als die berühmten Karten – die in jener Zeit übrigens gerade aufkommen – zum einen meist gefälscht oder gezinkt sind und zum anderen für uns nicht mehr den gleichen Wert besitzen, den sie für die Zeitgenossen der damaligen Ereignisse selbst hatten.

Die Geschichtsschreibung verfährt aber auch deshalb höchst ungerecht, weil wir infolge einer vereinfachenden Darstellung, die bestimmte Personen zum Nachteil von anderen besonders hervorhebt, heute nur noch die Hauptdarsteller und Hauptrollen, auf jeden Fall von den Akteuren des Dramas nur diejenigen kennen, die im Vordergrund des Geschehens stehen; so werden manche Figuren unweigerlich in den Schatten verdrängt oder fallen der Vergessenheit anheim, obwohl ohne sie nichts »gelaufen« wäre. Denkmäler pflegt man den Generälen zu errichten, die die Schlacht gewinnen, und nicht dem einfachen Infanteristen, obwohl dieser doch wesentlich dazu beigetragen hat, sie zu gewinnen. Die Geschichte aber besteht nicht nur aus gewonnenen und verlorenen Schlachten: Sie wird vielmehr von Männern und Frauen gemacht, die leben, arbeiten, reden, lieben und hassen, freigebig oder geizig sind, selbstlos oder gewinnsüchtig, aufrichtig oder unaufrichtig und so fort. Auch Bonaparte wurde nicht ganz allein und von einem Tag auf den anderen zu Napoleon: Auch ihn mußte zunächst einmal eine gewisse Anzahl von Individuen unterstützen und – um einen überzogenen, aber unserem Zeitgeist entsprechenden Ausdruck zu verwenden – auf die Startrampe hieven. Mit anderen Worten: Wenn Frankreich, wie es tatsächlich der Fall war, aus dem Chaos, das die Herrschaft Karls VI. und Isabeaus de Bavière kennzeichnete, lebendiger denn je hervorging, dann hatte dies tiefgreifende Gründe. Und wenn es Gründe gibt, dann gibt es auch Personen, die damit verbunden sind. Nur sind es nicht unbedingt diejenigen, die im Rampenlicht stehen.

Die Geschichte geht mit Frauen niemals sanft um. Politik und Krieg sind Männersache. Frauen sind nur als Gebär- oder Lustmaschinen gut. Die Geschichte braucht keine Frauen, und wenn doch, dann müssen es weibliche

Männer oder Mannweiber oder auch Kurtisanen sein, die, wie es in den altirischen Epen heißt, großzügig mit der »Freundschaft ihrer Schenkel« umgehen, um ihre Ziele zu erreichen. Dies trifft mehr denn je auf die Epoche Karls VI. zu, die eine ausgesprochen frauenfeindliche Zeit ist, in der die Wesen von Evas Geschlecht als »noch listenreicher denn der Teufel« gelten und die Männer mit sich in den Abgrund reißen. Höchstens die Jungfrau Maria kann gerade noch Schimpf und Schande entkommen. Und dies hat seinen guten Grund: Daß Jesus, Gottes Sohn, einem mit Sünde befleckten Leib entsprossen sein könnte, war absolut undenkbar. Und von da an ist es nicht mehr weit bis zum Mythos von der jungfräulichen Göttin: Im Zusammenhang mit Jeanne d'Arc wird man sich wieder an ihn erinnern. Doch wenn die *Pucelle* von Domrémy alle blendet, so deshalb, weil sie die geheimsten Wahn- und Wunschvorstellungen einer Generation verkörpert, die stets unschlüssig zwischen der heiligen Jungfrau und der heiligen Hure schwankt – wobei das Ideal, das den unbeichtbarsten Trieben entspringt, natürlich die Kombination aus beiden ist. Und doch hat es in jener Zeit außer Jeanne d'Arc noch andere Frauen gegeben, die, auch wenn sie nicht im Vordergrund der Bühne standen, dennoch für das weitere Schicksal Westeuropas in größerem Ausmaß verantwortlich sind als sie. Diese Frauen werden indes von den Historikern entweder völlig ignoriert oder schlicht und einfach vergessen – möglicherweise deshalb, weil ihre Existenz das Image der Figuren im Vordergund der Bühne zerstört.

So haben wir Odette de Champdivers bereits kurz erwähnt, doch wir müssen uns noch eingehender mit ihr beschäftigen, denn die *petite reine*, wie die Pariser sie nannten, ist womöglich mehr als nur die Konkubine eines schwachsinnigen Königs. Wir haben natürlich von Isabeau de Bavière gesprochen, und auch über sie ist noch mehr zu sagen. Wir haben von Valentina Visconti gesprochen, doch kaum gestorben, erwacht diese wieder zu neuem Leben durch die Taten ihrer Söhne, die sie – der Bastard von Orléans genausowenig wie die legitimen Kinder des ermordeten Herzogs – zu keiner Zeit verleugneten. Wir haben den Namen Jeanne d'Arc erwähnt, und von ihr muß zweifellos die Rede sein, wenn auch möglichst wenig, denn sie wurde mit einem mehr oder weniger suspekten Heiligenschein umgeben, durch den freilich Personen ins Licht rücken, die man nicht erwartet oder die zumindest das Verhalten der jungen Lothringerin und die wahre Bedeutung ihrer Mission verständlich machen können.

Doch es sind noch andere zu nennen, Namen, die unseren Historikern so gut wie unbekannt sind und die in unseren Schulbüchern vollkommen fehlen. Oder wer hat schon einmal von Alison du May, von der Dame de Giac und vor allem von Yolanda von Aragón, der Königin von Sizilien und Herzogin von Anjou, gehört? Und doch stehen sie dort, wo die Wege sich treffen, an einer jener Wegkreuzungen, wo nach dem Volksglauben der Teufel umgeht, wo nach den Sagen und Märchen der mündlichen Überlieferung seltsame Feen erscheinen und dem Helden zeigen, welche Richtung er einzuschlagen hat.

## *Yolanda von Aragón, Königin von Sizilien*

Yolanda von Aragón ist keineswegs eine jener episodischen Randfiguren, die nur ein einziges Mal, nämlich genau im richtigen Moment, auftreten und nahezu unfreiwillig den Lauf der Geschichte ändern. Sie wurde 63 Jahre alt, und die Rolle, die sie während der letzten drei Jahrzehnte ihres Lebens spielte, eine häufig versteckte, doch ununterbrochen aktive Rolle, war absolut entscheidend für den Lauf der Ereignisse. Sie war nicht die Rivalin von Isabeau de Bavière gewesen, sondern gewissermaßen ihr Double, ein *weißes* Double, sofern man in einer vereinfachenden Schwarzweißmalerei unbedingt davon ausgehen will, daß Isabeau einen *schwarzen* Aspekt der Politik repräsentierte. Aber da über diese Fürstin – und das ist mehr als paradox – so gut wie keine Dokumente existieren, hat die Geschichte kaum mehr als ihren Namen behalten. Will man ihre Rolle wirklich verstehen, so muß man sich Schritt um Schritt an ihre Person herantasten und dazu Ereignisse und Umstände miteinander verbinden, die auf den ersten Blick weit voneinander entfernt zu liegen scheinen.

Yolanda von Aragón, geboren im Jahr 1379, war die jüngste Tochter von König Johann I. von Aragón und seiner Gemahlin Yolanda von Bar. Über ihre Mutter war sie eine Valois, denn ihre Großmutter Marie de France war die zweite Tochter von König Johann II. dem Guten und Bonne von Luxemburg, und sie war mit dem Grafen und späteren Herzog Robert von Bar verheiratet. 1401 heiratete Yolanda Ludwig II., Herzog von Anjou, Graf von Provence, der dazu noch König des nicht zu bändigenden Königreichs Neapel und Sizilien war, weshalb sie häufig als Königin von Sizilien bezeichnet wird.[1] Sie hatte fünf Kinder, darunter den berühmten René d'Anjou, genannt

---

1 Das erste Haus Anjou war das der Plantagenets. Das zweite wurde das von Karl I., dem Bruder Ludwigs des Heiligen, dem der König das Land Anjou als Apanage vermachte. Dieser Karl war derjenige, der im 13. Jahrhundert das Königreich Neapel eroberte. Eine seiner Nachfahrinnen war Johanna von Neapel, und diese erklärte Ludwig I. von Anjou, das Haupt der dritten angevinischen Dynastie, zu ihrem Universalerben. Ludwig I. war der zweite Sohn von Johann II. dem Guten. Trotz mehrerer Versuche gelang es weder Ludwig I. noch seinem Sohn Ludwig II. von Anjou, dem Gemahl Yolandas von Aragón, das Königreich Neapel definitiv in seinen Besitz zu bringen, aber beide führten stets den damit verbundenen Titel. Wie man weiß, unternahm König Karl VIII. von Frankreich aus die Italienkriege, um seine Rechte auf Neapel und Sizilien – die er über Ludwig XI. von Karl IV. von Anjou geerbt hatte – geltend zu machen. Ludwig XII. verfolgte diese Rechte weiter und fügte ihnen auch noch seine eigenen Ansprüche – aus dem Haus Visconti – auf das Gebiet um Mailand hinzu.

*le Bon Roi René*, Yolanda, die Herzog Johann V. von Bretagne heiratete, und Marie, die sie, wie wir noch sehen werden, mit dem letzten Sohn Isabeaus, dem künftigen Karl VII., vermählte. Damit ist klar, wie bedeutend ihre Stellung sowohl in ihrer eigenen Familie als auch in der ihres Gemahls war und welch großen Einfluß sie inmitten der Widersprüche des politischen Lebens und der dynastischen Verquickungen der damaligen Zeit ausüben konnte.

Während der häufigen Abwesenheiten ihres Gemahls, der sich in den Kopf gesetzt hatte, das Königreich Neapel und Sizilien – dessen Titularkönig er nur war – tatsächlich in seinen Besitz zu bringen, scheint Yolanda nichts anderes getan zu haben, als sich um die Erziehung ihrer Kinder zu kümmern. Und man weiß, daß sie sich dieser Sorge in einem ganz besonderem Maß annahm, da sie der Auffassung war, daß ein Prinz oder eine Prinzessin zusätzlich zu den natürlichen Qualitäten – der berühmte Glaube an die Tugend des »blauen Blutes«! – auch geistige Qualitäten besitzen mußte, denn diese hielt sie für unerläßlich, um ein Land regieren zu können. Yolanda war nämlich überzeugt von dem göttlichen Auftrag der Adligen königlichen Geblüts, sie war überzeugt, daß diese die Verantwortung, die ihnen gegeben war, voll und ganz in den Dienst ihrer Aufgabe zu stellen hatten. Yolanda war intelligent und schön und scheint geradezu das Muster der mit göttlichen Kräften begnadeten Fürstin gewesen zu sein, oder sie muß zumindest geglaubt haben, daß sie in dieser Weise auserwählt war und infolgedessen in der Lage, nach eigener Überlegung den Lauf der Ereignisse zu steuern, die sich nicht neben ihr abspielten, sondern inmitten dessen, was sie als eine speziell ihr vorbehaltene Domäne betrachtete.

Yolanda von Aragón hatte die Partei des Herzogs von Burgund unterstützt, obwohl sie sich auch das Lager der Armagnacs gewogen hielt. Dies entsprach zwar nicht gerade dem Interesse des Hauses Anjou, denn diese Provinz zählte, da im wesentlichen landwirtschaftlich geprägt, zu jenem westlichen Frankreich, das nur armagnakisch sein konnte. Aber da gab es noch die Grafschaft Provence und vor allem das Königreich Neapel und Sizilien. Und dort konnte eine mögliche Unterstützung durch den Herzog von Burgund, dessen Ziel es letztlich war, das berühmte »Lotharingien« wiederherzustellen, von entscheidendem Gewicht sein. Yolanda von Aragón und Ludwig II. von Anjou haben sich zweifellos Hoffnungen auf eine Allianz gemacht, die die tatsächliche Inbesitznahme des Königreichs Neapel ermöglicht hätte. Johann Ohnefurcht scheint es jedoch nicht für nützlich gehalten haben, Ludwig II. den Zugriff auf den Süden Italiens zu garantieren, denn es gab andere Probleme zu bewältigen. Und doch war der Grundstein zu einer Annäherung zwischen Anjou und Burgund gelegt worden: Man hatte den ältesten Sohn von Ludwig II. und Yolanda mit einer der Töchter Johanns, der kleinen Katharina von Burgund, vermählt, und diese lebte in Angers am Hof ihrer künftigen Schwiegereltern. Nachdem Ludwig II. von Anjou von seiner glücklosen Expedition in Süditalien zurückgekehrt war, wo er sich mit dem Gegenpapst Johann XXIII., einem einstigen Piraten, verbündet hatte, änderte er, wie es scheint, radikal seinen Kurs und wurde eine der treuesten Stützen der orléanistischen Partei. Was war geschehen?

Ohne die Persönlichkeit Ludwigs II. in Frage zu stellen, muß man doch sagen, daß der Herzog und König voll unter dem Einfluß seiner Gemahlin stand, die weitaus intelligenter und weitaus kultivierter war als er. Tatsächlich scheint Yolanda von Aragón eine geborene Herrin gewesen zu sein, und sie hatte außerordentlich viel Einfluß auf ihren Gemahl, sowohl durch ihre Schönheit wie durch ihren Geist und Verstand. In diesem Moment muß sie ihrem Gatten vor Augen geführt haben, daß das Königreich Neapel der Welt der Chimären angehörte und daß es besser war, sich um die reellen Geschäfte, nämlich um Anjou und die Provence, zu kümmern. Anjou war, wie gesagt, auf fatale Weise mit der Partei der Armagnacs verbunden, während die Provence eine Schlüsselposition, einen hervorragenden Brückenkopf zum Mittelmeer hin darstellte, den man bei sich bietender Gelegenheit zum Vorteil einer Macht nutzen konnte, die in dieser Richtung keinen natürlichen Umschlaghafen gehabt hätte.

Rasch begriff Louis II. d'Anjou, daß seine Gemahlin recht hatte. Von einem Tag auf den anderen sah man ihn als überzeugten Anhänger des Herzogs von Orléans an allen Versammlungen des Kronrates teilnehmen. Und noch ein wichtiges Element ist zu erwähnen: Auf seiner Italien-Expedition hatte ihm ein hervorragender Kriegsmann, ein mittelloser Bretone namens Tanguy du Chastel, treu gedient. Dieser Tanguy du Chastel hatte seine Karriere als Kanzler des Herzogs Ludwig von Orléans begonnen. Yolanda von Aragón aber, die den Wert der Leute, die sie umgaben, zu beurteilen wußte, war von Tanguys Entschlossenheit, Mut und Intelligenz beeindruckt. Daher werden wir im Laufe der Ereignisse, die mehr oder weniger von der Königin von Sizilien gesteuert wurden, diesem Bretonen auf Schritt und Tritt begegnen. Doch in den Jahren 1411-1413 ist umgekehrt auch ganz eindeutig ein Einfluß von Tanguy du Chastel auf das herzogliche Paar von Anjou festzustellen. Die erste Aktion des Kurswechsels bestand darin, daß Yolanda beschloß, die kleine Katharina von Burgund wieder ihrem Vater zurückzuschicken, womit sie zu verstehen gab, daß das früher vereinbarte Heiratsprojekt aufgegeben worden war.

Dies war ein offener Affront gegen den Herzog von Burgund. Seit bald drei Jahren hatte Katharina bei ihrem Verlobten, Graf Ludwig von Guise, dem künftigen Ludwig III. von Anjou, im Hause Anjou gelebt und bereits den Titel einer Gräfin von Guise geführt. Nun ließ sie der Herzog von Anjou am 20. November 1413 von Sire de Loigny, dem *maréchal de France*, mit einem Gefolge von 120 Rittern feierlich bis nach Beauvais zurückführen. Dort wurde sie mit großem Pomp den Händen der Edlen von

Burgund übergeben, die gekommen waren, um sie im Namen ihres Vaters in Empfang zu nehmen. Dieser Vorgang war durchaus legal, denn ein Heiratsversprechen stellte noch keinen definitiven Rechtsakt dar, und die Geschichte ist weiß Gott nicht arm an Versprechen dieser Art, die nicht gehalten wurden! Weit weniger legal war dagegen, daß Ludwig von Anjou und Yolanda von Aragón die Mitgift an Geld und Sachwerten einbehielten, die Katharina von Burgund mitgebracht hatte. Johann Ohnefurcht verlor kein einziges Wort darüber, doch es steht zu vermuten, daß diese demütigende Situation seinen Stolz zutiefst verletzte.

Dies war der erste Akt eines echten dramatischen Bühnenstücks, verfaßt und inszeniert von der Königin von Sizilien. Auf diese Weise hatte sie wieder ihre Freiheit gegenüber Burgund erlangt, doch es blieb noch viel zu tun. Also setzte sie alle Hebel in Bewegung, um ihre Leute an die Schaltstellen der neuen orléanistischen Politik zu plazieren, die auf die Flucht des Burgunders aus der von den Cabochiens übel zugerichteten Hauptstadt folgte. So ist es kein Zufall, wenn man in jenem befreiten Paris nun den Herzog von Berry als *capitaine* der Stadt, Ludwig von Bayern als *gouverneur* der Bastille, den Herzog von Bar als *gouverneur* des Louvre und vor allem Tanguy du Chastel in dem wichtigen Amt des *prévôt de Paris* wiederfindet. Der Herzog von Berry war der geborene Vermittler, der unersetzliche Vorfahre, doch um sich die Gunst Königin Isabeaus zu sichern, hatte Yolanda die Bastille dem Bruder der Königin anvertrauen lassen. Der Fürstbischof von Bar war wiederum Yolandas Onkel mütterlicherseits, und Tanguy du Chastel entwickelte sich allmählich zu ihrem bösen Geist. Auch auf einen anderen Bretonen warf sie ein Auge: Diesmal handelte es sich um den Bruder Herzog Johanns V., nämlich Arthur de Richemont, den künftigen *connétable de France* und künftigen Herzog von Bretagne. Während Johann V. hinter einer vorsichtigen Neutralität deutliche Sympathien für Johann Ohnefurcht zeigte, kämpfte der Bruder im Augenblick an der Spitze einer gut ausgebildeten bretonischen Truppe für die Armagnacs. Aber die Position des künftigen Arthur III. war reichlich unklar: Man wußte nicht genau, ob seine orléanistischen Überzeugungen aufrichtig waren. Handelte es sich vielleicht um ein abgekartetes Spiel der beiden, um allen etwas vorzumachen? Immerhin waren beide die Söhne von Johann IV. von Montfort, genannt »der Anglophile«, und von Johanna von Navarra, die, nachdem sie Witwe geworden war, König Heinrich IV. von England geheiratet hatte. Gewiß, als Ausgleich dazu hatte Richard d'Étampes, der andere Bruder der beiden, Margarete von Orléans, die Schwester des Herzogs Karl, geheiratet. Aber wie dem auch sei, bereits zu dieser Zeit hatte Yolanda von Aragón ein Auge auf Arthur von Richemont geworfen, so jung dieser damals noch war.[2] Wir werden also auch Arthur von Richemont bei allen Ereignissen wiederbegegnen, von denen sich vermuten läßt, daß sie aus der Nähe oder aus der Ferne durch die Königin von Sizilien gesteuert wurden.

Schon bald sollte der zweite Akt des Schauspiels folgen. Hatte Yolanda von Aragón die Verlobung ihres Sohnes mit der Tochter des Herzogs von Burgund gelöst, so deshalb, um die Brücken zu Johann Ohnefurcht abzubre-

---

2 Arthur de Richemont wurde 1398 geboren und ist daher 1413 gerade erst etwa fünfzehn Jahre alt. Mit siebzehn wird er an der Schlacht von Azincourt teilnehmen, in der er zusammen mit Charles d'Orléans in Gefangenschaft gerät; er befindet sich jedoch in einer glücklicheren Lage als dieser, denn aufgrund persönlicher Beziehungen, die er in England hat, wird er bald wieder seine Freiheit erhalten. Dabei darf man nicht vergessen, daß er den Titel eines Grafen von Richemont trägt: Dieses Richemont ist eine englische Grafschaft, die innerhalb der bretonischen Herzogsfamilie weitervererbt wird, seit sie von Wilhelm dem Eroberer einem bretonischen Baron zum Dank für seine Hilfe im Kampf um die Eroberung Englands als Apanage geschenkt worden war.

chen. Nun galt es, eine Annäherung nicht an die Partei der Orléans, sondern – und das war wichtiger – an die königliche Familie zu erreichen. Es wurde behauptet, die Königin von Sizilien habe das Haus Anjou, das bereits auf beiden Seiten Prinzen von Geblüt aufzuweisen hatte, noch stärker konsolidieren wollen. Das trifft gewiß zu. Setzt man aber die Ereignisse von Ende 1413 mit der weiteren Entwicklung der Dinge in Verbindung, so darf man sich fragen, ob Yolanda nicht noch höhere Ziele verfolgte. Von Karl VI. und Isabeau de Bavière waren noch drei Söhne am Leben. Der älteste, der Dauphin Louis, hatte Margarete von Burgund geheiratet: Nachdem er zunächst dem Einfluß seines Schwiegervaters erlegen war, hatte er sich jedoch deutlich von ihm distanziert, obwohl damals Briefe kursierten, die wahrscheinlich gefälscht waren (doch wer weiß das schon genau?), in denen er Johann Ohnefurcht bat, ihn von der armagnakischen Vormundschaft zu befreien.[3] Der zweite Sohn Jean war mit Jakobäa von Bayern vermählt, wurde

---

3 Den burgundischen Chronisten zufolge soll Ludwig die zunehmende Macht Bernhards von Armagnac nur schwer ertragen haben. Er soll Johann Ohnefurcht dreimal hintereinander in Briefen aufgefordert haben, ihm zu Hilfe zu eilen. Natürlich wurden diese Briefe in aller Ausführlichkeit publik gemacht. Juvénal des Ursins, der aus der Erinnerung seines – eher orléanistisch gesonnenen – Vaters berichtet, ist der Ansicht, daß es sich bei diesen Hilferufen vom 4., 13. und 21. Dezember 1413 um Fälschungen handelt, die der Herzog von Burgund frei erfunden hatte. Diese Aktion löste bei den Armagnacs sofort eine allgemeine Mobilmachung aus. Am 9. Januar 1414 wurde der Inhalt der Briefe durch Königin Isabeau und den Kronrat offiziell dementiert. Auch der Dauphin ließ im gesamten Königreich verkünden, er habe seinen Schwiegervater niemals darum gebeten, herbeizueilen und ihn zu befreien, denn er sei so frei und glücklich wie sein Vater, der König. Einer der umstrittenen Briefe enthielt jedoch den Satz: »Kommt, so rasch Ihr könnt, ohngeachtet aller gegenteiligen Briefe, die Ihr erhalten werdet.« Wem soll man also glauben? In jener Epoche der Doppelzüngigkeit und des Machiavellismus ist es ungemein schwierig, zu klaren Urteilen zu gelangen. Es be-

bei seiner künftigen Gemahlin am Hennegauer Hof erzogen und befand sich eindeutig im Bannkreis des Burgunders. Übrig war noch der dritte: Charles, Graf von Ponthieu. Und auf ihn richteten sich Königin Yolandas Blicke. Nun wird auch klar, weshalb sie in jenem Paris, das sie vom Terror der Cabochiens befreien half und wo sie Männer ihres Vertrauens eingeschleust hatte, um eine Audienz bei Königin Isabeau bat: Diese war als einzige in der Lage, ernsthaft über das Schicksal ihres jüngsten Sohns zu bestimmen.

Es war Ende Oktober. Yolanda von Aragón war in Begleitung ihrer Kinder aus Angers gekommen und hatte in der Nähe von Paris in dem eleganten Landsitz Marcoussis Quartier genommen, den jener Minister Jean de Montaigu hatte bauen lassen, dem seine Reichtümer den Kopf gekostet hatten. Marcoussis war Ludwig von Bayern, dem Bruder der Königin, vermacht worden, was die Vermutung nahelegt, daß Yolandas Reise in gemeinsamem Einvernehmen vorbereitet worden und das Treffen eine Angelegenheit zwischen zwei Frauen war.

Am 21. Oktober traf Isabeau mit ihrer Cousine von Anjou in Marcoussis zusammen. Nach dem, was wir über diese Begegnung wissen, unterhielten sich die Königin von Frankreich, überladen und aufgedonnert geschmückt, und die Königin von Sizilien, majestätisch, schön und feinsinnig, wie zwei gute Familienmütter. Was sie sich im einzelnen sagten, wissen wir nicht. Vermutlich war es so etwas wie ein Sondieren des Terrains. Auf jeden Fall wurde keinerlei Entscheidung getroffen außer der, daß man weitere Treffen vereinbarte.

Tatsächlich stattete die Königin von Sizilien um den 8. Dezember mit ihrem Gefolge der Königin von Frankreich im Hôtel Barbette, wo sie damals residierte, einen weiteren Besuch ab und wurde dort mit prunkvoller Gast-

---

steht auch die Möglichkeit, daß der Dauphin ein doppeltes Spiel trieb.

lichkeit empfangen. Das Ziel dieser offiziellen Mission war, einen Heiratskontrakt zwichen Charles, Graf von Ponthieu, und Marie von Anjou, der ältesten Tochter des Königs von Sizilien, zu schließen. Es ist anzunehmen, daß Isabeau de Bavière diese Frage in den Wochen davor mit dem Kronrat hatte diskutieren müssen. Vielleicht war es ihr sogar gelungen, mit Karl VI. darüber zu sprechen. Auf alle Fälle stieß die geplante Verbindung auf keinen Widerstand, und so wurden sich die beiden königlichen Mütter einig: Die Ehe würde zustande kommen.

Bei dieser Gelegenheit machte Isabeau ihren Gästen reiche Geschenke. Sie ließ der Königin von Sizilien sechs goldene, innen hellrot emaillierte Trinkpokale schenken. Einer dieser Pokale, für Yolandas persönlichen Gebrauch bestimmt, war »bedeckt«, d. h. zum Zeichen königlicher Hoheit mit einem Deckel versehen.[4] Graf Ludwig von Anjou, der einstige Verlobte Katharinas von Burgund, begleitete seine Mutter: Er erhielt einen Ring, besetzt mit einem Diamanten. Marie de Craon, Erste Hofdame der Königin von Sizilien, erhielt ebenfalls einen Diamanten als Geschenk. Der Ritter Mathieu de Beauveau, Erster Rat am Hof von Anjou, erhielt von Isabeau einen Humpen und eine Karaffe, beides aus vergoldetem Silber. Der junge Prinz Charles schließlich, um den sich die ganze Affäre drehte, bekam von seiner Mutter eine Karaffe und einen Becher im Wert von 208 *livres tournois* geschenkt.

Am 18. Dezember fand im Palais des Königs die Verlobungszeremonie statt. Karl VI. residierte zu dieser Zeit im Louvre, doch der unglückliche König konnte dem Fest nicht beiwohnen, denn er befand sich gerade in tiefer Umnachtung. So wurde der junge Graf Charles de Ponthieu, sein dritter noch lebender Sohn, feierlich mit Marie

4 In einer Versammlung blieb der König üblicherweise bedeckt, während alle Anwesenden ihr Haupt entblößten. Dieses symbolische Prinzip ist auch in der besonderen Ausführung des für den Souverän bestimmten Tafelgeschirrs zu finden.

d'Anjou verlobt. Als Zeugen waren zugegen: Königin Isabeau, der Dauphin Graf Louis de Guyenne, König Ludwig II. von Sizilien und Herzog von Anjou, Charles d'Orléans, Philippe d'Orléans, Graf von Vertus, sowie Graf Bernard II. d'Armagnac und natürlich Yolanda von Aragón. Zweifellos konnten die Anwesenden die Tragweite dieser Zeremonie kaum voraussehen, die eine rein formale Angelegenheit war und doch das Königreich in eine Richtung lenken sollte, von der sie gewiß nichts hätten ahnen können. Nur die Königin von Sizilien hatte dabei wohl eine bestimmte Idee im Kopf. Zumindest darf man davon ausgehen, daß sie nicht unüberlegt gehandelt hatte.

Gewiß, die Verbindung, die man gerade gefeiert hatte, war lediglich ein Heiratsversprechen *per verba de praesenti*, wie es damals offiziell genannt wurde, eine feierliche, doch rein mündliche Zusage. Nach der Auffassung des kanonischen Rechts, das für diesen Bereich zuständig war, entsprach das gesetzliche Alter der Volljährigkeit, um eine Ehe einzugehen, dem Alter der Pubertät, d. h. von vierzehn Jahren bei Knaben und von zwölf Jahren bei Mädchen. Graf Charles de Ponthieu hatte jedoch noch nicht sein elftes Lebensjahr vollendet, und die im Oktober 1404 geborene Marie d'Anjou war noch nicht einmal zehn Jahre alt. Dieser Verlobungskontrakt stellte also eine rein provisorische Zusage dar. Damit die eingegangene Verpflichtung verbindlich und unlösbar wurde und den Status einer Ehe erhielt, bedurfte es einer neuerlichen Zustimmung der beiden volljährig gewordenen Verlobten und eines neuerlichen Segens durch die Kirche. In der Zeit zwischen der Verlobung und der Heirat genügte die Willenserklärung einer der beiden Parteien, um jenen ersten Kontrakt zu annullieren.

Diese Zusage berechtigte die einander auf diese Weise Versprochenen allerdings, bei den Eltern des einen oder anderen unter einem gemeinsamen Dach zu wohnen. Nachdem sie eine Weile in Paris selbst, in Marcoussis und Saint-Marcel am Rand von Paris geweilt hatte, verließ

Yolanda am 5. Januar 1404 wieder die Hauptstadt und nahm ihren künftigen Schwiegersohn Graf Karl von Ponthieu mit. Damit waren die Würfel gefallen: Von nun an war der künftige König von Frankreich dem Einfluß seiner Mutter vollkommen entzogen und befand sich, ob er wollte oder nicht, unter der ausschließlichen Obhut der Königin von Sizilien. Und Yolanda behielt die Leitung in diesem Spiel bis zu ihrem Tod im Jahr 1442 in der Hand.

Dies berechtigt zu mehreren Fragen. Verfolgte die Königin von Sizilien einen minutiös ausgearbeiteten Plan? Konnte sie voraussehen, daß sie nun den Erben des Königreichs in die Hand bekam? Tat sie dies alles, weil sie hoffte, Karl würde eines Tages auf dem Thron sitzen und sie könnte dann inspirierend auf die königlichen Handlungen einwirken? Ist sie in irgendeiner Weise persönlich für den Tod der beiden älteren Brüder ihres Schwiegersohns verantwortlich? Keine dieser Fragen läßt sich beantworten, was sie jedoch nicht weniger beunruhigend macht, zumal sie zwangsläufig sofort weitere Fragen aufwerfen: Welche genaue Funktion hatte ihr Vertrauensmann Tanguy du Chastel bei dem Grafen von Ponthieu? Inwieweit konnte Yolanda von Aragón eine verantwortliche Rolle bei dem – vorsätzlichen oder nicht vorsätzlichen – Mord an Johann Ohnefurcht in Montereau gespielt haben? Hat sie durch die Mittelsmänner, die sie in Lothringen unterhielt, die Aktion der Jeanne d'Arc in die Hand genommen und geleitet? Und welche Rolle spielte Yolanda in der Affäre der mysteriösen Dame de Giac, einer Affäre, in der zwielichtige Figuren wie Pierre de Giac, ein Bourguignon, der nach dem Mord von Montereau zum Armagnac konvertierte, oder Schlüsselfiguren wie la Trémoille oder Arthur de Richemont in Aktion treten?

Nach aller Logik konnte die Königin von Sizilien gegen Ende des Jahres 1413 nicht voraussehen, daß ihr Schwiegersohn einmal der König von Frankreich werden würde. Er kam erst an dritter Stelle als Erbe in Frage, zwei Stufen der gleichen Abstammungslinie trennten ihn vom Thron.

Außerdem waren seine beiden Brüder verheiratet. Aber sie hatten noch keine Kinder, und die zahlreiche Nachkommenschaft von Karl VI. und Isabeau de Bavière war bereits von mehr als einem Verlust getroffen worden. Es war also denkbar, daß der Dauphin Louis oder der nach ihm geborene Sohn Jean einer Krankheit zum Opfer fallen und ausscheiden könnten. So etwas kam häufig vor. Auf diese Weise hatte Isabeau bereits mehrere ihrer Kinder verloren. *Und es war ebenso denkbar, daß Ereignisse eintreten könnten, die das Leben der älteren Brüder von Charles in Gefahr brachten.* Daher mußte Yolanda von Aragón den jungen Grafen von Ponthieu unbedingt in Sicherheit bringen und ihn als *ultima ratio* in Reserve halten. Und wer weiß, ob sich diese Ereignisse nicht herbeiführen ließen? Das wäre nicht zum ersten Mal geschehen: Attentate und Gift dienen häufig den verborgenen Ratschlüssen der Vorsehung, besonders dann, wenn die Vorsehung von einer schönen und intelligenten Herzogin verkörpert wird, die sich bewußt ist, daß sie eine heilige Mission zu erfüllen hat, nämlich das Königreich Frankreich wieder aufzurichten und aus der Anarchie herauszuführen, in der es sich im Augenblick befindet. Damit würde man die Königin von Sizilien natürlich schwer belasten. Man braucht aber nicht eigens zu betonen, daß es keinerlei Beweise gibt, um diese rein hypothetische Annahme zu stützen, die dennoch eine Hypothese unter vielen bleibt. Wie dem auch sei, es handelt sich um eine Arbeitshypothese, mit deren Hilfe die bedeutende – *und leicht zwielichtige* – Rolle der Yolanda von Aragón sichtbar wird. Auf alle Fälle kam sie durch die Vermählung ihrer Tochter mit Prinz Charles und vor allem dadurch, daß sie diesen aus dem politischen Milieu entfernte, in dem er sich bis dahin befand, voll auf ihre Kosten: Denn nun konnte sie ihn zum absoluten Schiedsrichter zwischen den beiden rivalisierenden Parteien machen, zu einem Vermittler, dem niemand den Rang streitig machen konnte, denn die eine wie die andere könnte sich eines Tages glücklich schätzen, ihn als den Rechtmäßigen anzuerkennen. Die Königin von Sizilien spielte auf Gewinn an allen Tischen.

Bei eingehender Betrachtung der Geschehnisse, die mit dem Werdegang Karls VII. verbunden sind, erhebt sich nämlich die berechtigte Frage, was aus diesem ohne die Protektion und die Ratschläge seiner Schwiegermutter geworden wäre. Die Antwort muß lauten: Er wäre zeitlebens nur ein ewiger Anwärter auf die Krone Frankreichs geblieben. Energie zählte kaum zu Karls Qualitäten. Das war zweifellos erblich bedingt: Er konnte ganze Tage und Wochen in eine depressive Apathie verfallen, ohne die geringste Entscheidung zu treffen. Das hat er bei mehr als einer Gelegenheit bewiesen, und Yolanda von Aragón mußte von all ihrer List und Autorität Gebrauch machen, um ihn wieder in den Vollbesitz seiner Willenskraft zu bringen. Er hat es ebenfalls bewiesen, als Jeanne d'Arc im Kerker saß: Er hat nicht einen einzigen Versuch unternommen, um sie zu befreien oder um ihr tragisches Schicksal abzuwenden. Es sei denn, es gab in diesem Fall irgendeinen mysteriösen Grund – einen weiteren –, der ihn zu dieser unverständlichen Tatenlosigkeit zwang. Noch dazu stellt sich gerade hier die Frage: Weshalb hat die Königin von Sizilien, die auf die eine oder andere Weise mit der Mission der Jeanne d'Arc in Verbindung steht, ihren Schwiegersohn nicht gezwungen, zu Gunsten derjenigen zu intervenieren, die ihn in Reims zum König salben ließ? Wenn man sich das Leben Karls VII. betrachtet und dabei gleichzeitig Yolanda von Aragón im Auge behält, entstehen Fragen über Fragen, doch keine davon läßt sich anders als durch Hypothesen oder reine Verdachtsmomente beantworten.

Doch zurück zu den Fakten. Nach seiner Abreise aus Paris, d. h. seit seiner endgültigen Trennung von der Mutter, verbrachte Graf Karl von Ponthieu zwei Jahre in Anjou und in der Provence und lebte – unter Yolandas wachsamer Aufsicht – in Gesellschaft von Marie, die man bereits Gräfin von Ponthieu nannte. Erst im Jahr 1416, nach dem Tod seines Großonkels, des Herzogs von Berry, wird Karl wieder in die Hauptstadt zurückkehren, um dessen Nachfolge als *capitaine général* von Paris anzutreten. Zu diesem Zeitpunkt wird er dreizehn Jahre alt sein. Es versteht sich von selbst, daß Tanguy du Chastel, der *prévôt de Paris*, die Aufgabe haben wird, dem Prinzen zu zeigen, was er zu tun oder zu befehlen hat.

Es wurde behauptet, Isabeau de Bavière hätte ihren Sohn ohne jedes Bedauern fortziehen lassen und bei seinem Aufbruch keinerlei Gefühl gezeigt. Immer wieder wurde gesagt, sie hätte ihren jüngsten Sohn nicht geliebt und dieses Fehlen von Liebe sei bald darauf in Haß umgeschlagen. Vor allem hat man diese scheinbare Gleichgültigkeit als Vorspiel zu den schweren Vorwürfen der Illegitimität ins Feld geführt, mit denen sie später den Dauphin in Texten belasten wird, die zumindest zweifelhaft sind. Die Wahrheit verpflichtet jedoch dazu, die Dinge richtigzustellen: Sie zeigte im Gegenteil sogar sehr großes Interesse für Charles de France. Laut Angabe des Chronisten Jean Chartier – dessen Informationen, was ihre Qualität betrifft, schwer zu bezweifeln sind – empfingen die meisten der einflußreichen Ratgeber, mit denen Yolanda ihren Schwiegersohn umgab, unter der Hand von Königin Isabeau ein Gehalt oder sie wurden von ihr mit Geschenken in Sachwerten entlohnt. Und das bedeutet: Isabeau de Bavière ließ ihrem Sohn nachspionieren und war dadurch über alles, was er tat, und über alles, was er sagte, auf dem laufenden und konnte somit über seine Erziehung wie über seine geistigen Veranlagungen wachen.[5]

Um den 15. Dezember 1415, vier Monate nach dem Desaster von Azincourt, wurde der Dauphin Herzog Louis de Guyenne, der damals im Louvre weilte, »von einer heftigen Ruhr befallen«. Zur größten Verwunderung seiner gesamten Entourage starb der Kronerbe, ob-

---

5 Jean Chartier: *Chronique française de Charles VII.*, Bd. III, S. 272ff.

wohl er ein kräftiger Junge war, ganz plötzlich am Abend des 18. Dezember. Wahrscheinlich starb er eines natürlichen Todes, denn Krankheiten dieser Art ließen sich zur damaligen Zeit durch kein Mittel heilen. Es steht jedoch fest, daß am gleichen 18. Dezember eine burgundische Delegation im Louvre empfangen worden war. Daher versäumte man natürlich nicht, die Hypothese einer Vergiftung aufzustellen, die durch die Krankheit des Dauphins getarnt worden sei. Gewiß, Johann Ohnefurcht war stark daran interessiert, sich Louis vom Hals zu schaffen. Sein Schwiegersohn, der eine sehr schwankende Politik betrieben hatte, zeigte letzten Endes eine antiburgundische Haltung: Der Dauphin hatte die Absicht, sein eigenes Spiel zu spielen, und sein Verhalten kam dem Herzog von Burgund arg in die Quere und hinderte ihn daran, aufs Ganze zu gehen. Man fragt sich aber, weshalb der gerissene Johann Ohnefurcht ausgerechnet die Gelegenheit einer offiziellen Delegation benutzt haben solle, um seine Freveltat zu begehen. Schließlich hatte er in der Umgebung des Königs und des Dauphins genügend viele Komplizen, durch die er seine verschwiegenen Geschäfte auch im dunkeln hätte ausführen lassen können. Außerdem darf man nicht übersehen, daß sich die Königin von Sizilien in der gleichen Lage befand: Auch ihre Getreuen trieben sich auf den Gängen der Macht herum und lagen nicht weniger auf der Lauer als die von Johann Ohnefurcht. Warum sollte also nicht Yolanda von Aragón dahinter stecken? Von nun an trennte nämlich nur noch ein einziger Verwandtschaftsgrad ihren Protégé, den Grafen Charles de Ponthieu, der nun Herzog von Touraine werden sollte, vom Ziel so vieler heimlicher Begehren, nämlich dem Thron.

Am 5. April 1417, eineinhalb Jahre nach seinem Bruder, starb der neue Dauphin Jean in Compiègne, auch er ohne Nachkommen, an einer Krankheit, bei der es sich, wie die Beschreibungen der Chronisten vermuten lassen, wahrscheinlich um eine vereiterte Mittelohrentzündung handelte. Da die Ärzte auch dagegen kein Mittel kannten, kann man auch hier annehmen, daß es sich um einen natürlichen Tod handelte. Aber die dubiosen Umstände, die den Tod des Dauphin Jean begleiteten, etwa die Tatsache, daß man ihn daran hinderte, nach Paris zurückzukehren, so sehr sich Isabeau de Bavière auch bemühte, ihren Sohn wieder zurückzubekommen, all dies belastet die Affäre mit einem mehr als sicheren Verdacht, der zumindest noch mehr begründet ist als im Fall seines Bruders Louis. Und diesmal war das Ableben des Dauphins für den Herzog von Burgund absolut nicht von Vorteil, denn Jean war, nach dem, was uns überliefert ist, voll und ganz Johann Ohnefurcht ergeben, stand er doch unter dem gefürchteten Einfluß seiner Gemahlin Jakobäa von Bayern und seiner Schwiegereltern, die ebenfalls voll auf der Seite des Burgunders standen. Zudem äußern sich gerade die burgundischen Chronisten besonders ausführlich über die Möglichkeit eines Giftmordes an Prinz Jean. Einer von ihnen behauptet gar, der Dauphin sei daran gestorben, daß er sich ein mit Gift getränktes Kettenhemd angelegt und daß dieses Gift sich im Nu in seinem Körper verbreitet habe. Auf alle Fälle kann Johann Ohnefurcht mitnichten im Zusammenhang mit dem plötzlichen Dahinscheiden des Dauphins Jean beschuldigt werden. Wenn es ein Giftmord war, was nicht bewiesen ist (das Gegenteil freilich ebensowenig), wer ist aber dann dieses Verbrechens anzuklagen? Johann Ohnefurcht nutzte die Gelegenheit, um ein Manifest zu veröffentlichen, worin er nicht zögerte, den Tod von Louis wie von Jean als Folge eines zweifachen Verbrechens darzustellen, das er seinen Gegnern, den Armagnacs oder den Räten des Königs, zur Last legte.[6]

Die Armagnacs? Das erscheint absurd, denn die Armagnacs präsentierten sich stets als die besten Garanten der

6 Monstrelet, VI, 60; Alain Chartier, Bd. III, S. 285.

rechtmäßigen königlichen Linie. Sie hätten also viel eher alles darangesetzt, um den Herzog von Burgund zu vergiften. Die Räte des Königs? Das ist ziemlich vage formuliert. Der Kronrat zählte nicht wenige Mitglieder. Dazu gehörte auch Herzog Ludwig II. von Anjou, der König von Neapel und Sizilien, aber dieser war seit mehreren Monaten schwer krank und starb am 20. desselben Monats April 1417; mit seinem Tod wurde Yolanda von Aragón zur Regentin aller seiner Staaten und zur Verwalterin von Personen und Gütern seines Hauses. Der Gerechtigkeit halber muß man hinzufügen, daß die Königin von Sizilien *de facto* bereits seit langem die ihrem Gemahl übertragenen Ämter ausübte. Doch niemand kommt im Zusammenhang mit dem Tod des Dauphins Jean auf Yolanda von Aragón zu sprechen. Vielleicht ist wirklich zu bedauern, daß diese Persönlichkeit bei den zeitgenössischen Chronisten, die sich anscheinend zu sehr von den »Stars« im Vordergrund der Bühne blenden ließen, nicht genügend viel Aufmerksamkeit erregte. Stellt man sich die grundsätzliche Frage, die sich jeder Fahnder in einem ähnlichen Fall zuallererst zu stellen hat, nämlich: »Wem nützt das Verbrechen?«, so fällt die Antwort nicht schwer. Es nützt Karl, dem Grafen von Ponthieu und Herzog von Touraine, dem letzten lebenden Sohn von Karl VI. und Isabeau de Bavière, dem Schwiegersohn, Schüler und Schützling von Yolanda von Aragón, der Königin von Sizilien, Gräfin von Provence und Herzogin von Anjou.

Die Verlobung zwischen Marie d'Anjou und Charles im Jahr 1413 war also das Vorspiel zu einer großangelegten Affäre gewesen, die von nun an in aller Öffentlichkeit ihre weitere Entwicklung nahm und aus einem obskuren, von seiner Familie eher vergessenen, dafür aber von seinen Schwiegereltern gut vorbereiteten kleinen Prinzen den rechtmäßigen Erben der Krone Frankreichs machte. Nun galt es zu handeln, damit dieses Erbe auch Wirklichkeit wurde, denn die Partie war nicht von vornherein gewonnen. Dies sollte Yolanda von Aragón schon bald entdecken.

### *Alison du May und Jeanne d'Arc*

Wie wir bereits festgestellt haben, entsprach die Spaltung Frankreichs in zwei Parteien, die armagnakische und die burgundische, in etwa einem Frankreich des Südwestens und einem Frankreich des Nordostens. Aber damals reichten die Grenzen des französischen Königreichs längst noch nicht bis an den Rhein, und die üblichen Vergötterer der Jeanne d'Arc vergessen in ihrem abgrundtiefen französisch-patriotischen Delirium im allgemeinen zu erwähnen, daß die Heimat der »Guten Lothringerin« dem Heiligen Römischen Reich Deutscher Nation und nicht dem französischen Königreich angehörte, obwohl sie gerade zu dessen Konsolidierung ganz wesentlich beitrug. Dies gehört zu den bizarren Paradoxen der Geschichte. Darunter könnte man auch die Tatsache erwähnen, daß es die Normannen und danach die Herrscher des Hauses Anjou waren, die das moderne England schufen, oder auch, daß der beste – aber auch unlauterste – Premierminister, den Frankreich jemals hatte, der Italiener Mazarin war. In Anbetracht dieser Umstände ist unbegreiflich, welche schwachsinnige Verblendung gewisse Historiker dazu verleitet, sich definitive Urteile über die Königin Isabeau zu erlauben und sie als »fette, podagrische und geistlose Bayerin« zu beschimpfen. Der Chauvinismus trägt maßgeblich zur Schöpfung eines phantastischen Vokabulars bei, das oft nur noch wenig mit der Realität gemein hat.

Zwei Gebiete auf den Territorien des Deutschen Reiches interessierten Johann Ohnefurcht besonders: die Herzogtümer Bar und Lothringen. Der Herzog von Burgund hatte keinerlei rechtliche Macht über sie, und doch machte er sich Hoffnungen, daß sie eines Tages seiner Herrschaft zufallen würden. Das wußte Yolanda von Aragón, und als raffinierte Strategin, die sie war, beschloß sie, diese Gebiete unter armagnakischen Einflußbereich zu bringen, so daß dem Herzog von Burgund ständig ein Schwert im Rücken drohte.

Sie verfügte über diverse Mittel, um dies zu erreichen. Zunächst einmal war sie die Nichte des Fürstbischofs von Bar, der keinen Erben hatte. Johann Ohnefurcht spann seine Intrigen, um dieses Erbe zu erhalten. Yolanda von Aragón beschloß, daß ihm dies mißlingen sollte. Daher schickte sie immer wieder Vertrauensmänner aus, um ihren Onkel ständig zu belagern. Mit Hilfe von Überredungskünsten und Gunsterweisen, unter Einsatz aller Mittel ihrer Dialektik, die, wie wir wissen, höchst subtil war, gelang es ihr schließlich, den greisen Kardinal Ludwig von Bar umzustimmen. Sie erreichte von ihm, daß er ihren zweiten Sohn René d'Anjou, den künftigen König René, der damals erst dreizehn Jahre alt war, offiziell als seinen Nachfolger anerkannte.

Damit war Yolanda von Aragón fein heraus. Das Herzogtum Bar, das heutige Bar-le-Duc, war eine wichtige strategische Position, denn dazu gehörte nicht nur das heutige Département Meuse, sondern auch ein Teil der Vogesen. Die Königin von Sizilien konnte sicher sein, daß sich ihr Sohn René, sobald er das Herzogtum offiziell in Besitz nahm, als treuer Verbündeter von Karl VII., seinem einstigen Spielgefährten am Hof zu Angers, zeigen würde. Um ihren Plan zu vollenden und ihm seine ganze Wirkung zu verleihen, mußte Yolanda ebenfalls erreichen, daß auch Lothringen auf ihre Seite umschwenkte. Und dort hatte sie nicht mehr ein so leichtes Spiel.

Herzog Karl II. von Lothringen war nämlich ein persönlicher Feind seines Nachbarn, des Fürstbischofs von Bar. Zudem hatte seine Allianz mit Johann Ohnefurcht ein solides Fundament, da es durch seine Gemahlin, Margarete von Wittelsbach, gestützt wurde, die sowohl mit der Königin von Frankreich als auch mit dem Herzog von Burgund verwandt war. Diese hielt ihren Gemahl eisern mit der burgundischen Linie verbunden, und es sah so aus, als würde es sehr schwierig werden, ihre Entschlossenheit ins Wanken zu bringen.

Zum Glück hatte der Herzog von Lothringen jedoch eine Schwäche: Er schwärmte für schöne Frauen. Yolanda von Aragón unterließ es daher, sich an die Herzogin heranzumachen, um ihre Überredungskünste an ihr zu versuchen, sondern sie fand Mittel und Wege, eine junge Person voller Charme, Intelligenz und auch Wissen in den Künsten der Erotik aus dem Schatten zu zaubern: Alison du May, eine einfache junge Frau aus dem Volk. Sie ließ sie mit Karl II. zusammentreffen, und diesen ergriff eine verzehrende Leidenschaft für sie. Alison du May spielte ihre Rolle gegenüber dem Herzog von Lothringen so gut, daß sie ihm fünf Bastarde schenkte, was beweist, daß ihre Liaison dauerhaft und solide war.

Dieses Verfahren war damals keine Seltenheit. Im Zusammenhang mit Odette de Champdivers und der Dame de Giac wird davon wieder zu reden sein. Als Karl VII. später, an die subtile Erotik der *Dame de Beauté* Agnes Sorel gewöhnt, allmählich vergreist und zur Impotenz neigt, wird sein Sohn Ludwig XI. sich darum kümmern, ihm eine Frau zu beschaffen, die seine intimen Gelüste befriedigt, nämlich die schöne, betörende Antoinette de Meignelay, eine Nymphomanin und wahre Meisterin der Liebeskunst. Diese Antoinette de Meignelay wird nach dem Tod Karls VII. noch weiter von Nutzen sein: Ludwig XI., ein Spezialist für Schurkenstücke jeglicher Art, wird sie zur Mätresse Herzog Franz' II. von Bretagne machen, und diesen wird sie sein Leben lang für den König von Frankreich ausspionieren. Angesichts solcher Gepflogenheiten wäre es fehl am Platze, Anklage gegen die Königin von Sizilien zu erheben, weil sie Kupplerin gespielt und eines ihrer Geschöpfe demjenigen Mann ins Nest gesetzt hatte, den sie um jeden Preis umgarnen wollte. Im übrigen war der winkende Gewinn diesen Einsatz wert.

Alison du May beschränkte sich nämlich nicht nur darauf, die Sinnenlust des Herzogs von Lothringen zu pflegen und ihm fünf Kinder zu schenken, sondern sie erfüllte auch glänzend ihren Auftrag, eine Allianz zwischen dem Haus Lothringen und dem Haus Anjou herbeizuführen. Zunächst schien kein Weg dorthin zu führen. Welche Mittel Alison du May anwandte, um ihren herzoglichen Liebhaber zu erweichen, weiß man nicht – doch man kann sie sich denken! –, auf alle Fälle konnte Yolanda von Aragón, die Königin von Sizilien, am 20. März 1419 in Foug, unweit der Stadt Toul, mit Herzog Karl II. von Lothringen, genannt »der Kühne«, ein Abkommen unterzeichnen. In diesem Vertrag verpflichtete sich Karl von Lothringen, Isabelle, seine Tochter und einzige legitime Erbin, mit René d'Anjou, Yolandas bereits mehrfach erwähntem zweiten Sohn und Erben des Herzogs von Bar, zu vermählen. Eines nicht mehr fernen Tages würden somit die Herzogtümer Bar und Lothringen unter ein und derselben Krone vereint sein, einer Krone, die ein Prinz von Anjou tragen würde, und zwar ein überzeugter Parteigänger der Armagnacs und der Milchbruder Karls VII. von Frankreich. Der Erfolg der Königin von Sizilien war perfekt. Johann Ohnefurcht mußte seinen Ärger hinunterschlucken, denn er begriff nur zu gut, daß man ihn ausgespielt hatte. Isabeau de Bavière aber mußte zu ihrer Empörung feststellen, daß Yolanda das Unmögliche gelang, und daher steht außer Zweifel, daß sie sich in ihrem Zorn über diese Nachricht noch sehnlicher wünschte, ihre Lieblingstochter Katharina von Frankreich, die trotz ihrer achtzehn Jahre noch frei war, mit dem englischen König Henry V. Plantagenet vermählt zu sehen.[7]

Somit hatte Yolanda von Aragón fortan Zugang zum Herzogtum Bar und zum Herzogtum Lothringen. Und

---

7 In diesem Zusammenhang ist zu betonen, daß Isabeau de Bavière zwei Jahre zuvor für ihren Neffen Ludwig den Höckrigen, den Sohn ihres Bruders Ludwig von Bayern, um die Hand Isabellas von Lothringen angehalten und von Seiten des Herzogs von Lothringen eine kategorische Ablehnung erfahren hatte.

nach allem, was sich aus den zahlreichen bruchstückhaften Zeugnissen aus jener Zeit kombinieren läßt, kann man behaupten, daß sie dies weidlich ausnützte.

Am 20. Oktober 1420 wurde die vertraglich festgesetzte Vermählung zwischen der zwölfjährigen Isabelle von Lothringen und dem elfjährigen René von Anjou gefeiert. Irgendwo in den Grenzmarken zwischen Bar und Lothringen, im Dörfchen Domrémy, lebte damals ein achtjähriges Mädchen, Jeanne d'Arc mit Namen, dem diese Fürstenhochzeit, welche die Vereinigung zweier benachbarter und befreundeter Staaten besiegelte, nicht entgangen sein dürfte. Was das Mädchen jedoch nicht wußte, war, daß diese Vermählung das erste Glied jener Kette bildete, die es einst auf den Scheiterhaufen von Rouen bringen würde.

Nichts geschieht nämlich aus reinem Zufall in dieser vielfach verflochtenen Geschichte, in der sich Isabeau de Bavière, Yolanda von Aragón und Jeanne d'Arc in Gesellschaft noch anderer, noch stärker verkannter Frauengestalten inmitten eines undurchschaubaren Geschehens begegnen, in welchem Personen von Rang agieren und sich gegenseitig umbringen. Man tut dem Andenken der Jungfrau von Orléans keinen Abbruch, wenn man behauptet, daß sie sich eher unfreiwillig in genau jenem Netz wiederfand, das die Königin von Sizilien geknüpft hatte. Damit soll weder die Größe der Jeanne d'Arc in Zweifel gezogen noch behauptet werden, dies könne in irgendeiner Weise Licht in ihre Herkunft bringen, die nach wie vor im dunkeln liegt und umstritten ist. Ob sie ein schlichtes Bauernmädchen, eine Bastardin von königlichem Geblüt oder gar eine Halbschwester Karls VII. war, ändert nichts an den Dingen: An ihrer Aufrichtigkeit läßt sich nicht zweifeln, denn sonst wäre sie ihren Weg nicht bis zu Ende gegangen. Was jedoch in aller Deutlichkeit betont werden muß, ist, daß sie auf keinen Fall die kleine naive, ungebildete Schäferin war, auch wenn die volkstümliche Vorstellungswelt und die Sancta Simplicitas blauäugiger Frömmigkeit bedauerlicherweise so sehr zur Verbreitung dieses schwachsinnigen Bildes beigetragen haben.

Alle Zeugenaussagen stimmen darin überein: Jeanne entstammte einer Familie wohlhabender, fast bürgerlicher Bauern. Sie mußte gewiß keine Schafe hüten. Sie besaß soviel wachen Verstand wie tiefen Glauben. Sie war über alles auf dem laufenden, nicht nur über das, was in ihrem Land, dem Herzogtum, gespielt wurde, sondern auch über das, was sich in jenem erschütterten Europa insgesamt abspielte, in dem die Fehde zwischen Armagnacs und Bourguignons und später der Krieg gegen die Engländer ein Thema war, das die Gespräche in ihrer Familie wie in ihrer Umgebung bewegte.

Die in den Grenzmarken zwischen den Herzogtümern Bar und Lothringen gelegene Seigneurie Vaucouleurs, zu der Domrémy gehörte, lag nämlich mitten in dem Gebiet, wo sich der Kampf zwischen den Armagnacs und den Anglo-Burgundern abspielte. Die Burggrafschaft selbst galt gemeinhin als armagnakisch, doch die Lande des Herzogs von Burgund lagen nicht weit entfernt, und so hatte es durchaus seinen Grund, wenn Yolanda von Aragón so sehr daran gelegen war, daß das Herzogtum Bar und Lothringen auf den »rechten Weg« einschwenkten. Außerdem ist erwiesen, daß Vaucouleurs als Relaisstation für die Boten diente, die die Königin von Sizilien und der König von Bourges dem Herzog von Bar und anderen verbündeten lothringischen Landesherren sandten. Letztendlich war Vaucouleurs die Drehscheibe der armagnakischen Spionage und zugleich eine Art militärisches Hauptquartier an der rückwärtigen Front gegen die Burgunder.

Aufgrund der verschiedenen Zeugenaussagen aus dem Prozeß gegen Jeanne d'Arc sowie aus dem Gegenprozeß zu ihrer Rehabilitation können wir davon ausgehen, daß Jeanne schon sehr bald, nachdem sie um das Jahr 1425 die Offenbarung ihrer Mission erhalten hatte, mit den einflußreichen Stellen ihres Landes in Kontakt stand. Régine Pernoud hat nachgewiesen, daß die Pucelle bereits Ende

Januar 1428 in Begleitung ihres Onkels Durand-Laxart den Herzog von Lothringen in Nancy aufgesucht hat. Dort wurde sie von Karl dem Kühnen, obwohl er damals erkrankt war, freundlich empfangen und hatte vielleicht auch Gelegenheit, an seinem Krankenlager seiner Tochter Isabelle und seinem Schwiegersohn René d'Anjou zu begegnen. Was sagte sie dem Herzog? Darüber wissen wir nichts, doch es ist sicher, daß sie ihm von der Mission erzählte, mit der sie sich betraut fühlte. Nach den Aussagen des Oberstallmeisters Bertrand de Poulengy, der sie nach Chinon begleiten wird, suchte sie Sire de Baudricourt im Mai 1428 zum ersten Mal auf, um von ihm eine Eskorte zu erbitten. Robert de Baudricourt hielt sie zunächst für eine Verrückte, doch wie man weiß, suchte sie ihn ein zweites Mal auf und erhielt, was sie verlangte.

Wenn man alle verfügbaren Fakten analysiert und miteinander kombiniert, so erkennt man, daß der *Fall* Jeanne d'Arc in Nancy und Vaucouleurs bereits einige Monate vor dem Aufbruch des Mädchens nach Chinon bekannt war. Daß Yolanda von Aragón durch die verschiedenen Boten, die für die Verbindung zwischen Lothringen und dem Hof Karls VII. sorgten, darüber nicht infomiert worden wäre, erscheint höchst unwahrscheinlich. Und dafür gibt es sogar einen guten Grund: Jeanne d'Arc sprach nämlich davon, König Karl in Reims weihen zu lassen. Alles, was Karl VII. betraf, war für Yolanda von Aragón von Interesse, schließlich war es das Ziel ihres Lebens, den Mann, den sie sich zum Schwiegersohn ausersehen hatte und der ihrer Auffassung nach die Legitimität repräsentierte, auf einen möglichst soliden Thron zu setzen. Wenn nun Jeanne d'Arc von Sire Robert de Baudricourt eine Eskorte erhielt, um nach Chinon zu ziehen, und wenn sie vom König empfangen wurde, so kann dies nur mit dem Einverständnis der Königin von Sizilien geschehen sein.

Ihr Ziel war nämlich klar: Karl befand sich damals in einem völlig apathischen Zustand, und man mußte dringend etwas finden, was ihm seine Energie wieder zurückgeben konnte. Er zweifelte an allem, an sich selbst, an seiner Abstammung. Damit er seine Selbstsicherheit wiederfand, damit er endlich begriff, daß er dazu erwählt war, das Königreich wieder zu vereinen, bedurfte es eines Zeichens. Sobald die Königin von Sizilien von Jeannes »Sendung« erfuhr, stürzte sie sich natürlich auf diese Gelegenheit. Gewiß, in allen wirren Epochen der Geschichte herrschte an Propheten, Prophetinnen und Seherinnen jeglicher Art niemals Mangel. Die Epoche Karls VII. bildete keine Ausnahme dieser Regel. Das Entscheidende war, unter den diversen Zeichendeutern und Wahrsagern, von denen es auf der einen wie der anderen Seite nur so wimmelte[8], nicht irgendeine, sondern *die richtige Wahl* zu treffen.

Wie die meisten Monarchen und Fürsten ihrer Zeit hatte Yolanda noch den antiken Brauch bewahrt, den in den Sternen gelesenen Vorhersagen zu glauben, den alten von Land zu Land getragenen Sagen und Legenden zu vertrauen. Daher mußte ihr auch eine uralte, dem Zauberer Merlin[9] zugeschriebene Weissagung bekannt gewesen sein, worin dieser verkündete, *einst werde ein junges Mädchen aus den Marken Lothringens kommen, um die feindlichen Bogenschützen zu bezwingen.* Und hatte der Dichter Robert

---

8 Als Heinrich VI. in Paris zum König von Frankreich gekrönt wurde, hatten die Engländer einen solchen ausfindig gemacht. Es handelte sich um einen Hirten, Propheten und Stigmatisierten. Schließlich mußte unbedingt ein wirksames Pendant zur »Zauberin« Jeanne d'Arc gefunden werden.

9 Seit dem 12. Jahrhundert kursierten unter dem berühmten Namen Merlin in Latein oder in der Volkssprache diverse Prophetien in einem systematisch verrätselten Stil, so daß sie sich auf jede erdenkliche Situation beziehen ließen. Diese Texte haben natürlich nichts mit der Gestalt Merlins selbst zu tun, bei dem es sich um einen authentischen bretonischen Barden aus dem 6. Jahrhundert handelt, der mit der Zeit zu einer Figur der Artusromane wurde. Vgl. Jean Markale: *Merlin l'Enchanteur*, Paris 1981.

Blondel nicht in einer seiner *Complaintes* verkündet, der Engel des Sieges werde eine Jungfrau sein? Und da man glaubte, die heilige Zartheit einer Jungfrau verleihe dieser eine Kraft, die die Mächte des Bösen bezwingen konnte[10] – weshalb sollte die Herzogin Yolanda da nicht auf den Gedanken gekommen sein, nur eine Person wie die Pucelle aus Domrémy könne den Franzosen jeglichen Standes wieder Hoffnung geben und dem *wahren König* den nötigen Mut verleihen, um *die Engländer aus Frankreich zu vertreiben*?[11]

Überdies findet sich hier der Grundmythos des Christentums wieder. Auf der einen Seite gab es Eva, verantwortlich für alle Übel der Menschheit, belastet und befleckt mit Sünde, die große Hure, die die Welt in den Schmutz gezogen hatte: nämlich Isabeau de Bavière, die schlechte Gemahlin, schlechte Mutter und schlechte Königin, die Frankreich dem Teufel, d. h. dem König von England ausgeliefert hat. Zum Glück gab es aber auf der anderen Seite die unbefleckte Jungfrau Maria, Mutter Gottes, Retterin der Welt, Heilerin des von Eva angerichteten Chaos: Das war eindeutig Jeanne d'Arc, die schlichte, die reine Magd, die Jungfrau, die als einzige in der Lage war, Frankreich wieder zu Kräften zu bringen. Auf diese Weise in ihren eigentlichen Kontext gesetzt, wird die Geschichte der Jeanne d'Arc auf einmal völlig verständlich. Yolanda von Aragón aber ist diejenige, die sich der Reihe nach der Kurtisane Alison du May und der mystischen Jungfrau Jeanne d'Arc bedient, um das nun folgende Drama zu inszenieren.

---

10 Das 15. Jahrhundert ist die Epoche, in der der Mythos von der »Dame mit dem Einhorn« entsteht, der in der berühmten Tapisserie im Musée de Cluny eine glänzende Darstellung fand.

11 Micheline Dupuy: *Le Chaos d'où sortit la France,* Paris 1980, S. 341f.

# *Odette de Champdivers*

Der Frau, die man zu ihrer Zeit *la petite reine* nannte, war ein ungewöhnliches Schicksal beschieden. Odette de Champdivers wurde vielleicht etwas zu vorschnell als unbedeutende Persönlichkeit abgetan, denn sie hat, wie es scheint, eine wesentlich bedeutendere, wenn auch noch von tiefem Dunkel umgebene Rolle gespielt. Sie war die Tochter eines Stallmeisters am Hof Karls VI. Um das Jahr 1402 hatte sie der Kronrat mit voller Zustimmung von Isabeau de Bavière dazu erwählt, dem wahnsinnigen König »Gesellschaft zu leisten«. Letztlich war sie also eine offizielle Konkubine mit einer delikaten humanitären Mission: die Sinnenlust des Monarchen zu befriedigen und ihn mit allen Aufmerksamkeiten zu umgeben. Tatsächlich zeigte sich Odette de Champdivers diesem Auftrag voll gewachsen. Mit großer Geduld und Hingabe blieb sie zwanzig Jahre lang Karl VI. verbunden, und in ihren Armen hauchte der Unglückliche, von seiner Familie im Stich gelassen, sein Leben aus. 1407 brachte sie eine Tochter, Marguerite, zur Welt, die später, im Jahr 1428, von Karl VII. legitimiert und mit Jean de Harpedenne, Seigneur de Belleville, einem pikardischen Ritter, vermählt wurde. In bestimmten Dokumenten wird behauptet, Odette de Champdivers hätte noch eine weitere Tochter bekommen, aber von dieser ist nichts bekannt.

Es gehört zum guten Ton, das Los dieser zarten und bildschönen jungen Frau zu bedauern, die sich zum Wohl ihres Souveräns aufgeopfert habe. Die Wirklichkeit sieht vielleicht etwas anders aus. Man weiß nämlich, daß Odette de Champdivers von verschiedenen Herren aus dem königlichen Rat für ihre Hingabe einige sehr stattliche Landsitze erhielt. Der großzügigste unter diesen Gönnern war mit Sicherheit der Herzog von Burgund; dies gibt zu denken und wirft verwirrende Fragen auf. Für wen arbeitete Odette de Champdivers? Wahrscheinlich für alle zugleich. Da aber die Geschenke des Herzogs von Burgund besonders großzügig waren, konnte sich Odette vielleicht zu einem bestimmten Zeitpunkt selbst sehr burgundisch gefühlt und den König in diesem Sinn beeinflußt haben. Dies wäre nur logisch, denn wir dürfen nicht vergessen, daß Karl VI. in den Perioden der Besserung, wenn seine Krankheit sich legte, stets pro-burgundische Gefühle gezeigt hat. Man kann sogar noch weiter gehen und sich fragen, ob Odette de Champdivers ihr ständiges Zusammensein mit dem umnachteten König nicht dazu genutzt hat, ihn ganz bewußt in einem Zustand von Abgestumpftheit und Schwachsinn zu halten. Die Regierungsunfähigkeit des Königs war nämlich für alle – und zuallererst für Johann Ohnefurcht – von Vorteil. Nach dem Tod des Königs zogen sich Odette und ihre Tochter in das Herzogtum Burgund zurück, und dort wurden sie von Philipp dem Guten beschuldigt, sie würden Karl VII., den König von Frankreich, mit Informationen versorgen. Wahrscheinlich traf das auch zu. Es ist ebenfalls sehr wahrscheinlich, daß Yolanda von Aragón in irgendeiner Weise dahintersteckte.

Denn schließlich täte man der Königin von Sizilien unrecht, wenn man glaubte, sie sei nicht auf die Idee gekommen, sich zur Verwirklichung ihrer politischen Pläne der einzigen Person zu bedienen, die sich ständig in der Nähe des schwachsinnigen Königs aufhielt, und anschließend Odettes Beziehungen zu Burgund zu nutzen, um sie zu ihrer Nachrichtenagentin auf dem Terrain des Feindes zu machen, den es zu überwachen galt. All dies entspräche ganz dem Geist der Yolanda von Aragón, die stets bereit war, Menschen und Umstände dazu auszunutzen, um den Zusammenhalt und die Macht des Königreiches zu sichern.

Außerdem wird mit dem Namen Odette de Champdivers stets ein Geheimnis verbunden bleiben. Hatte sie von Karl VI. noch eine zweite Tochter oder nicht? Und wenn es diese zweite Tochter gegeben hat, weshalb verliert sich dann ihre Spur? Könnten wir diese Fragen beantworten, ließe sich ohne Zweifel auch das verwirrende Problem der wahren oder angeblichen Herkunft der Jeanne d'Arc klären. Immerhin wurde als durchaus plausible Hypothese angeführt, die Pucelle aus Domrémy könnte eine Halbschwester Karls VII. gewesen sein: Von da ist es nicht mehr weit bis zu der Behauptung, Jeanne d'Arc sei die Tochter von Odette de Champdivers gewesen. Das berühmte Geheimnis, das Jeanne d'Arc in Chinon Karl VII. anvertraut haben soll, kann den Wert dieser Hypothese nur bestätigen. Auch hier könnten wir an der Stelle, wo die Wege sich kreuzen, wiederum Yolanda von Aragón begegnen. Diese zweite Tochter von Karl VI. und Odette de Champdivers könnte leicht in jenem Jahr 1411 zur Welt gekommen sein, das man als das Geburtsjahr der Jeanne d'Arc annimmt. Sind wir denn überhaupt sicher, daß diejenige Jeanne d'Arc, die auf Schloß Chinon empfangen wurde, auch das junge Mädchen war, das von Vaucouleurs aufgebrochen war? Im Jahr 1411 hatte die Königin von Sizilien ihre burgundische Allianz aufgekündigt und beschlossen, das Spiel des Königs von Frankreich zu spielen. Daher ist sehr gut denkbar, daß Yolanda sich des Kindes bemächtigt und es bis zu dem Tag verborgen gehalten hat, wo es ihr nützlich werden könnte. Die Königin von Sizilien las leidenschaftlich gerne höfische Ritterromane, und die Sage von Merlin dem Zauberer, der das Kind, aus dem später der berühmte König Artus werden wird, auf die Seite schafft, als es zur Welt kommt, war ihr bekannt.

All dies hört sich an wie aus dem Reich des wildesten Abenteuerromans. Aber die ganze Epoche, in der sich diese Ereignisse abspielen, ist ein Roman, den kein Romancier sich trauen würde zu schreiben, so weit stellt die damalige Wirklichkeit selbst die kühnste Fiktion in den Schatten. Dies ändert jedoch nichts an der Tatsache, daß Odette de Champdivers, die Konkubine Karls VI., des umnachteten Königs, nicht weniger ihren Platz in der Geschichte hat als Isabeau de Bavière, für die sie niemals eine Rivalin, sondern viel eher ein Ersatz gewesen war.

## *Die Dame de Giac*

Die Geschichte der Dame de Giac klingt nicht mehr wie ein Roman, sondern eher wie eine Vorstadtkomödie vor einem tragischen Hintergrund. Das fängt schon damit an, daß sich die Historiker nicht einmal einig sind, wen sie mit dieser Dame de Giac meinen: die Mutter oder die Schwiegertochter? Die Mutter war Jeanne de Peschin, Dame de Bréon, die Tochter von Imbault und Blanche Le Bouteiller. Ihr Bruder Jacques de Peschin war ein Kampfgefährte von Tanguy du Chastel. 1376 hatte sie per Vertrag Louis de Giac, den Kammerherrn des Herzogs von Burgund, geehelicht. Sollte es sich tatsächlich um sie handeln, so müßte man glauben, daß sie trotz ihres schon recht fortgeschrittenen Alters im Jahr 1419 noch unbestreitbar mächtige Reize besaß, denn sie soll nicht nur die Mätresse Johanns Ohnefurcht, sondern auch seine inspirierende Kraft gewesen sein. Auf alle Fälle gehörte ihr Sohn Pierre de Giac zu seinen engen Vertrauten.

Wahrscheinlicher ist jedoch die Annahme, daß es sich bei der berühmten Dame de Giac um Jeanne de Naillac, die Gemahlin von Pierre de Giac und ehemalige Hofdame der Königin Isabeau, handelt. Ihr jugendliches Wesen und ihre Vertrautheit mit den Korridoren des Palais entsprechen eher den Fakten, die ihr zugeschrieben werden. Denn auf alle Fälle hat sie, wer immer sie nun war, in den Jahren 1418-1419 eine beachtliche Rolle gespielt. Man sagte ihr nach, sie sei die Mätresse des Herzogs von Burgund gewesen, und das ist durchaus möglich: Nur müßte in diesem Fall Pierre de Giac damit einverstanden gewesen sein, woraus wiederum zu schließen wäre, daß es verborgene Gründe für dieses Verhalten gab. Zumindest ist sicher, daß sie großen Einfluß auf Johann Ohnefurcht hatte. Die Dame de Giac war die entscheidende Kraft dafür gewesen, daß 1419 die Verhandlungen zur Aussöhnung zwischen Johann Ohnefurcht und dem Dauphin Charles zustande kamen, und unter diesen Umständen muß man feststellen, daß sie exakt die gleichen politischen Ziele verfolgte wie diejenige, die zu diesen Verhandlungen anregte, nämlich Yolanda von Aragón. Ob daraus zu schließen ist, daß auch die Dame de Giac in Yolandas Auftrag handelte, läßt sich schwer sagen. Daneben wurde auch behauptet, sie habe in Isabeaus Diensten gestanden, und ihr Gemahl sei Isabeaus Liebhaber gewesen; das läßt sich zwar in keiner Weise belegen, doch unmöglich ist es nicht. Sicher ist nur, daß sie im Jahr 1419 nicht Königin Isabeau, sondern eindeutig der Königin von Sizilien diente. Wie wir wissen, wollte sich Johann Ohnefurcht nicht zu dem fatalen Treffen vor Montereau begeben. Sein Astrologe hatte ihm vorausgesagt, ihm werde dort ein Unglück zustoßen. Der Herzog von Burgund hatte auch selbst düstere Vorahnungen und schob die Begegnung von Tag zu Tag hinaus. Daher hatte man ihm Tanguy du Chastel und Jacques de Peschin gesandt, um ihn zur Teilnahme an der Begegnung zu zwingen. Johann Ohnefurcht hatte jedoch mit Ausflüchten geantwortet. Daher mußte die Dame de Giac – darin stimmen alle Chronisten überein – einschreiten und Herzog Johann erst buchstäblich den Befehl erteilen, er habe sich zu dem Treffpunkt auf der Brücke von Montereau zu begeben, bevor er sich widerwillig auf den Weg machte. Was dann geschah, ist bekannt: Johann Ohnefurcht wurde durch einen Schlag auf den Kopf getötet und ihm wurde – *genau wie Ludwig von Orléans* – eine Hand abgehackt. Der exakte Hergang der Tat wurde nie wirklich geklärt. Ein Racheakt der Orléans? Überreiztes Mißtrauen, das einen der Getreuen des Dauphins dazu verleitete, den Herzog anzugreifen? Daß der Dauphin Charles persönlich für die Tat verantwortlich war, ist auf alle Fälle völlig ausgeschlossen. Inwieweit Tanguy du Chastel, der den Dauphin, als das Handgemenge ausbrach, sofort packte und in Deckung zog, mit der Sache zu tun hatte, läßt sich dagegen schwer ermitteln. Lange Zeit galt Tanguy du Chastel wenn nicht als der Mörder – das war unmöglich, da er den Dauphin aus der Gefahrenzone herauszog, *bevor* der tödliche Schlag gegen Herzog Johann erfolgte –, so doch zumindest als der Anstifter zu dem Komplott, das hinter dem Rücken des Dauphins geschmiedet wurde. Als er sich öffentlich rechtfertigte, konnte Tanguy du Chastel die Anklage, er habe den Schlag ausgeführt, entkräften. Was aber den Rest betraf? Darüber verlor er kein einziges Wort. Das ist unschwer zu begreifen, denn wir dürfen nicht vergessen: Der Bretone war der »böse Geist« der Königin von Sizilien.

Und wie ist zu beurteilen, daß Pierre de Giac und seine Gemahlin nach dem Mord auf der Brücke von Montereau mit Sack und Pack in das Lager der Armagnacs überwechselten? Dieser Verrat muß zumindest stutzig machen, zumal Pierre de Giac schon sehr bald bei Karl VII. in hohen Gunsten stehen und im Jahr 1426 sogar zum Ersten Kammerherrn des Königs aufsteigen wird. War dies die Belohnung für die besonderen Dienste, die er der französischen Sache im burgundischen Lager erwiesen hatte, oder war es die Bezahlung für den Einfluß seiner Gemahlin auf Johann Ohnefurcht? Im übrigen gehen die Chronisten entschieden zu weit: Manche behaupten, das Verhalten der Dame de Giac sei darauf zurückzuführen, daß sie in sehr jungen Jahren den künftigen Dauphin gekannt habe, als sie noch Isabeaus Hofdame war. Andere behaupten dagegen, sie habe auch für Karl VII. amouröse Gefühle gehegt, und so habe der König nicht ohne Grund Pierre de Giac statt Arthur de Richemont als seinen Kammerherrn gewählt. Wem soll man glauben? Je eingehender man den Fall der berühmten Dame de Giac untersucht, desto tiefer verfängt man sich in keineswegs unzusammenhängenden, sondern extrem miteinander verflochtenen Details.

Denn die Geschichte ist damit noch nicht zu Ende. Man erzählte sich damals, Pierre de Giac habe als Gegenleistung für die materiellen Güter, nach denen er hungerte, für Erfolg in seinen Amouren, für Macht und Reichtum ohne Maßen seine rechte Hand dem Teufel verschrieben. Zumindest was den Reichtum anbetraf, schien ihm das Glück gewogen zu sein. Über die weitere Entwicklung der Dinge gibt es jedoch zwei einander widersprechende Versionen: Die eine berichtet uns vom Tod der Dame de Giac. Nachdem ihm die lockeren Sitten seiner Gemahlin stets bestens gedient hatten, soll in Pierre de Giac plötzlich eine wilde Eifersucht ausgebrochen sein. Als die Dame de Giac in gesegneten Umständen war, soll er sie eines Nachts gezwungen haben, Gift zu nehmen, dann soll er sie an die Kruppe eines Pferdes gebunden, auf dem Bauch bis in ein Gehölz zu Tode geschleift und dort verscharrt haben. Als Entschuldigung habe er vorgebracht, er sei in Catherine de l'Ile-Bouchard, Gräfin von Tonnerre, eine begüterte Witwe, verliebt gewesen und habe sie einige Wochen später geheiratet.

Die zweite Version der Geschichte hüllt sich über den Tod der Dame de Giac in Schweigen und geht sofort zu dem über, was danach folgte. Demzufolge gewann Pierre de Giac bei Karl VII. mehr und mehr an Einfluß und arbeitete offen darauf hin, diesen von der Königin von Sizilien zu trennen, die er als Hindernis auf seinem Weg nach oben betrachtete. So stellte er eine Garde von Männern auf, die seiner Sache voll und ganz ergeben waren – und reichlich von ihm geschmiert wurden; diese sollten den König umgeben und verhindern, daß sich zu viele Leute von Arthur de Richemont – der inzwischen zum *connétable de France* avanciert war – in dessen Nähe herumtrieben. Pierre de Giac gebärdete sich wie ein wahrer Tyrann, womit er in seiner Umgebung wilden Haß erregte. Sein erbittertster Feind war im übrigen ausgerechnet Arthur de Richemont, der nach einer Unterredung mit der Königin von Sizilien beschloß, ihn auf dem Posten des Ersten Kammerherrn durch seinen Protégé Sire Georges de la Trémoille ersetzen zu lassen. La Trémoille schloß sich dem Komplott von Yolanda und Richemont um so schneller an, als er leidenschaftlich in die Dame de Giac (Jeanne de Naillac oder Catherine de l'Isle-Bouchard?) verliebt war und den günstigen Moment kommen sah, wo er den Gemahl ohne die geringste Gefahr aus dem Weg räumen konnte. Es kam zu einer Auseinandersetzung zwischen Giac und La Trémoille vor den Augen des Königs, und dieser gab Giac recht. Von Richemont ermutigt, schwor La Trémoille, sich zu rächen. Während der Hof Karls VII. in Issoudun weilte, blieb Giac, der dem König gefolgt war, im Schloß stets in seiner Nähe. Eines Morgens tauchten bei Tagesanbruch plötzlich La Trémoille und Richemont, eskortiert von einem Trupp bewaffneter Männer, vor den Gemächern des Ministers auf, ließen mit Axthieben die Tür aufbrechen und überraschten ihn im Bett. Sie gaben ihm nicht einmal Zeit, sich anzukleiden, zwangen ihn, mit ihnen nach Bourges aufzubrechen, und ließen ihn von da aus auf das Schloß Dun-le-Roi bringen. Dort befand sich ein Tribunal, das über ihn – angeblich wegen Verrats – Gericht hielt. Nach kurzen Formalitäten wurde er zum Tode verurteilt, in einen Sack geschnürt und in den Fluß geworfen. Bevor er in den Sack eingeschlossen wurde, habe er, so wird behauptet, um die Gunst gefleht, man möge ihm die rechte Faust abschlagen, damit Satan ihn nicht aufgrund des Paktes, den er mit ihm geschlossen habe, in die Hölle entführe. Wie es scheint, wurde ihm diese Bitte gewährt.

Richemont behauptete, er habe zum Wohl des Königs gehandelt. Zumindest eine Weile wurde Pierre de Giac außer vom König auch von niemandem bedauert. La Trémoille vermählte sich im Monat darauf mit der Witwe des Ertränkten. Nachdem der König sich schließlich mit den Tatsachen abgefunden hatte, fragte er Arthur de Richemont um Rat, wen man zum neuen Kammerherrn ernennen könnte. »Nehmt La Trémoille«, meinte Richemont. »Den kennt Ihr schlecht«, entgegnete der König, »und Ihr werdet Euren Rat noch bereuen.« Trotzdem ließ der Konnetabel in vollem Einvernehmen mit Yolanda von Aragón La Trémoille das Amt der Oberfinanzintendanz und den Vorsitz im Kronrat übernehmen. Doch sollte der König recht behalten: Ohne Rücksicht auf den Mann, der ihn protegiert hatte, begann der neue Minister mit allen Kräften gegen Richemont zu intrigieren. Schließlich kam es sogar so weit, daß der Konnetabel sich ausgerechnet in einem Moment, wo der Kampf gegen die Engländer dringend der Unterstützung aller bedurft hätte, halbwegs in Ungnade gefallen sah. Der Konnetabel wartete erst mehrere Jahre ab, bevor er sich rächte: Im Jahr 1432 ließ er, nachdem er wieder das volle Vertrauen des Königs erlangt hatte, immer noch mit Zustimmung Yolandas von Aragón La Trémoille verhaften, warf ihn in einen Kerker und ließ ihn auf seinem Posten durch Charles d'Anjou, den Sohn der Königin von Sizilien, ersetzen. Soweit der Epilog zur Affäre um die Dame de Giac; auch in dieser Tragikomödie begegnen wir wieder auf Schritt und Tritt dem Namen Yolanda von Aragón. Der Vollständigkeit halber sei noch hinzugefügt, daß Arthur de Richemont, der inzwischen Herzog von Bretagne geworden war, im Jahr 1458 wahrscheinlich durch einen Giftmord starb, daß La Trémoilles Enkel als General der Armeen Karls VIII. 1488 bei Saint-Aubin-du-Cormier das bretonische Heer besiegen wird und daß diese Niederlage praktisch das Ende der bretonischen Unabhängigkeit bedeutet.[12] Die Geschichte ist eben keine Folge isolierter Ereignisse: Alles hängt zusammen, und manchmal können die kleinsten Details ein wenig Licht in die Zonen des Dunkels bringen, die auch dann noch groß genug sind, denn die Handlungen der Menschen bleiben undurchschaubar.

12 Einer der berühmten Besiegten in dieser Schlacht (der sich somit im bretonischen Heer gegen Frankreich befand) war Ludwig von Orléans, der künftige Ludwig XII. von Frankreich und Sohn des Dichters Charles d'Orléans. Vgl. Jean Markale: *Anne de Bretagne,* Paris 1980.

Inmitten all dieser Frauen, deren Leben recht bewegt verläuft, macht Königin Isabeau de Bavière eine eher einsame, wenn nicht gar seßhafte Figur. Gewiß, ab 1413 hatte die Königin infolge ihres unmäßigen Appetits und ihrer zwölf Schwangerschaften an Fülle zugenommen und konnte sich so leicht nicht mehr bewegen. Außerdem fühlte sie sich alt werden. In einer Zeit, wo die Lebensmitte bei etwa dreißig Jahren lag, hatte sie dieses Kap bereits überwunden und wußte, daß für sie nun die Gnadenfrist begann. Nach den Aussagen ihrer Zeitgenossen stellte sich bei ihr eine tiefe Angst vor dem Tod ein. In den Augen der Königin bot das Leben nur noch Kummer und Elend: Die Zeit der Schönheit und der Genüsse war nun zu Ende. Für Isabeau, die in den Jahren ihrer Jugend wegen ihrer Schönheit gefeiert, umschmeichelt und gerühmt worden und scharenweise von wirklichen oder imaginären Liebhabern umgeben gewesen war, muß diese Erkenntnis besonders schmerzlich gewesen sein. Zu alledem verfolgte man sich in ihrer Umgebung weiterhin gegenseitig mit Mord und Totschlag. Sie hatte mehrere Kinder verloren. Ihr Gemahl, der König von Frankreich, siechte in einem Wahnsinn dahin, der immer unheilbarer erschien. Die Lektüre des *Roman de la Rose* und der Gedichte von Guillaume de Machaut dürfte die Königin nur noch in tiefere Schwermut gestürzt haben. Vielleicht konnten ihr die Gedichte der nur fünf Jahre älteren Christine de Pisan, die ihre Witwenschaft und Einsamkeit beklagte, zugleich aber auch rühmte, ein wenig Trost spenden. Doch Isabeau fühlte sich allein und verlassen.

Im Dezember 1415 kehrte die Königin von Melun nach Paris zurück. Sie ließ sich auf den Schultern von Männern, die einander schichtweise ablösten, in einer Sänfte tragen. Während dieser Reise dürfte sie mit Wehmut den wilden Galoppritten hoch zu Roß in ihrer Jugend nachgetrauert haben, die sie stets so sehr geliebt hatte. Sich in den Sattel zu schwingen, sei es auch nur zu einem Spazierritt in gemächlichem Schritt, daran war nun nicht mehr zu denken. Auf jene schnellen, leichten Reisekutschen, die sie bis dahin benutzte, mußte sie ebenfalls verzichten: Die Erschütterungen der Fahrt wurden ihr unerträglich.

Im April 1416 wurde die Königin vom Podagra, der Fußgicht befallen. Wollte sie sich durch die Räume ihrer Residenz bewegen, war sie nun gezwungen, sich in einem Rollstuhl schieben zu lassen. Zeitweise konnte sie zwar wieder ihre Beine gebrauchen, doch dies reichte nur zu kurzen Wegen mit langsamen, kraftlosen Schritten. Diese immer größer werdende Schwerfälligkeit in der Bewegung wirkte sich in gewisser Weise auch auf ihre Psyche aus und verstärkte ihre entsetzliche Angst, man könnte sie angreifen, ohne daß sie zu fliehen imstande wäre. Sie hatte erfahren, daß sich Johann Ohnefurcht im Hôtel d'Artois, seiner Pariser Residenz in der Rue Mauconseil, ein befestigtes, aus Stein gemauertes Gemach hatte bauen lassen, das jedem Angriff standhielt, und daß er sich dorthin zur Nachtruhe zurückzog. Als die Nachricht des Krieges gegen die Engländer und zusätzlich die des Krieges gegen die Bourguignons ihren Ängsten neue Nahrung gaben, hatte sich Isabeau sowohl in Vincennes als auch im Hôtel Saint-Paul »holzbewehrte Gemächer« anlegen und mit den verschiedensten Systemen von Schlössern versehen lassen, die man häufig auswechselte, um zu verhindern, daß zu rasch bekannt würde, wie sie funktionierten. Dort begab sie sich nachts zur Ruhe, unter ständiger Aufsicht von Wächterinnen oder Pflegerinnen, die einander ablösten, um über sie zu wachen.

Denn Isabeau de Bavière war um ihre Sicherheit nicht weniger besorgt als um ihre Gesundheit. Man kann jedoch guten Gewissens hinzufügen, daß die Medizin, wie sie damals praktiziert wurde, und die Akte der Frömmigkeit, die die Königin pflegte, einen doppelten Aberglauben darstellten, den sie auf eine kuriose Art kombinierte: Sie trank *aurum potabile*, ein Resultat gelehrter alchemistischer

Rezepte, sowie zerriebene Edelsteine in Form von Elixieren, die sie zumeist aus Tränkleinküchen von Scharlatanen bezog, die damals groß in Mode waren. Daneben ließ sie sich aber auch von einem echten Arzt, Maître Guillaume le Pelletier, dem »Physikus des Königs«, behandeln. An die Wirkung seiner Heilmittel scheint Isabeau aber nicht sonderlich geglaubt zu haben, denn dieser Doktor wurde zusätzlich noch beauftragt, »an Stelle der genannten edlen Dame und als Gebet für sie eine Novene in der Kirche von Notre-Dame de Montfort lesen zu lassen«. Darüber hinaus »beging« die Königin ununterbrochen auf eigene Kosten Wallfahrten zu allen möglichen Gnadenorten – jedoch *per procura*, d. h. sie ließ sie stellvertretend durch Dritte unternehmen.[13] Als sie ihren Sohn, den Dauphin Jean, verlor, beauftragte Isabeau einen ihrer Beichtväter zur Zahlung von »9 *livres*, 6 *sous* an Schwester Jeanne La Brune, Nonne zu Saint-Marcel, für 36 Stunden, die selbige Schwester an Stelle meiner besagten Herrin, der Königin, und zum Gebet für sie gefastet hatte.« (Jean Chartier)

Wo immer die Königin von Frankreich, begleitet von ihren Hofdamen, ihre Residenz einrichtete, beherbergte sie eine vielköpfige Garnison von Bewaffneten bei sich, die für die Sicherheit ihres gemeinsamen Wohnsitzes zu sorgen hatte. Mit Hilfe der bereits erwähnten minutiösen Vorsichtsmaßnahmen gelang es Isabeau, ihre Person von allen zu isolieren. So hielt sie – abgesehen von dieser »Wohngemeinschaft« – eine Umgebung von sich ab, die ihr gefährlich werden konnte, denn an den Höfen wimmelte es von Spionen und Agenten sämtlicher Parteien. Wie es scheint, zeigten diese Maßnahmen, was die Hofda-

---

13 Diese Form der Wallfahrt bzw. Pilgerfahrt war im übrigen keine Seltenheit und wurde früher häufig praktiziert. Noch zu Beginn unseres Jahrhunderts gab es in bestimmten Gegenden wahrhaft professionelle Wallfahrerinnen, die dieses fromme Amt wie einen Beruf ausübten.

men anbetraf, jedoch keine befriedigende Wirkung. Meist jung und von adligem Stand, machten diese durch Luxus und Extravaganz in der Kleidung von sich reden, was zu dem Ernst der allgemeinen Lage und der finanziellen Misere in krassem Widerspruch stand. Im übrigen wurde sogar auch das Benehmen von Isabeaus Begleiterinnen von der öffentlichen Mißgunst, die stets zur Hand ist, um diffamierende Gerüchte zu kolportieren, auch wenn sie nicht immer gerechtfertigt sind, mit schweren Anschuldigungen überhäuft.

Am 14. November 1416 hatte der königliche Hofschlosser, so berichtet der Chronist Jean Chartier, »im Hôtel Saint-Paul zwei Schlösser, das eine mit Gehäus, das andere mit Feder, versehen mit fünf Schlüsseln, an zwei Türen zum Gemach der Hofdamen der genannten edlen Dame« anbringen lassen. Die fünf Schlüssel waren für die fünf ranghöchsten Hofdamen der Königin bestimmt. Dies nutzten die besagten Damen dazu aus, gut versteckt in ihren Gemächern gewisse Feste zu veranstalten, die, zumindest soviel darf man sagen, alles andere als keusch und züchtig verliefen. Die übereinstimmenden Zeugnisse der zeitgenössischen Chronisten lassen vermuten, daß in den Gemächern in unmittelbarer Nähe von denen der Königin Soiréen stattfanden, die den berüchtigten *soupers fins* des Regenten Philippe d'Orléans aus dem 18. Jahrhundert bereits durchaus würdig waren. Nahm auch die Königin daran teil? Das ist stark zu bezweifeln. Es scheint, als habe die Königin, obwohl sie wußte, was sich dabei abspielte, den Dingen ihren Lauf gelassen, sich selbst aber immer mehr in ihren geheimen Gemächern verschanzt.

Und doch wird es aufgrund dieses Treibens im Jahr 1417 zu einem Skandal kommen, der die Königin in Mißkredit bringen und der als kaum vorauszusehende Folge ihre Rückkehr an die Regierung des Königreiches beschleunigen sollte. In den Jahren zwischen 1413 und 1417 wird Isabeau nämlich restlos von der Macht ferngehalten. Bernhard von Armagnac, 1415 zum Konnetabel ernannt, ist der absolute Herr über Paris und die orléanistischen Gebiete, und dies um so mehr, als Charles d'Orléans aus dem Spiel ausgeschieden ist, denn der war bei dem Desaster von Azincourt in englische Gefangenschaft geraten. Isabeau befindet sich also ganz im Abseits und muß sich damit begnügen, lediglich an den Sitzungen des Kronrates teilzunehmen. In der Tat ist niemand aus dem Lager der Armagnacs wirklich gewillt, sie auch nur gnädig von den wichtigen Staatsangelegenheiten in Kenntnis zu setzen. Man läßt sie einfach fallen. Yolanda von Aragón hat das Spiel in der Hand, sie behält Charles, den Thronerben und neuen Dauphin, mehr denn je im Auge, und vermutlich wirkt sie auch dahingehend auf ihn ein, daß er sich vollends von seiner Mutter löst. Die englische Gefahr bedroht den Thron der Kapetinger wie nie zuvor, und auch Johann Ohnefurcht, dessen Politik, so paradox es klingt, nie pro-englisch gewesen war, beginnt seinen lästigen Verbündeten zu fürchten, obwohl er ihn durch ein Geheimabkommen besänftigt, das *de jure* einer Anerkennung der Ansprüche der Plantagenets auf das Reich Philipps des Schönen gleichkommt. Doch das hindert Johann Ohnefurcht nicht, sich mit Gesandten von Yolanda von Aragón zu treffen und den Versuch zu machen, ein Einvernehmen zu erreichen. Im Mittelpunkt dieser Verhandlungen, die zwar ohne Folgen bleiben, aber immer wieder aufgenommen werden, steht die Dame de Giac.

Im Jahr 1417 hatte Isabeau de Bavière ihre Residenz in Vincennes aufgeschlagen. Das Volk von Paris beschuldigte sie in Schmähschriften und Spottliedern ganz offen, sie würde in Saus und Braus leben, mit vollen Händen das Geld verschleudern und sich in fleischlichen Genüssen ergehen. Damit wurde einer Frau von 45 Jahren, die ungeheuer füllig geworden war und sich nur noch mühsam bewegen konnte, wohl etwas zu viel angedichtet, doch den Reichen traut man bekanntlich alles zu, und so mußte Isabeau für ihre früheren Skandale und ihr zwiespältiges Verhalten büßen. Bernhard von Armagnac wußte, daß die Königin aufgrund ihrer theoretischen Macht und aufgrund ihres realen Reichtums immer noch eine beträchtliche Kraft darstellte, und so beschloß er, sie noch weiter ins Abseits zu stellen und ihre Schätze an sich zu reißen. Die Gelegenheit, die sich ihm dazu bot, ließ er sich nicht entgehen.

Seit elf Monaten schien den Franzosen ständig der Lärm der feindlichen Trompeten in den Ohren zu klingen. Die erlauchte Königin von Frankreich, Madame Isabeau, hatte, beherrscht von jenen Gefühlen der Angst, die bei Frauen so natürlich sind, in großer Zahl Kriegsvolk nach Paris befohlen, um ihre Person und die der illustren Damen ihres Hofes zu schützen, und hatte sie dem Kommando von Sire de Granville, Sire de Giac und Louis de Bosredon unterstellt, welche beauftragt waren, Tag und Nacht über ihre Sicherheit zu wachen, wohin sie sich auch begab. Ich muß sagen, daß diese Ritter ein Verhalten zeitigten, das ihrer hohen Geburt unwürdig war. Wiewohl in höchster Gunst am Hofe der Königin, die sie mit mächtigen Summen Geldes und Juwelen von unschätzbarem Wert beschert hatte, waren sie nicht davor zurückgeschreckt, die Ehre der Ritterschaft mit Füßen zu treten, und mit Hilfe von sündhaften Willfährigkeiten und schändlichen Intrigen war es ihnen gelungen, einige Damen von hohem Stande zu verführen und zu entehren, welche ich aus Scham mich weigere zu nennen. (*Chronique de Saint-Denis*)

Man spürt, daß der Mönch von Saint-Denis, der Verfasser der »Chronik«, höchst verlegen ist, doch seine Anspielungen gehen weit genug und geben Anlaß zu unerfreulichen Deutungen. So wird man Pierre de Giac anschließend nicht ohne Grund beschuldigen, er sei Isabeaus Liebhaber gewesen, während seine Gemahlin wiederum als Mätresse von Johann Ohnefurcht galt. Denn Pierre de Giac befand sich an Ort und Stelle, jener Pierre de Giac, der der Vertrauensmann des Herzogs von Burgund und zugleich mit der Königin von Sizilien im Bunde war, die ihn bald darauf erst zu einem Minister Karls VII. machte und ihn anschließend mit der Hilfe von Arthur de Richemont als ihrem Komplizen aus dem Weg räumte.

Louis de Bosredon, der das Sühneopfer in dieser Tragikomödie werden sollte, war ein Edelmann aus der Auvergne, der sich ebenso durch seinen Rang wie durch seine Verdienste und militärischen Aktionen auszeichnete. Seit 1408 war er ein voll ergebener Anhänger der Armagnac-Partei gewesen und hatte ihrer Sache, besonders als Gouverneur von Schloß Étampes, herausragende Dienste erwiesen. Er hatte wirksam mitgeholfen, Paris gegen einen möglichen burgundischen Angriff in Verteidigungsbereitschaft zu halten. Auch an der Schlacht von Azincourt hatte er teilgenommen. Der Glanz seiner Fähigkeiten, das Vertrauen, das er bei der Königin genoß, all dies mußte natürlich den Neid mehr als eines Rivalen und sogar den des allmächtigen Konnetabels erwecken. Unabhängig von seinen Funktionen als Stadthauptmann bekleidete er an der Seite von Isabeau de Bavière auch noch das Amt des Oberhofmeisters der Königin. In dieser doppelten Funktion unterstanden somit alle Angelegenheiten des Inneren sowie alles, was den Wohnsitz der Königin und ihrer Hofdamen betraf, seiner Jurisdiktion. Das sagt alles über die Wichtigkeit seiner Person und über die Verantwortung, die er ausübte.

Die Schändlichkeit des ehebrecherischen Treibens, dem sich jene schamlosen Männer, ohne zu erröten, in aller Öffentlichkeit bis nach dem Osterfest hingaben, erregte seit langem die Empörung der Großen des Hofes, denn sie spürten, welchen Angriff ein solches Benehmen auf die Heiligkeit des Ehestandes bedeutete. Sie rieten daher dem König, sie fortzujagen. (*Chronique de Saint-Denis*)

Die genannten Großen waren natürlich Yolanda von Aragón, der Dauphin Karl und der Konnetabel Bernhard von Armagnac. Ihre Beschwerden waren jedoch weniger von einer tugendsamen Entrüstung diktiert als vielmehr von persönlichem Interesse. Zu dieser Zeit, also Mitte April

1417, erfreute sich Karl VI. gerade einer vorübergehenden Besserung seines Zustandes. Auf Befehl Bernhards von Armagnac führte Tanguy du Chastel als *prévôt de Paris* den König nach Vincennes. Dabei hatte er nicht versäumt, sich mit einer gut bewaffneten Eskorte zu umgeben.

Als man sie von diesem Besuch benachrichtigt, sendet Isabeau de Bavière dem König den Dauphin entgegen, der gerade in Vincennes weilt. Der Geleitzug wird angeführt von Louis de Bosredon in seiner Funktion als Oberhofmeister. Auch Bosredon ist von seinen Waffenmännern begleitet, denn die Umgebung von Paris gilt als unsicheres Gebiet. Als sie im Wald mit dem Geleitzug des Königs zusammentreffen, schickt sich Bosredon an, dem Souverän seine Aufwartung zu machen. Auf der Stelle jedoch erklärt der *prévôt de Paris*, die Weisungen des Konnetabels genau befolgend, den *grand-maître d'hôtel* im Namen des Königs zu seinem Gefangenen. Die Eskorte von Louis de Bosredon wird zersprengt und in die Flucht geschlagen. Nach einer Unterredung zwischen Karl VI. und Isabeau, über die uns nichts bekannt ist, führt Tanguy du Chastel den König zusammen mit dem Dauphin in die Hauptstadt zurück.

Entsetzt über das Los ihres Gefährten ergriffen die anderen Seigneurs, anstatt dem König entgegenzuziehen, wie sie vorgehabt hatten, in aller Hast mit ihren Mannen unter verschiedener Verkleidung die Flucht. Sie flüchteten sich an die sichersten Orte des Reiches, und dort hielten sie sich lange Zeit wie Geächtete verborgen[14], denn sie fürchteten, man werde auch gegen sie, um das Feuer ihrer Leidenschaften ein für allemal auszulöschen, die gleichen Mittel anwenden wie gegen ihre Gefährten. (*Chronique de Saint-Denis*)

Louis de Bosredon wurde in den Donjon von Montlhéry geführt, wo er für einige Zeit in Ketten und Garrotte

14 Pierre de Giac fand damals Zuflucht am Hof des Herzogs von Burgund.

gefesselt verblieb. Dann brachte man ihn nach Paris, um ihn im Châtelet unter dem Vorsitz des *prévôt* vor Gericht zu stellen. Das *Parlement* als Oberster Gerichtshof der Krone, das in einem solchen Fall ein ordentliches Gerichtsverfahren hätte einleiten müssen, wurde von der Sache überhaupt nicht unterrichtet. Dieser Umstand, daß dem zu Richtenden sein gesetzmäßiger Richter vorenthalten wurde, sowie die Entscheidung, ihn der Gerichtsbarkeit des *prévôt* zu unterwerfen, der voll und ganz Yolanda von Aragón und Bernhard von Armagnac ergeben war, lassen zur Genüge erkennen, daß es sich bei diesem Prozeß um einen Racheakt oder eine politische Exekution handelte. Tatsächlich wurde der unglückselige Stadthauptmann der Folter unterzogen und gestand alles, was man von ihm hören wollte. In aller Eile wurde über ihn Gericht gehalten, er wurde zum Tode verurteilt und in aller Heimlichkeit hingerichtet. In tiefer Nacht fiel ein Ledersack in die Seine, der das Opfer enthielt und die Aufschrift trug: *Laissez passer la justice du roi* (»Das Recht des Königs geschehe«). Oder wie der Mönch von Saint-Denis sich ausdrückt: »Man glaubte, ihn nicht öffentlich enthaupten zu dürfen, damit unter dem Volk über sein Verbrechen nicht mehr geredet würde.«

Die angeblichen Geständnisse des Angeklagten in diesem Justizdrama wie auch die Prozeßverhöre selbst wurden jeglicher Veröffentlichung entzogen. Was hatte man also zu verbergen? Die Ungeheuerlichkeit dieser – fiktiven oder erpreßten – Enthüllungen diente als Vorwand, um aus dem Fall ein Geheimnis zu machen. Man streute das Gerücht aus, der sittenlose Lebenswandel, den man gewissen Damen von hohem Stand vorwerfe, sei keineswegs der einzige Klagegrund, für den der *grand-maître* der Residenz der Königin mit seinem Tod habe büßen müssen. Der Schuldige habe, so wurde gemunkelt, sogar den König höchstpersönlich in seiner Ehre als Ehemann besudelt. Mit anderen Worten: Louis de Bosredon sei Isabeaus Liebhaber gewesen. Natürlich nutzte man die Gelegenheit, um auch die Königin in Bedrängnis zu bringen. Sie wurde sofort vom Dauphin und von Marie d'Anjou getrennt. Sie protestierte jedoch heftig und beteuerte ihre Unschuld, an der, so scheint es, in diesem Fall nicht zu zweifeln war, und am 17. April schrieb sie einen Brief an die Königin von Sizilien und bat sie, zu ihren Gunsten zu intervenieren. Bezeichnend ist, daß sie sich ausgerechnet an Yolanda von Aragón wendete: Schließlich wußte sie genau, daß diese als Urheberin hinter dieser Tragikomödie steckte. Die Antwort der Königin von Sizilien fiel freilich völlig anders aus, als sie gehofft hatte. Schon am folgenden Tag mußte sie auf Befehl des Konnetabels und im Namen von König Karl VI. ihre Residenz in Vincennes verlassen. Sie bat sich aus, daß man sie nach Schloß Melun brachte, das als Witwenapanage ihr Besitz war und das sie sich nach ihrem Geschmack eingerichtet hatte. Der Konnetabel lehnte diese Wahl ihres Aufenthaltsortes entschieden ab und ließ Isabeau in das Schloß Blois führen, wo sie eine Weile bleiben mußte, bevor sie weiter nach Tours gebracht wurde.[15]

Obwohl man die Affäre gerade nicht publik machen wollte, wurde sie vom öffentlichen Klatsch begierig weitergesponnen. Man malte sich aus, wie sich die Königin im Donjon von Vincennes den wildesten Orgien hingab – ganz im Stil dessen, was sich vor gut einem Jahrhundert, zur Zeit der Königin Margarete von Burgund, der Gemahlin Ludwigs X. des Zänkers, im berüchtigten Tour de Nesle zugetragen hatte. Und genau diese Analogie zwischen den beiden Situationen – die eine entsprach voll und ganz der Wirklichkeit, die andere war pure Fiktion – führte dazu, daß sich zwischen den beiden Affären auf der Ebene der Legende eine mysteriöse Übereinstimmung entwickelte: In beiden Fällen geht es um eine Königin, die ihren Gemahl in der Verschwiegenheit eines befestigten

15 Jean Chartier, Bd. III, S. 275 u. 285.

und wohlbewachten Turms mit ihren Liebhabern betrügt, das Ganze in einem orgienhaften Ambiente, das die brünstigen Phantasien sofort beträchtlich weiter ausschmücken. Hatte Margarete von Burgund der Sage nach nicht mehrere ihrer Liebhaber in einen Sack schnüren und in die Seine werfen lassen? Das Echo dieser zählebigen Überlieferung wird noch bis in die *Ballade des Dames du Temps Jadis* (»Ballade der Damen von einst«) des François Villon hinein nachklingen, wenn er von der schönen Königin Margarete spricht, für die »Buridan in einem Sack die Seine geworfen ward«. Hier dagegen wird die Fiktion von der Realität sogar noch überflügelt: Der unglückselige Bosredon (manchmal auch Bourdon oder Bois-Redon geschrieben) hat zu allem Überfluß einen Namen, der mit dem des berühmten Buridan fast identisch ist, und wie dieser Buridan wurde auch er in einem Sack in der Seine ertränkt! Die Übereinstimmung ist zu groß, als daß es sich um reinen Zufall handeln könnte. Es ist anzunehmen, daß die Affäre Bosredon in der folkloristischen Überlieferung nahtlos mit der Affäre Margarete von Burgund verschmolz. Weil das Volk es sich aber nie nehmen ließ, der Gemahlin Ludwigs des Zänkers seine Sympathie zu zeigen, während es bemüht war, Isabeau möglichst aus der Erinnerung zu verbannen, da diese für den Vertrag von Troyes verantwortlich war, ist im Zusammenhang mit jener Legende nur der Name Margarete von Burgund bis zu uns gedrungen. Und wie nicht anders zu erwarten, wird Alexandre Dumas diese Affäre auf die bekannt gelungene Art in seinem berühmten romantischen Roman *Tour de Nesle* aufgreifen. Doch wer vermag hinter der pittoresken Gestalt des Buridan noch Louis de Bosredon zu erkennen, jenes unglückliche Opfer einer politisch-ökonomischen Abrechnung?

Denn um eine solche handelte es sich in der Tat. Die Fabel, wonach man Bosredon verurteilt habe, weil er der Geliebte der Königin gewesen sei, muß man sich von vornherein aus dem Kopf schlagen. Der junge, brillante *capitaine* wußte inmitten der schönen Hofdamen der Königin kaum, welche er als erste oder nächste wählen sollte. Daher ist nicht einzusehen, weshalb er sich für eine alte, häßliche und aufgedunsene Frau geopfert haben sollte, deren sinnliche Glut, so scheint es, seit mehreren Jahren stark abgekühlt war und die die Sorgen um ihr Überleben wohl mehr beschäftigten als fleischliche Gelüste.

Isabeau de Bavière war freigebig und geizig zugleich. Sie verschwendete, ohne nachzurechnen, und hortete mit der gleichen Unbekümmertheit. Ihr Verhalten kann man eher als *Hamstern* oder *Vorratswirtschaft* bezeichnen, d. h. sie schaffte alles auf die Seite, was sie ergattern konnte. Darüber besitzen wir genaue Dokumente, die zum großen Teil von Jean Chartier stammen, der ihre persönlichen Rechnungsbücher führte. So findet man in einem Jahresabschluß ihres Schatzamtes von 1415 unter dem Posten »Deniers, in bar ausbezahlt an die Königin« den Betrag von 104682 *livres*, 17 *sous*, 8 *deniers tournois*. Diese enorme Summe verschlang die Königin zusätzlich zu ihren eigentlichen Ausgaben, die in anderen Posten ihrer verschiedenen Budgets zu Buche schlugen. Ein Großteil dieser *Denier*-Beträge, die aus mehr oder weniger obskuren Quellen stammten, aber sehr wahrscheinlich dem Elend des Volkes abgepreßt waren, wurde von der Königin in Tafelsilber, Perlen, ungefaßte Diamanten und Goldbarren umgesetzt. Diese Werte hinterlegte sie heimlich als Depositen nicht nur in den Tresoren ihrer verschiedenen Residenzen, sondern hie und da auch bei Händlern und Bankiers oder sogar bei Leuten der Kirche. Auf diese Weise erhielten die Abtei Saint-Denis und die Kathedrale von Chartres unter strenger Verschwiegenheit zahlreiche *fideicommis* [d. h. Depositen, die auf Treu und Glauben kirchlichen Würdenträgern anvertraut wurden, dt. etwa: »unveräußerlich hinterlegtes Nießbrauchgut«, *A. d. Ü.*]. So wurde beispielsweise am 20. Mai Jean Picard, der Erste Sekretär der Königin, beim Unterprior des Couvent de la Trinité in Vendôme vorstellig als Überbringer von 3000 Francs in *écus d'or* der Krone. Isabeaus Emissär wies dazu auch eine Urkunde vor, die völlig ordnungsgemäß mit dem Siegel und der Unterschrift der Königin versehen war. Der Beleg und das Geld wurden dem Geistlichen übergeben. Beides mußte der Königin gegebenenfalls auf einfache Aufforderung wieder zurückgegeben werden. Damit sie sich um so stärker verpflichtet fühlten, über diese Transaktion Stillschweigen zu wahren, fiel den Depositären das verwahrte Geld als Erbe zu, falls Isabeau es zu ihren Lebzeiten nicht mehr zurückfordern würde.

Die Benediktiner von Vendôme wachten eifersüchtig über dieses Geheimnis, konnte es ihnen eines Tages doch von Vorteil sein. Jean Picard, der Sekretär der Königin, und ihr Kanzler Giullaume Toreau konnten ihre Zunge dagegen nicht im Zaum halten. Am Hof Isabeaus wimmelte es von Spionen, die im Sold von allen möglichen Leuten standen. Und so wurden diese Vorratsverstecke der Königin dem Konnetabel von Armagnac bekannt, der verzweifelt Geld aufzutreiben suchte, um den Sold seiner Truppen zu bezahlen. Es erübrigt sich also, weiterzusuchen: Die Affäre Bosredon war ein von Anfang bis Ende geplanter Coup, um Isabeau noch weiter zu isolieren und ihrer Reichtümer habhaft zu werden. Sobald die Königin in Blois, dann in Tours interniert war, schickte Bernhard von Armagnac seine Emissäre nach Melun und ließ sie beträchtliche Summen beschlagnahmen, die sie dort versteckt hatte. Auf diese Art fielen auch die Depositen von Vendôme und noch weitere dem Konnetabel in die Hände und füllten die Kriegskasse der Armagnacs. Damit war Yolanda von Aragón und Bernhard von Armagnac letztlich ein zweifacher Coup gelungen: Isabeau zu entfernen, um nicht zu sagen, hinter Schloß und Riegel zu bringen, d. h. sie politisch auszuschalten, um den Dauphin leichter in die Hand zu bekommen, und gleichzeitig die Schätze der Königin an sich zu reißen. Louis de Bosredon, Isabeaus Stadthauptmann und Oberhofmeister, stand ihren Plänen am meisten im Wege. Er war das ausersehene

Opfer. Und darüber hinaus konnte man mit dieser Affäre auch noch die Königin in der öffentlichen Meinung in den Schmutz ziehen.

Doch damit beging man einen Fehler: Isabeau war nicht die Frau, die eine solche Demütigung auf sich sitzen ließ. Ihre Mittel waren noch nicht erschöpft. Noch war sie die Regentin von Frankreich. Isabeau de Bavière haßte die Armagnac-Partei, die sie so schmachvoll beraubt und eingesperrt hatte, sie haßte ihren Sohn Karl, »welcher sich Dauphin nennt« und sich zum Komplizen der Machenschaften der Königin von Sizilien und des Konnetabels gemacht hatte – und sie besaß ein Mittel, um sich für all dies zu rächen, und zwar auf eine eklatante Art. Das sollte sie schon bald beweisen.

# 6
# Isabeaus Rückkehr

Seit Herbst 1413, als Paris unter der Gewaltherrschaft der Armagnacs die Augen aufgegangen waren, hatte sich das politische Leben im französischen Königreich kaum weiterentwickelt, die Dinge rotteten langsam vor sich hin, und damit schien König Heinrich V. von England, der Sohn des Usurpators Heinrich IV. von Lancaster, gewonnenes Spiel zu haben: Sein Thron war gefestigter denn je, und er selbst versäumte es nicht, unter Berufung auf eine offizielle Formel, die seit Eduard III., dem Enkel Philipps des Schönen, üblich war, seine Ansprüche als »König von England und Frankreich« geltend zu machen. Ganz anders dagegen die Lage Karls von Valois, des Königs von Frankreich: Seine Wahnsinnsanfälle plagten ihn immer häufiger, und er siechte in tiefster Umnachtung dahin. Aber andere führten an seiner Stelle die Regierung.

Bereits seit geraumer Zeit hatten die Armagnacs versucht, in ihrem Kampf gegen die Bourguignons die Unterstützung des Königs von England zu erlangen. Doch Heinrich V. hatte wie sein Vater zu viele Gegenleistungen gefordert, als daß die französischen Seigneurs darauf eingehen konnten. Sie hätten dem Nachfahren von Heinrich II. Plantagenet und Aliénor von Aquitanien nicht nur alle seine Territorien auf dem Festland zurückgeben, sondern ihm auch noch einen Teil der Provence und verschiedene Burgen und Festungen ausliefern müssen. Da der zu zahlende Preis zu hoch war, zumal Heinrich V. auch noch die Hand Katharinas von Frankreich, der Tochter Karls VI., forderte, zogen es die Armagnacs vor, sich mit Johann Ohnefurcht ins Einvernehmen zu setzen. Das Resultat war der Vertrag von Arras im September 1414. Wieder einmal wurde zwischen den beiden Parteien Versöhnung gefeiert. Johann Ohnefurcht, der zum damaligen Zeitpunkt wußte, daß es nicht in seinem Interesse sein konnte, den Kampf fortzusetzen, hatte es ebenfalls vorgezogen, Zeit zu gewinnen. Er dachte an die Zukunft.

Doch auch auf armagnakischer Seite hatte man Probleme. Der Dauphin Ludwig, der damals allem Anschein nach das Spiel führte, hatte beschlossen, sich zum Herrn über Paris zu machen, sowohl seine Mutter, als auch die Armagnacs und die Burgunder zu verjagen und selbst die Geschäfte zu übernehmen. Er hatte sein Komplott unter größter Verschwiegenheit geschmiedet und glaubte sich dabei auf treu ergebene Männer verlassen zu können. Diese aber verrieten ihn. Charles d'Orléans brachte den Louvre in seine Gewalt und schloß den Dauphin darin ein. Da wurde Ludwig klar, daß er über keinerlei reale Macht verfügte, es sei denn über die armagnakische oder die burgundische. Dennoch konnte Ludwig aus dem Louvre entkommen, er flüchtete nach Corbeil und kassierte bei der Gelegenheit alle Schätze, die Isabeau de Bavière dort gehortet hatte. Dies war natürlich kaum dazu angetan, die Beziehungen zwischen Mutter und Sohn zu normalisieren. Im übrigen beeilte er sich, diese Fortüne sofort zu seinem persönlichen Vergnügen auszugeben. Von zwielichtigen Gestalten umgeben, allen Freuden und Genüssen verfallen, führte er ein wenig geordnetes Leben; er zeigte eine ganz offene Leidenschaft für eine Hofdame der Dauphine und trug sogar in aller Öffentlichkeit ihre Zeichen und Farben. Obwohl Margarete von Burgund, seine Gemahlin, jung und hübsch war, hatte er sie auf das Schloß von Saint-Germain verbannt. Johann Ohnefurcht schickte ihm Gesandtschaften auf den Leib, um ihn zu verpflichten, wieder ein gemeinsames Eheleben mit seiner Frau zu führen, doch vergebens: Ludwig scherte sich nicht darum. Johann Ohnefurcht drohte sogar, den Vertrag von Arras platzen zu lassen. Aber sein Schwiegersohn ließ sich nicht im mindesten von seiner Entschlossenheit abbringen, und so schickte der Burgunder-Herzog aus Furcht vor Schlimmerem dennoch seine Ratifizierungsurkunde.

Obwohl rein provisorisch, unterband der in Arras geschlossene Frieden die Pläne Heinrichs V., der die Situation des Bürgerkriegs dazu nutzen wollte, möglichst viele französische Gebiete an sich zu reißen. In Wirklichkeit gab ihm dieser vorgeschobene Riegel aber die Möglichkeit, Zeit zu gewinnen und sich besser vorzubereiten. Das Ziel des Monarchen war klar und deutlich genannt: Er wollte England und Frankreich zugleich regieren, auf diese Weise ein Königreich von großer wirtschaftlicher und militärischer Macht bilden und anschließend gegen die Türken zu Felde ziehen und sie bis ans Ende der Welt zurückdrängen. Diese Idee des Kreuzzugs gegen die Gottlosen verfolgte Heinrich V. bis zu seinem frühen Tod, und durch sie wird die starre Entschlossenheit verständlich, mit der er die Verwirklichung des Plans einer totalen Vereinigung der beiden Nationen Frankreich und England verfolgte. Außerdem war er als Nachfahre der Aliénor von Aquitanien sowie von Eduard III., dem Enkel des Kapetingers Philipps des Schönen, von seinem Recht überzeugt und hielt sich ganz aufrichtig für den Erben des *royaume de France.*

Im Jahr 1415 überließ er England der Obhut seines Bruders, des Herzogs Johann von Bedford, und zog in Southampton seine Armee und seine Flotte zusammen. Doch am selben Tag waren französische Gesandte in Dover gelandet. Heinrich V. schickte ihnen Unterhändler entgegen, die den Auftrag hatten, die Krone Frankreichs zu fordern. Die französischen Botschafter protestierten. Da schlugen die Engländer vor, wieder zum Vertrag von Brétigny zurückzukehren und ihm noch Maine, Anjou und die Normandie hinzuzufügen sowie die Lehnshoheit über die Bretagne und über Flandern, da die beiden Gebiete nicht zum Königreich gehörten. Die Franzosen wollten schon wieder aufbrechen, da erklärten sich die Engländer, einer raffiniert ausgedachten Taktik folgend, zu Konzessionen bereit: Sie würden sich damit zufriedengeben, die Hand der Prinzessin Katharina und zwei Millionen in Gold zu fordern. Die Franzosen lehnten immer noch ab. Daraufhin gaben die Engländer wieder nach: Als Mitgift müsse Prinzessin Katharina die Teile von Aquitanien mitbringen, die durch den Vertrag von Brétigny französisch geworden waren. Die französischen Unterhändler meinten, dies wäre eine Basis für weitere Gespräche.

Aber das ganze war nur eine Finte, denn in der Zwischenzeit warf Heinrich V. seine Armee auf die französische Küste. Er brachte den damals strategisch wichtigen Hafen von Harfleur in seine Gewalt und fiel anschließend in die Picardie ein. Man nahm Verhandlungen auf, die jedoch scheiterten. Die offene Schlacht war unausweichlich: Sie fand am 25. Oktober 1415 bei Azincourt statt. Für das französische Heer endete sie als Desaster mit rund 10 000 Toten – darunter der Herzog von Alençon und der Konnetabel d'Albret – und zahllosen Gefangenen, unter ihnen der Herzog Charles d'Orléans, der Herzog von Bourbon und Arthur de Richemont. Aufgrund des Vertrags von Arras hatte auch Johann Ohnefurcht ein Truppenkontingent entsandt, das von seinem Sohn, dem Grafen von Charolais und künftigen Philipp dem Guten, befehligt wurde, doch er hatte es so eingerichtet, daß dieses Heer zu spät eintraf. Das war natürlich ein taktisches Manöver des Burgunders, um seine militärische Schlagkraft nicht zu schwächen und trotzdem den Eindruck zu erwecken, er halte sich an die Abmachungen. Der Gerechtigkeit halber muß man aber hinzufügen, daß sich Herzog Johann V. von Bretagne genauso verhielt: Auch seine Bataillone trafen erst am Tag danach ein.

Wie wir wissen, starb der Dauphin Louis drei Monate nach der Katastrophe. Der neue Dauphin Jean trat wie ein Mann aus dem Lager des Herzogs von Burgund auf. Daher beschlossen die Führer der Orléans-Partei, die nun ihres Bannerträgers, des Herzogs Charles d'Orléans, beraubt waren, nicht tatenlos zuzusehen und schlugen vor, anstelle des bei Azincourt gefallenen Charles d'Albret den Grafen Bernard d'Armagnac zum Konnetabel zu ernennen. Dieser wurde, vermutlich von der Königin von Sizilien ermutigt, zum allmächtigen Haupt der Regierung. Er ließ sich die Oberfinanzintendanz und das Gouvernement über alle Festungen des Königreichs übertragen. Er behielt die alten Steuern bei und führte noch weitere ein, was den Haß des Volkes und der Universität um so mehr erregte, als er die Remonstrationen, die sie dagegen vorbrachten, kalt zurückwies. Daneben ließ er zur »Hexenjagd« blasen und füllte die Gefängnisse mit Bourguignons und solchen, die man dafür hielt. Mit anderen Worten: In Paris wütete die Schreckensherrschaft der Armagnacs.

Während die Engländer sich abwartend verhielten und erst einmal zusehen wollten, wie weit sich Armagnacs und Bourguignons gegenseitig zerfleischen würden, schmiedeten die Burgunder, die die Abwesenheit Bernhards von Armagnac nutzen wollten, in Paris ein Komplott. Der Plan war einfach und präzise: Man wollte ohne Unterscheidung nach Person oder Stand alle Orléanisten ermorden, den König, die Königin und den Kanzler einsperren, den greisen Herzog von Berry und den König von Sizilien in Ketten legen und sie in diesem Zustand auf Ochsen durch die Stadt führen; danach sollten alle Prinzen, Prinzessinnen und Seigneurs, derer man habhaft werden könnte, ermordet werden, und auch der König sollte nicht verschont bleiben, falls er auf die Idee käme, Widerstand zu leisten. Wie es scheint, fand dieser Plan die Zustimmung des Herzogs von Burgund, denn er hatte den Anführern Briefe zukommen lassen, die von seiner Hand unterzeichnet waren.

Das Unternehmen sollte gerade gestartet werden, als die Frau eines Finanzbeamten des Pont-au-Change namens Lallier das Geheimnis der Verschwörer aufdeckte und von der Ungeheuerlichkeit des Plans so entsetzt war, daß sie Bureau de Dammartin, einem Mitglied des Kronrates, alles enthüllte. Unverzüglich unterrichtete dieser die Königin, den Kanzler und die Prinzen, worauf sich alle zusammen mit dem König in die Festung des Louvre flüchteten. Eilig trommelte Tanguy du Chastel alles zusammen, was ihm an Bewaffneten noch geblieben war, stürmte die Markthallen, von wo der Aufstand ausgehen sollte, und brach die Türen aller Häuser ein, in denen die Verschwörer auf das Signal zum Losschlagen warteten. Innerhalb einer Nacht hatte der *prévôt de Paris* das Komplott niedergeschlagen. Doch der Alarm war nun einmal ausgelöst, und so begann der armagnakische Terror aufs neue zu wüten. Der Konnetabel von Armagnac ließ die noch verbliebenen Ketten von den Straßen entfernen, verbot Versammlungen in jeglicher Form, ließ den Zentralschlachthof niederreißen, den er zu Recht für den Schlupfwinkel der Cabochiens hielt, erhöhte alle Steuern und Abgaben und sprach *en masse* Verbannungen, Verhaftungen und Todesurteile aus. Der gefürchtete Konnetabel war mehr als je zuvor der Herr über die Stadt, und im Jahr 1417, als der Dauphin Jean starb, der unter burgundischem Einfluß gestanden hatte, wähnte er sich sogar noch mächtiger, da er den Dauphin Charles, den Protégé der Königin von Sizilien, unter der Hand zum Verbündeten hatte.

Dies war der Moment, wo er beschloß, sich die Königin Isabeau vom Hals zu schaffen, wie wir bereits gesehen haben, denn sie stellte ein zu großes Risiko dar, und außerdem hatte er es auf ihre zusammengetragenen Schätze abgesehen. Natürlich verstärkte die Verbannung der Königin die Macht des Konnetabel, doch dies führte zu seinem Verderben. Während die Königin regierte – oder wenigstens den Anschein erweckte, sie würde regieren –, repräsentierte sie einen Titel, nämlich den der Regentin, der ihr mehrmals offiziell und gesetzlich verliehen worden war. Und während der Graf von Armagnac mit ihr zusammen regierte, teilte er auch ihre Rechtmäßigkeit. Da Isabeau aber nun von der Regierung ausgeschlossen war, blieben dem Grafen von Armagnac nur noch sein – gewiß bedeutendes – Amt des Konnetabels sowie die Titel, die er auf seinem Haupt vereint hatte. Aber dies machte ihn weder zum Prinzen von königlichem Geblüt noch zum Regenten des Königreichs. Dieser Umstand konnte nur Mißtrauen gegen seine Regierung erwecken. Auch der Herzog von Burgund versäumte nicht, lauthals von Tyrannei zu reden, und viele, die ihm früher sehr feindlich gesonnen waren, fanden nun, daß die Autorität, da sie von einem schwachsinnigen König und von einem fünfzehnjährigen Kind ja wohl nicht kommen konnte, eher dem ersten Prinzen von königlichem Geblüt zukam als einem Mann, der nichts weiter als ein Verbündeter des königlichen Hauses war. Diese Ansicht machte sich Johann Ohnefurcht zunutze, um im wörtlichen wie im übertragenen Sinne wieder Land zu gewinnen. Mit anderen Worten: Er läßt durch seine Truppen die armagnakischen Festungen angreifen und macht sich selbst an die Belagerung der Stadt Corbeil.

## *Die burgundische Königin*

Isabeau de Bavière ließ sich an ihrem Verbannungsort in Tours laufend über die Vorgänge in Paris unterrichten. Sie sann nach Mitteln und Wegen, wie sie an denen, die sie erniedrigt hatten, am besten Rache nehmen konnte. Plötzlich war ihr Entschluß gefaßt, und sie schrieb dem Herzog von Burgund, er möge herbeieilen und sie befreien.[1] Johann Ohnefurcht verlor keine Zeit: Er stürzte sich auf die

1 Die Initiative scheint von Isabeau ausgegangen zu sein, obwohl die *Chronique de Saint-Denis* behauptet, Johann Ohnefurcht hätte die ersten Schritte dazu in einem Brief unternommen, in dem es unter anderem heißt: »Ich bitte Euch, mir gütigst verzeihen zu wollen, falls ich irgendeine Beleidigung wider Euch begangen habe, Euren Groll zu vergessen und mir jene Zuneigung zurückzugeben, auf die mir die Bande des Blutes gewisse Anrechte gaben, und mir die Gunst zu gewähren, die Reize Eurer Gesellschaft genießen zu dürfen.« In dem Brief, den sie an Johann Ohnefurcht sandte, beteuert Isabeau ihre unverbrüchliche Verbundenheit zu ihrem Cousin, »denn ich sehe gar wohl, daß Ihr meinen Herrn, sein Haus, sein Königreich und das Wohl aller stets geliebt habt.« (Monstrelet)

Gelegenheit, zog es vor, die Belagerung von Corbeil aufzuheben, und eilte nach Tours. Am 2. November umstellte sein Leutnant Hector de Saveuse an der Spitze von 60 Bewaffneten das Kloster von Marmoutier, in dem sich Isabeau gerade befand, und der Herzog von Burgund führte die Königin triumphierend nach Chartres zurück, wo eine Versammlung ihrer getreuen Anhänger zusammentrat. Man verfaßte eine feierliche Erklärung: Die Parteigänger Burgunds erklärten sich zu den einzigen Inhabern der rechtmäßigen Amtsgewalt unter der obersten Autorität der Königin, die den *verhinderten* und »gefangenen«, d. h. unter der Kontrolle der Armagnacs stehenden König vertrat.

Am 12. November schrieb Isabeau von Chartres aus Briefe an die »guten Städte« des Königreiches, um sie daran zu erinnern, daß sie kraft der einst vom König und seinem Rat ausgestellten *lettres patentes* die rechtmäßige Regierung ausübte.

Sie schrieb an die guten Städte Frankreichs, welche dem Gehorsam des Herzogs von Burgund unterstanden, und forderte und verlangte von ihnen im Namen des Königs, sich weiterhin ihrem Cousin von Burgund gegenüber wohlgesonnen zu verhalten und keinerlei Briefen und Befehlen von seiten des Königs, ihres Herrn, oder des Dauphins, seines Sohns, zu gehorchen, falls diese ihren eigenen besagten Briefen widersprechen sollten. Und sie gelobte ihnen Beistand und Hilfe gegen all jene, welche gesonnen sein sollten, ihnen aufgrund dessen Schaden zuzufügen. (*Chronique de Jean Le Fèvre*, LXXXIX)

Interessant ist, wie die Königin Isabeau diese Briefe unterzeichnet:

Ysabel, von Gottes Gnaden Königin von Frankreich, wegen Verhinderung von Monseigneur dem König Inhaberin der Regierung und Verwaltung dieses Königreiches kraft unwiderruflicher Ermächtigung, an Uns erteilt durch meinen genannten Herrn und seinen Großen Rat (...)

Damit sind die Weichen gestellt. Königin Isabeau hat bravourös ihre Rückkehr auf die politische Bühne vollzogen und steht nun an erster Stelle. Sie hat sich in aller Offenheit für die burgundische Partei entschieden. Johann Ohnefurcht genießt seine Autorität zwar dank der Königin, und verleiht ihr die Farben der Legalität, doch Isabeau selbst, die man bereits endgültig in den Altersruhestand versetzt und aus den Amtsgeschäften entfernt glaubte, erhebt nun den Anspruch, eine Hauptrolle im Königreich zu spielen. Dieser Coup Isabeaus straft all jene Lügen, die zu vorschnell zu dem Urteil gelangt waren, die »fette Bayerin« sei unfähig, eine kohärente Politik zu führen, da ihr jede wirkliche Intelligenz fehle. Diese Rückkehr Isabeaus wird in der Tat böses Blut machen und dem chauvinistischen Geist der Franzosen eine ungeheuere Demütigung zufügen.

Natürlich läßt sich die von Isabeau de Bavière beanspruchte Legitimität leicht anfechten. Sie beruft sich nämlich auf eine *ordonnance* vom 26. April 1403, die ihr im Fall einer Verhinderung des Königs in definitiver Form die kommissarische Regierung übertrug. Aber sie ignoriert dabei bewußt die Tatsache, daß durch die *lettres royales* vom 14. Juni 1417 alle Macht dem Dauphin als Thronerben übertragen worden war. Sobald die Königin in das burgundische Lager überwechselt, bestätigt überdies eine *ordonnance* vom 6. November die Oberste Statthalterschaft (*lieutenance générale*) des Dauphins und erklärt sämtliche Vollmachten, die vor dieser Zeit der Königin übertragen worden waren, für ungültig. Der Wortlaut ist eindeutig:

Indem Wir alle Oberste Statthalterschaft, Befehlsgewalt und Macht (*lieutenance et puissance générale*), die Wir Unserer Gemahlin unter welcher Formulierung und auf welche Art und zu welchem Behuf auch immer übertragen haben oder haben könnten, von Stund an und für alle Zukunft aufheben und für null und nichtig erklären (...) (*Ordonnances royales*, X. 424).

Es stellt sich aber die Frage, wer diese Ordonnanz verfaßt hat. Der »verhinderte« König oder ein Schreiber, der Yolanda von Aragón oder Bernhard von Armagnac ergeben war? Die Regierungszeit des unglücklichen Karl VI. ist durch eine Fülle widersprüchlicher Erlässe und Verfügungen geprägt, und man kann über den realen Wert der Entscheidungen, die von dem offiziellen Souverän getroffen wurden, endlos diskutieren, wenn man bedenkt, wie sehr seine Ratgeber – die nicht immer dieselben waren – danach trachteten, seinen Zustand nahezu völligen Stumpfsinns zu mißbrauchen.

Wie dem auch sei, Isabeau bestimmt, daß die Verfügungen des Königs, da von Dritten inspiriert, nicht mehr rechtskräftig seien. Zu beweisen, daß die königlichen Verfügungen und Verordnungen keine Bedeutung hatten, fiel ihr nicht schwer, denn schließlich wußte jeder, daß Karl VI. außerstande war, ernsthaft nachzudenken. Daher erteilte die Königin Philippe de Morvilliers, einem Rat des Châtelet und Parteigänger des Herzogs von Burgund, den Auftrag, in Amiens ein neues *Parlement* einzuberufen und darin den Vorsitz zu übernehmen. Auch ließ sie sich auf ihren Namen ein Siegel prägen, das auf der Vorderseite ihr Porträt und auf der Rückseite das Wappen Frankreichs und Bayerns trug. Damit gab es nun neben der des Konnetabels noch eine weitere Regierung: die der Königin, die bereits am ersten Tag des Jahres 1418 in Troyes ihren Regierungssitz einrichtete. Diese Regierung hatte natürlich Johann Ohnefurcht in der Hand, der seit dem Tod des Dauphins Jean keinen Strohmann mehr auf dem Gipfel der Macht hatte, aber da er wußte, daß der Dauphin Karl voll unter dem Einfluß Yolandas von Aragón stand, verfügte er nun über ein offizielles Sprungbrett für die Fortführung seiner Politik.

Tief in seinem Herzen hatte Johann Ohnefurcht nicht vergessen, daß er ein Prinz von königlichem Geblüt und damit ein möglicher Erbe der Krone war. Im Gegensatz zu dem Weg, den sein Sohn Philipp verfolgen sollte, hatte

Herzog Johann den Thron Frankreichs im Visier. Von nun an mußte er nur noch versuchen, Karl auszuschalten. Der Herzog von Orléans war in englischer Gefangenschaft und somit aus dem Spiel, und er wußte, daß die anderen Söhne Ludwigs von Orléans seiner militärischen Macht und seinen politischen Ränken nicht die Stirn bieten konnten. Johann Ohnefurcht hatte nie die Absicht gehabt, Frankreich an England auszuliefern. Er wollte lediglich England dazu benutzen, um sich selbst die Krone Frankreichs aufzusetzen. Und dazu hatte er auch noch einen Trumpf in der Hand, der in jenen Zeiten der Wirren, wo jedermann das Kommando führte, ganz entschieden zählte: Die Königin war seine Verbündete.

Als erstes versuchte er, Paris zurückzuerobern. Als die burgundische Partei in der Hauptstadt sah, wie glänzend sich die Geschäfte des Herzogs entwickelten, glaubte sie, eine Bewegung zu seinen Gunsten entfesseln zu können. Der Herzog wurde von dem Projekt unterrichtet und sagte seine Hilfe zu. Die Verschwörer sollten ein Stadttor in ihre Gewalt bringen und Paris einem Truppencorps ausliefern, das auch tatsächlich nahte. Doch die Verschwörung war aufgedeckt worden, und so wurden die Angreifer von den Zinnen der Stadtbefestigung mit Pfeilen und anderen Geschossen empfangen, mußten sich Hals über Kopf zurückziehen und ließen zahlreiche Gefallene zurück. Johann Ohnefurcht, der unweit von Paris abwartete, wie das Unternehmen ausgehen würde, mußte einsehen, daß nichts mehr zu machen war. Er kehrte nach Troyes zurück und verteilte seine Truppen auf seine befestigten Stützpunkte. Aber die burgundische Verschwörung diente Bernhard von Armagnac als Vorwand, um eine wahre Inquisition in Paris einzurichten. Die Verhaftungen und Hinrichtungen häuften sich noch stärker als zuvor.

Unterdessen setzten die Engländer ihre allmähliche Eroberung der Normandie Stadt um Stadt fort, doch weder die Regierung in Paris, noch die in Troyes schien dies zu beunruhigen. Und auf dem Land gerieten ständig Banden von Armagnacs mit Banden von Bourguignons aneinander. Ein Dorf nach dem anderen wurde geplündert, und die Klöster wurden in Bordelle verwandelt. Im Grunde wußte niemand mehr, für wen und wozu man kämpfte. Heinrich V. von England aber wartete auf die günstige Stunde, um einzugreifen.

Yolanda von Aragón hatte sich wieder auf ihr Schloß Saumur zurückgezogen. Dort kam ihr die Idee zu einer Initiative. Sie ließ den Herzog von Bretagne, auf den sie einigen Einfluß hatte und der sich trotzdem bestens mit dem Herzog von Burgund verstand, zu sich kommen und und bat ihn um seine Vermittlung: Die beiden verfeindeten Parteien mußten um jeden Preis wieder versöhnt werden. Johann V. sagte zu. Im Kloster La Tombe, auf halbem Wege zwischen Bray-sur-Seine und Montereau trafen sich burgundische Unterhändler mit armagnakischen Gesandten. Wochenlang zogen sich die Verhandlungen hin. Es steht zu vermuten, daß Johann V. ein doppeltes Spiel spielte: Der Herzog von Bretagne war an einer Schwächung des Königreiches interessiert, um die Unabhängigkeit seines Herzogtums zu bewahren, und die Politik der Montforts wird stets auf eine Allianz mit Burgund gerichtet bleiben, so daß im Rücken Frankreichs ständig ein gezücktes Schwert drohte. Auf alle Fälle wurden die Gespräche abgebrochen, und zwar zur großen Zufriedenheit des Burgunders, denn er wollte wieder einmal Zeit gewinnen.

Graf Bernhard von Armagnac machte sich dagegen in Paris immer unbeliebter. Er hatte in Senlis bereits wahre Verbrechen begangen, indem er Geiseln vierteilen ließ, wobei er zweifellos in einem Anfall von Blutrausch gehandelt haben mußte, da er erfahren hatte, daß seine eigenen Unterhändler glaubten, der Frieden sei nicht zu teuer erkauft, wenn man der Königin und dem Herzog von Burgund Zutritt zum Kronrat gewährte. In der Hauptstadt leistete er sich ähnliche Ausschreitungen. Es wird sogar berichtet – man kann es zwar nicht beweisen, doch es paßt durchaus zum Stil dieses Mannes –, er habe Bleimarken herstellen und an diejenigen verteilen lassen, die man bei einem allgemeinen Massaker, das er plante, verschonen sollte.

Ein einziger Funke genügte, und das Pulverfaß explodierte. Ein gewisser Périnet Le Clerc, der Sohn eines Eisenhändlers und Magistrat seines Viertels, war von dem Domestiken eines Armagnac beleidigt worden. Er forderte gerichtliche Genugtuung, doch seine Klage wurde verächtlich abgewiesen. Daraufhin versammelte er mehrere Bourguignons unter seinen Freunden und schmiedete Pläne zu einer Revolte. Seine Komplizen weihten Sire de L'Ile-Adam, dessen Kommando die burgundische Garnison von Pontoise unterstand, in das Vorhaben ein. Nachdem alle Vorbereitungen getroffen waren, entwendete Périnet seinem Vater, während dieser schlief, die Schlüssel eines Stadttors, für dessen Bewachung der Schlafende verantwortlich war. Er ließ heimlich ein Truppenkontingent herein, das der Seigneur de L'Ile-Adam persönlich anführte, verschloß hinter ihnen wieder das Tor und warf die Schlüssel über die Stadtmauer, um ihnen klarzumachen, daß es nun kein Zurück mehr gab. In aller Heimlichkeit schlichen sich die Soldaten durch die Gassen bis zum Petit-Châtelet, wo sich Périnets Freunde versammelt hatten. Dann schrien alle im Sprechchor: »Friede! Friede! Es lebe Burgund!« Die aus dem Schlaf gerissenen Bürger begannen, ob von der Revolte unterrichtet oder nicht, die gleiche Parole zu rufen.

Auf einen Schlag ist ganz Paris erwacht. Im Nu wächst die Truppe an. Ein Teil löst sich von ihr und zieht zum Hôtel Saint-Paul, schlägt die Tore ein und zwingt den König trotz seiner Krankheit, ein Pferd zu besteigen und sie zu begleiten, um ihnen durch seine Gegenwart Autorität zu verleihen. Andere Abteilungen dringen in das Haus des Kanzlers und in die der anderen Minister und schleppen sie ins Gefängnis.

Schon beim ersten Alarmruf begreift Tanguy du Chastel, daß die Lage ernst ist. Er kann nichts mehr tun, um die Bourguignons daran zu hindern, Paris in ihre Gewalt zu bringen. Aber er weiß, daß seine Mission allem voran die ist, den Dauphin zu schützen. In größter Eile begibt er sich also »zum Hôtel (Petit-Musc) von Monseigneur le Dauphin, welcher noch in seinem Bett schlief; und wie Gott wollte, nahm er ihn in seine Arme, hüllte ihn in seinen Schlafrock ein und brachte ihn in die Bastille Saint-Antoine. Dort ließ er ihn ankleiden und führte ihn nach Melun.« (Juvénal des Ursins)

Nachdem er denjenigen, für dessen Schutz er mit seinem Leben bürgte, auf diese Weise in Sicherheit gebracht hatte, kehrte er wieder nach Paris zurück. Aber die Lage war inzwischen zugunsten der Burgunder umgeschlagen.

Es versteht sich von selbst, daß man den Konnetabel, auf den sich der Haß der gesamten Bevölkerung richtete, überall suchte. Man hätte ihn schwerlich gefunden, denn er hatte sich in das kleine Haus eines Maurers geflüchtet. Der Eigentümer jedoch ließ sich von einer Bekanntmachung einschüchtern, wonach jeder des Todes war, der den Grafen von Armagnac versteckte, und denunzierte ihn. Der Konnetabel wurde aus seinem Versteck geholt und in die Conciergerie geschleppt. Unterdessen versuchte Tanguy du Chastel einen Angriff von der Rue Saint-Antoine her, aber er wurde zurückgedrängt, und die Bastille fiel den Aufständischen in die Hände.

Der verzweifelte Versuch des *prévôt* hatte zur Folge, daß nun an fast allen Ecken der Stadt die Gewalt offen ausbrach. Zudem wurde das Gerücht verbreitet, die Königin und der Herzog von Burgund hätten einen Brief geschrieben, in dem sie erklärten, sie würden nicht nach Paris zurückkehren, bevor die Stadt bis auf den letzten Mann von allen Armagnacs gesäubert wäre. Sofort waren die Cabochiens wieder aufgetaucht, und diesmal hatten sie einen noch blutrünstigeren Anführer als Simon Caboche, nämlich Capeluche, den Henker und Scharfrichter höchstpersönlich: Für diesen machte ein Kopf mehr oder weniger kaum einen Unterschied. Sie zogen mit ihrer Horde zu den Gefängnissen, schnitten den Wachen und Kerkermeistern, die Widerstand leisten wollten, die Kehle durch und ließen nacheinander alle Häftlinge frei. Sowie sie herauskamen, wurden sie erschlagen. Dann setzten die Cabochiens das Châtelet in Brand, so daß die darin Gefangenen in den Flammen umkamen. Der Konnetabel von Armagnac, der Kanzler, der Bischof von Coutances und mehrere Seigneurs der Armagnacs wurden aus der Conciergerie gezerrt und buchstäblich gelyncht. Bernhard von Armagnac wurde auf besonders grausame Art gefoltert, und man schnitt ihm, während er noch lebte, einen Streifen Fleisch in Form der armagnakischen Schärpe aus dem Rücken. Seine blutigen Überreste wurden drei Tage lang durch die Straßen geführt und vom Gegröl und Gespött der Menge begleitet, die endlich von dem Mann erlöst war, den sie zu Recht als einen blutrünstigen Tyrannen betrachtete.

Isabeau de Bavière und Johann Ohnefurcht zeigten keine Eile, nach Paris zurückzukehren. Dazu gab es auch guten Grund: Der Herzog von Burgund wollte sich nicht in die Racheakte einmischen, die Tag und Nacht die Szene bestimmten, sondern als Friedensstifter auftreten. Er hoffte also, daß bereits der Volkszorn der Aufständischen Paris von einem Großteil seiner Feinde befreien würde, ohne daß er selbst einzuschreiten brauchte. Der Königin wiederum waren die Aufstände von 1413 und das Wüten der Cabochiens noch zu lebhaft in Erinnerung, als daß sie jetzt schon zurückkehren und sich noch einmal unvorsichtig auf Gedeih und Verderb dem entfesselten Mob aussetzen wollte. In diesem Moment beschloß Johann Ohnefurcht aber, sich zumindest der Person des Capeluche und der Anführer des Terrors zu entledigen, da er sie denn doch für zu gefährlich hielt; mit ihrer Bestrafung glaubte er ein heilsames Exempel statuieren zu können. Außerdem hatte ihn die Ermordung Bernhards von Armagnac ungeheuer empört: nicht etwa, weil er diesen unerbittlichen Feind hätte schonen wollen, sondern weil er vorgehabt hatte, ihn als Pfand zum Tausch gegen bare Münze zu verwenden. Laut Monstrelet, einem burgundisch gesonnenen Chronisten, machte sich der Herzog von Burgund noch Hoffnungen, er könne als Gegenleistung für das Leben des Konnetabels auf den Dauphin Druck ausüben und ihn dazu bewegen, seiner Politik zu folgen.

Aber Bernhard von Armagnac war tot, und der Dauphin befand sich in den Händen von Tanguy du Chastel. Als sich die Wogen einigermaßen geglättet hatten, hielten Isabeau und Herzog Johann schließlich am 14. Juli 1418 Einzug in Paris. Man bereitete ihnen einen triumphalen Empfang:

*Item* kam am Donnerstag, den 14ten Tag des Juli, die Königin nach Paris, und der Herzog von Burgund geleitete sie und präsentierte sie dem König im Louvre, sie, welche lange Zeit wie verbannt und fern von Frankreich gewesen durch die *bandés* [die »Banditen«, d. h. die mit der Armagnac-Binde, *A.d.Ü.*] und es geblieben wäre, wäre der Herzog von Burgund ihr nicht zu Hilfe geeilt, der sie auch in ihrer Verbannung als seine Herrin ehrte und sie ihrem Herrn, dem König von Frankreich, gar ehrenvoll zurückführte am obengenannten Tag. Und bei ihrem Herannahen ward das Tor von Saint-Antoine wieder entmauert, und die Bürger von Paris waren alle in *pers* [in Blau-Grün, den Farben Burgunds, *A.d.Ü.*] gekleidet; und sie wurden mit solcher Huldigung und Freude empfangen wie nie zuvor eine Dame oder ein Seigneur in Frankreich, denn wo immer sie vorüberzogen, schrie man mit lauter Stimme »Noël!«, und wenig waren die Leute, die nicht weinten vor Freude oder Rührung. (*Journal d'un Bourgeois de Paris*, Nr. 214)

Karl VI., der sichtlich nichts begriff von alledem, was geschehen war, empfing freudestrahlend seine Gemahlin und seinen Cousin und sagte: »Seid willkommen, *beau Cousin*, und habt Dank für das Gute, das Ihr der Königin erwiesen.« Mit anderen Worten: Karl VI., der noch wenige Tage zuvor auf der Seite der Armagnacs gestanden hatte, offenbarte sich nun mit größtem Vergnügen als Bourguignon. Dies sagt alles über die »Akte« und »Ordonnanzen«, die mit seinem Namenszug versehen sind.

Inzwischen werden in Paris allmählich die Lebensmittel knapp. Die armagnakisch gesinnten Chronisten behaupten, daß auf Befehl des Herzogs von Burgund seine eigenen Truppen den Nachschub im Umland abfingen. Auf diese Weise konnte der Herzog die Armagnacs für die gegenwärtige Lage verantwortlich machen. Die burgundischen Chronisten behaupten natürlich, daß die Armagnacs versuchten, Paris auszuhungern. Wie dem auch sei, man mußte etwas unternehmen. Der Herzog sandte die Aufständischen unter der Leitung von Capeluche aus, um möglichst viele Armagnacs, die sich in das Pariser Umland geflüchtet hatten, aus dem Weg zu räumen. Diese Vergeltungsschläge kosteten viele Armagnacs, aber auch zahlreiche Cabochiens das Leben. Johann Ohnefurcht beseitigte damit zwei Übel auf einen Schlag, denn als die Cabochiens, die die Massaker überlebt hatten, wieder die Stadt betreten wollten, fanden sie die Tore verschlossen. Sie mußten sich in der Umgebung zerstreuen, wo sie von den burgundischen Truppen, die genaue Anweisung hatten, verfolgt und abgeschlachtet wurden. So konnte sich der Herzog rühmen, er habe die Ordnung wiederhergestellt. Die Bürger atmeten auf und überschütteten Johann Ohnefurcht mit Beifall für sein Verhalten.

Doch er wollte noch weiter gehen, um zu zeigen, daß er weder Unrecht noch Ausschreitung duldete. Er ließ Capeluche, den er mit mehreren seiner wichtigsten Komplizen hatte ergreifen lassen, vor Gericht stellen und verurteilen. Die Hinrichtung fand in Anwesenheit einer zahlreichen Volksmenge, die auf Schauspiele dieser Art stets begierig ist, in den Markthallen statt. Ein so makabres wie pittoreskes Detail war dabei, daß Capeluches Knecht inzwischen dessen Nachfolger geworden und nun derjenige war, der seinem einstigen Meister das Haupt abschlug; da er aber seine Talente noch nicht unter Beweis gestellt hatte und unerfahren war, erteilte Capeluche seinem Knecht noch eine wahre Lektion in Anatomie, bevor er seinen Kopf auf den Richtblock legte. Dieser Mann, für den das Töten nur ein Handgriff wie jeder andere war und der zweifelsohne viel eher eine gewissenlose, als eine kriminelle Natur war, starb ohne jedes Zeichen von Rührung oder Reue. Und der Menge entfuhr kein einziger Schrei.

Nachdem man den Parisern diese Genugtuung gewährt hatte, um sie zu beruhigen und ihnen zu demonstrieren, daß die Ordnung wirklich existierte, mußte nun die Verwaltung der Stadt und die gesamte Regierung wieder auf die Beine gestellt werden. Dieser Aufgabe nahmen sich die Königin und der Herzog in den folgenden Tagen an. Sie achteten darauf, daß kein einziger Parteigänger der vorherigen Machthaber mit einem Amt betraut wurde. Das *Parlement* und die Gerichte stellten sie aus Leuten ihrer Hörigkeit zusammen. Die Regierung über Paris, um die er sich so sehr verdient gemacht hatte, reservierte Johann Ohnefurcht für sich. Er gewann die Sympathie der Pariser, indem er ihnen ihre Privilegien zurückgab sowie ihre Waffen und die Ketten über die Straßen, auf die sie so großen Wert legten. Er ernannte Marschälle und einen Admiral, aber die Charge des Konnetabels wurde nicht neu besetzt.

Zwei Dinge beschäftigten Isabeau de Bavière und den Herzog von Burgund besonders: die Rückkehr des Dauphins nach Paris und die Maßnahmen, die ergriffen werden mußten, um den beständigen Vormarsch der englischen Armee zu stoppen. Der Dauphin, der sich nach Bourges und anschließend nach Poitiers geflüchtet hatte, wohin ihm die Königin von Sizilien sowie die Magistraten gefolgt waren, die den Massakern von Paris entrinnen konnten, zeigte wenig Lust, nach Paris zurückzukehren und sich in die Höhle des Löwen zu begeben. Isabeau de Bavière betraute Herzog Johann V. von Bretagne mit der Aufgabe, ihm zum Zeichen der Versöhnung seine Gemahlin Marie d'Anjou zurückzubringen, doch vergebens: Charles lehnte, höchstwahrscheinlich durch Yolanda von Aragón entsprechend instruiert, die Einladung seiner Mutter, neben ihr und dem Herzog von Burgund einen Sitz im Kronrat zu haben, schlichtweg ab.

In diesem Monat September ward der Herzog von Bretagne zum König befohlen und kam nach Corbeil und von da nach Saint-Maur-des-Fossés. Und dorthin kamen die Königin, der Herzog von Burgund sowie mehrere Seigneurs; dort schlossen sie einen raschen Frieden, mochte es die Königin wünschen oder nicht. Alles wurde den Armagnacs vergeben, die Schandtaten, die sie begangen hatten – sosehr auch gegen sie bewiesen war, daß sie der Ankunft des Königs von England zugestimmt und dafür große Summen an *deniers* von besagtem König empfangen hatten, *item* (wurde ihnen vergeben), daß sie die beiden ältesten Söhne des Königs von Frankreich vergiftet hatten – und man wußte gar wohl, daß dies so gewesen und durch sie geschehen war – und auch der Giftmord an dem Herzog von Holland sowie der Umstand, daß sie die Königin von Frankreich aus ihrem Königreich verjagt hatten. (*Journal d'un Bourgeois de Paris*, Nr. 229)

Daß der Friede, der dem Dauphin und seinen Anhängern zu diesen Bedingungen vorgeschlagen wurde, nicht angenommen werden konnte, liegt auf der Hand, da man sie darin offiziell der Kollaboration mit den Engländern sowie des Verbrechens an den beiden vorigen Thronfolgern bezichtigte. Der »Bürger von Paris«, der die Punkte dieses Vertrages berichtet, zeigt zwar deutliche Sympathien für die Burgunder, und doch geht daraus hervor, daß damals ein Teil der öffentlichen Meinung felsenfest an eine Schuld der Armagnacs in gewissen undurchsichtigen Affären glaubte. Wenn auch nicht erwiesen ist, daß armagnakische Agenten für den Tod der beiden Thronfolger verantwortlich waren, so muß man doch zugeben, daß Karl von Orléans und Bernhard von Armagnac diejenigen waren, die die Engländer durch ihren Versuch, sich ihre Hilfe zu erhandeln, nach Frankreich gelockt hatten.

Im übrigen verhandelten Yolanda von Aragón und der Dauphin Karl, während sie die Aussöhnung mit Johann

Ohnefurcht und Königin Isabeau beharrlich ablehnten, ganz offen mit dem König von England. In Alençon fanden Verhandlungen statt, um den Frieden wiederherzustellen. Die Königin von Sizilien war der Ansicht, es sei besser, den Engländern in bestimmten Dingen nachzugeben, um Burgund gegenüber freie Hand zu haben. Zudem bedeutete dies, Johann Ohnefurcht die Möglichkeit einer englischen Hilfe zu rauben. Aber da Heinrich V., von den Bedingungen des Vertrags von Brétigny ausgehend, immer gefräßiger wurde und bald das Poitou, bald die Touraine forderte, wurden die Verhandlungen abgebrochen. Und während man in Alençon hin und her diskutierte, hatten die Engländer, wahrscheinlich mit der Komplizenschaft der burgundischen Behörden, die Johann Ohnefurcht in der Stadt eingerichtet hatte, Rouen in ihre Gewalt bekommen.

Die Lage in Paris wurde kritisch. Der Hof verließ die Hauptstadt und ließ sich in Troyes nieder. Der Vorwand zu dieser Fahnenflucht war die Angst vor einer Epidemie, doch jeder wußte, daß die Hauptstadt flußaufwärts von den armagnakischen Truppen, die Melun in ihrer Gewalt hatten, und flußabwärts von den Engländern blockiert wurde, die, sobald sie Rouen in ihrer Hand hatten, bis nach Mantes vorgerückt waren. Die Pariser forderten mit viel Geschrei die Rückkehr des Königs. Der Herzog von Burgund antwortete, der König käme erst zurück, wenn die Stadt wieder ausreichend mit Lebensmitteln versorgt wäre.

In Wirklichkeit befand sich Johann Ohnefurcht in arger Bedrängnis. Er wagte sich nicht offen gegen den König von England auszusprechen, aus Angst, Heinrich V. könnte das Geheimabkommen publik machen, das er mit ihm geschlossen hatte und durch das er die Lehnshoheit des Plantagenet anerkannte. Und doch scheint alles darauf hinzuweisen, daß der Herzog von Burgund in jenem Jahr 1419 entschlossen war, zu einem Arrangement mit dem Dauphin und den Armagnacs zu finden, um der englischen Bedrohung zu begegnen, die er immer deutlicher spürte. Aber der Dauphin lehnte, immer noch unter dem Einfluß von Yolanda von Aragón und den unerbittlichsten Orléanisten, jedes Abkommen mit dem Mörder seines Onkels kategorisch ab, solange dieser nicht öffentlich seinen Kurs wechselte, woran natürlich nicht zu denken war. In diskreten Verhandlungen wurde zwar weiterhin nach einem Kompromiß gesucht, aber ohne große Hoffnungen. Die Unerbittlichkeit des Dauphins stand der des Herzogs Johann in nichts nach.

In Wirklichkeit war sich der Herzog von Burgund jedoch darüber im klaren, daß etwas geschehen mußte: Die katastrophale Lage, in die nicht nur das Königreich Frankreich, sondern auch seine eigenen Staaten hineingeschlittert waren, gab Anlaß zu ständiger Besorgnis. Die permanent instabile Situation, die Verwüstungen des Krieges, die allgemeine Unsicherheit, die Schwierigkeiten auf dem Gebiet des Handels, all das würde Burgund und die mit dem Herzogtum verbundenen Staaten schon bald in eine wirtschaftliche Rezession treiben, die unweigerlich zu einer nie dagewesenen Katastrophe führen mußte. Daher war Johann Ohnefurcht zu einer Geste bereit. Da er aber bei den Armagnacs auf keinerlei Antwort stieß, begann er sich Hoffnungen zu machen, er würde bei den Engländern eine finden.

## *Isabeaus Trumpf*

Während der Herzog von Burgund sich mit diesen Überlegungen beschäftigte und nach einer Lösung suchte, zog auch Isabeau Bilanz über den Stand der Situation. Häufig wurde von »politischen Flitterwochen« gesprochen. Doch es handelte sich lediglich um eine Vernunftehe, noch dazu um eine vorübergehende. Denn Isabeau machte sich keine Illusionen: Wenn der Herzog von Burgund sie aus ihrem Gefängnis befreit und wieder in ihren Rang eingesetzt hatte, so deshalb, um sie als Garantie für sein

Vorgehen zu benutzen. Isabeau war zwar durchaus gewillt, sich auf die Macht ihres Cousins, auf seinen Einfluß und sein politisches Geschick zu stützen, aber sie hatte vor, ihr eigenes Spiel zu spielen. Die Hausmacht des Burgunders interessierte sie im Grunde wenig: Was sie interessierte, war das Königreich Frankreich, mit anderen Worten, die armagnakische Partie, die sie gerne selbst übernommen und in der sie unbestritten den Ton angegeben hätte, wenn die Armagnacs nicht die Partei des Dauphins Karl ergriffen hätten. Sie wußte auch, daß Karl für sie verloren war. Nie würde sich der Sohn, dessen instinktives Mißtrauen ihr gegenüber nach allen Regeln der Kunst geschürt worden war, bis daraus ein wahrer Haß wurde, zu einem Arrangement mit der Mutter bewegen lassen. Letzten Endes hatte der Dauphin als Komplize derer, die sie zur Gefangenen gemacht, wie als Komplize derer, die sie ausgeraubt hatten, als erster die Brücken abgebrochen. Manche Historiker nehmen es Isabeau äußerst übel, daß sie ihren Sohn verstoßen und anschließend enterbt hatte. Doch seien wir gerecht: Der Dauphin Karl war derjenige, der, entweder bewußt oder durch seine Umgebung beeinflußt, gegen seine Mutter rebelliert hat. Im Jahr 1419 ist die Königin Isabeau eine alternde, nahezu macht- und kraftlose Frau, die mehrere ihrer Kinder verloren hat und von ihrem letzten noch lebenden Sohn verleugnet wird. Viel eher als eine unwürdige Mutter, wie man sie allzu häufig dargestellt hat, muß man in ihr eine verstoßene, einsame, in ihrer Mutterliebe verratene und daher zutiefst verbitterte Mutter sehen.

Vor allem aber stand zwischen der Mutter und dem Sohn die beunruhigende Frage, die sich in der Folge die verschiedensten Historiker stellten: War Karl der Sohn von Karl VI. oder nicht? Uns erscheint diese Frage definitiv geklärt: Es scheint völlig ausgeschlossen zu sein, daß Graf Charles de Ponthieu der Sohn von Louis d'Orléans ist, und wenn man behauptet, er könne der Sohn eines anderen Liebhabers von Isabeau sein, so wäre man in größter Verlegenheit, Namen zu nennen oder hieb- und stichfeste Beweise für eine Untreue der Königin vor 1405 zu liefern. Charles wurde dagegen im Jahr 1403 geboren.

Aber der Dauphin zweifelte selbst an seiner Legitimität. Diese Frage hatte ihm gewiß nicht Yolanda von Aragón in den Kopf gesetzt. Im Gegenteil: Die Königin von Sizilien war sogar beharrlich bemüht, ihren Schwiegersohn in der Gewißheit zu bestärken, daß er der legitime – und der einzige – Erbe Karls VI. war. Seine Erzieher Hugues de Noyers, Pierre de Bauveau und Hardouin de Maillé konnten es ebenfalls nicht gewesen sein: Die beiden letztgenannten waren direkte Vasallen der Königin von Sizilien, und der erstere war ein überzeugter Orléanist. Die Orléanisten aber hatten gewiß kein Interesse, den Verdacht einer Illegitimität des Königs zu erwecken. Doch der Hof des Dauphins war der Treffpunkt von Agenten und Spionen jeglicher Couleur. Der junge Charles wurde sicher Zeuge der verschiedensten Unterhaltungen. Zweifellos hat man ihm – angeblich unter dem Siegel der Verschwiegenheit – vertrauliche Dinge mitgeteilt. Wenn es also jemanden gab, dem Karls Zweifel an seiner Legitimität nützten, dann war dies Johann Ohnefurcht. Es ist durchaus denkbar, daß ein Agent des Herzogs von Burgund dem Prinzen diese Zweifel in den Kopf setzte, denn bekanntlich war Johann Ohnefurcht jedes Mittel recht, um seine Ziele zu erreichen.

Wie dem auch sei, das Gerücht existierte. Isabeau de Bavière stand, sei es zu Recht oder zu Unrecht, in dem Ruf, sie hätte zahlreiche Liebhaber gehabt, allen voran Ludwig von Orléans, ihren Schwager. Die Königin hatte Anlaß zu übler Nachrede und Skandalen gegeben. Dies genügte vollauf, um das Gift des Zweifels in einem Geist zu verbreiten, den die Atmosphäre von Verrat, Lüge, Manipulation, Heuchelei und Ammenmärchen, in der er leben mußte, nur erschüttern konnte. Wer wäre unter solchen Umständen nicht beeinflußt worden? Und wie hätte der junge Karl die Tugendhaftigkeit seiner Mutter verteidigen können, wenn man sie vor seinen Augen attackierte und er keinen Gegenbeweis anführen konnte, um die versteckten Anschuldigungen oder zweideutigen Reden über ihre Person zu dementieren, die er zu diesem Thema ständig hören mußte?

Wahrscheinlich erklärt dies auch das Verhalten des Dauphins in der Affäre Bosredon. Sie war der Tropfen, der das Faß zum Überlaufen brachte. Und diesmal war die Sache ernster, da sich Bosredon offensichtlich und tatsächlich, wenn auch nicht namentlich mit der Königin selbst, so doch mit den Hofdamen der Königin kompromittiert hatte. Von da an war es nur noch ein kleiner Schritt bis zu der Vorstellung, die Königin habe an wüsten Bacchanalen teilgenommen. Und zu jener Zeit begann sich Karl bewußt von seiner Mutter zu distanzieren. Also mußte er zwar nicht gesicherte Beweise für eine Untreue seiner Mutter gehabt, aber schlicht und einfach bestimmte Einzelheiten gekannt haben, die auf einen zweifelhaften Lebenswandel Isabeaus in ihrem früheren oder gegenwärtigen Leben hindeuteten.

Psychologisch ist die Verstoßung Isabeaus durch ihren Sohn Karl im Jahr 1417 vollkommen verständlich. Zutiefst schockiert über die Affäre Bosredon, muß Karl diesen Fall mit allem, was man ihm sonst noch erzählt hatte, zu einer logischen Kette zusammengefügt haben. Dies genügte, um Zweifel aufkommen zu lassen. Denkbar ist auch, daß der Konnetabel von Armagnac, der Initiator des vernichtenden Schlags gegen Bosredon, die Absicht gehabt hatte, Isabeau, die er loswerden wollte, bei ihrem Sohn in schlechtes Licht zu setzen. Dies ist nur eine Hypothese, für die aber durchaus einiges spricht, wenn man bedenkt, daß Bernhard von Armagnac ebenso skrupellos wie Johann Ohnefurcht war. Auf alle Fälle war Karl derjenige, der als erster seine Mutter bezichtigte, er sei ein Bastard. So etwas kann eine Mutter nur schwer vergessen, besonders dann, wenn es sich um eine falsche Anschuldigung handelt, und das ist unzweifelhaft der Fall.

Dies betrifft die psychologische und gefühlsmäßige Ebene. Aber auch auf politischer Ebene ist Isabeau eine Frau, die alleine dasteht. Ihr Interesse würde sie logischerweise dazu drängen, sich, koste es, was es wolle, mit dem Dauphin zu verstehen, denn es geht um das Überleben eines Königreichs, das vor dem Abgrund totaler Anarchie steht. Für Isabeau sind Unruhen, Aufstände und Kriege ein Greuel. Sie weiß genau, daß die Bevölkerung der Städte wie auch der Dörfer nur noch einen einzigen Wunsch hat: Frieden. Daher entschließt sie sich, alles zu unternehmen, um zum Frieden zu gelangen, koste es, was es wolle. Und weshalb soll sie sich, da man die Partei des Dauphins nicht zur Vernunft bringen kann, also nicht an die Partei der Engländer wenden?

Königin Isabeau und Herzog Johann sind beide von der Notwendigkeit einer Einigung mit Heinrich V. überzeugt. Johann Ohnefurcht weiß nicht, wie er dies zuwege bringen soll. Isabeau dagegen hat einen Trumpf in der Hand. Der König von England hatte nämlich schon wiederholt seinen Wunsch zum Audruck gebracht, sich mit der Tochter von Isabeau und Karl VI., der bildhübschen, achtzehnjährigen Catherine de France zu vermählen, die ein reelles Pfand für ein Einvernehmen zwischen den beiden Königreichen darstellen könnte. Welche Rolle eine Schwiegermutter gegenüber einem Schwiegersohn spielen kann, wußte sie – schließlich hatte sie ständig das Bild der Yolanda von Aragón vor Augen, die buchstäblich ihre Rolle übernommen hatte und den Charakter und die Ansichten des jungen Grafen von Ponthieu formte, aus dem nun der Dauphin Charles geworden war. Außerdem hatte sie bereits Schwiegersöhne gehabt: Sie hatte ausgezeichnete Beziehungen zu dem jungen Charles d'Orléans unterhalten, als dieser der Gemahl ihrer früh verstorbenen Tochter Isabelle war. Sie wußte, daß sie sich auf die Ergebenheit ihres anderen Schwiegersohns, des Herzogs Johann V. von Bretagne und Gemahls ihrer Tochter Johanna, verlassen konnte: Nie würde Johann V. auch nur das mindeste gegen sie unternehmen, und er war stets bereit, seinen Einfluß und seine neutrale Position geltend zu machen, um Isabeau mit ihren Feinden auszusöhnen. Überdies war sie ja schon einmal die Schwiegermutter eines Königs von England gewesen: Ihre Tochter Isabelle war mit Richard II. verheiratet gewesen, bevor sie Witwe wurde und Charles d'Orléans ehelichte. Aber Richard war entthront und vom Vater Heinrichs V. umgebracht worden. Höchstwahrscheinlich hätten sich die Dinge anders entwickelt, wenn Richard weiter regiert und Isabeau weiterhin genügend Einfluß auf ihn gehabt hätte, um darauf hinzuwirken, daß sich die englische Politik in einer für Frankreich günstigen Weise orientierte. Man findet also Gründe genug, wenn man der Frage nachgeht, weshalb und wie sich die Königin in jenem Jahr 1419 für ein Bündnis mit England entschied, das immer noch einer unerträglichen Lage vorzuziehen war, in welcher das Königreich Frankreich unrettbar zerfallen würde. Nach Isabeaus Überlegung war es besser, über die Modalitäten einer Herrschaftsteilung zu diskutieren und über die mögliche Teilung des Reiches das letzte Wort zu haben, als sich mit gebundenen Händen dem allmächtigen Willen eines Siegers unterwerfen zu müssen. Dies ist ein Standpunkt, den man unbedingt zu berücksichtigen hat, will man die Haltung der Königin von Frankreich verstehen: Es steht außer Zweifel, daß sie *vor dem Mord von Montereau* dem Königreich das Schicksal ersparen wollte, daß es nach einer Niederlage verstümmelt und zerteilt würde, denn man brauchte kein Gelehrter zu sein, um sich auszurechnen, daß es dazu kommen mußte. Und, das sei noch einmal betont, sie verfügte in der Person ihrer Tochter Catherine über einen Trumpf. Sie stand also keineswegs mit leeren Händen da, weder gegenüber dem König von England, *noch gegenüber dem Herzog von Burgund*, weshalb dieser das Spiel nicht ohne sie machen konnte.

Da die vereinbarten Waffenstillstände mit den Engländern eingehalten wurden, begaben sich die Emissäre der

Königin und des Herzogs von Burgund mit Vorschlägen zu Heinrich V. Man vereinbarte ein Gipfeltreffen am 30. Mai in Meulan, d. h. auf halbem Wege zwischen Mantes, das sich in englischer, und Pontoise, das sich in burgundischer Hand befand. Sofort benachrichtigte die Königin den Dauphin und lud ihn ein, an diesem Treffen teilzunehmen, das über das Schicksal des Friedens entscheiden würde. Karl war sich unschlüssig, ob er ablehnen oder zusagen sollte, aber Yolanda von Aragón und ihre Berater gaben ihm zu verstehen, daß er Gefahr lief, in eine Falle zu geraten. Schließlich entschied er sich dafür, Tanguy du Chastel, den Seigneur de Barbazan und einige Ritter seines Vertrauens nach Meulan zu entsenden.

Das Treffen fand unter allen Zeichen von Luxus und Herzlichkeit statt. Nichts hatte man unterlassen, um den König von England zu beeindrucken:

Am folgenden Dienstag, welcher der 30te Tag im Mai war, erkrankte der König, und so blieb er in Pontoise zurück. Die Königin und Madame Catherine trafen in einer gar reich geschmückten Sänfte, begleitet von Damen und Demoisellen sowie dem Herzog von Burgund, gegen zwei Uhr nachmittags bei den Zelten unweit von Meulan ein. Es gab Trompeten in Fülle und Menestrels, die mit ihren Instrumenten zum Tanz aufspielten. Etwa eine Stunde zuvor war der König von England in seinen Zelten eingetroffen: Denn obgleich in der Mitte des Lagers nur ein Zelt stehen durfte, worin die Unterredung statthaben sollte, gab es dennoch zu beiden Seiten Zelte, wohin man sich zurückziehen konnte. Kurz nachdem sich die Königin in ihr Zelt begeben hatte, kamen der Graf von Warwick und andere Edelleute aus England im Namen des Königs von England der Königin ihre Aufwartung machen. Dann wurde befohlen, die Königin sowie der König von England sollten zur gleichen Zeit aus ihren Zelten treten und sich gemessenen Schritts bis zur Mitte des Lagers begeben, wo ein Pfahl gleich weit von ihren Zelten und den Grenzen des Lagers entfernt errichtet war; und von jeder Partei dürften nur 60 Personen von Adel und 16 Räte eintreten und man werde sie einzeln bei ihrem Namen aufrufen. (Juvénal des Ursins)

Aus dieser detaillierten Beschreibung ist zu ersehen, daß das Protokoll sorgfältig ausgearbeitet worden war und daß das Gespräch – zumindest offiziell – nur zwischen der Königin von Frankreich und dem König von England stattfinden sollte, die sich als Staatsoberhäupter trafen, um über Staatsangelegenheiten zu diskutieren.

Gegen drei Uhr nachmittags trat die Königin aus ihren Zelten, vor ihr, jeweils zu zweien, die Räte. Als sie und der König an dem oben genannten Pfahl angelangt waren, nahm der König von England die Hand der Königin und küßte sie, und danach die von Madame Catherine. In gleicher Weise küßten die genannten Brüder des Königs sie, und während sie sie küßten, beugten sie ihr Knie bis auf die Erde. Nachdem dies geschehen, nahm der König von England die Königin an der Hand, und gemeinsam und gleichen Schritts betraten sie das Zelt, in dem sie Versammlung halten sollten. Dort nahmen die Königin und der König Platz, ein jeder auf seinem Thron, die beide in gleicher Weise geschmückt und verziert waren mit goldenem Tuch und Baldachinhimmel darüber und die etwa zwei Klafter weit von einander entfernt standen, so daß sie einander bequem hören konnten, wenn sie redeten. (Juvénal des Ursins)

Die Gespräche beginnen mit Fragen des Prozederes. Man einigt sich in bestimmten Punkten, besonders was die Einhaltung der Waffenstillstände betrifft. Die Anwesenden bemerken auch, daß der König von England häufige Blicke auf die bildschöne und prächtig herausgeputzte Catherine de France wirft. Henry V. ist in die Tochter Isabeaus sichtlich sehr verliebt. Die Königin, die ihn bei diesen Blicken überrascht hat, scheint in bester Laune zu sein: Sicher denkt sie, die Einigung wird leichter zustande kommen und für sie gewinnträchtiger ausfallen, wenn ihr Verhandlungspartner sich von seiner Leidenschaft hinreißen läßt. Um Catherine zu bekommen, wird er Zugeständnisse machen. Bald wird sie jedoch entdecken, daß sie sich zu früh gefreut hat. Nach dieser ersten eher förmlichen als fruchtbaren Sitzung wird ein weiteres Treffen vereinbart, dann trennt man sich wieder.

Der materielle Aufwand, mit dem man dieses Treffen organisiert hatte, war allerdings beträchtlich:

Der Ort wurde auf folgende Weise eingerichtet: Vor dem Stadttor von Meulan, in Richtung Pontoise, befand sich eine Wiese, auf ihrer einen Seite die Seine, auf der anderen Seite ein Weiher. In der Mitte verlief eine öffentliche Straße. Diese Wiese wurde in drei Teile unterteilt: im ersten, nach der Stadt hin gelegenen, standen die Zelte des Königs (von Frankreich), der Königin und des Herzogs von Burgund in prächtigem Überfluß, im anderen, flußaufwärts gelegenen Teil standen die Zelte des Königs von England; im dritten und mittleren Teil zwischen den Zelten der Könige von Frankreich und England gab es ein geschlossenes Mittelfeld, befestigt mit Gräben und Palisaden in einer Weise, daß man es nur an drei Stellen betreten konnte; und an jedem Eingang gab es solide Schranken, die jeweils von 50 gut bewaffneten und gerüsteten Männern bewacht wurden; und der Teil des Königs und der Königin, der in direkter Blickrichtung den Engländern gegenüber lag, war eingefriedet von dicht bei dicht gesetzten Pfählen wie eine umschlossene Stadt, so daß niemand mit Lanze oder Wurfgeschoß nahen konnte, und die Pfähle führten bis an das Ufer der Seine. Ferner waren an dieser Stelle und Blickrichtung Pfähle quer durch den Fluß gereiht, so daß die Schiffe nicht flußaufwärts fahren konnten; und die beiden Parteien konnten sich einander nur in der Mitte des Feldes nähern. Auch der Bereich der Engländer war mit Gräben und Palisanden umzäunt, wenn auch nicht so stark befestigt. (Juvénal des Ursins)

Nachdem die Begrüßungsphase der Handküsse beendet war, ging man zu ernsteren Dingen über. Auf die Frage, welches seine Bedingungen wären, antwortete der König von England,

man habe ihm zu geben und auszuliefern, was vereinbart worden sei durch den Vertrag von Brétigny bei Chartres, welchen man beschworen und beeidet habe; und dazu das gesamte Herzogtum Normandie, sowohl das, was bereits erobert war, als auch alle noch verbleibenden Teile des genannten Herzogtums, und zwar ohne Lehenshoheit, Gerichtsbann und Souveränität, und man habe sie als Nachbarn zu betrachten; und ferner werde er Madame Catherine zur Gemahlin nehmen.

Die Ansprüche Heinrichs V. waren nicht neu, aber sie waren letztlich relativ maßvoll. Das Problem war nur, daß sich zahlreiche im Vertrag von Brétigny aufgeführte Gebiete in der Hand der Parteigänger des Dauphins befanden, und diese waren gewiß nicht bereit, sie zugunsten der Königin und des Herzogs von Burgund aufzugeben. Johann Ohnefurcht kam dies gar nicht gelegen, denn um diese berühmten Gebiete abtreten zu können, hätte er sie zunächst erobern müssen.

In diesem Moment erscheinen Tanguy du Chastel und Barbazan auf der Bildfläche. Sie bekräftigten, daß sie zu einem Vertrag mit den Burgundern bereit wären, wenn diese die Allianz mit den Engländern ablehnten. In den Reihen der Burgunder wurde ein wahres Kolloquium abgehalten. Die beiden Thesen wurden in Plädoyers einander gegenübergestellt, die von »zwei nahmhaften Advokaten« geführt wurden:

Der eine war ein gewisser Maître Nicolas Raulin, der andere war Maître Jean Rapiot. Und Raulin vertrat die These, es sei besser, mit den Engländern zu verhandeln, und der König solle großzügig (einen Teil) seiner Domäne abgeben. (Juvénal des Ursins)

Es folgte eine endlose Analyse der Lage, und man gelangte zu der Feststellung, daß es notwendig sei, mit den Engländern Frieden zu schließen. Jean Rapiot entwickelte jedoch die entgegengesetzte These. Dies könne man nicht, so meinte er,

denn der König hat bei seiner Salbung geschworen, nichts (keinen Teil der Krondomäne) zu veräußern; und zusätzlich zu dem Umstand, daß er nicht befugt ist, etwas zu veräußern, ist er angesichts seiner Krankheit auch zu keinerlei Amtshandlung und damit erst recht nicht zu einer Gebietsveräußerung fähig.

Nach diesen juristisch unanfechtbaren Argumenten fügte Jean Rapiot noch hinzu, daß es auch nicht möglich sei, mit dem König von England vertraglich zu verhandeln, denn dieser besitzt nicht nur keinerlei Recht im Königreich Frankreich, sondern auch in dem von England nicht und in keiner Sache, in der er behauptet, er hätte ein solches – und zwar in Anbetracht des Mordes, den sein Vater an der Person des Königs Richard II. begangen hat.

Diese Anspielung auf die umstrittene Legitimität Heinrichs IV. von Lancaster war in der Tat ein starkes Argument, denn

wenn irgendein anderer Anwärter auf das Königreich England dieses Recht hat und eines Tages wirklich besitzt, dann wird man sagen, daß alles, was zuvor geschehen war, null und nichtig sei. (Juvénal des Ursins)

Die burgundische Versammlung schließt sich aber trotzdem der Auffassung von Nicolas Raulin an und plädiert für das Abkommen mit den Engländern. Nach vielem Hin und Her zwischen den beiden Parteien kommt es schließlich zu einem entscheidenden Gespräch zwischen Heinrich V. und Johann Ohnefurcht. Der Herzog von Burgund lehnt am Ende jede Konzession ab und scheint damit durchaus entschlossen zu sein, die Verhandlungen abzubrechen. Der König von England ist empört. Er erklärt:

*Beau Cousin*, wir wollen, daß Ihr wißt: Wir werden die Tochter und das, was wir mit ihr gefordert haben, bekommen, oder wir werden Euren König und auch Euch aus dem Königreich vertreiben.

Darauf entgegnet Johann Ohnefurcht kalt:

Sire, Ihr sprecht nach Eurem Belieben, doch bevor Ihr Monseigneur und uns aus dem Königreich vertrieben habt, werdet Ihr gar sehr erschöpft sein, und daran lassen wir keinen Zweifel. (Monstrelet)

Nach dieser heftigen Entgegnung wurden die Verhandlungen endgültig abgebrochen. Isabeau de Bavière schreibt an Heinrich V. einen rechtfertigenden Brief, in dem es unter anderem heißt:

Wenn wir und unser genannter Cousin (die von Heinrich gestellten Bedingungen) akzeptiert und beschlossen hätten, dann wären alle Barone und Ritter sowie die Hauptstädte und anderen guten Städte meines genannten Herrn von uns abgefallen und hätten sich Unserem genannten Sohn angeschlossen, woraus ein noch größerer Krieg entstanden wäre.[2]

Nach diesem Bruch rief die Königin die Mitglieder des Kronrates zusammen, und es wurde beschlossen, »man werde mit Monseigneur le Dauphin, dem Regenten, Frieden schließen« (Juvénal des Ursins).

Was war geschehen? Weshalb dieser Kurswechsel seitens des Herzogs von Burgund, der doch so sehr daran interessiert war, mit den Engländern einen Frieden auszuhandeln? Gewiß, es war noch Zeit geblieben, mit Heinrich einen Waffenstillstand zu schließen, der die Neutralität Flanderns anerkannte. Flandern aber war für Johann Ohnefurcht das reichste Gebiet seiner Domänen und auch dasjenige, das den Frieden für seinen Aufschwung am nötigsten brauchte. Man kann verstehen, daß der Herzog von Burgund, nachdem er zumindest im Augenblick das Wesentlichste gerettet hatte, demonstrieren wollte, daß er nicht im Sold der Engländer stand und daß für ihn nicht in Frage kam, die Forderungen des Königs von England zu akzeptieren. Auf alle Fälle beweist uns diese sehr eindeutige Haltung, daß Johann Ohnefurcht kein Verräter ist, wie man es in vielen historischen Erzählungen hatte darstellen wollen. Er ist nämlich viel zu stolz, um vor den Forderungen Heinrichs V. in die Knie zu gehen.

Vielleicht spielt aber auch noch etwas anderes mit hinein. Obwohl wir nicht leugnen wollen, daß die Königin Isabeau in ihrer Haltung schwankte, da sie für die Argu-

2 Dieser bedeutende Brief befindet sich in der Bibliothèque Nationale in Paris; Collection Moreau, 1425, pièce 86.

mente, wonach der »verhinderte« König keine Gebiete veräußern könne, sehr empfänglich war, müssen wir uns auch die Seite von Tanguy du Chastel betrachten. Während er in Meulan weilte, blieb der ehemalige *prévôt de Paris* nicht untätig. Er war von allen geschätzt, sogar von seinen Feinden, und man hörte auf ihn. Vor allem traf er sich häufig mit der berühmten Dame de Giac, die sich ebenfalls dort befand und keineswegs zufällig, sondern weil sie bei Johann Ohnefurcht regelrecht die Rolle einer Beraterin spielte.

Gelegentlich wurde behauptet, Tanguy habe die Dame de Giac, für die der Herzog von Burgund, wie man wußte, »ein offenes Ohr« hatte, entweder mit Geld oder mit Argumenten dazu überredet, diesen von einem Vertragsschluß mit den Engländern abzubringen. Sie soll also diejenige gewesen sein, die Johann Ohnefurcht dazu drängte, die Verhandlungen abzubrechen. Unmöglich ist das nicht. Der Einfluß, den diese mysteriöse Dame auf Herzog Johann hatte, ist kein Mythos und läßt sich wiederholt bestätigen. Aber das wirft auf das bereits so geheimnisumwitterte Antlitz der Dame de Giac nur noch einen weiteren Schleier. Wie dem auch sei, obwohl Johann Ohnefurcht, da er die Regierung in der Hand hatte, mit Leichtigkeit unter katastrophalen und demütigenden Bedingungen für Frankreich einen Vertrag mit Heinrich V. hätte abschließen können, hat er diesen Schritt nicht getan. Dies genügt, um ihn ein für allemal von dem Vorwurf reinzuwaschen, er habe sich an die Engländer verkauft.

Man hatte also beschlossen, mit dem Dauphin zu verhandeln. Sehr zufrieden über seine Mission, war Tanguy du Chastel wieder nach Poitiers abgereist, wo er mit dem Dauphin Karl und Yolanda von Aragón zusammentraf. Sosehr man in Worten seinen guten Willen gezeigt und sosehr man beim Volk Hoffnungen auf eine baldige Aussöhnung zwischen den Armagnacs und den Bourgignons erweckt hatte, stand das Schwierigste doch erst noch bevor, nämlich tatsächlich zu einem Kompromiß zu finden, der beide Parteien befriedigen konnte, oder noch besser: der weder die eine noch die andere Partei allzu unzufrieden machte. Trotzdem kam es zu zahlreichen Sondierungsgesprächen. Und am 7. Juli desselben Jahres 1419 verließ der Herzog von Burgund Pontoise und bezog Quartier in Corbeil, d. h. in unmittelbarer Nachbarschaft des Dauphins, der in Melun weilte.

## *Die Brücke von Montereau*

Wie in einem Racineschen Drama wird die Spannung, die seit dem Beginn der Handlung ständig gestiegen war, allmählich so intensiv, daß sie die Grenze des Erträglichen erreicht. Die *Krise*, die im Grunde bereits schwelte, seitdem Johann II. der Gute, leider ein Herrscher ohne Genie, aber nicht ohne Nachkommen, seinen Söhnen seine Apanagen vermacht hatte, steht kurz davor, sich in einem Unwetter zu entladen. Und wie in jeder Tragödie wird das Unwetter ein blutrünstiges sein, denn die erzürnten Götter fordern ein Opfer, um sich an seinem Blut zu sättigen. Das Bühnenbild ist bereit. Die Akteure beherrschen ihre Rolle im Schlaf. Nun braucht nur noch die Sicherung gelöst zu werden – und der Mechanismus, den man jahrzehntelang geduldig aufgezogen hatte, wird sich in Gang setzen.

Man mag einwenden, es sei ein wenig zu hoch gegriffen, eine – wenn auch dramatisch bewegte – Episode der französischen Geschichte mit einer Tragödie von Racine zu vergleichen. Gleichwohl gibt es zwischen beiden mehr als eine Analogie, und Racine schöpfte bei der Wahl seiner Sujets ebenso häufig aus der Geschichte wie aus dem Mythos.

Die erste Szene jenes reinigenden Opferrituals, das jede Tragödie darstellt, spielt sich natürlich hinter den Kulissen ab. In diesem Fall spielt die Szene in Pouilly-le-Fort, zwischen Melun und Corbeil. Am 8. Juli trifft Johann Ohnefurcht, Herzog von Burgund und Enkel Johanns des Guten, mit Karl, Graf von Ponthieu, Herzog von Touraine, Dauphin von Frankreich und Urenkel Johanns des Guten, zusammen. Beide betreten mit ihren Vertrauten – denn stets müssen Zeugen dabei sein – die separaten Zelte, die man für sie jeweils auf dem äußersten Ende einer langgestreckten Erhöhung, dem »Ponceau Saint-Denis«, errichtet hat. Dann schreiten sie einander ohne Begleitung entgegen und treffen sich in der Mitte der Straße in einer aus Flechtwerk gebauten und innen mit Tapisserien verkleideten Hütte. Die Unterredung dauert fünf Stunden. Drei Tage später werden sie sie fortsetzen, und diesmal endet sie mit Umarmungen und Jubel. Herzog Johann schenkt seinem Cousin eine mit Diamanten besetzte Schnalle, und um ihm nicht nachzustehen, sendet der Dauphin, der nur knapp bei Kasse ist, dem Herzog von Burgund eines seiner schönsten Pferde.

In der Übereinkunft, die ihr Abkommen besiegelt, beschließen die beiden Unterzeichnenden, die Zwistigkeiten der Vergangenheit zu vergessen, und überschütten sich mit inbrünstigen Gelöbnissen. Der Herzog von Burgund verpflichtet sich, dem Dauphin treu zu dienen, »seinen Stand und seine Vorrechte zu schützen und zu wahren« und ihn im Falle eines Krieges mit all seiner Macht zu unterstützen. Der Dauphin gelobt seinerseits, Herzog Johann als loyalen Verwandten zu behandeln, und erklärt, »daß wir sein Gut, seine Ehre, seinen Wohlstand wünschen und vermehren und Übel und Schaden von ihm wenden werden«.

Beide schwören, sich für die »Zurückdrängung der Engländer«, die Wiederherstellung des Landes und die Anwendung eines Programms zur Gesundung der sozialen Lage einzusetzen, woraus im übrigen hervorgeht, daß beide gleichermaßen darum besorgt sind, Abhilfe gegen das Elend des Volkes sowie gegen die wirtschaftliche Rezession zu schaffen, die die Folgen des anarchischen Zustands sind, in dem das Land während der letzten Jahre gelebt hatte. Und schließlich verpflichten sie sich, von bestehenden Verträgen zurückzutreten, die sich gegen die Interessen einer der beiden Parteien richten könnten. Um ihrem Akt noch mehr Feierlichkeit zu verleihen, haben sie auch die Seigneurs aus ihrem Gefolge unterzeichnen lassen. So findet man darauf von seiten des Dauphins insbesondere die Unterschrift des unvermeidlichen Tanguy du Chastel sowie von Barbazan und Louvet, dem künftigen Minister Karls VII., und seitens des Herzogs von Burgund als weitere Unterzeichner den Grafen von Saint-Pol, Johann von Luxemburg, Sire de Navailles (der bei dem Attentat von Montereau ebenfalls umkommen wird) sowie Pierre de Giac.

Vom 13. bis 15. Juli empfängt Johann Ohnefurcht den Dauphin in Corbeil und führt mit ihm die Gespräche fort, um zu konkretisieren, was man zuvor theoretisch beschlossen hatte. Dabei geht es um Fragen wie die Generalamnestie, die Zurückgabe der beschlagnahmten Güter, den Abzug der Truppen aus den Städten und befestigten Plätzen, um die Besetzung der Ämter nach dem Willen des Königs und mit Zustimmung des Dauphins, des Herzogs von Burgund und des Kronrates. Sowie sie bekannt werden, entfesseln die getroffenen Maßnahmen bei der Bevölkerung der burgundischen wie der armagnakischen Gebiete eine Woge der Begeisterung. In Paris läuten die Glocken. Man wagt kaum zu glauben, daß der so verzweifelt ersehnte Frieden endlich einen Alltag ohne Angst und Schrecken ermöglichen könnte.

Doch damit ist noch längst nicht alles geklärt. Zudem stehen die Engländer im Land. Langsam, aber sicher setzen sie ihre Invasion des Territoriums fort. Und Heinrich V. ist mehr denn je entschlossen, Katharina von Frankreich zu heiraten, der er ein Geschenk nach dem anderen schickt. Isabeau de Bavière begreift, daß es der Engländer mit seinen Absichten ernst meint. Einerseits ist sie darüber erfreut, denn sie glaubt, daraus ihren Vorteil ziehen zu können, andererseits versetzt sie die militärische Macht ihres künftigen Schwiegersohns in Unruhe, da sie ihm zutraut, er könne seine Invasion auf das gesamte Königreich ausdehnen und ihm seinen Willen aufzwingen, so daß auch sie nichts mehr dagegen tun könnte. Daher drängt sie Johann Ohnefurcht zu dem Entschluß, den Dialog mit Heinrich V. wieder aufzunehmen, um zumindest dessen wahre Absichten zu ergründen und noch einmal Zeit zu gewinnen. Vielleicht hoffte sie auf ein Wunder und am Ende doch noch auf eine Aussöhnung mit ihrem Sohn, denn dann wäre man in der Lage, der englischen Gefahr zu begegnen.

Während der zweiten Julihälfte herrscht ein reger Verkehr zwischen der Residenz der Königin und Mantes, wo Johann Ohnefurcht über eine Delegation aus vier seiner wichtigsten Berater mit dem König von England in Kontakt steht. Diese geheimen Verhandlungen sind so intensiv, daß sie niemandem verborgen bleiben, und die Pariser betrachten sie mit Wohlwollen, da sie überzeugt sind, daß einem Abkommen mit dem Dauphin unweigerlich ein Abkommen mit dem König von England folgen müsse. Die Begeisterung der Pariser kühlt jedoch sehr schnell ab, als die Nachricht eintrifft, daß Pontoise in die Hand der Engländer gefallen ist. Die Gemüter erhitzen sich, und man ist nahe daran, den Herzog von Burgund zu beschuldigen, er spiele ein doppeltes Spiel. Mit Müh und Not gelingt es ihm, sich zu rechtfertigen, doch dann wird ihm klar, daß seine Lage ungemütlich wird. Er muß um jeden Preis ein definitives Abkommem mit dem Dauphin zuwege bringen und diesen nach Paris zu seinem Vater zurückbringen. Daher erklärt sich Johann Ohnefurcht zu einem zweiten Treffen mit Karl bereit. Diese Begegnung soll in Montereau stattfinden.

Tanguy du Chastel erscheint in Begleitung von Louis de Scorailles und Jacques du Peschin, dem Onkel (oder Bruder?) der Dame de Giac, um mit ihm die Formalitäten dieser Unterredung zu regeln. Mehr denn je entschlossen, mit dem Dauphin Frieden zu schließen, hat Johann Ohnefurcht die Verhandlungen mit den Engländern abgebrochen. Er weiß, daß er nun keine andere Wahl mehr hat, als seine Truppen gegen Heinrich V. zu führen, aber noch zögert er und drückt sich herum. Er trifft sich immer häufiger zu Besprechungen mit der Königin und ihren Räten. Was er nämlich unbedingt erreichen will, ist ein definitiver Frieden, der durch die Rückkehr des Thronerben an den Hof von König Karl VI. und Isabeau de Bavière seinen persönlichen Triumph besiegeln wird. Doch er wird von düsteren Vorahnungen geplagt. Das Treffen von Montereau war für den 18. August festgesetzt, er läßt es auf den 26. August, dann auf den 10. September verschieben. Diese Unsicherheit, dieses Zögern läßt erkennen, in welch trancehaften Ängsten der Herzog von Burgund schwebt: Er weiß, daß er sich am Scheideweg befindet. Und seine Entourage diskutiert hin und her und nörgelt herum, was auch nicht dazu angetan ist, ihn zu ermutigen.

Da er ohnehin von mißtrauischer Natur ist, hat der Herzog ein offenes Ohr für diejenigen, die ihn vor den hinterhältigen Absichten des Dauphins gegen ihn warnen. Die besonders Argwöhnischen versuchen, ihn von der Unterredung abzubringen, denn sie sei von den Leuten des Dauphins beschlossen und organisiert, und diese hätten völlig freie Hand, um einen Hinterhalt zu legen. Sie befürchten, Charles de Touraine könnte von einstigen Dienern des Hauses Orléans umgeben sein, die den alten Haß gegen den Mörder des Herzogs Ludwig wachhielten. Und vor allem ist da noch der Wahrsager Mousque, den Johann Ohnefurcht stets zur Seite hatte und »welcher ihm dringend riet, auf keinen Fall hinzugehen, und wenn er dennoch hinginge, käme er nicht mehr zurück«. (Juvénal des Ursins)

Doch unter seinen Ratgebern befindet sich, angeführt von der Dame de Giac, ein ganzer Clan, der sich ungeduldig zeigt und dem Herzog wegen seines blamablen Zögerns auf dem Weg zu einem für das Land so notwendigen Frieden Vorwürfe macht.

Die Dame de Giac scheint entscheidend dazu beigetragen zu haben, daß sich der Herzog von Burgund schließlich doch entschied. Welches Spiel spielte sie eigentlich genau? Hatte sie ein weiteres Mal den Avancen von Tanguy du Chastel und Jacques du Peschin nachgegeben? Welche »Transaktionen« hatte es zwischen ihr und dem einstigen Stadtpräfekten von Paris, einer ergebenen Kreatur der Königin von Sizilien, gegeben? Niemand wird dies je erfahren. Auf alle Fälle soll Johann Ohnefurcht nach einem langen Gespräch mit der Dame de Giac erklärt haben: »Also gut, dann brechen wir auf! Wir müssen dorthin gehen, wohin es Gott gefällt, uns zu führen. Ich will nicht, daß man mir vorwirft, der Frieden sei durch meine Feigheit gescheitert.«

Am Morgen des 10. September macht er sich, nachdem er in Bray noch die Messe gehört hat, auf den Weg. Er wird begleitet von 500 Kriegsknechten und 200 Bogenschützen und schlägt sein Lager vor den Mauern des Schlosses von Montereau auf, das der Dauphin, den in Troyes getroffenen Vereinbarungen entsprechend, als Beweis für seinen guten Willen geräumt hat. Sofort schickt der Herzog von Burgund Pierre de Giac los, um sich zu vergewissern, daß der für die Begegnung vorgesehene Ort, nämlich die Brücke über dem Zusammenfluß von Yonne und Seine, den vereinbarten Maßnahmen entsprechend vorbereitet ist und keine Falle bietet. Pierre de Giacs Meldung fällt günstig aus: alles sei in Ordnung.

Und doch war die Stelle, die man für das Treffen vorgesehen hatte, mehr als sonderbar beschaffen. Der Dauphin hatte seinem Zimmermann Regnault le Normand befohlen, auf der Brücke, die das Schloß mit der Stadt Montereau verbindet, eine Holzkonstruktion, bestehend aus drei Abteilungen, zu errichten: zwei Vorräume, die jeweils zum Schloß bzw. zur Stadt hin offen waren und durch die man von beiden Seiten aus in den Mittelraum gelangte, der für die Unterredung vorgesehen war. Der

Herzog von Burgund sollte von der Seite des Schlosses, der Dauphin von der Seite der Stadt her zum Treffpunkt kommen. Diese seltsame Konstruktion stellt die Historiker immer noch vor ein Rätsel hinsichtlich ihres eigentlichen Zwecks: Handelte es sich um eine schützende Dekkung gegen einen möglichen Angriff seitens der Burgunder, oder war es eine Mausefalle, die man aufgestellt hatte, um den Mörder des Herzogs von Orléans zu bestrafen? Und weshalb hat Pierre de Giac gemeldet, alles sei in Ordnung, nachdem er die Örtlichkeiten besichtigt hatte, ausgerechnet jener Pierre de Giac, den wir nur wenig später im Lager des Dauphins wiederfinden?

Auf alle Fälle begab sich Tanguy du Chastel um drei Uhr nachmittags zum Schloß, um dem Herzog zu melden, daß der Dauphin bereit sei, ihn zu empfangen.

Daraufhin begab sich ein jeder von ihnen, begleitet von zehn Seigneurs, an den Ort, wo die Zusammenkunft stattfinden sollte. Mein genannter Herr, der Dauphin, hatte bei sich Messire Tanguy du Chastel, die Seigneurs de Barbazan und de Couvillon, den Vicomte de Narbonne, Bataille und andere bis zur besagten Anzahl. Entsprechend hatte der genannte Herzog von Burgund die Seigneurs de Saint-Georges, Thoulongeon, Seigneur de Montagu und de Novailles, den Bruder des Hauptmanns von Buch, den man für einen Engländer oder Gascogner hielt, und andere bei sich bis zur genannten Anzahl. Sie wurden auf der einen wie der anderen Seite visitiert und hatten beide, der eine wie der andere, keinen Harnisch und keine Rüstung mehr, das heißt: nur noch Kettenhemd und Degen.[3] Als sie eingetreten

3 Juvénal des Ursins spricht als einziger zeitgenössischer Chronist von einer systematischen Durchsuchung, die angeblich auf beiden Seiten durchgführt worden sei. Da seine Sympathien den Orléanisten gelten, klingt dieses Detail jedoch reichlich suspekt. Es scheint, als habe man diese Leibesvisitation nur bei den Burgundern vorgenommen. Abgesehen davon werden aber in Juvénals Bericht über dieses Ereignis, der aufgrund der präzisen Aussagen, die die Zeugen des Dramas lieferten, mit einer gewissen Distanz verfaßt wurde, die verschiedenen, voneinander abwei-

waren, stellten sie, ein jeder von seinen Leuten, Wachen an den beiden Eingängen auf. (Juvénal des Ursins)

Von da an gehen die Berichte über das, was wirklich geschah, auseinander.

Nach dem Moment, als alle eingetreten waren, erzählt und berichtet man unterschiedlich und auf mehrere Weise. Denn diejenigen, die der Partei Burgunds angehörig und verbunden waren, sagen, der Herzog von Burgund habe, als er Monseigneur le Dauphin erblickte, das Knie gebeugt und ihm die Huldigung und Ehre erwiesen, die ihm gebührte, und habe gesagt: »Monseigneur, ich bin erschienen auf Euren Befehl. Ihr wißt Bescheid um das Elend dieses Königreiches und Eurer künftigen Domäne. Schafft Abhilfe dagegen. Was mich betrifft, so bin ich bereit und gerüstet, mich mit meinem Leib und meinen Gütern sowie denen meiner Vasallen, Untertanen und Verbündeten dazu zu verwenden.« Dann habe Monseigneur le Dauphin seinen Hut vom Haupt genommen, ihm gedankt und befohlen, er möge sich erheben; und als er sich erhob, habe er denen, welche bei ihm waren, ein Zeichen gegeben. Und da sei Messire Tanguy du Chastel hinzugetreten, habe ihn an den Schultern zurückgestoßen und gerufen »Hinweg mit Euch«, wobei er ihm mit einer Streitaxt[4] auf das Haupt geschlagen und ihn auf diese Art getötet habe. Und ein anderer, namens Sire de Novailles, sei ebenfalls zu Tode getroffen worden, so daß er nach drei Tagen sein Leben aushauchte. (Juvénal des Ursins)

Soweit die burgundische Version. Diejenige der Armagnacs liest sich etwas anders:

Aber andere berichten gar anderes, nämlich daß Monseigneur le Dauphin, als sie in der Einfriedung eingetroffen waren, als erster

chenden Darstellungen und sogleich vorgenommenen Deutungen berücksichtigt.

4 Wäre die Personendurchsuchung tatsächlich auf beiden Seiten vorgenommen worden, dann hätte am Tatort niemand eine Streitaxt besessen. Dennoch wurde Johann Ohnefurcht mit einem Axthieb getötet, aber es erscheint unmöglich, daß der Schlag von Tanguy du Chastel ausgeführt wurde.

das Wort ergriff und zum Herzog von Burgund sagte: »*Beau Cousin*, Ihr wißt, daß wir in dem Friedensvertrag, den wir kürzlich in Melun zwischen uns schlossen, übereingekommen waren, daß wir uns in einem Monat an einem bestimmten Ort versammeln werden, um über die Belange dieses Königreiches zu beraten; dies habt Ihr geschworen und versprochen zu tun; und so ward dieser Ort erwählt, an dem wir pünktlich am (vereinbarten) Tage erscheinen und ganze fünfzehn Tage auf Euch gewartet haben, dieweil unsre Leute und die Euren dem Volk viel Schaden anrichten und unsere Feinde ständig Land gewinnen. Daher bitte ich Euch, laßt uns beraten, was getan werden kann. Ich halte den Frieden, der von uns schon gänzlich hergestellt ist, wie wir bereits versprochen und geschworen haben. Daher laßt uns nun ein Mittel finden, den Engländern zu widerstehen.« Da erwiderte der Herzog, man könne nichts beschließen oder tun, außer in Gegenwart des Königs, seines Vaters, und er müsse sich zu ihm begeben.[5] Darauf sagte Monseigneur le Dauphin in sehr sanftem Ton zu ihm, er werde sich zu seinem Herrn Vater begeben, wann es ihm beliebe und nicht nach dem Willen des Herzogs von Burgund; und man wisse sehr wohl, daß das, was sie beide tun würden, dem König genehm wäre. (Juvénal des Ursins)

Man hat den Eindruck, als ginge es hier um eine völlig andere Unterredung, so stark weichen die berichteten Gespräche voneinander ab.

Anschließend fiel noch manch weiteres Wort; dann trat der genannte Novailles an den Herzog heran, der rot anlief und sprach: »Monseigneur, jedermann mag sehen: Ihr werdet nun zu Eurem Vater kommen«, wobei er ihn mit der linken Hand berühren wollte und mit der anderen seinen Degen halb aus der Scheide zog. Doch da nahm der genannte Messire Tanguy Monseigneur le Dauphin in seine Arme und schaffte ihn über die Eingangsschwelle der Einfriedung hinaus. Dann schlugen einige auf den Herzog von Burgund und Sire de Novailles ein, worauf beide ihr Leben aushauchten. (Juvénal des Ursins)

---

5 Gemeint ist: nach Troyes. Wie wir wissen, wollte Johann Ohnefurcht den Dauphin unbedingt nach Troyes bringen, wo der König und die Königin residierten.

Kaum war Johann Ohnefurcht tot, da ergaben sich die Begleiter des Herzogs von Burgund den Leuten des Dauphins. Ein einziger, Jean de Neufchâtel, konnte entkommen und erreichte das Schloß. Als die Burgunder, die sich im Schloß befanden, Lärm gehört hatten, waren sie überzeugt gewesen, der Dauphin sei ermordet worden – die Affäre ist auf der einen Seite so undurchsichtig wie auf der anderen. Jean de Neufchâtel meldete ihnen die tragische Nachricht und schickte Boten nach Troyes, um die Königin zu informieren, und weitere nach Gent, um Graf Philipp von Charolais, den einzigen Sohn des Ermordeten, zu benachrichtigen.

Im Lager des Dauphins herrscht größte Verwirrung. Karl ist völlig erschüttert. Es ist sicher, daß er nichts mit dem gewaltsamen Tod Johanns Ohnefurcht zu tun hat. Er weiß nicht mehr, was er tun soll, da er sich völlig im klaren ist, daß das tragische Ende seines Gegners jeden Versuch, Frieden zu schließen, zunichte machen und einen noch blindwütigeren Krieg zwischen den beiden Parteien entfesseln wird. Die Armagnacs hätten sich die Lage zunutze machen können, doch niemand, weder Tanguy du Chastel, noch Barbazan, kam auf die Idee, nach Troyes zu eilen und den unglücklichen Karl VI. und vor allem Isabeau de Bavière in seine Gewalt zu bringen. Niemand im Lager des Dauphins dachte daran, daß die Königin für den Tod ihres Verbündeten womöglich grausame Rache nehmen könnte. Niemand machte sich Gedanken darüber, wie der Sohn des Opfers, der neue Herzog von Burgund, reagieren würde. Soviel Gedankenlosigkeit muß überraschen, doch sie ist ein Indiz dafür, daß es sich nicht um einen vorsätzlich geplanten Mord handelte. Hätten die Parteigänger des Dauphins – er selbst scheidet aus einem möglichen Komplott aus – vorgehabt, Johann Ohnefurcht aus dem Weg zu räumen, dann hätten sie die Risiken einkalkuliert und auf alle Fälle die so geschaffene neue Lage zu ihrem größten Vorteil ausgenutzt. Der Dauphin kehrte in sein Herzogtum Berry zurück. Zuvor schrieb er aber noch einen Brief an die Pariser, um sich von aller Schuld reinzuwaschen, und erklärte ihnen

die Ursache und Art und Weise, wie der Herzog von Burgund getötet worden war; dessenungeachtet dürfe man aber nicht von den Friedensbemühungen ablassen, und er sei bereit, alles zu tun, was dazu angebracht sei.

Der Dauphin ging auch auf den Inhalt seines Wortwechsels mit dem Herzog ein und wiederholte die Vorwürfe, die er seinem Cousin gemacht hatte:

Burgund antwortete uns mit tollen Reden und zückte seinen Degen, um uns unter seine Macht zu zwingen (...). Davor wurden wir dank der göttlichen Gnade und des guten Beistands unserer treuen Diener verschont, und er selbst ließ aufgrund seiner Tollheit auf der Stelle sein Leben.

Letztendlich war es sich der Dauphin schuldig, die Verantwortung für den Zwischenfall auf Herzog Johann abzuschieben, doch damit war das Problem nicht gelöst, und niemand, weder die armagnakische noch die burgundische Partei, glaubte damals auch nur einen Augenblick an die Unschuld des Dauphins. Die meisten Zeitgenossen haben zumindest einige Monate lang tatsächlich geglaubt, Karl habe seinen Konkurrenten in eine Falle gelockt und einen geringfügigen, wenn auch mißverständlichen Zwischenfall dazu genutzt, um ihn aus dem Weg zu räumen.

Juvénal des Ursins hat eine richtige kriminalistische Untersuchung des Falls vorgenommen. Der Verdächtige Nummer Eins war eindeutig Tanguy du Chastel.

Und da man Messire Tanguy du Chastel stark belastete, er habe den Anschlag ausgeführt, verteidigte er sich vor dem Herzog Philipp von Burgund gegen diese Anklage, indem er feststellte, wie es einem ritterlichen Edelmann gebührt, er habe es nie und nimmer getan, noch habe er zugestimmt, daß man es täte; und gäbe es gleich zwei Edelmänner, die dies behaupten wollten, so wäre er bereit, sich zu verteidigen und einen nach dem andern zum Kampf zu fordern. Darauf gab es niemanden, der etwas erwidert hätte.

Hätte es einer der Getreuen von Johann Ohnefurcht wirklich gewollt, dann hätte er sich mit Tanguy geschlagen, soviel ist sicher. Die Anschuldigung gegen den Bretonen ist aber nicht haltbar: In dem Augenblick, als Johann Ohnefurcht tödlich getroffen wurde, befand er sich nicht mehr in dem Konferenzraum, denn er hatte den Dauphin bereits nach draußen gezogen.

Der genannte Messire Tanguy und andere, außer vieren, schlugen nicht zu und dachten nur daran, Monseigneur le Dauphin zu retten (...) Diese vier waren Bataille, Messire Robert de Loire, der Vicomte de Narbonne und Trottier, von denen die drei ersteren gestanden, sie hätten die Hand gegen den verstorbenen Monseigneur de Bourgogne erhoben.

Und über den Herrn von Novailles hieß es:

Frottier schlug auf ihn ein und verwundete ihn.

Natürlich mußte man den Grund für das Einschreiten dieser vier Herren in Erfahrung bringen:

Als man sie fragte, weshalb sie den Anschlag ausgeführt hätten, antworteten sie, sie hätten ihrem Bewußtsein nach gesehen, daß der Herzog von Burgund wie auch der Seigneur de Novailles dem Dauphin zu Leibe gerückt sei und seinen Degen halb aus der Scheide gezogen habe, woraufhin Loire und Narbonne zugeschlagen und Bataille gerufen habe: »Du schlugst meinem Herrn die Faust ab, und ich werde dir die Deine abschlagen.« Viele behaupten, die drei Obengenannten seien Leute von Monseigneur d'Orléans selig gewesen und hätten vorsätzlich geplant und beschlossen, ihn zu töten, denn sie hätten darin ihren Vorteil gesehen, da er ihren Herrn habe töten lassen.

Auf diese Art erklärt, klingt der Mord auf der Brücke von Montereau logisch: Es handelte sich um einen Racheakt, und die abgehackte Hand Johanns Ohnefurcht ist natürlich die Erinnerung an den Mord an Ludwig von Orléans. Diese Erklärung scheint indes zu einfach zu sein: Der Racheakt – und ein solcher ist er unbestreitbar, da er von Handlangern des ermordeten Herzogs von Orléans begangen wurde – konnte auch, wie man heute sagen würde, ferngesteuert worden sein. In diesem Fall aber stellt sich die Frage: Von wem?

Der Fall enthält verschiedene Unklarheiten. Was ist zum Beispiel von den Vorahnungen zu halten, die Johann Ohnefurcht hatte, von dem Mißtrauen eines Teils seiner Berater, die ihn daran hindern wollten, nach Montereau zu gehen, oder von der Beharrlichkeit, mit der verschiedene andere, darunter die Dame de Giac, ihn drängten, unbedingt hinzugehen? Als Juvénal des Ursins eines der einflußreichsten Mitglieder des burgundischen Rates zu diesem Thema befragte, erhielt er zur Antwort,

> (...) mehrere seines Rates hätten ihm dringend nahegelegt, nicht hinzugehen; ein Jude habe sogar zu ihm gesagt (...), er solle, was auch immer geschehe, auf keinen Fall gehen, und habe ihm versichert, daß er, wenn er doch hinginge, sterben würde. Ferner habe er einen Mann namens Philippe Jossequin bei sich gehabt, dem er großen Glauben schenkte und der ihm geraten habe, er solle schon hingehen. Und eine Dame, genannt Dame de Giac, habe ihm ähnlich wie besagter Jossequin den entscheidenden Anstoß gegeben, es zu tun. Und nachdem sich der Herzog von der einen und anderen Seite alles angehört habe, was man ihm zu sagen geruhte, habe er beschlossen, daß er gehen werde: und dies mit gar großem Mut und mit dem Wunsch, Frieden zu erlangen. Daher habe er keinerlei Furcht gehabt, seine Person um eines so großen Gutes willen in Gefahr zu bringen (...) und wenn man ihn auf dem Weg zu der besagter Versammlung töten würde, so würde er sich für einen Märtyrer halten: Und er ging tatsächlich hin und wurde getötet auf die oben beschriebene Art.

Der Mord auf der Brücke von Montereau, über den es gewiß noch lange Anlaß zu Diskussionen geben wird, da man nicht so recht weiß, wem er eigentlich genützt haben könnte, erweist sich als einer jener gefährlichen Scheidewege, wo die Geschichte ins Schwanken gerät. Johann Ohnefurcht war, daran läßt sich keinesfalls zweifeln, der einzige Mann jener Zeit, der sich dem König von England mit Erfolg hätte entgegenstellen können. Dazu besaß er die Mittel – und vor allem eine beachtliche Intelligenz. Sein Verschwinden sollte die gesamte Lage von Grund auf verändern. Damit das Königreich Frankreich überleben konnte, mußten der Dauphin und der Herzog von Burgund unbedingt, ob sie wollten oder nicht, ihre Kräfte vereinen. Philipp von Burgund, der Sohn des Herzogs, dessen Intelligenz sich von der seines Vaters völlig unterschied, verfolgte eine andere Politik. Während Johann Ohnefurcht sich zuallererst als Valois fühlte, hatte Philipp dies vergessen und empfand sich eher als ein Mann des Heiligen Römischen Reiches. Was konnte ihm unter diesen Voraussetzungen das Königreich Frankreich bedeuten? Außerdem war sein Vater von den Leuten des Dauphins ermordet worden, und der Leichnam Johanns Ohnefurcht befand sich noch immer in Montereau, auf feindlichem Gebiet. Damit wäre es undenkbar gewesen, daß Herzog Philipp von Burgund nicht auf eine exemplarische Rache sann.

Mit dieser Szene, in der das Opfer zur Beute der höllischen Gottheiten wird, die seinen Untergang wünschen, nähert sich die Tragödie ihrem Ende. Der Mord auf der Brücke von Montereau, der einer unerbittlichen Logik folgt, sobald man den Mechanismus der Tragödie, die gespielt wurde, durchschaut, führt zu einer Auflösung, die ebenso unerbittlich logisch sein wird.

## *Der Vertrag von Troyes*

Als es die Nachricht von der grausamen Ermordung des Herzogs von Burgund erhielt, ward das Pariser Volk von einer Art besessenen Raserei ergriffen, und es machte sich bereit, diesen Anschlag zu rächen, indem es allen Parteigängern von Monseigneur le Dauphin die Kehlen durchschnitt. (*Chronique de Saint-Denis*)

Von Troyes aus, wo sie immer noch mit Karl VI. residierte, veröffentlichte Isabeau de Bavière sofort einen königlichen Erlaß, der ausdrücklich verbot, ohne eine gerichtliche Genehmigung, die zu gegebener Zeit bekanntgemacht würde, irgend jemandem nach dem Leben zu trachten. Damit verhinderte sie, daß die Hauptstadt noch einmal zu einem Ort gnadenloser Zusammenstöße würde wie in den Jahren 1413 und 1417. Die Bevölkerung wurde jedoch aufgefordert, das Andreaskreuz, das Emblem des verstorbenen Herzogs von Burgund, zu tragen. In Trauer gewandet nahmen die Bürger von Paris an feierlichen Messen zum Gedenken an Johann Ohnefurcht teil, was beweist, wie beliebt der Burgunder-Herzog in der Hauptstadt trotz seiner politischen Undurchsichtigkeit und seiner Grausamkeit immer noch war.

Isabeau hatte große Angst, ihr Sohn könnte sich das Verschwinden Herzog Johanns zunutze machen, um den König und sie selbst in seine Gewalt zu bringen. Wie wir wissen, war diese Angst jedoch unbegründet, und der Dauphin kapselte sich, von den Ereignissen verwirrt, in einer jener Phasen depressiver Niedergeschlagenheit ab, die ihm in der Folgezeit zur Gewohnheit werden sollten und im Grunde ein Beweis dafür sind, daß er der echte Sohn eines wahnsinnigen Königs war. Ohne Zeit zu verlieren, hatte die Königin Philipp von Burgund um Schutz gebeten. Der Sohn Johanns Ohnefurcht sah keinen Grund, ihr seine Hilfe zu verweigern, sei es auch nur, um seinen Vater zu rächen. Auf diese Weise war die unverbrüchliche Allianz zwischen Isabeau de Bavière und dem künftigen Philippe le Bon *ganz von selbst* zustande gekommen. Dieser schickte ihr auf der Stelle ein Truppenkontingent, das Troyes im Falle eines Angriffs verteidigen sollte.

Um ihm nichts schuldig zu bleiben, ging die Königin direkt auf den Dauphin los. »Wir wollen«, ließ sie ihm durch Karl VI. sagen, »daß ein jeder die Schlechtigkeit des besagten Charles erfahre und daß dies jede Woche öffentlich kundgetan werde.«

Darauf folgte eine regelrechte Attacke gegen den Dauphin, gegen seine Ratgeber und gegen die Mörder Herzog

Johanns, wobei der Kronprinz bezichtigt wurde, er sei ihr Komplize gewesen. An Argumenten für diese These fehlte es nicht: Die drei Seigneurs, die gestanden hatten, auf Johann Ohnefurcht eingeschlagen zu haben, waren weiterhin Berater des Dauphins. Pierre de Giac – und mit ihm seine geheimnisvolle Gemahlin – war mit Sack und Pack in das Lager der Armagnacs übergewechselt, was ein mehr denn zweifelhaftes Licht auf seine vorherige Haltung gegenüber dem Herzog von Burgund warf.

Der Dauphin hatte sich indes auf die andere Seite der Loire zurückgezogen, und dieser Fluß bildete von nun an die Trennlinie zwischen den beiden Parteien: *dauphinois* war das Gebiet auf der Seite des linken Ufers, wozu jedoch auch mehrere verstreute Orte im Norden gehörten; *royaliste* oder *bourguignon* war das Gebiet auf der rechten Uferseite, aber mit mehr Städten und Festungen im Südwesten, vor allem von dem Moment an, als Heinrich V. die Streitkräfte der Guyenne und der anderen englischen Besitzungen an die Liga anschloß, die sich nun gegen den Dauphin formierte. Das Kräfteverhältnis stand unbestreitbar zugunsten der Partei von Isabeau de Bavière und Philipp von Burgund. Aber dieser interessierte sich unverkennbar wenig für das Königreich Frankreich und hatte nur ein einziges Ziel vor Augen, nämlich ein Abkommen mit dem König von England zu erreichen, ein Abkommen, das ihm die Unversehrtheit seiner Domänen garantierte, die, wie wir bereits festgestellt haben, genau zwischen dem französischen Königreich und dem Heiligen Römischen Reich Deutscher Nation lagen.

Daher wurden die Verhandlungen, die zuvor nach dem Willen Johanns Ohnefurcht unterbrochen worden waren, nun zwischen Philipp und dem englischen König wieder aufgenommen. Am 2. Dezember 1419 unterzeichnete der Herzog von Burgund »kraft Ermächtigung durch König Karl VI. von Frankreich« in seiner Stadt Arras die Grundlagen zu einem Vertrag, wonach Heinrich V. von England Katharina von Frankreich heiraten und anschließend als designierter Erbe die Regentschaft über das Königreich Frankreich ausüben werde. Zu Weihnachten wurde in Rouen ein Bündnispakt zwischen Philipp und Heinrich V. geschlossen: Darin verpflichtete sich der englische Monarch zum gemeinsamen Kampf mit dem Herzog von Burgund gegen den Dauphin Karl und darüber hinaus, den Prinzen in seine Gewalt zu bringen und der Justiz auszuliefern, um den Mord an Johann Ohnefurcht zu rächen. Voll und ganz in seinem Schmerz und Zorn befangen, war Philipp von Burgund von einer einzigen fixen Idee geleitet, die nur allzu verständlich ist: die Urheber des Verbrechens von Montereau zu bestrafen.

Isabeau, die mit ihrem Sohn nun endgültig gebrochen hatte und nicht bereit war, ihm die Affäre von Montereau zu verzeihen, ließ ihrerseits von Karl VI. Briefe unterzeichnen, die den Dauphin definitiv in Mißkredit bringen sollten. In diesen klagte der König den Dauphin offiziell an, er habe »den ruchlosen Mördern des Herzogs von Burgund selbst das Signal zu dem Mord gegeben, und er erklärte, Karl sei von Stund an »nicht mehr Dauphin, noch Herzog, noch Prinz, noch Graf«. Außerdem gab er offiziell den Befehl, ihn fortan mit der Formel »Karl der Schlecht-Beratene, welcher sich Sohn von Frankreich nennt« zu bezeichnen, was eine perfide Anspielung auf die möglicherweise uneheliche Geburt von Isabeaus elftem Kind war. Weshalb Karl VII. über seine eigene Abstammung so sehr im Zweifel war, ist verständlich. Weniger begreiflich ist dagegen, weshalb Isabeau de Bavière sich so sehr bemühte, den Verdacht zu erwecken, ihr Sohn stamme nicht von Karl VI., es sei denn, man sieht darin den Beweis für ihre politische Entschlossenheit, Karl zugunsten ihres künftigen Schwiegersohns, des Königs von England, zu enterben.

Denn die Königin hatte sich entschieden. Philipp von Burgund kann man gewiß nicht den Vorwurf machen, er hätte sie zu dieser Entscheidung gedrängt, hegte der neue Herzog doch einzig und allein den Wunsch, die Mörder seines Vaters zu bestrafen, während ihn das Königreich Frankreich kaum interessierte. Dieses Königreich hatte er Isabeau unter der Bedingung überlassen, daß sie seine eigenen Territorien nicht antastete. Isabeau stand es also frei, mit dem Königreich zu tun, was sie wollte, und im übrigen war sie durchaus entschlossen, Philipp seine vollständige Unabhängigkeit zu gewähren. Die Politik des Hauses Wittelsbach stand seit jeher dem Haus Burgund näher als dem Haus Frankreich. Und Isabeau war eine Wittelsbacherin. Sollte sie dies vergessen haben, so war immer noch ihr Bruder Ludwig im Barte, der ihr nach Troyes gefolgt war, zur Stelle, um sie daran zu erinnern. Vielleicht ist die Entscheidung der Isabeau de Bavière die Entscheidung einer zum Gespött gemachten Frau, einer im Stich gelassenen Mutter, vor allem aber ist sie das Ergebnis einer politischen Überlegung. Diese politische Überlegung ist zwar nicht gerade »französisch« gedacht, gewiß, aber deshalb hat man noch lange kein Recht, die Augen zu verschließen und nicht wenigstens zu versuchen, sie zu verstehen, wenn nicht gar von einem rein logischen Standpunkt, d. h. von einer bestimmten Vision eines künftigen Europa aus zu rechtfertigen.

Isabeau wußte nämlich, daß Johann Ohnefurcht der einzige Mensch war, der die Engländer in ihrem Eroberungsfeldzug hätte aufhalten können. Ferner wußte sie, daß Philipp von Burgund sich niemals gegen den König von England erheben würde, da ihm zu sehr daran gelegen war, ihn schonend zu behandeln, um seine flandrische Politik und seine Ambitionen in Richtung des Heiligen Römischen Reiches nicht zu gefährden. Und schließlich wußte sie auch, daß der Dauphin und die Armagnacs nicht das Format hatten, sich den englischen Streitkräften entgegenzustellen: Jede Möglichkeit einer Aussöhnung mit ihrem Sohn schien ausgeschlossen. Was blieb ihr also – allein dastehend mit einem Königreich, das in Trümmern lag, und mit einer Krone, die ein schwachsinniger König kaum zu tragen imstande war – anderes übrig, als mit dem König von England einen ehrenhaften Frieden auszuhandeln, einen Frieden, mit dem die überwiegende Mehrheit des Volkes zufrieden sein konnte, das so viele nutzlose Kämpfe leid und von der Legitimität des französischen Thronerben absolut nicht überzeugt war?

Die in Arras begonnenen Verhandlungen kamen zügig voran. Während sich die englischen Eroberungslinien bis nach Pontoise vorschoben und bereits die Champagne umschlossen, begab sich Heinrich V. am 21. März nach Troyes, wo vor ihm bereits der Herzog von Burgund eingetroffen war und wo er von der Königin, der der kranke König seine Machtfunktionen übertragen hatte, mit großem Pomp empfangen wurde. Er fand einen definitiven Vertrag vor, voll ausgearbeitet in 31 Punkten. Somit brauchten von den beiden Parteien nur noch die letzten Details geregelt werden. Und so wurde am folgenden Tag von Heinrich V. von Lancaster, dem Erben der Plantagenets, jenes Hauses Anjou, dem es gelungen war, sich zu den Herrschern über England zu machen, in der Kathedrale von Troyes feierlich der Vertrag beeidigt, der ihn *de facto* zum König von Frankreich machte.

Dieser Vertrag, der »schändliche Vertrag von Troyes«, wie ihn die französischen Historiker natürlich bezeichnen, ist aus mehr als einem Grund interessant. Er ist mit bemerkenswerter Umsicht verfaßt, und alles ist darin mit einem Maximum an juristisch gesicherten Garantien berücksichtigt. Tatsächlich fällt es schwer, an diesem Vertrag etwas auszusetzen, und das ist es, was die besagten französischen Historiker in ihrem patriotischen Eifer so rasend macht. Zudem beschränkt er sich keineswegs darauf, nur einen Konflikt zu lösen, und er ist nicht nur auf eine konkrete Konjunkturlage begrenzt: Er entwirft den präzisen Plan einer künftigen Politik in europäischen Dimensionen. Mit anderen Worten: Er ist ein bedeutendes Dokument des politischen Denkens in Europa, und wenn man sein Ziel auch kritisieren kann, so lassen sich seine positiven Aspekte doch schwerlich leugnen.

Die Präambel dieses Vertrags legt die Notwendigkeit dar, »den Frieden wiederherzustellen und die Zwietrachten zwischen den Königreichen Frankreich und England zu beseitigen.« Heinrich V., »geliebter Sohn« des Königs von Frankreich – am Tag zuvor war der Heiratskontrakt zwischen Heinrich und Katharina unterzeichnet worden –, wird als König von England und Erbe von Frankreich bezeichnet. Dies ist in der Tat eine Konzession, denn seit Eduard III. gaben sich die englischen Herrscher stets den Titel »König von England und Frankreich«. Heinrich V. gelobt, den Titel König von Frankreich nicht anzunehmen, solange Karl VI., der »rechtmäßige Souverän«, noch am Leben ist (Art. 21). Der Königin Isabeau wird zugesichert, daß sie zeitlebens ihren Rang und ihre Privilegien behält (Art. 2). Im Einvernehmen mit seinem Schwager, dem Herzog von Burgund, wird der König von England für eine der königlichen Person gebührende Regierung sorgen (Art. 27). Aufgrund der Tatsache, daß der rechtmäßige Souverän Karl VI. die meiste Zeit über »verhindert« ist, wird der König von England zum Regenten des Königreichs Frankreich erklärt (Art. 7):

Er wird mit Liebe, Gewissenhaftigkeit und Treue tun, was zu Gottes, unserer und unserer Gemahlin Ehre sowie zum öffentlichen Wohl des genannten Königreiches möglich und notwendig ist, und wird für Verteidigung, Ruhe und Frieden des genannten Königreiches sorgen und wird dieses Königreich gemeinsam mit dem Rat und mit Unterstützung der großen Landesherren, Barone und Edeln des genannten Königreiches regieren, wie Gerechtigkeit und Ritterlichkeit es erfordern.

Dem englischen König wird bestätigt, daß die Normandie ihm als Apanage übertragen ist, und er erhält zusätzlich noch die Lehnshoheit über die Bretagne.[6] Aufgrund seiner

6 Dieser stark anfechtbare Rechtsstandpunkt wird das ganze 15. Jahrhundert hindurch allen Königen Frankreichs zu schaffen machen, die die Bretagne, da sie angeblich ein Sublehen der Krone gewesen sei, zu gerne als Provinz annektieren möchten. Dabei

Vollmachten als Regent, die durch den Gehorsamseid bekräftigt werden, den die Vertreter der verschiedenen Stände des Landes ihm zu leisten haben, hat Heinrich V. die Autorität des *Parlement* (Art. 8) und die Verteidigung der Rechte jedes einzelnen (Art. 9) zu sichern, er darf die Notwendigkeiten einer guten Verwaltung der Gerichtsbarkeit (Art. 10) nicht aus dem Blick verlieren, hat dafür zu sorgen, daß bei den Ernennungen für die verschiedenen Ämter nur zugunsten von »fähigen, nutzbringenden und geeigneten« Personen gestimmt wird (Art. 11) und darf nur aus wohlbegründetem Anlaß neue Besteuerungen für die Bewohner des Königreichs festsetzen (Art. 23).

Der König von England erhält in seiner Funktion als Regent Frankreichs den Auftrag, die Städte und befestigten Orte, die sich der Partei der Armagnacs zugeschlagen haben, wieder zu Gehorsam zu bringen, wobei ausdrücklich bestimmt wird, daß die von den Rebellen eroberten Ländereien und Seigneurien an die Krone zurückfallen oder ihren rechtmäßigen Eigentümern zurückzugeben sind (Art. 14). Ab sofort ist jede Form von Feindschaft und Hader zwischen Franzosen und Engländern einzustellen, beide Völker werden einander in Rat und Tat beistehen und ein dauerhaftes System wirtschaftlichen Austausches einrichten (Art. 25). Wie man sieht, bleibt auch die ökonomische Seite des Problems nicht unberücksichtigt, und man ist bemüht, eine Interessengemeinschaft zwischen beiden Ländern zu schaffen, um ihren Zusammen-

---

berufen sie sich auf den Vertrag von Saint-Clair-sur-Epte, in dem der französische König Charles le Simple (Karl der Einfältige) dem Normannenführer Rollo das Territorium übertragen hatte, aus dem später die Normandie werden sollte. Zusätzlich übertrug er ihm dabei die Lehnshoheit über die Bretagne, die Rollo sich aber erst *de facto* erobern mußte, da sie kein Besitz des Königs von Frankreich war. Die Bretagne wurde jedoch niemals von den Normannen erobert, und sie war *de jure* weder ein Lehen noch ein Sublehen, das von der Krone abhängig oder losgelöst gewesen wäre (s.o. S. 58, Anm. 1).

halt und ihre Macht gegenüber den anderen Nationen zu verstärken. Wenn Heinrich V. nach dem Tod des rechtmäßigen Souveräns Karl VI., seines Schwiegervaters, den Thron besteigt, wird er unter seinem Szepter die beiden Königreiche vereinen[7], die unter Beibehaltung ihrer jeweils besonderen Gesetze und Bräuche eng miteinander verbunden bleiben müssen, da bei einer möglichen Teilung nach dem Regierungsantritt eines Nachfolgers sonst die Gefahr eines erneuten Ausbruchs der alten Zwietracht bestünde (Art. 24). Schließlich wird dem englischen König, und das ist das Entscheidende für ihn, mit dem Tod des rechtmäßigen Souveräns Karl VI. offiziell das Anrecht auf die Krone Frankreichs für ihn und seine Erben zuerkannt (Art. 6). Man kann sich also vorstellen, mit wieviel Ungeduld Heinrich V. darauf wartete, daß Karl VI. starb. Das Schicksal wollte aber, daß Heinrich V. selbst etwa zwei Monate vor dem wahnsinnigen König starb.

Der Dauphin wird in diesem Vertrag definitiv von der Erbfolge ausgeschlossen und aus dem Königreich verbannt:

In Anbetracht der entsetzlichen und ungeheuerlichen Verbrechen und Delikte, die dem genannten Königreich Frankreich zugefügt wurden durch Karl, welcher sich Dauphin von Viennois nennt, wird verfügt, daß weder wir, noch unser besagter Sohn König Heinrich, noch auch unser lieber Sohn Herzog Philipp von Burgund in irgendeiner Form mit besagtem Karl Frieden oder Eintracht schließen oder schließen lassen werden, es sei denn, es geschehe auf Anraten und Zustimmung durch uns

---

7 Das ist ein ganz entscheidendes Detail: Es wird also nicht zwei Kronen geben, die ein und derselbe König trägt, sondern *eine einzige* Krone für zwei verschiedene Königreiche, und dadurch werden mögliche Streitigkeiten um die Thronfolge eliminiert. Dies wird auch im Jahr 1532 der Fall sein, wenn Franz I. die Bretagne und Frankreich unter einer einzigen Krone vereint. Im gegenwärtigen United Kingdom ist die Lage jedoch anders, denn Elisabeth II. trägt drei verschiedene Kronen zugleich (die von England, Schottland und Nordirland).

selbst und uns alle drei sowie durch die drei Stände der beiden obengenannten Königreiche (Art. 29).

Wie wir wissen, wird dies Philipp von Burgund, der als einziger der drei Unterzeichnenden überlebte, jedoch nicht davon abhalten, im Jahr 1435 mit Karl VII. ein Abkommen zu schließen. Soviel sind Verträge wert!

Zwölf Tage nach jenem denkwürdigen Tag heiratet Heinrich V., König von England und Erbe Frankreichs, Catherine de France, die Tochter von Isabeau de Bavière und Karl VI., dem rechtmäßigen Souverän Frankreichs. Danach führt er, ohne weitere Zeit zu verlieren, seine Armee vor die Städte Sens und Montereau und entreißt sie am 23. Juni 1420 den Parteigängern des Dauphins. Sofort eilt Philipp von Burgund nach Montereau und gibt Order, die sterblichen Überreste seines Vaters zu exhumieren. Er verweilt allein vor dem Leichnam mit dem eingeschlagenen Schädel und dem von Hieben verstümmelten Antlitz. Lange verharrt er in Meditation. Dann läßt er die Leiche Johanns Ohnefurcht in einen Bleisarg umbetten und abtransportieren. Am 12. Juli wird jener Mann, vor dem mehr als ein Gegner gezittert hatte, in der Chartreuse von Champmol zu Dijon feierlich in burgundischer Erde beigesetzt. In lange Trauerschleier gehüllt, wohnt seine Witwe, Margarete von Bayern, der Zeremonie bei, umgeben von 24 Altären, an denen ununterbrochen Messen gelesen werden, auf daß die Seele des Herzogs von Burgund Ruhe finde, der einst seinen Cousin von Orléans ermordet hatte und der nun von den Anhängern seines anderen Cousins von Valois seinerseits ermordet worden war.

Hundert Jahre später wird ein Mönch mit König Franz I. die Krypta von Champmol besichtigen. Der Monarch wird innehalten vor einem klaffenden Schädel: vor dem des Johann Ohnefurcht. Und der Mönch wird sagen: »Sire, durch diese Bresche sind die Engländer nach Frankreich eingedrungen.« Und damit hatte er recht.

# 7
# Das vereinigte englisch-französische Königreich

Am 1. Dezember 1420 hielt Heinrich V. mit einem beeindruckenden Gefolge, wie es dem Anlaß gebührte, seinen Einzug in die Stadt Paris: Am Kopf des Zuges schritt der König von England, an seiner Hand führte er König Karl VI., der, wie gewohnt, stumpfsinnig vor sich hin lächelte und den Beifall der Menge erwiderte. Hinter den beiden Herrschern folgten zu Pferde die Herzöge von Clarence, Bedford und Gloucester, die drei Brüder des englischen Monarchen, und nach ihnen der Herzog von Burgund und die Edlen seines Hauses. Erst am nächsten Tag traf Königin Isabeau in Begleitung ihrer Tochter, der neuen Königin von England – und von Frankreich –, ein. Hatte sie auch ihren Sohn Karl enterbt, so erlebte sie nun wenigstens die Freude, daß ihre Tochter, die ganz offensichtlich ihre Lieblingstochter war, nicht nur die Erbin Frankreichs, sondern auch noch zur Herrscherin über England werden konnte.

Man mag einwenden, daß sich der Vertrag von Troyes einfach über das Salische Gesetz hinwegsetzte. Doch das sogenannte Salische Gesetz hat es nie gegeben. Es handelt sich dabei lediglich um einen Rechtsbrauch, den man, als Karl IV., der letzte Sohn Philipps des Schönen, starb, wieder aus der Vergessenheit hervorgeholt hatte, damit man die Krone nicht Eduard III., Philipps Enkel, übertragen mußte. Daher hatte man beschlossen, daß die Krone nicht durch Frauen übertragbar sei. Der König von England teilte diesen Standpunkt natürlich nicht, denn die englische Monarchie ließ dieses System der Thronfolge sehr wohl zu und wendet es auch heute noch an. Wenn Heinrich V. König von England war, so deshalb, weil sein Vorfahre Heinrich II. Plantagenet, Graf von Anjou, den englischen Thron von seinem Großvater über seine Mutter, die kaiserliche Prinzessin Mathilde, geerbt hatte. Und in der Bretagne war Pierre de Drieux zum Herzog geworden, indem er die Erbin Alix heiratete, während Karl V. die Ansprüche von Charles de Blois, dem Gemahl von Jeanne de Penthièvre, der Nichte des kinderlos verstorbenen Herzogs Jean III., unterstützt und der König von England sich für Jean de Montfort, den Halbbruder von Jean III. ausgesprochen hatte. Widersprüche sind in der Geschichte eben keine Seltenheit.

Außerdem hatte Isabeau als Tochter des Hauses Wittelsbach keinerlei Veranlassung, sich auf das Salische Pseudogesetz zu stützen. Ebensowenig Philipp von Burgund, der vom Heiligen Römischen Reich Erbschaften über weibliche Transmission empfing. Das Argument des Salischen Rechts ist eine der Konjunkturlage dienliche Formel, die, sosehr sie von Fall zu Fall die Probleme löst, in keiner Hinsicht einen Rechtsstandpunkt darstellt oder Gesetzeskraft besitzt.

Im übrigen war den Parisern all dies herzlich egal, als sie Heinrich V. und Karl VI. jubelnd begrüßten. Wie alle Franzosen liebten sie Karl VI. sehr: Für sie war er nicht Karl der Wahnsinnige, sondern Karl der Vielgeliebte. Ihr König war da und hatte beschlossen, seinem Schwiegersohn die Krone zu übertragen. Und so war es gut. Es interessierte sie wenig, ob sie französisch oder englisch waren, vorausgesetzt, Frieden und Eintracht förderten ihre Geschäfte und das Alltagsleben. Es sei noch einmal betont, daß der »Patriotismus« zu Beginn des 15. Jahrhunderts nicht existierte: Man war Untertan eines Grafen, eines Herzogs oder eines Königs, das war alles. Man hatte zweifellos eine Vorliebe, gewiß, aber diese Vorliebe galt in der Regel demjenigen, der der großzügigere war, oder demjenigen, der die geringeren Steuern erhob. Die Pariser waren aus tiefstem Herzen Johann Ohnefurcht zugetan, denn dieser hatte sich stets bemüht, zwar nicht ein Demokrat zu sein – diese Idee war damals noch undenkbar –, aber die Schichten der arbeitenden Bevölkerung zu begünstigen, die Geschäftsleute und Handwerker also, die den Hauptbestandteil der Pariser Bevölkerung bildeten. Somit war es in jenem Jahr 1420 ganz normal, daß sie sich zu Parteigängern Heinrichs V. von England erklärten, war dieser doch der Verbündete von Philipp, dem Sohn Johanns Ohnefurcht, und noch dazu durch den König von Frankreich und die Königin Isabeau legitimiert.

Gehen wir aber noch einen Schritt weiter. Trotz allem, was die modernen Historiker in ihrer tugendsamen, von der Französischen Revolution ererbten, patriotischen Empörung erzählen mögen, und trotz allem, was die dem Dauphin ergebenen Chronisten der damaligen Zeit berichten, war die überwiegende Mehrheit der Bevölkerung dessen, was noch nicht das heutige Frankreich, sondern lediglich das Königreich »Franzien« war, mit dem Vertrag von Troyes glücklich und zufrieden. Diejenigen, die dagegen waren, waren die Untertanen der armagnakischen Seigneurs, denn diese sahen sich durch den »schändlichen Vertrag«, der ihnen wieder ihre Besitzungen wegnahm, plötzlich ihrer Existenzmöglichkeiten beraubt. Fiel das gesamte Territorium unter die Autorität Heinrichs V., so müßten sie auf die Einkünfte verzichten, die sie dem Schweiß des Volkes, dem Elend der Bauern abpreßten in der Gewißheit, daß der Adel dazu geschaffen ist, um zu befehlen und bedient zu werden, und daß die Nichtadeligen nur dazu da sind, um zu arbeiten. Ein jeder an seinem Platz, und das Rindvieh wird gut gehütet. Unter diesem Blickwinkel, der in jener Zeit überall verbreitet und, von einigen forschrittlichen Denkern abgesehen, so gut wie unbestritten war, hatten die armagnakischen Seigneurs natürlich vollkommen recht, wenn sie gegen die Klauseln des Vertrags von Troyes opponierten und die Partei des Dauphins ergriffen, war er in ihren Augen doch der einzige, der ihnen ihre Besitzungen sichern und ihnen sogar noch weitere einbringen konnte.

Im Jahr 1420 ist also nur ein verschwindend kleiner Teil der Bevölkerung, nämlich eine Bevölkerung des niederen

Adels in den Regionen des Westens und Südens, vom Kampf gegen die Engländer betroffen. Von der Aktion, »die Engländer aus Frankreich hinauszuwerfen«, wie Jeanne d'Arc ihre göttliche Mission formulieren wird, ist also nicht die ganze *Nation* ergriffen. Dazu wird es erst zehn Jahre später kommen, nachdem die Jungfrau von Orléans die Franzosen auf den Geschmack an den Freuden des Nationalismus gebracht hat, und vor allem erst nachdem sich die Engländer durch maßlose Besteuerungen sowie durch Ausschreitungen, die eher eines Feindes als eines Mitbürgers würdig sind, den Haß der anständigen Leute zugezogen haben. Im Augenblick freilich schwelgt man noch in den Freuden der englisch-französischen Flitterwochen – symbolisiert durch die Flitterwochen König Heinrichs V. und der schönen Catherine de France.

## *Isabeaus Traum*

Es drängt sich die Frage auf, welche Gründe Isabeau tatsächlich bewogen, als sie sich definitiv für die englische Lösung entschied. Was man dabei stets zu sehr in den Vordergrund rückte, waren die rein seelisch-emotionalen Aspekte ihres »Verrates«. In Wirklichkeit spielten jedoch noch andere Dinge mit.

Als Königin von Frankreich befand sich Isabeau ständig im Zentrum zweier gegensätzlicher Kräfte. Dabei handelt es sich nicht so sehr um die Armagnacs oder Bourguignons, sondern vielmehr um jene doppelte Kraft, die auf sie ein- und gegen sie wirkte: Einerseits drängte man sie, an Stelle ihres verhinderten Gemahls die Herrschaft zu führen, und gleichzeitig hielt man sie von der Macht fern, weil sie störte und weil man sie nur als Mittel benutzen wollte, um selbst zu regieren. Dadurch erhalten ihre politischen Maßnahmen zuweilen unklare, inkonsequente Züge. Sie befand sich in einer höchst unbequemen Lage, zumal Karl VI. zumindest bis zu den Jahren um 1410 von Zeit zu Zeit Phasen erlebte, wo seine Krankheit zurückging und er zuweilen mit aller Entschiedenheit eingriff und darauf bestand, von seiner legitimen Autorität Gebrauch zu machen. Letztlich saß Isabeau de Bavière immer auf einem Thron, den die einen wie die anderen in ihrer Umgebung ins Wanken zu bringen versuchten.

Im Jahr 1417 warf sie sich nach einer Zeit der Ausgeschlossenheit Hals über Kopf in das burgundische Abenteuer des Johann Ohnefurcht, denn dies bot ihr eine Gelegenheit, ihre wahre Macht unter Beweis zu stellen. Sie wußte, daß Herzog Johann auf sie angewiesen war. Sie fühlte, daß sie gebraucht wurde. Sie hat dieses Spiel mit aller Würde und Entschlossenheit gespielt. Ihr Versuch, mit der Hilfe des Herzogs von Burgund – dem sie, wenn nicht als allmächtige Königin, so doch zumindest als inspirierende Kraft gegenübergestanden hätte – ein gegen die Engländer vereintes Königreich Frankreich wiederherzustellen, war durch den Mord von Montereau zunichte gemacht worden. Wäre ihr Versuch geglückt, dann hätte die Geschichte sie sehr wahrscheinlich mit Ruhmeskränzen behängt.

Als gute Taktikerin, die sie war, und vor allem mit einem gewissen Maß an Pragmatismus, hatte sie aufrichtig geglaubt, daß es die beste Lösung sei, ein anglo-französisches Königreich zu schaffen. Ein solches bot nämlich zahlreiche Vorteile, und zwar nicht nur aus englischer Sicht. Aber sie ist gescheitert: Die Ereignisse haben ihr unrecht gegeben, und für Gescheiterte kennt die Geschichte keinen Pardon. Pläne und Projekte sind niemals gut oder schlecht, sie sind beides: Gelingen sie, so findet man sie gut, gelingen sie aber nicht, so entdeckt man plötzlich, daß sie schlecht waren. Dabei handelt es sich um ein rein rationales Urteil, um ein Urteil *a posteriori*, denn stets erliegt man der Versuchung, die Fakten eines weit zurückliegenden Falls mit Hilfe von Empfindungen zu beurteilen, die nicht mehr die der betreffenden Zeit sind.

Das anglo-französische Königreich, das Isabeau anstrebte und wünschte, war jedoch nicht nur realisierbar –

zumindest in der Theorie –, sondern auch für das eine wie das andere Land von Vorteil. Auch ohne die Gefilde der »Politic fiction« zu betreten, kann man sich in groben Zügen vorstellen, wie dieses vereinigte Königreich ausgesehen haben könnte.

Zu Beginn des 15. Jahrhunderts bildeten die Königreiche Frankreich und England trotz der zahlreichen Kriege, Hungersnöte und Seuchen, die das Jahrhundert davor in dichter Folge erlebt hatte, die beiden Spitzenmächte Westeuropas. In beiden Ländern zeigten die Bevölkerungszahlen eine positive Tendenz, mit einem deutlichen Vorteil für das französische Königreich, das viel dichter besiedelt war als das insulare Königreich. Diese zu Gunsten Frankreichs ausfallende Bilanz gibt im übrigen zu denken: Hätte das vereinigte Königreich nämlich weiter existiert, so wäre es höchstwahrscheinlich nicht zu einer Anglisierung Frankreichs, sondern zu einer Französisierung Englands gekommen. Dem standen auch keine großen Hindernisse entgegen, denn bis zu jener Zeit war Französisch – die Sprache von Wilhelm dem Eroberer und die von Heinrich Plantagenet – das Idiom der geistigen Elite, die Sprache des Hofes, die *politische* Sprache Englands. Und obwohl das Angel-Sächsische, das seinerseits stark vom Französischen durchsetzt war, allmählich wieder die Oberhand gewann, genügte ein neuerlicher französischer Einfluß, um es wieder in seinen ursprünglichen Status der Sprache auf dem Lande, der Sprache der Bauern zurückzudrängen. In Frankreich wurde das mehr und mehr in die ländlichen Gegenden verdrängte *Gaulois* zu einer heidnischen Sprache, zu einem *langage paien*, d. h. zu einer Sprache der *pagani*, der Bauern, und wich dem Lateinischen bzw. einer neuen Form des Lateinischen. Das Englische hätte sich in Frankreich nur verbreiten können, wenn es sich dort als die Sprache eines siegreichen Volkes gehalten hätte. Von einem Sieger oder Besiegten ist im Vertrag von Troyes jedoch nirgends die Rede, sondern lediglich von einem Königreich, bestehend aus zwei gleichwertigen Nationen. Und wenn die Engländer sich nicht so häufig wie Eroberer aufgeführt hätten, anstatt sich an die Spielregeln zu halten, dann hätten sich die Dinge ganz anders entwickelt, und Jeanne d'Arc hätte keinerlei Erfolg gehabt. Tatsächlich standen alle Möglichkeiten für eine funktionierende anglo-französische Kooperation innerhalb eines im Entstehen begriffenen Europa offen. Schließlich waren die großen Meisterwerke der französischen Literatur des 12. Jahrhunderts, die weiterhin in Mode waren und die man immer noch nachahmte, anglo-normannische Texte, die größtenteils von Autoren französischer Herkunft, aber mit englischer »Staatsbürgerschaft« in England verfaßt worden waren. Und die Legenden von König Artus, von Merlin dem Zauberer, von Tristan und Isolde, von Lanzelot du Lac waren das gemeinsame Erbe beider Länder. Sogar das *Rolands-Lied*, jene durch die Gestalt Karls des Großen getarnte Verherrlichung der kapetingischen Könige, war von einem Anglo-Normannen verfaßt worden, und die Handschrift des Textes befindet sich heute noch in Oxford. Nie hatte die französische Literatur in so hoher Blüte gestanden wie unter den ersten Herrschern des Hauses Plantagenet.

Im Grunde hätte Isabeau ebenbürtig neben Aliénor dastehen wollen, jener Frau, der es beinahe gelungen wäre, ein vereinigtes Königreich England-Frankreich zu schaffen, und deren Traum weit mehr durch die verrückten und mörderischen Fauxpas ihres Sohns Johann Ohneland als durch die Tollkühnheiten des französischen Königs Philipp August zunichte gemacht worden war.[1] Warum hätte Isabeau den großartigen Traum der Herzogin von Aquitanien, Ex-Königin von Frankreich und mächtigen Königin von England nicht wieder aufgreifen sollen? War

1 Vgl. Jean Markale: *Aliénor d'Aquitaine*, Paris 1979, und Régine Pernoud: *Königin der Troubadoure*. Eleonore von Aquitanien, München [9]1991.

dies für Isabeau, die ihr Leben lang darunter gelitten hatte, daß sie keine große Tat vollbringen durfte, nicht *die* Gelegenheit, eine glorreiche Erinnerung im Gedächtnis der Völker zu hinterlassen?

Absolut gesehen, hätte dieses anglo-französische Königreich eine ungeheuere Macht dargestellt und somit Europa weithin in der Hand gehabt. Es bedeutete nämlich die vollständige Wiederherstellung des Gleichgewichts in einem Westeuropa, bei dem man sich wieder auf die großen Gedanken besann, die die Teilung des Reiches Karls des Großen im Jahr 843 bestimmt hatten: Im Osten läge das Heilige Römische Reich Deutscher Nation, das die Nachfolge des Königreichs von Ludwig dem Deutschen bildete; auf der Westseite läge das einstige Königreich Karls des Kahlen, nunmehr vermehrt um England, das zur Zeit der Karolinger auf seine kleinen sächsischen Königreiche beschänkt gelebt hatte; in der Mitte die einst fragile Domäne Lothars, die nun, da reich an Industriezonen, gestärkt und stabil war. Der Gerechtigkeit halber muß man sagen, daß genau dies der Traum Johanns Ohnefurcht gewesen war und auch der Traum war, den Philipp von Burgund und danach sein Sohn Karl der Kühne sich zu verwirklichen bemühten, jenes berühmte und fast schon mythische »Lotharingien«, den Pufferstaat zwischen dem französisch-englischen und dem deutschen Reich. Die Verteilung war einfach: für das Heilige Römische Reich das Innere des Kontinents; für Lothringen der Reichtum aus dem Handel, der Industrie und den Tauschgeschäften, die unabdingbar an jenen Verkehrsknotenpunkt der Straßen und Interessen gebunden sein würden; für das vereinigte anglo-französische Königreich die Öffnung zum Atlantik und zur Nordsee.

In der Vorstellung der Verfasser des Vertrags von Troyes beruhte die Macht dieses vereinigten Königreiches nämlich auf der maritimen Kapazität des neuen Staates. Es bedarf keiner großen Phantasie, um sich vorzustellen, daß eine Koalition der französischen und englischen Seestreitkräfte nicht nur Europa, sondern die ganze Welt weithin beherrschen könnte. Im Laufe der folgenden Jahrhunderte brachte es die britische Flotte so weit, daß sie überall präsent war; vereint mit einer französischen Flotte wäre sie es in noch größerem Umfang gewesen. Dies aber hätte die absolute Hegemonie des Seehandels bedeutet, denn das Spanien des 16. Jahrhunderts hätte gegenüber einer französisch-englischen Flotte, die durch gemeinsame Interessen vereint gewesen wäre, anstatt sich durch permanente Rivalität zu schwächen, wenig Gewicht gehabt. Die Herrschaft über die Meere bedeutete auch die militärische Kontrolle über die Welt und erlaubte die Einrichtung von Handelsrouten in einem Umfang, mit dem niemand hätte konkurrieren können. Betrachtet man sich auf der einen Seite das britische und auf der anderen Seite das französische Kolonialreich, so kann man sich zu Recht fragen, wohin auf diesem Gebiet erst eine vereinte englisch-französische Macht geführt hätte.

Rein wirtschaftlich gesehen, waren die Engländer im Jahr 1420 auf die Agrarprodukte aus der Normandie und dem Westen sowie auf die Weine aus dem Bordelais angewiesen. Daher konnten die Bewohner des französischen Königreiches nicht nur ihre Waren absetzen, sondern sie profitierten im Gegenzug auch noch vom Zustrom der Industriegüter aus England, einem Land, das zum einen gerade begann, sich auf Spinnereien und Manufakturen zu spezialisieren, und zum anderen die Schafzucht nahezu in Monokultur betrieb, was sich beides zum Nachteil der Landwirtschaft im eigentlichen Sinn auswirkte. Wir dürfen nicht vergessen, daß sich die vom Vertrag von Troyes geplante Union besonders auf den Süden und Westen des heutigen Frankreich auswirkte, d. h. auf die Regionen, die an Landwirtschaft die reichsten, industriell gesehen jedoch die ärmsten waren, da sich der Herzog von Burgund aus der Sache heraushielt. Es bestand die Hoffnung, daß das Gleichgewicht des französischen Königreiches, das im Laufe des 14. Jahrhunderts immer wieder ins Wanken geraten und durch die burgundische Sezession endgültig zerstört worden war, in der Union mit England einen neuen soliden Halt finden würde, der ihm Schutz gegen die politischen und militärischen Fluktuationen des Ostens bot. Bekanntlich wird Frankreich die folgenden Jahrhunderte hindurch und bis in unsere Tage hinein ständig damit beschäftigt sein, das Wirtschaftspotential seiner östlichen Regionen wiederaufzubauen, nachdem es durch die aufeinanderfolgenden Kriege mit den Nachbarn im Osten immer wieder vernichtet wurde. Das berühmte »Lotharingien« war keineswegs nur eine verlockende Wunschvorstellung, sondern es bildete tatsächlich einen Pufferstaat, so daß Frankreich sehr daran hätte interessiert sein müssen, seine Unabhängigkeit zu bewahren, da es auf die englischen Ressourcen zählen konnte.

Diese Überlegungen einer idealistischen Projektion in die Zukunft wurden im 12. Jahrhundert zur Zeit von Aliénor d'Aquitaine und Heinrich II. Plantagenet angestellt, und nicht nur von den überzeugten Parteigängern des Plantagenet-Imperiums. Auch im Laufe des 14. Jahrhunderts kamen sie wieder auf, als man vor dem Problem der direkten Nachfolge der Kapetinger stand und Eduard III. sich unter die Thronanwärter einreihte. Auch Charles d'Evreux, der Graf von Navarra, stellte Überlegungen in dieser Richtung an, jener Karl, den die Franzosen ebensosehr wie Isabeau als einen Verräter mit Schimpf und Schande bedeckten und Karl den Bösen nannten, da er den Anspruch erhob, die französische Krone zu tragen und eine offen nach England orientierte Politik zu führen.[2]

---

2 König Karl II. von Navarra (1332-1387) war ein Urenkel Philipps des Schönen, und zwar über seine Mutter Johanna von Navarra. Als Tochter von Ludwig dem Zänker war diese die Erbin des Königreichs Navarra. Die Anrechte auf die Krone von Navarra konnten durchaus auch über weibliche Nachfolge vererbt werden. Aufgrund dieser Abstammung konnte Karl II. von Navarra zeitlebens die Krone Frankreichs fordern. Diese mutige, durch-

Und schließlich wurden diese Überlegungen mitten in unserem 20. Jahrhundert angestellt, als nach dem französisch-englischen Desaster gegenüber Hitlers Armeen, das zum großen Teil durch die Unversöhnlichkeit und Empfindlichkeit des einen wie des anderen Partners verschuldet war, Winston Churchill im Juni 1940 – doch niemand hörte auf ihn – eine gemeinsame Staatsbürgerschaft für Engländer und Franzosen vorschlug.[3]

All das war freilich nur ein Traum gewesen, der Traum der Isabeau de Bavière im Jahr 1420, den ein Großteil der Untertanen des französischen Königreiches mit ihr teilte. Dieser Traum war rasch verflogen, und schuld daran waren die Engländer selbst. Gewöhnlich heißt es, das *fair play* sei die feine englische Art, sich zu verhalten. Im Laufe der Jahre, die auf den Vertrag von Troyes folgten, war dies jedoch nicht der Fall. Heinrich V. und nach ihm der Regent Bedford haben es, sosehr sie auch an die Realität des

---

triebene und intelligente Persönlichkeit erinnert unweigerlich an Johann Ohnefurcht. Er führte je nach seinen momentanen Interessen eine ganz persönliche Politik, wechselte mit entwaffnender Leichtigkeit seine Verbündeten, ließ jeden umbringen, der ihm im Weg stand, und hinterließ bei allen, die ihm einmal begegnet waren, die Erinnerung eines unbequemen, lästigen Partners. In der ersten Phase des Hundertjährigen Krieges verbündete er sich häufig mit den Engländern und sah in der englischen Lösung des Vertrags von Brétigny eine Befriedigung seiner eigenen Ambitionen und zugleich eine positive Politik, da sie sich auf den wirtschaftlichen Aspekt einer Zusammenarbeit mit England stützte. Seine Tochter Johanna von Navarra heiratete in erster Ehe Johann IV. von Montfort, den Herzog von Bretagne, und wurde die Mutter von Johann V. und Arthur de Richemont, bevor sie in zweiter Ehe König Heinrich IV. von England heiratete.

3 Dies waren zwar nur Worte, die in den Wirren des Krieges rasch verhallten, aber die Idee zumindest war vorhanden. Eigenartigerweise hat man sich seit dieser Zeit ängstlich davor gehütet, diesen Vorschlag eines Mannes, der stets wußte, wovon er redete, eingehend zu studieren und zu deuten.

englisch-französischen Zusammenschlusses glaubten, an Verstand fehlen lassen und sich weit mehr wie Sieger, die einem Besiegten ihr Gesetz aufzwangen, als wie loyale Führer von zwei *de jure* und *de facto* gleichrangigen Nationen aufgeführt. Das Fußvolk folgte dem Beispiel, wie man zu sagen pflegt, und in wenigen Jahren begannen dieselben Leute, die Heinrich V. in Paris an der Seite von Karl VI. und Isabeau de Bavière zugejubelt hatten, den Regenten Bedford, das Königskind Heinrich VI. und die Verräterin Isabeau zu hassen. Dies hat erheblich zu dem Meinungsumschwung zugunsten Karls VII. beigetragen, und Jeanne d'Arc, die, wie wir wissen, unter der Hand von Yolanda von Aragón unterstützt wurde, hat den Rest besorgt. Auf dem gesamten Territorium, auf dem Französisch gesprochen wurde, hat der Haß auf die *godons*[4] die französische Einhheit zusammengeschweißt und wesentlich zur Geburt eines französischen Nationalismus beigetragen, denn jeder Nationalismus bildet sich aus Gründen der Selbstverteidigung und des Überlebens der eigenen Wesensart *gegen* einen anderen Nationalismus.

Auf alle Fälle waren all jene, die den Vertrag von Troyes in die Tat umsetzen wollten, mit einem lästigen Problem konfrontiert, nämlich mit der Existenz dessen, »welcher sich Dauphin nennt«. Denn dieser existierte sehr wohl, und ihm zur Seite stand Yolanda von Aragón, die mehr denn je an die Existenz eines Königreiches Frankreich ohne England glaubte und der jedes Mittel recht war, das zu seiner Verwirklichung führte. In der Regierung, die Heinrich V., Isabeau und Philipp von Burgund in Paris eingesetzt hatten und in der Herzog Thomas von Clarence, der Bruder Heinrichs V., das Regiment führte,

---

4 So die volkstümliche Bezeichnung der englischen Soldaten während der zweiten Phase des Hundertjährigen Krieges; es handelt sich um eine Verballhornung des verbreiteten englischen Fluchs *Goddam* (»Gottverdammich«), der wiederum eine Vereinfachung von *God Damn* ist.

sann man über die geeigneten Mittel nach, um jenen Dauphin auszuschalten. Auf militärischer Ebene ging der Krieg gegen Karls Truppen zwar weiter, aber man mußte auf eine legale Art ans Werk schreiten. Am 3. Januar 1421 wurde Karl, »welcher sich Dauphin nennt«, in aller Form aufgefordert, binnen dreier Tage in Paris am Hof des Königs im Palais de la Cité zu erscheinen. Natürlich kam es für Karl nicht in Frage, einem entehrenden Befehl zu gehorchen, und auch nicht, sich in die Falle zu stürzen, die man ihm stellte, ohne daß man so recht an ihre Wirkung glaubte. Aufgrund seines Nichterscheinens veröffentlichte der königliche Rat des *Parlement* zu Paris am 6. Januar – alles war also wohl vorbereitet – in seiner Abwesenheit eine Bekanntmachung, die ihn offiziell der Krone enterbte und ihn aus dem Königreich verbannte. Außerdem klagte man ihn ganz offen an, für den Mord an Johann Ohnefurcht verantwortlich zu sein, und es wurde öffentlich erklärt: »Charles de Valois, ehemals Dauphin, sowie seine Komplizen gehen, da des Verbrechens der Majestätsverletzung höchsten Grades schuldig, aller Erbfolgerechte, Ehren und Würden verlustig, und ihre Untertanen und Vasallen werden aller Treueide entbunden.«

Wer historische Parallelen schätzt und der Ansicht ist, die Geschichte sei ein Zyklus ewiger Wiederkehr, fühlt sich dabei natürlich an die Ächtung erinnert, die 1940 in Vichy unter dem Druck der Deutschen gegen den *Ex-General* de Gaulle ausgesprochen wurde, der ebenfalls all seiner Rechte und seines ganzen Besitzes beraubt wurde. Und es gibt noch eine Menge weiterer Beispiele für Exkommunizierungen dieser Art.

Auf diese Proklamation entgegnete Karl, er »schwöre bei der Spitze seines Schwertes, daß er sein Recht in Frankreich, England und in den Landen des Herzogs von Burgund wieder aufgreifen und verfolgen« werde. Und die um ihn und die Königin von Sizilien versammelten Juristen machten sich eifrig daran, zu beweisen, daß der Vertrag von Troyes null und nichtig sei. Zumindest versuchten sie es, aber das war so einfach nicht: Dazu bedurfte es der spitzfindigsten Argumente, wie ein politischer Traktat von Juvénal des Ursins mit dem Titel *Audite Celi* bezeugt, worin man einer ziemlich kuriosen Argumentation begegnet.

Die Zielscheibe von Juvénal des Ursins ist nämlich der König von England, der der Illegitimität bezichtigt wird: Heinrich V. sei der Sohn Heinrichs von Lancaster, eines Usurpators, der zwar der Enkel Eduards III., aber über die jüngere Linie sei und der nicht nur den Platz Richards II., ebenfalls eines Enkels von Eduard III., aber über die ältere Linie (den Schwarzen Prinzen), eingenommen, sondern darüber hinaus auch noch seinen rechtmäßigen Herrn habe umbringen lassen. Aufgrund dessen sei Heinrich IV. von Lancaster als Usurpator und Mörder *unwürdig und außerstande*, die Nachfolge Richards II. anzutreten, und sein Sohn Heinrich V. besitze keinerlei Anrecht auf den Thron Englands. Bis hierher kann man der Argumentation durchaus noch folgen, aber von da an gerät die Sache ins reinste Delirium: Wenn Heinrich V. nach feudalem Recht unwürdig und außerstande sei zu regieren, so müsse ihm die englische Krone entzogen werden, und diese falle, so Juvénal des Ursins, logischerweise Karl, dem siebenten seines Namens und Erben von Valois zu, da er der *Schwager des kinderlos gestorbenen Richard II.* – denn seine Schwester Isabelle hatte einst den ermordeten englischen König geehelicht – und *somit sein nächster Verwandter* sei. Mit anderen Worten: König Karl VI. ist formal als Erbe Richards II. zu betrachten, und damit ist sein legitimer Sohn Karl VII., das versteht sich von selbst, *König von Frankreich und England.*

Insgesamt kehrte Juvénal des Ursins das Problem also einfach um.[5] Die Engländer dürften sich köstlich amüsiert

---

5 Dieser Text findet sich in: Juvénal des Ursins, *Œuvres politiques,* I, 180 ff. Es handelt sich um ein höchst kurioses Dokument, denn es strotzt vor Sophismen und niederträchtigster Verlogenheit.

haben, als sie dieses dialektische Bravourstück lasen, aber es beweist, *daß sich der Gedanke eines vereinigten französisch-englischen Königreiches inzwischen ausgebreitet hatte* und daß er sogar für einen Parteigänger des »angeblichen Dauphins« von entscheidendem Interesse für die Zukunft war. Nur die Nationalität des Monarchen war eine andere: In der Umgebung des Dauphins wollte man durchaus ein vereinigtes Königreich, jedoch unter der Bedingung, daß es unter französischer Vorherrschaft stand. Der unglückliche Charles de Valois (offiziell besaß er nur noch diesen Titel) war aber leider kaum in der Lage, diese Forderung zu unterstützen und zu tragen. Er hatte bereits Mühe genug, zu retten, was ihm noch verblieben war.

Tatsächlich waren die Anhänger von Charles um Argumente verlegen. Karl VI., der offizielle König, weilte in Paris, und er hatte den Vertrag von Troyes unterzeichnet. Juvénal des Ursins hatte versucht, die Gültigkeit des Vertrages anzufechten mit dem Argument, Karl VI. sei krank und aufgrund seiner Krankheit außerstande zu regieren. Dies war jedermann klar, aber es fiel schwer zu beweisen, daß die Unterschrift des Königs erzwungen worden war: Er konnte sie in einem lichten Augenblick unter das Vertragswerk gesetzt haben, und nur er allein hätte seine eigene Unterschrift anfechten können.

Unterdessen ging Heinrich V. eifrig daran, bis in die letzten Äußerlichkeiten alle Hindernisse zu beseitigen, die ihm den Weg zum Thron Frankreichs noch versprerren konnten. Diesen Weg hatte er sich bereits mit dem Beginn seiner Erfolge in der Normandie abgesteckt. Er schrieb an seinen Kanzler in London und gab ihm Anweisung, die Gefangenen von Azincourt strengstens zu bewachen, insbesondere Herzog Charles d'Orléans, der als Thronerbe in Frage kommen, auf alle Fälle aber ein ernstzunehmender Konkurrent werden könnte. Heinrich erklärte: »Wenn einer von ihnen, besonders der Herzog von Orléans, entkäme, so wäre dies das größte Unglück, das mir widerfahren könnte.«

Isabeau de Bavière aber wurde, nachdem ihr Stolz, die Schwiegermutter eines Königs von England und künftigen Königs von Frankreich zu sein, befriedigt war, wieder in einen düsteren Alltag zurückgeworfen, der fast an die Tage vor ihrem Abenteuer mit Johann Ohnefurcht erinnerte. Die Engländer begegneten ihr mit einer der Etikette entsprechenden, doch kalten Höflichkeit. Im Grunde war sie nun ja nicht mehr von Nutzen. Man beschränkte sich darauf, ihr die offiziellen Ehren und Huldigungen zu erweisen. Sie strahlte nur noch im Glanz von Katharina, ihrer Tochter, der englischen Königin. Und Heinrich begab sich – voller Stolz auf seine junge Gemahlin – nach England, um sie seinen insularen Untertanen vorzustellen, doch hütete er sich wohl, jene lästige Königin-Mutter mitzunehmen, der jede Fortbewegung zunehmend schwerer fiel.

Der Krieg zwischen Engländern und Armagnacs ging weiter, mit Erfolgen und Rückschlägen auf beiden Seiten. *De facto* wich der »angebliche Dauphin« jedoch stetig zurück, und seine Domäne schrumpfte immer mehr zusammen. Heinrich V. wähnte sich bereits in dem festen Glauben, der Erfolg würde ihn fortan nicht mehr verlassen. 1422 schenkte ihm Katharina einen Sohn, den künftigen Heinrich VI. Dieser wird vor allem ein Plantagenet sein, doch er kann seine Herkunft eines Valois nicht verleugnen, denn im Laufe seines recht stürmischen Lebens wird er von Wahnsinnsanfällen heimgesucht werden, die zwar weniger häufig auftreten, aber vollkommen denen seines Großvaters Karl VI. gleichen. Um das freudige Ereignis zu feiern, läßt Heinrich V. Katharina und das junge Kind aus Windsor nach Paris kommen. »Am 29ten Tag des besagten Monats Mai kam die Königin nach Paris, und vor ihrer Sänfte trug man zwei Hermelinmäntel einher, wovon das Volk nicht wußte, was es denken sollte, außer, daß es das Zeichen dafür war, daß sie Königin von Frankreich und England war.« (*Journal d'un Bourgeois de Paris*, Nr. 349)

Bei dieser Gelegenheit gab Heinrich V. prunkvolle Feste, zu denen auch Königin Isabeau geladen und mit großen Ehren empfangen wurde. Den Parisern aber fiel der finstere Hochmut der Engländer auf. Nach den Worten der Zeitgenossen gab es mehr Pracht und Prunk als Heiterkeit und Vergnügen. Auf jeden Fall war es ein Hofzeremoniell mit allem, was dazugehörte. Doch die unmittelbare Nähe des unglücklichen Karl VI., der krank und völlig verlassen war, überschattete die Herzen der Pariser, die zugegen waren, mit einem weiteren Hauch von Schwermut. Danach setzte Heinrich V. die Feste in Senlis fort, wohin er als Statisten auch Karl VI. und Isabeau mitnahm.

Inmitten dieses pompösen Triumphs wurde der König von England jedoch von einer Krankheit niedergeworfen, die sich ganz plötzlich und besorgniserregend ankündigte. Man sagte, es sei ein Abszeß oder eine Fistel gewesen, etwas, das man damals als *mal Saint-Fiacre* bezeichnete, da dieser Heilige in dem Ruf stand, dieses Leiden heilen zu können. In Wirklichkeit handelte es sich um einen Fall von Ruhr. Das Übel nahm jedoch solche Ausmaße an, daß Heinrich sich seinem Ende nahe fühlte. Er berief seine Vertrauten zu sich, empfahl seinen noch in der Wiege liegenden Sohn und seine Gemahlin der Obhut der Prinzen, seiner Brüder, und wies sie an, dem Herzog von Burgund unter keinen Umständen einen Anlaß zu geben, daß er es bereute, sich für die Partei der Engländer entschieden zu haben, ihm die Regentschaft über das Königreich anzubieten und, wenn er sie ablehnte, was er zweifellos tun würde, die Regentschaft über Frankreich dem Herzog von Bedford und die Regentschaft über England dem Herzog von Gloucester zu übertragen, da beide seine Brüder seien. Vor allem aber verbot er, die Gefangenen von Azincourt freizulassen, bevor sein Sohn volljährig wäre, niemals mit Karl von Valois[6] Frieden zu schließen

6 Mit dem Dauphin zu verhandeln hieße nämlich, *de jure* seine Legitimität anzuerkennen.

oder, falls die Umstände es dennoch erfordern sollten, dies nur unter der ausdrücklichen Bedingung zu tun, daß die Normandie uneingeschränkter Besitz der englischen Krone bliebe.[7] Heinrich V., der König von England und Erbe Frankreichs, starb am 31. August 1422 im Donjon zu Vincennes. Seinen Traum von der anglo-französischen Einheit hatte er zumindest auf dem Papier verwirklicht. Er hatte auch noch einen anderen Traum gehabt: die Wiedereroberung Jerusalems. Seine feierliche Bestattung wurde in Saint-Denis zelebriert, seine sterbliche Hülle nach Westminster gebracht.

Der Herzog von Burgund, dem man die Regentschaft über Frankreich antrug, lehnte ab. Das Königreich interessierte ihn nicht im geringsten, und in seinen eigenen Staaten hatte er genügend zu tun. Königin Isabeau unternahm verschiedene Versuche, sich die Regentschaft selbst übertragen zu lassen: Auf diese Art glaubte sie, neben ihrer Tochter Katharina eine bedeutende Rolle spielen und ein Gegengewicht zum englischen Einfluß bilden zu können, der sich schon bald um die Wiege ihres Enkels herum stärker bemerkbar machen würde. In diesem Moment bewegte Isabeau sicher noch ein anderer Traum, nämlich die Geschicke des Königreichs wieder selbst in die Hand zu nehmen und aus dem französisch-*englischen* eher ein englisch-*französisches* Reich zu machen. Wäre es ihr gelungen, die Erziehung des künftigen Heinrichs VI. in die Hand zu bekommen, hätte sie sich gewiß mit größtem Ruhm bedeckt.

---

7 Diesen Rat gab Heinrich V. nicht nur als Nachfahre von Wilhelm dem Eroberer, denn die Normandie war ein ganz wesentlicher Trumpf für die englische Wirtschaft. Da sie die Bretagne nicht in ihren Besitz bringen konnten – im Jahrhundert davor hatten sie es vergeblich versucht –, legten die Könige von England besonderen Wert darauf, sich diesen Brückenkopf auf dem Kontinent zu sichern, denn er gab ihnen die Möglichkeit, direkt in Frankreich einzugreifen und den Handelsverkehr auf dem Ärmelkanal zu kontrollieren.

Natürlich gaben die Engländer, die das Spiel anführten, der Königin-Mutter höflich zur Antwort, daß ihre Zeit vorbei sei und daß man einen tatkräftigen Mann wie den Herzog von Bedford, den Bruder des verstorbenen Königs, an der Spitze des Königreichs brauche. Und so sollte Bedford bis zu seinem Tod im Jahr 1435 das Königreich Frankreich im Namen Heinrichs VI. regieren. In der Ausübung der Verwaltung zeigte er beachtliche Fähigkeiten, doch mit seiner Brutalität verscherzte er sich viele Sympathien. Er förderte den Handel zwischen Frankreich und England und versah die französischen Weber mit Privilegien. Nachdem er Anne von Burgund, die Schwester Philipps, geheiratet hatte, bewies er sich als Mann guten Willens und war zu erheblichen Konzessionen bereit, um die Vereinigung der beiden Königreiche effektiv zu verwirklichen. Er muß jedoch sehr rasch erkennen, daß sie aufgrund seines ausgeprägten und unnachgiebigen Charakters dennoch scheitert, als der Herzog von Burgund sich von der englischen Politik löst, und daher wird er sich in einer Art Trotzreaktion zum verbissenen Verfolger Jeanne d'Arcs machen, der nur von dem Wunsch beseelt ist, in ihr das Symbol des französischen Nationalismus zu vernichten.

Zu Beginn trat Bedford ohne Behinderung seine Ämter als Regent an. Der klare Verstand Heinrichs V. hatte an alles gedacht, was zu tun war. Die Dinge nahmen ihren Lauf. Der Krieg ging weiter. Einsam, von allen verlassen und nur von ein paar Dienern sowie von Odette de Champdivers umgeben, starb König Karl VI. am 21. Oktober. In kurzem Abstand folgte er demjenigen ins Grab, der gehofft hatte, offiziell seine Nachfolge auf dem Thron Frankreichs anzutreten. Auf Befehl des Herzogs von Bedford und nachdem das *Parlement* verfügt hatte, das Mobiliar des Königs zu verkaufen, um die Bestattung zu finanzieren, fand die Beisetzung erst einen Monat später statt. Kein einziger Prinz von königlichem Geblüt wohnte der Zeremonie bei, nicht einmal der Herzog von Burgund, der auf diese Art sein vollkommenes Desinteresse an der Lage Frankreichs zum Ausdruck brachte. Der Regent Bedford führte den Leichnam Karls VI. nach Notre-Dame und anschließend nach Saint-Denis. Der Herold rief über dem offenen Grab: »Gott habe Erbarmen und Gnade für die Seele des herausragenden, gar hohen und mächtigen Fürsten König Karl von Frankreich, des sechsten seines Namens, unseres natürlichen und souveränen Herrn.« Dann fügte er hinzu: »Gott gebe Heinrich, von Gottes Gnaden König von Frankreich und England, ein langes Leben.«

Damit hatte ein neues Kapitel begonnen: Das vereinigte englisch-französische Königreich hatte nur noch einen einzigen legitimen Souverän, Heinrich VI., den Enkel von Isabeau de Bavière. Isabeau aber war Witwe.

### *Die Jungfrau und der Drache*

Nun liegen die Karten auf dem Tisch, und ein Mogeln ist nicht mehr möglich. Der wahnsinnige König ist tot, und niemand kann ihn mehr zwingen, irgendeinen Erlaß zu unterzeichnen. Der offizielle König ist Heinrich VI., und die faktische Macht liegt in den Händen des Regenten Bedford. Auf der anderen Seite der Loire wird sich jedoch der »angebliche« Dauphin zum König von Frankreich und rechtmäßigen Erben seines Vaters proklamieren. Er hat sich gerade mit Marie d'Anjou vermählt, die ihm in Bälde einen Sohn, den künftigen Louis XI. gebären wird. Und Yolanda von Aragón ist immer noch damit beschäftigt, ihn zu überwachen, ihn zu ermutigen und ihm die alten Dämonen auszutreiben, die immer wieder aus seinem Unbewußten aufsteigen und ihn verfolgen. Yolanda von Anjou ist eine mütterliche Seele, gewiß, aber sie ist auch eine raffinierte Politikerin. Sie ist diejenige, die am Hof ihres Schwiegersohns für gutes oder schlechtes Wetter sorgt. Sie läßt die Minister ernennen oder verjagen, wie sie es für richtig hält. Sie läßt Louvet und Tanguy du Chastel entfernen, um Johann V., den Herzog der Bretagne, auf dessen Allianz sie Wert legt, zufriedenzustellen: Johann V. beschuldigte Louvet und Tanguy, sie hätten mit in einem Komplott der Penthièvres gesteckt, das ihn vom Thron verjagen sollte, und hatte für sein Bündnis die Bedingung gestellt, daß diese beiden Unerwünschten entfernt würden.

Außerdem hatte die Königin von Sizilien über den Herzog von Bretagne dessen Bruder Arthur de Richemont im Auge. Diesen hielt sie für fähig, Karl VII. zu entscheidenden Siegen zu verhelfen. Um Richemont zu gewinnen, war sie zu allem bereit. Und sobald Arthur de Richemont zum Konnetabel von Frankreich avanciert ist, wird er am Hof Karls VII. bestimmen, was zu geschehen hat, zum einen deshalb, weil er auf den Endsieg des *petit roi de Bourges* setzt, und zum anderen, weil die Allianz mit Frankreich materiell mehr einbringt als diejenige, die er zuvor mit Philipp von Burgund und Bedford geschlossen hatte.[8]

---

8 1423 hatte der Herzog von Bretagne den Vertrag von Troyes ratifiziert und am 17. April in Amiens durch einen Vertrag »unauflösbarer Allianz« zwischen dem Frankreich Bedfords sowie Burgund und der Bretagne noch erweitert. In Amiens wurden zwei Ehen beschlossen, um dieses Bündnis zu besiegeln: die Vermählung des Herzogs von Bedford mit Anne von Burgund, der jüngsten Schwester Philipps, und die von Richmont mit Margarete von Burgund, der Witwe des Dauphins Louis. Aber Johann V. und Richemont hatten ein ungutes Gefühl bei der Vorstellung eines vereinigten anglo-französischen Reiches, würde dieses doch über kurz oder lang die Unabhängigkeit der Bretagne bedrohen. Was sie daher interessierte, war eine Allianz mit Burgund. Yolanda von Aragón, der dieses Problem wohlvertraut war, arbeitete auf eine Annäherung an Johann V. und Richemont hin, und zwar nicht nur, um sie sich zu Verbündeten zu machen, sondern auch deshalb, damit sich die beiden Brüder mit Hilfe ihrer besonderen Beziehungen zum Herzog von Burgund aus der Allianz mit England lösen konnten. Tatsächlich war Philipps Entscheidung, 1435 das Lager zu wechseln und den

Yolanda von Aragón kümmert sich um alles, stets führt sie die Geschäfte, sei es direkt mit ihrem Schwiegersohn, sei es über die Minister, die sie aufbaut oder stürzt, sei es über ihre mehr oder weniger heimlichen »Kreaturen«. Nicht damit zufrieden, Karl VII. über ihre Tochter dirigieren zu können, und wohl wissend, daß diese zwar klug, aber keine Schönheit ist, besorgt sie ihrem Schwiegersohn persönlich eine Mätresse von erlesener Schönheit, Agnès Sorel, die *Dame de Beauté*, von der sie weiß, wie treu sie

---

Vertrag von Troyes als ungültig abzulehnen, zum großen Teil auf den Einfluß des Herzogs von Bretagne und seines Bruders zurückzuführen. Im Jahr 1425 bot die Königin von Sizilien Richemont das Schwert des Konnetabel an. Dieser antwortete jedoch, er könne es nicht annehmen, ohne Philipp von Burgund um seine Meinung zu fragen. Nach zahlreichen Unterredungen erteilte dieser ihm die Erlaubnis, *Connétable de France* zu werden, jedoch unter der Bedingung, daß man Tanguy du Chastel entfernte, denn der Herzog von Burgund hatte nach wie vor den Verdacht, daß dieser tief in den Mord von Montereau verwickelt war. Tanguy wurde also aufgefordert, den Hof zu verlassen, und »begab sich in den Ruhestand«. Louvet wiederum, der der Schwager von Dunois war, demissionierte freiwillig, um den Weg für die Versöhnung mit der Bretagne und die Ernennung Richemonts freizugeben. Während seiner Herrschaft lavierte Johann V. ständig zwischen den beiden Parteien hin und her, aber aufgrund dieser Haltung hatte er die Möglichkeit, eine bedeutende Rolle als Vermittler zu spielen. Richemont war zunächst ein glühender Anhänger des vereinigten anglo-französischen Königreiches gewesen, obwohl er in Azincourt auf französischer Seite gekämpft hatte und in Gefangenschaft geraten war; doch dann spielte er ganz offen das Spiel Karls VII., denn er machte sich Hoffnungen, auf diese Weise seine bretonische Position festigen zu können. Als er nach dem Tod seiner beiden Neffen zum Herzog von Bretagne erhoben wurde, spielte Richemont sogar mit dem Gedanken an einen bretonischen Feldzug, um England zu erobern: Im Grunde träumte er also von einem vereinigten bretonisch-britischen Königreich als einer Art Revanche für eine Vergangenheit, in der die Bretonen von den Angeln und Sachsen aus ihrem Ursprungsland vertrieben worden waren.

ihrer, Yolandas, Sache ergeben ist. Und wie wir wissen, wird Agnès Sorel auf den König von Frankreich einen ungewöhnlich starken Einfluß ausüben. Doch auch hier ist wieder Yolanda diejenige, die die Fäden in der Hand hat. Aber obwohl sie sich hin und wieder zur Kupplerin macht, genießt sie doch den Ruf, eine Heilige zu sein. Man erzählt sich sonderbare Geschichten über sie, etwa das, was ihr im Februar 1401 in Angers passierte: Sie ging gerade im Park des Schlosses spazieren, da spürten ihre Hunde ein Kaninchen auf, und dieses flüchtete sich unter das Kleid der Fürstin. Sie befahl, das kleine Tier zu verschonen, und ging nachsehen, wo es hergekommen war – und siehe da, man fand in seinem Bau, in der Nische eines Gangs vergraben, eine kleine Marienstatue. Daraufhin ließ Yolanda über dieser kleinen Andachtsstätte eine Kapelle errichten, jene Kapelle, die unter dem Namen Notre-Dame-de-Sous-Terre (»Unsere Liebe Frau unter der Erde«) bekannt ist. Ob diese hübsche Geschichte wahr oder erdichtet ist, sei dahingestellt, auf jeden Fall zeigt sie, wie sehr die Fürstin verehrt wurde. Sie war der gute Engel, der Schutzengel des Königs, erwählt von der Jungfrau Maria, um den jungen Karl zu führen – und warum nicht auch, um Frankreich zu retten? Kann es danach noch verwundern, daß die Königin von Sizilien an der Pucelle oder Reinen Magd aus Domremy ein so großes Interesse fand?

Auf dem anderen Ufer, in Paris, herrschte dagegen der Drache: die Engländer. Und dies, obwohl das Königreich England unter dem Schutz des heiligen Georg stand, ausgerechnet jenes Heiligen, der den Drachen besiegt hatte. Niemand zweifelte auch nur einen Augenblick an der Realität von Sankt Georg, dem heiligen Ritter. Nie war man auf die Idee gekommen, einmal der Frage nachzugehen, welche mythische Fabel sich unter dieser christlichen Vokabel verbirgt. Nie hatte man daran gedacht, daß der Name Georg mit der Erde, der tellurischen Welt, zusammenhängt und daß die Episode, worin der heilige Georg den Drachen zu Boden zwingt, nichts anderes ist als die christianisierte Version der griechischen Sage von Apollo, der die Schlange Python tötete, mit anderen Worten: die Sage vom Licht, das die Finsternis besiegt, von der Himmelsgottheit im Kampf gegen die Erdgottheit. All dies war nichts anderes als das Symbol für die Ersetzung einer Religion durch eine andere, ein Symbol, dem wir in dem mittelalterlichen Manichäismus von Gut und Böse wieder begegnen, wo aus dem Drachen oder Lindwurm der Teufel geworden war.

Die Engländer waren also der Teufel. Es sei denn, Isabeau de Bavière war der Teufel. Welch verführerischer Gedanke, die strahlende Yolanda von Aragón, die Beschützerin Frankreichs, die Lichtgottheit, der Isabeau de Bavière gegenüberzustellen, der greisen Königin der Finsternis, der Verantwortlichen für das Unglück Frankreichs, die sich in die Tiefe ihrer Gemächer zurückzieht wie Phädra in der Tragödie Racines und die sich nicht traut, ans Licht der Sonne herauszutreten, da sie sich schuldig und unwürdig fühlt!

Denn Isabeau zieht sich zurück, sie igelt sich ein. Sie, die schöne, die liebreizende Königin Frankreichs, die das Wunschbild aller Höflinge gewesen war, die geliebte Gemahlin Karls VI., ist nur noch eine macht- und kraftlose alte Frau, die Angst vor dem Tod hat. Im Jahr 1414 notiert der »Pariser Bürger« in sein Tagebuch:

In dieser Zeit war die Königin von Frankreich ansässig in Paris, aber sie war so armselig versorgt, daß sie alle Tage nicht mehr als höchstens 8 *setiers* Wein für sich und ihren Hausstand hatte. Und die meisten Leute von Paris hätten nichts zu sagen gewußt, wenn man sie gefragt hätte: »Wo ist die Königin?« So wenig wurde sie beachtet, daß sie dem Volk kaum etwas bedeutete, denn man sagte, sie sei Ursach der großen Übel und Leiden, welche damals auf Erden herrschten (...)

Die Königin von Frankreich entfernte sich nicht aus Paris, weder aus der Stadt, noch aus dem Haus, und es war, als sei sie eine Frau aus fremden Landen gewesen; allzeit blieb sie eingeschlossen im Hôtel Saint-Pol, wo der edle König Karl VI. aus dieser Welt geschieden war, ihr guter Gemahl, dem Gott vergeben möge, und sie hütete gar wohl sein Haus, wie es einer verwitweten Frau gebührt. (*Journal d'un Bourgeois de Paris*, Nr. 401 u. 418)

Die mit Schimpf und Schande bedeckte, häßliche und ihrem Schicksal überlassene Königin – welch sonderbares Schauspiel! Die Herrschaft Isabeaus de Bavière nimmt ein alles andere als glorreiches Ende. Aliénor von Aquitanien war alt, viel älter geworden, aber sie war von allem physischen oder moralischen Verfall verschont geblieben. Isabeau dagegen verlöscht ganz allmählich inmitten ihrer eitlen Schätze, und betrachtet in dem mehr oder weniger verwilderten Park des Hôtel Saint-Paul wehmütig die noch verbliebenen Vögel in den prächtigen Volièren, die sie in glanzvolleren Zeiten dort hatte aufstellen lassen. Gewiß, eine Lieblingstochter ist ihr geblieben: Katharina. Aber Katharina, auch sie nun verwitwet, lebt als Einsiedlerin auf englischem Boden. Gewiß, sie hat einen Enkel, der König von Frankreich und England ist, doch er ist unerreichbar und kommt sie nie besuchen. Weshalb sollte sich auch ein König damit belästigen, eine nutzlose Frau zu besuchen? Und dann ist da noch ihr einziger überlebender Sohn, Karl, der sich zum König von Frankreich ausgerufen hat. Doch dieser Sohn hat sie verstoßen, und sie selbst hat ihn verleugnet. Für Isabeau existiert er nicht mehr. Isabeau ist allein im Angesicht ihres Todes.

Das Weitere ist bekannt. Karl VII. versucht verzweifelt, sein angeschlagenes Königreich zurückzuerobern, das von Tag zu Tag weiter dahinschwindet. In Wahrheit fühlt sich dieser Sohn eines wahnsinnigen Königs selbst mit einem Fluch beladen. Er zweifelt an seiner Legitimität, er zweifelt an seiner Mission. Da muß Jeanne d'Arc auf den Plan treten, um ihn aus seiner Apathie zu reißen. Die Jungfrau ist diejenige, die das *royaume de France* sogar gegen und trotz Karl retten wird. Yolanda von Aragón hält wachsam die Augen offen nach möglicher Gefahr. Sie plaziert Arthur de Richemont in die Entourage ihres Schwiegersohnes und dazu noch weitere Leute ihres Vertrauens: La Hire, Graf Dunois (den »Bastard von Orléans«), den Herzog von Alençon, ihren Sohn Karl von Anjou. Zudem wird Yolanda intensive Kontakte mit Philipp von Burgund pflegen. Sie weiß, daß er den Vertrag von Troyes ablehnen wird. Sie schickt einen Boten nach dem anderen nach Burgund. Sie bleibt in engem Kontakt mit den Herzogtümern Bar und Lothringen, was ihr die Möglichkeit gibt, aus Jeanne d'Arc jene Nationalheldin zu machen, auf die die Franzosen schon lange gewartet haben. Und sie steckt bereits die Linien für die Zukunft ab: Sie übernimmt die Erziehung ihrer Enkelin Margarete, der Tochter des *bon Roi René*, und bestimmt sie zur Gemahlin für Heinrich VI., um eine Aussöhnung zu besiegeln, die, wie sie glaubt, eines Tages unumgänglich sein wird. Und Margarete von Anjou wird tatächlich einst die »Rote Rose von Lancaster« inmitten der sogenannten Rosenkriege, die England erschüttern, das ebenfalls in zwei Parteien, die Yorks und die Lancasters, zerrissen wird. Die Aktivität der Yolanda von Aragón wird nie nachlassen, und dieses aktive Leben bildet einen krassen Gegensatz zur Isolation und Tatenlosigkeit der Isabeau von Bayern.

Im Jahr 1424 fällt die bedeutende Bastion Verneuil-sur-Avre in die Hände der Engländer, und dies, obwohl Karls Truppen durch eine größere Kompanie von Schotten unterstützt wurden, die begeistert waren, daß sie auf dem Kontinent gegen die Engländer kämpfen konnten. Bedford triumphiert, und in Paris wird der Sieg des Regenten gefeiert. Die Pariser empfangen ihn in der Kathedrale von Notre-Dame, »als wäre er Gott (...) Sie spielten auf Orgeln und Posaunen, und alle Glocken läuteten.« (*Journal d'un Bourgeois de Paris*, Nr. 217)

Dies beweist, daß die Pariser Bevölkerung damals noch von der Rechtmäßigkeit und Bedeutung des vereinten

Königreiches überzeugt war. Aber Philipp von Burgund macht sich allmählich Sorgen. Seine Cousine und Witwe des einstigen Dauphins Jean, die für ihre Eskapaden berühmte Jakobäa von Bayern, hat gerade ihre zweite Ehe annulliert, heiratet Herzog Humphrey von Gloucester, den Regenten von England, und verspricht, ihm alle ihre Staaten, Hennegau, Friesland, Holland und Seeland, zu übertragen, was Philipp natürlich in höchstem Maße erzürnt. Bedford, der in dieser Affäre eine Gefahr für die Allianz mit Burgund sieht, bringt es fertig, seinen Bruder dazu zu überreden, nicht gegen die Burgunder zu kämpfen. Im übrigen läßt Gloucester Jakobäa fallen. Aber Philipp von Burgund begreift, daß dies höchster Alarm gewesen war. Daher fragt er sich, ob das Bündnis mit England tatsächlich die beste Lösung ist. Mit offenen Ohren hört er sich die Meinungen von Johann V. von Bretagne und Arthur de Richemont an. Und der Krieg kommt zum Stillstand bis zu dem Moment, als die Engländer 1428 den Belagerungsgürtel um Orléans schließen.

Diesmal ist die Lage für Karl VII. ernst. Wenn Orléans fällt, stehen die Tore nach dem Süden offen. Die Zwistigkeiten zwischen La Trémoille und Richemont lassen sich nicht beilegen. Obwohl Dunois und La Hire so manches Wunder vollbringen – es gelingt ihnen zum Beispiel, sich am 12. Februar 1419 mit einem ganzen Packzug, beladen mit Lebensmitteln, in die Stadt einzuschleichen –, verlieren sie die berühmte »Heringsschlacht«: Sie hatten versucht, einen englischen Nachschubkonvoi für die Belagerer von Orléans zu überfallen; der Konvoi enthielt vor allem riesige Mengen gepökelter Heringe, und diese wurden bei der erfolglosen Attacke weithin über den Boden verstreut. Man sieht bereits den Moment kommen, wo Orléans sich ergeben muß. Und doch kann der Herzog von Bedford nicht selbst an der Belagerung der Stadt teilnehmen, denn ein alter Lehnsbrauch verbietet ihm, in eigener Person das Lehen eines gefangenen Feindes anzugreifen – und Charles d'Orléans sitzt noch immer in England gefangen. Doch auch seine Stellvertreter leisten gute Arbeit. Die militärische Überlegenheit liegt unbestreibar auf Seiten der Engländer.

In diesem Moment greift Jeanne d'Arc ein. War sie tatsächlich ein »Geschöpf« der Yolanda von Aragón, das im günstigen Moment ins Spiel gebracht wurde? Die Frage verdiente es, vertieft zu werden. Wie dem auch sei, gegen den englischen Drachen erhebt sich die reine Jungfrau, die in ihrem Gefolge neue Energien mitziehen wird. Im März 1429 trifft Jeanne mit Karl VII. zusammen und gibt ihm wieder Selbstvertrauen und Zuversicht. Am 8. Mai gelingt es ihr, Orléans zu befreien. Am 13. Mai kommt Karl VII. Jeanne entgegen, steigt von seinem Pferd, um dieses Mädchen von siebzehn Jahren zu begrüßen, umarmt sie und geleitet sie nach Tours. In einem ihrer Gedichte ruft die bejahrte Dame Christine de Pisan aus: »... und wieder begann die Sonne zu glänzen.« Am 13. Juni kommt es zum Sieg in der Schlacht von Patay, in der sich der Konnetabel Richemont, La Hire, Xaintrailles und Dunois besonders auszeichnen. Am 17. Juli wird Karl in Reims zum König von Frankreich gesalbt.

Die Lage hat sich nun völlig gewendet. Und Bedford weiß es. Ihm wird klar, daß Frankreich von einem mystischen Wahn ergriffen wird. Er beschließt, mit gleicher Waffe zurückzuschlagen. In einem Brief an den jungen Heinrich VI. schreibt er: »Die Ursache des Desasters liegt für mich in den Wahnideen und der geistlosen Angst, welche Eurem Volk eingeflößt wurden von einem Jünger und Spürhund des Teufels, genannt la Pucelle, die sich böser Zauber und der Hexerei bedient hat.«

Während man auf der Seite des Dauphins das Bild der reinen Jungfrau beweihräuchert, die Frankreich von dem Drachen befreien wird, macht man sich auf der Seite Bedfords daran, das Bild einer Hexe, einer Ausgeburt Satans zu verfluchen. Damit ist der Ton der Affäre Jeanne d'Arc angegeben, und all dies geht weit über die eigentliche Person der Pucelle hinaus. Sie ist lediglich ein Symbol. Und sie wird ein Opfer der neuen Tragödie sein, die nun beginnt.

Unterdessen will Jeanne Paris zurückerobern. Begleitet von Gilles de Rais, dem nämlichen, der später in Nantes wegen Mordes an jungen Knaben, Sodomie und Hexerei hingerichtet wird, unternimmt sie einen Angriff auf die Porte Saint-Honoré. Die Sache scheitert, Jeanne muß verwundet fliehen. Und am 24. Mai 1430 gerät sie in Compiègne in einen Hinterhalt. Die Jungfrau von Orléans ist gefangen! Das unaufhaltsame, abgekartete Spiel gegen sie nimmt seinen Lauf. Für die englische Partei ist von entscheidender Wichtigkeit, daß sie als Hexe verurteilt wird. Bedford weiß natürlich genau, mit wem er es zu tun hat, doch bevor Jeanne stirbt, muß sie unbedingt zugeben, daß sie durch einen Pakt mit dem Teufel im Bunde stand. Es geht um das Überleben des vereinigten anglo-französischen Königreiches. Daher die Verbissenheit, mit der man die Jungfrau in dem Prozeß belastet und selbst ihre geringsten Schwächen gegen sie verwendet. Am 31. Mai 1431 erwartet sie der Scheiterhaufen in Rouen. Die Jungfrau hatte nicht über den Drachen triumphiert, doch in den Köpfen der Leute hatte sie einige Lichter angezündet.

Daher ist dem Herzog von Bedford daran gelegen, daß das Opfer von Rouen möglichst rasch in Vergessenheit gerät. Er läßt den jungen König Heinrich VI. nach Paris kommen und inszeniert in der Kathedrale von Notre-Dame seine feierliche Krönung. Worauf es ankommt, ist, die Phantasie der Menschen zu bewegen, und der Weihe, die in Reims stattgefunden hatte, ein ebenbürtiges Schauspiel entgegenzusetzen. Daher gibt sich Bedford jede erdenkliche Mühe, um die Zeremonie möglichst prunkvoll zu gestalten. Die Krönung wird am 16. Dezember durch den Kardinal von Winchester, den Großonkel des jungen Königs, vollzogen, was dem Bischof von Paris in höchstem Grade mißfällt, denn er betrachtet dies als eine persönliche Beleidigung. Der königliche Einzug, der dem feierlichen Akt vorausgeht, wird von einem Hirten angeführt, einem angeblichen Propheten, »welcher sich vom Volk anbeten ließ. Er ritt am Rande des Zugs und zeigte zuweilen seine Hände, seine Füße und seine Seiten, welche alle von Blut befleckt waren wie beim heiligen Franziskus.«

Man mußte sich eben der gleichen mystischen Waffen bedienen, die die Parteigänger Karls in Gestalt der Pucelle eingesetzt hatten. Im folgenden gestaltet sich das Defilee in der Art, wie es bei feierlichen Einzügen von Königen üblich ist, mit Stationen, wo Kämpfe, Mysterienspiele, biblische und allegorische Szenen aufgeführt werden.

Und als sie vor dem Hôtel Saint-Pol angelangt waren, stand die Königin von Frankreich, Isabeau, die Frau des verstorbenen Königs Karl, des sechsten dieses Namens, an den Fenstern, und mit ihr Damen und Demoisellen; als sie den jungen König Henry, den Sohn ihrer Tochter, ihr gegenüber erblickte, hob dieser sogleich seine Kappe vom Haupt und grüßte sie; und sogleich neigte sie sich in großer Demut zu ihm hin und wandte sich dann unter Tränen anderwärts ab. (*Journal d'un Bourgeois de Paris*, Nr. 591)

Man hat behauptet, Isabeau hätte geweint, weil es sie so ergriffen habe, ihren Enkel mit zwei Kronen geschmückt zu sehen. Man hat ebenfalls gesagt, es wären Tränen der Reue gewesen. Könnte es aber nicht eher eine völlig legitime Emotion gewesen sein, jene Ergriffenheit, die sich nicht erklären läßt, die aber eine Großmutter, mag sie auch Königin und noch dazu für das Ereignis verantwortlich sein, ganz einfach überkommt, wenn sie ihr Enkelkind auf dem Gipfel von Ehre und Ansehen erblickt? Was in ihr vorging, werden wir nie mehr erfahren. Auf alle Fälle ist dies das letzte Mal, wo man die greise Königin von Frankreich in der Öffentlichkeit sieht.

Die Lage verschlimmert sich. Zudem wird Paris vom Winter heimgesucht:

Es herrschte zu große Kälte, und die Tage waren kurz. *Item* ist wahr, daß der König sogleich nach Weihnachten, am Tag des

Heiligen Stephan (= 26. 12.) Paris verließ, ohne irgendwelche Wohltaten gewährt zu haben, wie man sie erwartete, als da sind: Gefangene freizulassen, Sonderabgaben wie Besteuerungen, *gabelles* und *quatrièmes* und derlei üble Gebräuche abzuschaffen, die wider Recht und Gesetz sind; doch niemanden gab es, den man dafür hätte insgeheim oder offen loben können.[9] Und doch hatte man nie einem König zu Paris soviel Ehr dargebracht, wie man sie ihm bei seinem Einzug und seiner Weihe erwies, und dies trotz des nur wenigen Volks, des geringen Verdienstes, (der Kälte) mitten im Winter und der großen Teuerung der Lebensmittel, insonderheit des Holzes; denn ein schäbiges Bündel Holz, noch ganz grün, kostete immer noch 4 bis 6 *deniers tournois*; und wahr ist, daß ein so heftiger Winter herrschte, daß keine Woche war, in der es nicht kräftig fror 2 oder 3 Tage lang, wo es schneite Tag und Nacht, und immerzu regnete, und dies bereits seit Allerheiligen. (*Journal d'un Bourgeois de Paris*, Nr. 596f)

Die Pariser beginnen zu murren und sich Fragen zu stellen: Wie steht es um die schönen Versprechungen von einst? Was hat der König von England und Frankreich für sie getan? Und weshalb ist der Herzog von Burgund nicht zur Krönung Heinrichs VI. erschienen?

In der Tat hatte Philipp der Gute bei der Krönung seines Verbündeten, des Königs von England, wie während der Beisetzung Karls VI. in auffälliger Weise durch seine Ab-

9 *Anm. d. Übers.*: Man *erwartete*, daß die Kleinen unter den Übeltätern begnadigt wurden, denn dies war Brauch, wenn ein neuer König in die Hauptstadt einzog. – Als *üble Gebräuche* empfand der »Bürger von Paris« jede Besteuerung dieser Kategorie. Bedford weigerte sich jedoch, sie abzuschaffen, denn ihm fehlten die Mittel, um auf Steuern zu verzichten und gleichzeitig Krieg zu führen. – *Offen oder insgeheim gelobt* hätte das Volk also jeden, der für ihre Abschaffung gesorgt hätte. Ein weiterer alter Brauch war nämlich der, am Ende oder Anfang einer Herrschaftszeit gewisse Steuern abzuschaffen, weshalb sich das Volk gerade zur Feier dieser Krönung bestimmte Erleichterungen erhoffte. Siehe Anm. 281-283 in Colette Beaune (Hrsg.): *Journal d'un Bourgeois de Paris*, S. 311.

wesenheit geglänzt. Welches Spiel führt der Sohn Johanns Ohnefurcht im Schilde?

Das wird man bald erfahren. Nachdem ihn die Emissäre Yolandas von Aragón pausenlos bearbeitet und Johann V. sowie Arthur de Richemont ihn schließlich überzeugt hatten, unterzeichnet Philipp von Burgund am 21. September in der Kathedrale von Arras einen Vertrag, durch den er Karl VII. als rechtmäßigen Souverän des Königreichs Frankreich anerkennt. Er selbst tituliert sich jedoch »von Gottes Gnaden Herzog von Burgund«. Damit ist der Vertrag von Troyes hinfällig geworden. Das anglo-französische Königreich ist nur noch ein Schatten, und doch wird man noch bis 1440 darauf warten müssen, bevor Heinrich VI. seine Ansprüche auf die Krone Frankreichs aufgibt und Karl von Orléans in die Freiheit entläßt. Nun ist die Lage klar und eindeutig: Die Engländer sind nur noch Feinde, die man aus dem französischen Territorium zu verjagen hat.[10] Und nun zweifelt niemand mehr an der Legitimität Karls VII. Das Martyrium der Jeanne d'Arc war nicht umsonst gewesen, und die Asche der Jungfrau hat über den Drachen gesiegt.

Es wird berichtet, Isabeau de Bavière habe geweint, als sie von der Unterzeichnung des Vertrags von Arras erfuhr. Die einen sagen, sie habe vor Kummer geweint, da nun ihr ganzer Traum in sich zusammenfiel. Andere sagen aber, sie habe vor Freude geweint, da sie die Franzosen endlich wieder miteinander versöhnt sah. Was sie wirklich bewegte, wird man freilich nie erfahren, denn ihre Gedanken und das tägliche Leben der Königin während ihrer letzten Jahre liegen weiterhin im dunkeln. Zu jenem Zeitpunkt, da Philipp von Burgund den Vertrag von

---

10 Heinrich VI. verzichtete auf den Thron Frankreichs und verlangte dafür das Versprechen der Herzöge von Bretagne und Burgund, ihn zu unterstützen. 1445 ehelichte er Margarete von Anjou, die Enkelin Yolandas von Aragón, und diese Heirat beendete den Hundertjährigen Krieg.

Arras unterzeichnet, hat Isabeau nur noch acht Tage zu leben.

*Item* verschied die Königin von Frankreich, Isabeau, Frau Karls VI. selig, am Samstag, dem 29. Septembertag des Jahres 1435 im Hôtel Saint-Pol. Und drei Tage lang sah sie jeder, der es wollte; und danach ward alles angeordnet, was einer solchen Dame gebührt, und sie blieb aufgebahrt bis zum 13. Tag (Donnerstag) des Oktober, wo sie um 4 Uhr nach dem *dîner* (=nachmittag) nach Notre-Dame überführt wurde; und es zogen 14 Totenglöckner vor dem Leichnam einher und 100 Kerzen, und als Geleit folgten an Damen von Stand nur die Dame de Bavière (=Katharina von Alençon, ihre Schwiegertochter) und ich weiß nicht wie viele adlige Demoisellen (...) Und sie war so kunstvoll gebettet, daß es schien, als schliefe sie, und sie hielt in ihrer Rechten ein königliches Szepter. An jenem Tag wurden gar feierlich ihre Vigilien gelesen (...)

*Item* wurde sie am folgenden Tag nach der Totenmesse auf der Seine in ein Boot gebracht und zur Beisetzung nach Saint-Denis in Frankreich verschifft, denn man wagte nicht, sie über Land zu transportieren, wegen der Armagnacs, die die Felder und alle Städte um Paris immer noch in Fülle beherrschten. (*Journal d'un Bourgeois de Paris*, Nr. 679f)

Der Zeremonie wohnten bei: Ludwig von Luxemburg, Kanzler von Frankreich, Jacques du Châtelier, Bischof von Paris, sowie Lord of Scales, Seneschall der Normandie, und Lord of Willoughby, Gouverneur von Paris. Königin Isabeau de Bavière wurde an der Seite von Karl VI., ihrem Gemahl, dem wahnsinnigen König, beigesetzt.

Eine Epoche war beendet. Nun sollte sich das Gesicht Frankreichs und Europas von Grund auf ändern.

# Nachwort des Übersetzers

Die Zeit Isabeaus, das ausgehende, in Dekadenz und Bruderkrieg zerfallende französische Mittelalter, liegt nicht nur bereits der Blüte des Hochmittelalters fern, das in seinen mehr oder weniger festgefügten Formen einem größeren Publikum bekannter sein dürfte, sondern es liegt auch unserer Zeit und ihren Rechts- und Staatsformen so fern, daß die amerikanische Historikerin Barbara Tuchman ihre Studie über das 14. Jahrhundert zu Recht als *fernen Spiegel* bezeichnen konnte. Isabeau de Bavière wird mit einer Phase der französischen Geschichte konfrontiert, in der die Zerrüttung und Verkommenheit der Zustände – angesichts der geistigen Umnachtung des Königs sowie des Bürgerkriegsterrors zwischen »Bourguignons« und »Armagnacs« – geradezu sprunghaft ausufern.

Bei der Betrachtung jener Zeit von schonungsloser Bereicherung, Lüge, Ämterhäufung und Amtsmißbrauch hat man sich zudem stets vor Augen zu halten, daß das Bild, das die zeitgenössischen Dokumente bieten, nicht nur aus einem »fernen Spiegel«, sondern aus einem grotesk verfremdenden *Zerrspiegel* stammt. Wie Markale mit viel Gespür zeigt, muß man stets gewärtig sein, daß derjenige, der einen bestimmten Amtstitel trägt, sich mit allem anderen als mit diesem Amt befaßt – sofern er den betreffenden Titel überhaupt rechtens trägt und sich ihn nicht nur durch Intrigen ergaunert hat.

Und schließlich ist die Realität des Königtums, seines Hofes, seiner Ämter, Würdenträger und Vasallen damals nur noch ein nostalgisches Kostümfest in Erinnerung an ein einst blühendes Mittelalter, nur noch ein bombastisches Historien- und Schurkendrama über sich selbst, worin die Titel, Rollen und Kostüme – und damit die *sprachlichen Begriffe* – »nicht mehr so recht stimmen«.

Dies stellt die Übersetzung besonders dann vor Probleme, wenn es gilt, die zahlreichen Begriffe aus dem Bereich von Herrschaft, Hierarchie, Bürokratie, Amtstiteln, behördlichen Erlässen und den diversen Steuern etc. ins Deutsche zu übertragen. Eine reine *Übersetzung* der Termini macht die Dinge selten klarer, der Versuch, deutsche *Entsprechungen* zu suchen, ist wiederum ein trügerisches Unterfangen und heute kaum noch üblich – denn wer kann sich noch viel unter einem »Burgvogt«, »Stadtvogt«, »Landvogt« oder »Kämmerer« vorstellen, so präzise ihre Funktionen juristisch auch einst definiert waren? Daher habe ich im Text die französischen Termini dort, wo der Zusammenhang sie bereits hinreichend klärt, zumeist im Original belassen, um die *couleur locale*, das Lokalkolorit, zu wahren.

Zum leichteren Überblick sind die wichtigsten Termini im nachfolgenden Glossar noch einmal aufgelistet und erklärt (sofern sie sich, auf jene unklare Zeit bezogen, überhaupt klären lassen), wobei mir neben anderen Quellen (siehe dazu die in der deutschen Ausgabe erweiterte Bibliographie) vor allem Haberkerns *Hilfswörterbuch für Historiker* von unschätzbarem Nutzen war.

# Glossar

*aides (royales)*: ursprünglich die Abgaben des Vasallen an den Lehensherrn; etwa seit dem 14. Jh. allgemeine indirekte Steuern zumeist auf Getränke, Lebensmittel etc. sowie Import- und Exportzölle; wenn die Armagnacs oder Bourguignons sie erhoben oder erhöhten, deklarierten sie sie politisch stets als »vorübergehende« Sondersteuer zur Finanzierung von Kriegszügen (die dann häufig jedoch nicht einmal stattfanden); daher waren die *aides* bei den Untertanen als *Wehrsteuer* gefürchtet und verhaßt.

*capitaine (général) de Paris*: Stadthauptmann oder Stadtkommandant von Paris, militärischer Oberbefehlshaber der Pariser Garnison; oberste militärische Charge, die besonders während der härtesten Unruhen oder danach eingesetzt wurde; zur Zeit von Karl VI. und Isabeau de Bavière hatten u.a. die Herzöge von Berry und Bourbon (1405-08), Pierre des Essarts (1408-10), der Dauphin Karl (1416-18), der Graf von Saint-Pol (1419-29) und Sire de L'Isle-Adam (1429-33) dieses Amt inne.

*chambre des comptes*: Rechnungskammer; oberste Kontroll- und Verwaltungsbehörde der Domäne; sie kontrolliert die Gültigkeit und Rechtmäßigkeit sämtlicher Zahlungsvorgänge (Ankauf und Verkauf) sowie von Urkunden allgemein; d. h. alle Verordnungen und Erlässe (*ordonnances, édits, lettres*) des Königs wie des Kronrates mußten zuerst diese Instanz passieren, bevor sie rechtskräftig publiziert werden konnten.

*chancellier royal (ducal)*: Kanzler, höchster Beamter des Königs (oder Herzogs); juristisch dessen richterlicher Stellvertreter und erster Minister; ihm untersteht die *chancellerie* (Kanzlei).

*connétable de France*: Kronfeldherr, uneingeschränkter oberster Befehlshaber sämtlicher Armeen des Königs, dabei auch Oberhaupt der Militärgerichtsbarkeit.

*gabelle*: »Salzsteuer«; um Wucher mit dem Grundnahrungsmittel Salz zu unterbinden, erklärte Philipp VI. 1343 den Salzverkauf zu einem Monopol der Krone, das Karl V. in einer ganz besonderen Weise erweiterte: das Salz war nicht nur ausschließlich an offiziellen königlichen Verkaufsstellen erhältlich, sondern es wurde eine Pro-Kopf-Ration bestimmt, die gekauft werden mußte (»Salzzwang«); dieses »Pflichtsalz« (*sel de devoir*) durfte wiederum nur zum Kochen verwendet werden, während man für andere Zwecke wie Pökeln nur anderes Salz verwenden durfte. Diese Steuer wurde in der Folge zum generellen Synonym besonders unpopulärer Monopol-Steuern, die man heute noch als *gabelles* bezeichnet.

*gouverneur* (auch *capitaine général* oder *lieutenant général*): Gouverneur, Statthalter; seit Ende des 13. Jh. zuerst in den Grenzprovinzen Frankreichs, dann auch im Innern, militärisches und polizeiliches Verwaltungsoberhaupt.

*Hôtel*: Residenz, Amts- und Wohnsitz der Könige, Herzöge und Fürsten; (*hôtel* = Hofstaat, Hof).

– (*grand-*)*maître d'hôtel*: (Ober-)Hofmeister, verantwortlicher Verwalter von Mitgliedern und Personal des Hofes.

In den *Hôtels* des Königs und der Königin war eigens ein

– (*grand-*)*maître de garderobe* für die königlichen Gemächer und Garderoben zuständig.

*lettre* (*royale/ du roi*): Brief, Verfügung, königliche Willensbekundung, veröffentlicht durch die *chancellerie*. Man unterscheidet zwischen:

– *lette d'abolition*: Nichtigkeitserklärung über den Gnadenweg;

– *lettre de grâce*: Begnadigung im strengen Sinn, d. h. Begnadigung oder Rehabilitation;

– *lettre patente*: allgemeines königliches Kanzleischreiben;

– *lettre de rémission*: Verfügung zur Umänderung eines Urteils oder Strafmaßes.

*lit de justice*: Großer Gerichtstag, feierliche Sitzung des Pariser *Parlement* (s.u.) in Anwesenheit oder unter Vorsitz des Königs: dieser saß dabei auf einem erhöhten Richterthron (= *lit*), daher auch als »Kissensitzung« bezeichnet.

*Marmousets*: ›Spitzbärte‹, ›Laffen‹; einstige Räte der Regierung Karls V.; bei dessen Tod wurden sie neben seinen Brüdern (s.u. *Oheime*) als Regenten für den noch unmündigen Karl VI. eingesetzt; daher sind sie diesem, den Prinzen von Geblüt sowie den Baronen ein Dorn im Auge, was zu der diffamierenden, doch ganz üblichen Bezeichnung führte.

*Oheime*: Die vier Onkel Karls VI., die während seiner Unmündigkeit nach dem Tod des Vaters (1380) als Regenten eingesetzt waren: mütterlicherseits der Herzog von Bourbon sowie väterlicherseits die Herzöge Ludwig von Anjou, Johann von Berry und Philipp von Burgund. 1388 putscht sich Karl VI. (»Staatsstreich von Reims«) gegen sie an die Macht, doch während der Zeit seiner Umnachtung spielen sie erneut eine bedeutende politische Rolle.

*ordonnance*: Verordnung, Erlaß, in Frankreich königliche Bestimmung mit Gesetzeskraft, publiziert durch *lettres patentes*; ggf. näher bestimmt durch *déclarations* (Erläuterungen) und *règlements* (Ausführungsbestimmungen).

*Parlement*: Oberster Gerichtshof; bestehend aus den höchsten Juristen sowie den Pairs von Frankreich, ist er die zuständige Instanz für alle Großvasallen Frankreichs sowie spezielle vom König Privilegierte; danaben Appellationsgericht in Rechtssachen, die bereits auf niederer Ebene einzelner Landesfürsten verhandelt wurden. Unterteilt in 3 Kammern:

– *grande chambre*: die Hauptkammer, zuständig für Anhörung der Plädoyers und Urteilsverkündung;

– *chambre des enquêtes*: die Untersuchungskammer;

– *chambre des requêtes*: Kammer für Beschwerden und Bittschriften.

Mit dem heutigen modernen »Parlament« hat diese Instanz somit noch nicht das mindeste gemein.

*prévôt (royal) de Paris*: königlicher Stadtpräfekt (früher dt. auch ›Prevost‹), Inhaber der obersten Polizei-, Militär- und Gerichtsgewalt; während des Bürgerkriegs zwischen Bourguignons und Armagnacs wurde dieses mächtige und gefürchtete Amt nicht von einem »königlichen Stadtvorsteher« geleitet, – da der König sich zumeist in geistiger Umnachtung befand –, sondern die jeweils herrschende Partei setzte ihren mächtigsten Vertreter ein, der zugleich als ihr »Propagandaminister« fungierte. Seine Macht war besonders unbestritten, wenn er das Amt des *prêvot des marchands* auflöste, was häufig geschah.

*prévôt des marchands*: ›Vorsteher der Kaufmannschaft‹, neben den 4 Schöffen (*échevins*) das Oberhaupt der Bürgervertretung, des Stadtrates; ursprünglich der Oberzunftmeister der Seineschiffer, wird dieser Stadtvorsteher meist aus den Oberhäuptern der mächtigsten Zünfte, der führenden Handwerksbetriebe oder des Geldwechsels gewählt. Zur Zeit von Isabeau de Bavière war er in gewissem Sinn der eigentliche »Bürgermeister« von Paris, nur ist dieser Begriff irreführend, denn »Bürger« sind damals noch längst nicht alle Einwohner der Stadt, sondern eine Minderheit der reichsten Häupter aus Zünften und Handwerk sowie besondere vom König eigens privilegierte Personen. Das Amt des heutigen *maire* existiert in Frankreich erst ab 1789, und seine Funktionen unterscheiden sich in vielem von denen eines deutschen Bürgermeisters.

*taille*: Kopf-, Personen-, Herdsteuer; die eigentliche Einkommenssteuer, die alle Untertanen – abgesehen von Adel und Klerus – dem Landesherrn (*seigneur*) zu entrichten hatten. Sie richtete sich teils nach dem Grundbesitz, teils nach Familien oder sie wurde pro Kopf festgesetzt. Größten Anstoß unter den Privilegierten erregte während des Bürgerkriegs der Versuch, diese Steuer auch auf den Klerus oder gar die Adligen auszudehnen.

# Bibliographie

(ANONYM): Chronique du Religieux de Saint-Denis (Hrsg.: Bellaguet), 6 Bde., Paris 1839-1852 (= Coll. des documents inédits). – Auch in P. VIARD (Hrsg.): Grandes Chroniques de France, Paris 1920ff.

(ANONYM): Journal d'un Bourgeois de Paris. Texte original et intégral (Hrsg.: Colette Beaune), Paris 1990 (= Livre de Poche, Coll.: Lettres Gothiques).

(ANONYM): Le Songe véritable (Hrsg.: H. Moranville), Paris 1891.

D'AVOUT, Jacques: La querelle des Armagnacs et des Bourguignons, Paris 1943.

BASIN, Thomas: Histoire de Charles VII (Hrsg.: Samaran), Paris 1964.

CALMETTE, Joseph: L'Europe occidentale de la fin du XIVe siècle aux guerres d'Italie, Paris 1937.

– Histoire des Ducs de Bourgogne, Paris 1976.

– Die großen Herzöge von Burgund, München [4]1976.

CHAMPION, Pierre: La Galerie des Rois, Paris 1934.

CHARTIER, Jean: Chronique française de Charles VII (Hrsg.: Vallet de Viriville), Paris 1858.

– Choix de pièces inédites relatives au règne de Charles VI, Paris 1863 u. 1864.

COSNEAU, E.: Le Connétable de Richemont, Paris 1886.

– Les grands traités de la Guerre de Cent Ans, Paris 1888.

COUSINOT, Guillaume: Geste des Nobles français (Hrsg.: Vallet de Viriville), Paris 1859.

COVILLE, Alfred: Les premiers Valois et la Guerre de Cent Ans, Paris 1901.

DERICUM, Christa (Hrsg.): Burgund und seine Herzöge in Augenzeugenberichten, Düsseldorf 1966 (München 1977).

Dupuy, Micheline: Le Chaos d'où sortit la France, Paris 1980.
Erlanger, Philippe: Charles VII et son mystère, Paris 1973.
Favier, Jean: La Guerre de Cent Ans, Paris 1980.
– (Hrsg.): Frankreich im Zeitalter der Lehnsherrschaft 1000–1515 (= Geschichte Frankreichs, Bd.II), Stuttgart 1989.
Froissart, Jean: Les Chroniques (Hrsg.: Kervyn de Lettenhove), Brüssel 1893.
Gicquel, Yvonig: Olivier de Clisson, Paris 1981.
Heers, Jacques: L'Occident aux XIVe et XVe siècles, Paris 1975.
Jarry, Eugène: La vie politique de Louis de France, duc d'Orléans, Paris 1889.
Juvenal des Ursins, Jean: Histoire de Charles VI (Hrsg. Godefroy), o.O. 1653.
Le Fevre, Jean: Chronique, Paris 1980.
Leguay, J.P.: Histoire de Rennes, Rennes/Paris 1972.
Luce, Siméon: La France pendant la Guerre de Cent Ans, Paris 1889.
Markale, Jean: Histoire secrète de la Bretagne, Paris 1980.
– Anne de Bretagne, Paris 1980.
Mirot, Léon: Les Insurrections urbains, Paris 1906.
Monstrelet, Enguerrand de: Chroniques (Hrsg.: Douët d'Arc), Paris 1857–1862.
Nette, Herbert: Jeanne d'Arc in Selbstzeugnissen und Bilddokumenten, Reinbek 1985.
Pernoud, Régine: Vie et Mort de Jeanne d'Arc, Paris 1956.
– Jeanne d'Arc par elle-même et par ses témoins, Paris 1962.
Perroy, E.: La Guerre de Cent Ans, Paris 1976.
Saller, Martin: Königin Isabeau. Die Wittelsbacherin auf dem Lilienthron, München 1979.

SCHIEDER, Theodor: Handbuch der Europäischen Geschichte, Bd. II, Stuttgart 1987.
SCHIRMER-IMHOFF, Ruth (Hrsg. u. Übers.): Der Prozeß Jeanne d'Arc. Akten und Protokolle 1431-1456, München [4]1987.
THIBAUT, Marcel: Isabeau de Bavière, Paris 1934.
TUCHMANN, Barbara: Der ferne Spiegel. Das dramatische 14. Jahrhundert, München [11]1992.
VALLET DE VIRIVILLE, A.: Histoire de Charles VII, roi de France, et de son époque, Paris 1862.

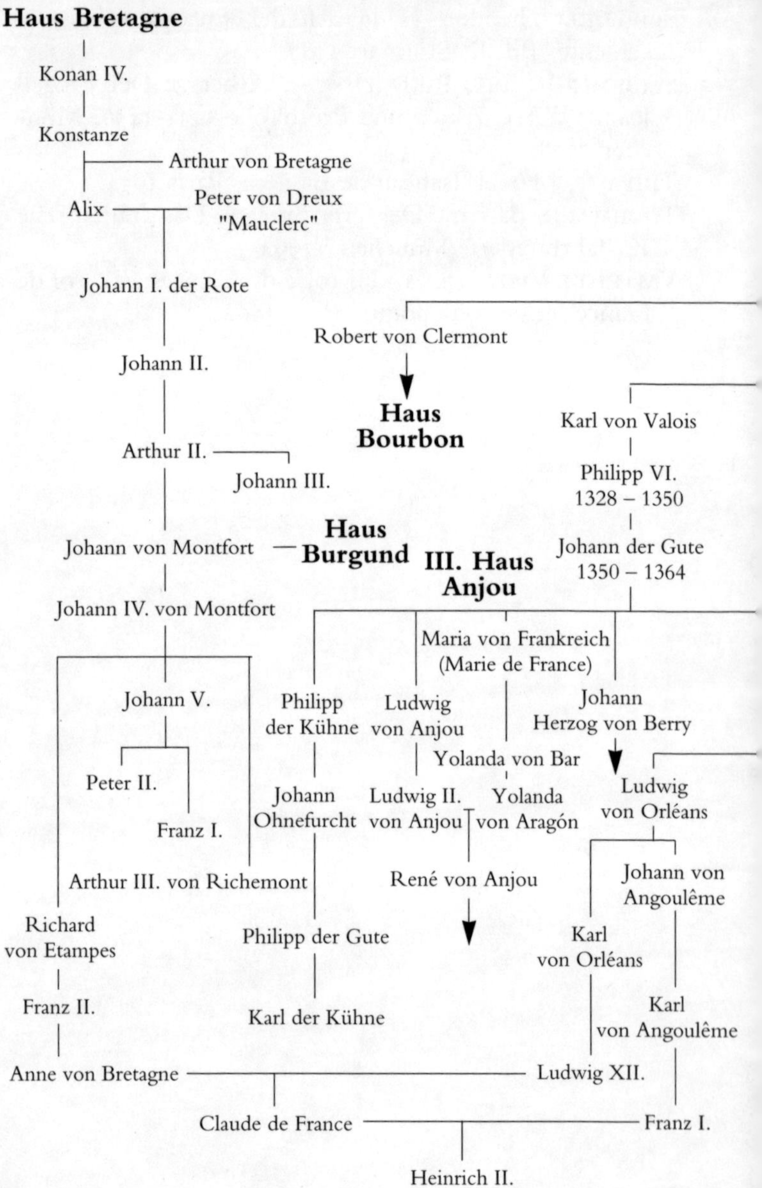
Haus Bretagne
Konan IV.
Konstanze
Arthur von Bretagne
Alix
Peter von Dreux "Mauclerc"
Johann I. der Rote
Robert von Clermont
Johann II.
Haus Bourbon
Karl von Valois
Arthur II.
Johann III.
Philipp VI. 1328 – 1350
Haus Burgund
Johann von Montfort
Johann der Gute 1350 – 1364
III. Haus Anjou
Johann IV. von Montfort
Maria von Frankreich (Marie de France)
Johann V.
Philipp der Kühne
Ludwig von Anjou
Johann Herzog von Berry
Yolanda von Bar
Peter II.
Johann Ohnefurcht
Ludwig II. von Anjou
Yolanda von Aragón
Ludwig von Orléans
Franz I.
Arthur III. von Richemont
René von Anjou
Johann von Angoulême
Richard von Etampes
Philipp der Gute
Karl von Orléans
Franz II.
Karl der Kühne
Karl von Angoulême
Anne von Bretagne
Ludwig XII.
Claude de France
Franz I.
Heinrich II.

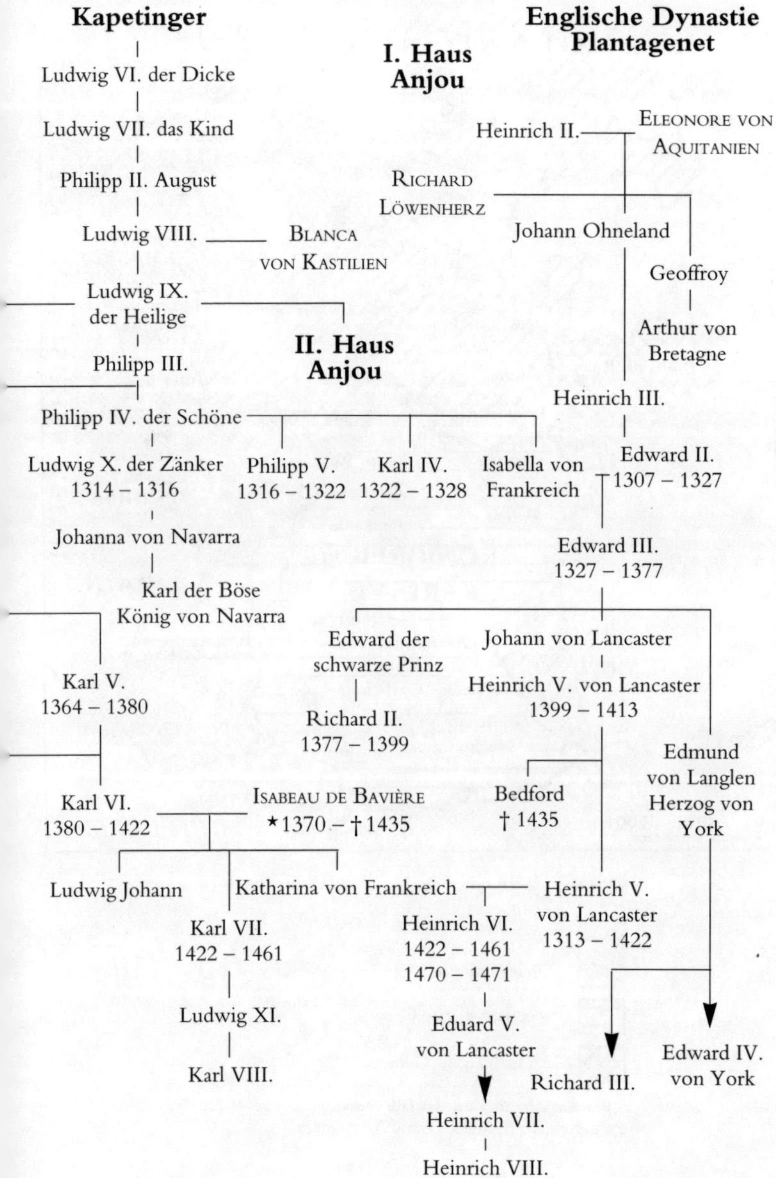
Kapetinger
Englische Dynastie Plantagenet
I. Haus Anjou
Ludwig VI. der Dicke
Ludwig VII. das Kind
Heinrich II.
Eleonore von Aquitanien
Philipp II. August
Richard Löwenherz
Ludwig VIII.
Blanca von Kastilien
Johann Ohneland
Geoffroy
Ludwig IX. der Heilige
Arthur von Bretagne
II. Haus Anjou
Philipp III.
Heinrich III.
Philipp IV. der Schöne
Ludwig X. der Zänker 1314 – 1316
Philipp V. 1316 – 1322
Karl IV. 1322 – 1328
Isabella von Frankreich
Edward II. 1307 – 1327
Johanna von Navarra
Edward III. 1327 – 1377
Karl der Böse König von Navarra
Edward der schwarze Prinz
Johann von Lancaster
Karl V. 1364 – 1380
Heinrich V. von Lancaster 1399 – 1413
Richard II. 1377 – 1399
Edmund von Langlen Herzog von York
Karl VI. 1380 – 1422
Isabeau de Bavière ⋆1370 – † 1435
Bedford † 1435
Ludwig Johann
Katharina von Frankreich
Heinrich V. von Lancaster 1313 – 1422
Karl VII. 1422 – 1461
Heinrich VI. 1422 – 1461 1470 – 1471
Ludwig XI.
Eduard V. von Lancaster
Edward IV. von York
Karl VIII.
Richard III.
Heinrich VII.
Heinrich VIII.

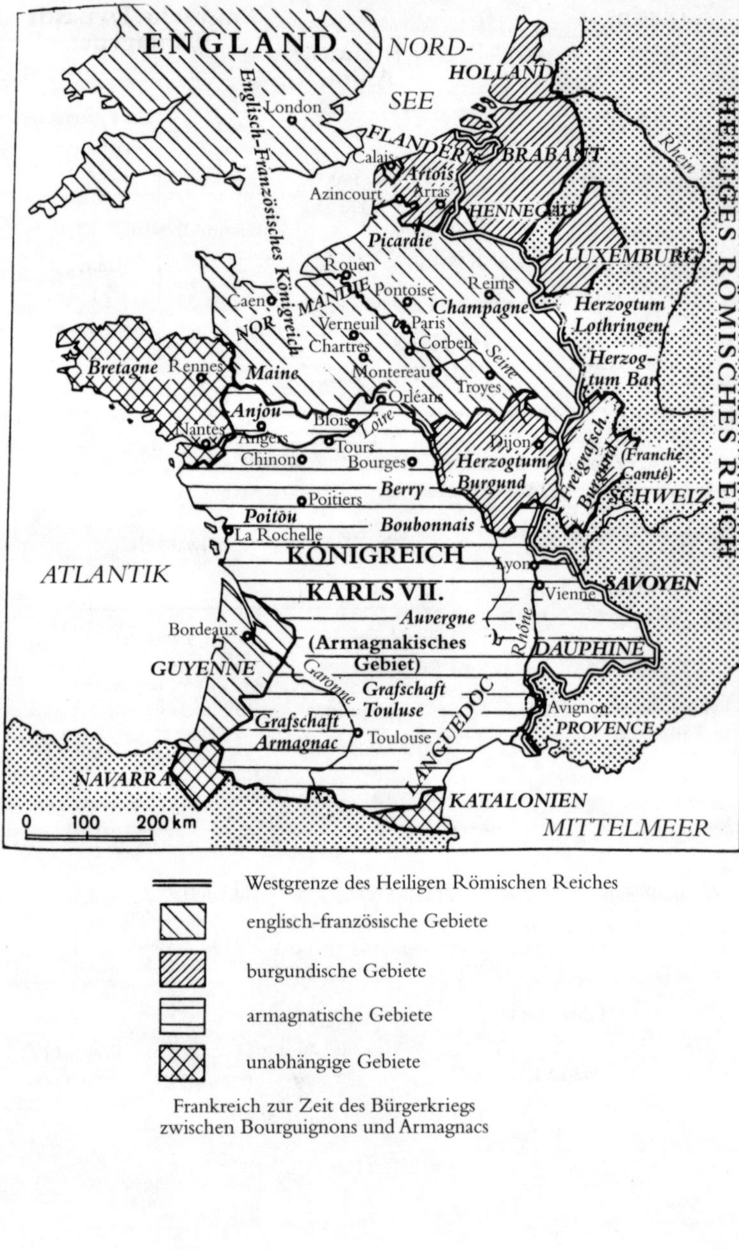


Frankreich zur Zeit des Bürgerkriegs zwischen Bourguignons und Armagnacs

*Historische Biographien im Eugen Diederichs Verlag*

Régine Pernoud

## Herrscherin in bewegter Zeit

Blanca von Kastilien, Königin von Frankreich

Aus dem Französischen von Sybille A. Rott-Illfeld

333 Seiten, Leinen

Régine Pernoud hat nicht nur eine mitreißende Biographie verfaßt, sie hat mit ihrem Buch *Herrscherin in bewegter Zeit* ein Porträt einer Epoche französischer Geschichte geschrieben, die uns als Epoche der Kathedralen geläufig ist.

*Bayerischer Rundfunk*

Das vorzüglich recherchierte Buch der Régine Pernoud ist ein Sittengemälde aus einer Zeit, in der Ehen grundsätzlich Macht-Arrangements waren – bei reichen Bauern ebenso wie an Fürstenhöfen.

*Frankfurter Rundschau*

Eugen Diederichs Verlag

Régine Pernoud

Königin der Troubadoure

Eleonore von Aquitanien

Aus dem Französischen von Rosemarie Heyd

303 Seiten, Leinen

Wohl kaum ein Leben, selbst in der Nähe umkämpfter Throne, war so reich an Schicksalsschlägen, zwischen Glanz und Elend hin und her geworfen. Régine Pernoud, eine Historikerin, die den Leser für ihr Thema temperamentvoll einzunehmen versteht, entwickelt mit gründlicher Kenntnis der Details überzeugend die Wandlung der umschwärmten, koketten und nicht selten leichtfertigen Eleonore zur Reife der vereinsamenden Frau, die fast alle ihre Kinder überlebte, eine hochgebildete Königin, deren geistige Interessen bis zum letzten Lebenstag wachblieben, die bis zum letzten Atemzug Troubadoure und Minnesänger inspirierte.

*Stuttgarter Zeitung*

Eugen Diederichs Verlag